中韩音乐文物研究

——中韩音乐文物国际学术研讨会论文集

河南博物院
韩国国立国乐院
编

中原出版传媒集团
中原传媒股份公司

大象出版社
·郑州·

图书在版编目(CIP)数据

中韩音乐文物研究 : 中韩音乐文物国际学术研讨会论文集 / 河南博物院, 韩国国立国乐院编. — 郑州 : 大象出版社, 2020. 12

ISBN 978-7-5711-0794-9

Ⅰ. ①中… Ⅱ. ①河… Ⅲ. ①音乐-历史文物-中国、韩国-文集 Ⅳ. ①K875. 54-53②K883. 126. 554-53

中国版本图书馆 CIP 数据核字(2020)第 210452 号

ZHONGHAN YINYUE WENWU YANJIU

中韩音乐文物研究

——中韩音乐文物国际学术研讨会论文集

河南博物院　韩国国立国乐院　编

出 版 人　汪林中
责任编辑　郑强胜
责任校对　李婧慧　安德华
书籍设计　王　敏

出版发行　大象出版社(郑州市郑东新区祥盛街 27 号　邮政编码 450016)
发行科　0371-63863551　总编室　0371-65597936
网　　址　www. daxiang. cn
印　　刷　洛阳和众印刷有限公司
经　　销　各地新华书店经销
开　　本　787 mm×1092 mm　1/16
印　　张　17
字　　数　374 千字
版　　次　2020 年 12 月第 1 版　2020 年 12 月第 1 次印刷
定　　价　158. 00 元

若发现印、装质量问题,影响阅读,请与承印厂联系调换。
印厂地址　洛阳市高新区丰华路三号
邮政编码　471003　　电话　0379-64606268

序

中韩音乐文化交流自古有之。数千年来，在中国儒家文化的影响下，文化相似、比邻而居的优势条件，造就了中韩两国音乐文化交流的传统，也加深了两国人民之间的友谊。中原作为中华民族和华夏文明的重要发祥地，以丰厚的文化积淀、开放的胸襟、改革创新的勇气，锤炼了广纳百川、辐射四海的文化特质，并在中国传统音乐的肇始、形成、发展过程中发挥了重要的作用。早在汉代，中原地区的乐器即向朝鲜半岛传播，并经朝鲜半岛人民的改造和创新，成为自己富有特色的乐器，还逆向传播回中国。由乐器到乐种，再到音乐审美和理论，音乐文化的不断渗透与交融，加深了中韩两国文明的互鉴，使得今天的中韩两国学者，在面对丰富的音乐文物资源，从事学术研究时，有更多的契合点，产生更好的共鸣，进而迸发出令人振奋的灵感和创新的火花。

河南博物院作为中央和地方共建国家级博物馆，中原文化保护、研究、展示、教育的中心，音乐文物藏品自成体系、独具特色，音乐文物研究历经几代专家的积累，凝结了丰硕的成果。为实现音乐文物资源的转化，河南博物院于2000年组建了华夏古乐团，历经二十年的磨砺，形成了中国古代音乐文物研究、音乐文化遗产传承保护以及舞台化展演的发展模式，成为一张亮丽的名片，代表中原乃至中华大地古乐文化精华在世界舞台上亮相，奏响动听华音，彰显民族文化自信。曾受邀赴美国、韩国、泰国、土耳其、柬埔寨等国家访问演出，深受海内外观众的喜爱。

2019年5月，河南博物院与韩国国立国乐院共同主办的“中韩音乐文物国际学术研讨会”在中国郑州成功举行，这是中韩两国连续多年合作开展人文交流项目的又一重要举措。来自中韩两国的专家、学者共聚一堂，围绕中韩音乐考古、音乐文化传播等方面进行了深入的学术交流和探讨，为推动中韩文化交流贡献智慧和力量。河南博物院也着重展示了近年来在华夏古乐文物展览和古乐文化遗产传承与保护方面的最新成果。会后，为拓展会议带动中韩音乐文物研究的效应，搭建中韩传统音乐文化交流与传播的合作平台，主办方将会议双方学者的论文编纂成册，内容涵盖中韩音乐文化交流与比较，音乐考古学研究，乐器、乐曲、乐种的复原研究，音乐文化遗产保护与传播，以及音乐思想、音乐理论的探讨与创新，从不同角度展示了中韩音乐，乃至东亚音乐在历史发展进程中的璀璨光辉和恒久魅力。

我们对各位学者的研究充满敬意！对今后中韩音乐文化更深入的交流合作充满信心！希望在国际社会快速发展的良好环境下，在全媒体传播格局中，我们能更好地创新传统音乐传播方式，拓展传播范围，充分发挥博物馆在音乐文化交流合作中的特殊作用，助力传统音乐焕发新的活力，铸就音乐文化新的辉煌。

河南博物院院长 马萧林

2019年11月

序

2013年9月，在中国河南博物院举行了“东亚音乐交流研讨会暨第11届音乐学国际学术会议”。以此为开端，我们院和河南博物院结缘已经有了6年的历史。这次，两个单位能够出版反映6年间学术交流成果的论文集，我感到非常高兴。

以2014年的“与中国的传统音乐相见”、2015年的“韩中传统音乐的复原和舞台化”、2018年的“韩中音乐交流的促进”为主题，在我们院举行了学术发表和交流演奏会，在中国以2016年的“丝绸之路”、2019年的“韩中音乐文物”为主题，也举行了学术发表和交流演奏会。

国立国乐院的起源可以追溯到新罗时代的“音声署”，是延续了1600多年的传统的韩国国立机关，为了促进国乐的演出、教育、学术研究等，正运营着各种事业和项目。位于中国河南省郑州市的河南博物院属于国家级博物馆，作为中国中原地区文化遗产的收藏、保存、研究、展示、教育的中心机关而广为人知。我们院拥有正乐团、民俗乐团、舞蹈团、创作乐团等专业演奏团体和国乐博物馆，河南博物院拥有复原、演奏古代音乐的演奏团体——“华夏古乐团”。从这一点来看的话，两个机构有着共同之处。

自古以来，韩国和中国的文化交流源远流长。因此，我们院和河南博物院将发挥研究韩中音乐文化交流的平台作用。另外，以丝绸之路为中心的亚洲文化交流，对两个国家的音乐也产生了深远的影响，所以与之相关的学术研究、音乐复原等领域也是两个机构共同关心的主题。

这本论文集是两个单位从2018年就开始筹备的成果，以与河南博物院的学术交流中发表的论文为主，我们院在“音乐文化交流”“古乐复原”“古乐器复原”三个主题中，对论文进行了筛选和收录。

向为刊行此书费尽心力的河南博物院马萧林院长和相关人士表示感谢。希望今后两个机构能继续推进学术、演出、展览等多方面的交流。

韩国国立国乐院院长　林宰沅

2019 年 12 月 20 日

目 录

中 国

韩 国

中　国

《诗经》音乐文化的探索与实践

◇张得水[①]

《诗经》是中国历史上第一部诗歌总集，收集了西周初年至春秋中叶的诗歌共305篇，分为风、雅、颂三个部分，反映了当时的社会面貌。先秦称为《诗》，或取其整数称《诗三百》。西汉时被尊为儒家经典，始称《诗经》。

《诗经》在中国文学史上具有崇高的地位和深远的影响，奠定了中国诗歌的传统，中国诗歌艺术的民族特色由此肇端而形成，千百年来被奉为经典，广为流传。然而，在《诗经》的时代，《诗经》并非仅仅以诗的形式而存在，而是随着歌的兴起，乐、舞又和诗歌紧密结合起来，形成了诗、乐、舞三位一体的文化传统。这种文化传统在其后的音乐发展中得到了很好的继承。因此，《诗经》除了具有深厚的历史价值、文学价值、民俗文化价值等之外，还具有珍贵的音乐文化价值。

一、《诗经》的音乐文化价值

诗歌与音乐就如同一对孪生姐妹，相辅相成。现存于世的《诗经》只有文字，音乐已不可耳闻，但从字里行间及每首作品本身的结构内容仍可了解到那个时代丰富的音乐文化生活，以及诗乐相和的音乐特征。《诗经》305篇是可奏、可唱、可伴之以舞的，其音乐属性鲜明突出，所以古人又视《诗经》为《乐经》。明代刘濂在《乐经元义序》中说："六经缺《乐经》，古今有是论矣。愚谓《乐经》不缺，'三百篇'者，《乐经》也，世儒未之深考耳。"[②] 今人陈铁镔在《诗经解说》中也提到"古人说《六经》里的《乐经》亡于秦火，实际《乐经》并不单独存在，所谓《乐经》就是《诗》的乐谱。后人多重视'诗'而少

①张得水：河南博物院副院长、研究馆员。

②转引自刘大杰《中国文学发展史》上册，上海：上海古籍出版社，1982年，第36页。

重视‘乐’，所以《乐经》在秦以后就失传了”①。之所以将《诗经》视为《乐经》，是因为《诗经》本身已具有音乐的属性。《史记·孔子世家》载：“三百五篇，孔子皆弦歌之，以求和《韶》《武》《雅》《颂》之音”；《墨子·公孟》也说：“诵诗三百，弦诗三百，歌诗三百，舞诗三百”；尤其是《国风》，朱熹在《诗集传》“序”中曾说：“凡诗之所谓风者，多出于里巷歌谣之作，所谓男女相与咏歌，各言其情者也。”《国风》是周代的民歌，收集了当时十五个诸侯国（含东周王城）的民间歌曲，真实地再现了西周初至春秋中叶绚丽多彩的社会画面，以及古代先民的真实情感。这也正是《诗》“可以兴，可以观，可以群，可以怨”的原因。他们以诗言志，以歌传情，留下了脍炙人口的不朽诗篇。

既然《诗经》可以“诵”，可以“弦”，可以“歌”，可以“舞”，就必须有相应的乐器伴奏。《诗经》中提及的乐器很多，诸如《周南·关雎》：“窈窕淑女，琴瑟友之”；《小雅·鹿鸣》：“我有嘉宾，鼓瑟鼓琴”；《周颂·有瞽》：“既备乃奏，箫管备举”；《邶风·简兮》：“左手执籥，右手秉翟”；《陈风·宛丘》：“坎其击缶，宛丘之道”“坎其击鼓，宛丘之下”；《小雅·鹿鸣》：“吹笙鼓簧，承筐是将”；等等。据统计，在《诗经》中涉及的乐器达20余种之多。琴、瑟、箫、管、籥、篪、埙、缶、笙、簧、磬、鼓、鼛、贲、应、田、鞉、钟、镛、钲、柷、圉、铃等。这些性能不同、形制各异的乐器，在《诗经》中汇聚

琴　明代　“飞泉漱玉”蕉叶式琴　征集

瑟　（复制件）　战国　河南信阳市长台关1号墓出土

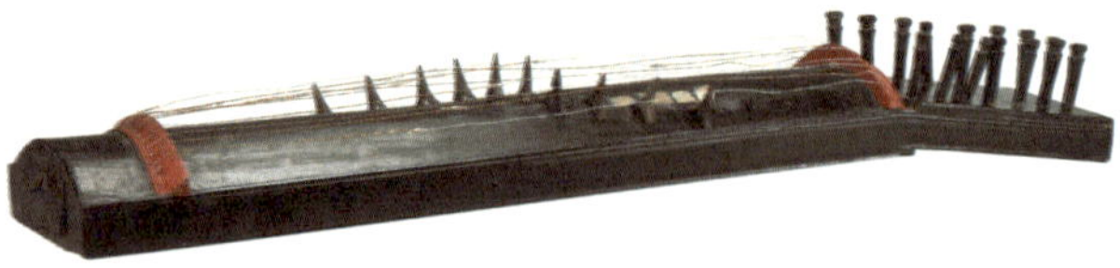

轧筝　清代　征集

铜铃　夏代　河南偃师市二里头文化遗址出土

①陈铁镔：《诗经解说》，北京：书目文献出版社，1985年，第5页。

成色彩斑斓的古代民族乐器交响乐章。而且，这些乐器被广泛应用于社会生活的方方面面。如以“琴瑟之好”表现青年男女真挚的爱情、婚恋；将钟、鼓、磬、瑟等乐器用于气势恢宏的祭祀、宴饮等场面；以钲、鼓用于号令战役的进退；以“伯氏吹埙、仲氏吹篪”作为会友音乐，等等。古代中国被誉为“礼乐之邦”，中国的礼乐文明在周代获得高度发展，尤其是在西周初至春秋时期正值我国古代礼乐制度走向完备和成熟的时期。以“礼”来别宗亲远近、定等级秩序，以“乐”来和同共融“礼”。《论语·泰伯》记孔子曰：“兴于诗，立于礼，成于乐。”礼之所及，乐必从之。据《周礼·春官·宗伯第三》记载，当时有专门的乐师掌管六律，“大师掌六律、六同以合阴阳之声。阳声：黄钟、大簇、姑洗、蕤宾、夷则、无射。阴声：大吕、应钟、南吕、函钟、小吕、夹钟。皆文之以五声：宫、商、角、徵、羽；皆播之以八音：金、石、土、革、丝、木、匏、竹。教六诗：曰风、曰赋、曰比、曰兴、曰雅、曰颂。以六德为之本，以六律为之音。大祭祀，帅瞽登歌，令奏击拊，下管播乐器，令奏鼓朄”。因此，在《诗经》时代，已形成了较早的八音之制。

随着《诗经》音乐的发展，在当时产生了一大批的乐师。《左传·襄公十一年》：“郑人赂晋侯以师悝、师触、师蠲、歌钟二肆，及其镈磬，女乐二八。晋侯以乐之半施魏绛。”郑国为了讨好晋侯，一次就向晋国赠送3名乐师、16名歌女，足以说明当时的郑国音乐之盛。这些乐师一方面就是当时的音乐家，出现于不同的礼仪场合，同时又是民间音乐的收集者和集大成者。关于《诗经》的编辑，汉代学者有采诗的说法。东汉班固《汉书·食货志》曾记载周时有专业的官员来收集民歌：“孟春之月，群居者将散，行人振木铎（响板）徇于路以采诗，献于太师，比其音律，以闻于天子。”由此可见，在当时以《诗经》为主体，已经形成了歌、乐、舞一体的艺术表现形式，这种形式又与周代完备的礼制相结合，创造了影响深远的礼乐文化，促进了音乐文化的发展。

二、 河南丰富的《诗经》 音乐文化资源

河南地处华夏腹地，位居“天地之中”。在《诗经》产生的时代，这里是周王朝政治经济和文化的中心地区，因此成为《诗经》产生的沃土。尤其是《国风》，是采自各地的民歌，也是《诗经》中的精华部分。《诗经》中十五《国风》共160篇，有七风84篇创作于河南境内，占《国风》的一半以上。其中有《王风》10篇，《卫风》10篇，《邶风》19篇，《鄘风》10篇，《郑风》21篇，《陈风》10篇，《桧风》4篇。当然还不包括《周南》《召南》。西周初年周公、召公分陕而治。自陕以西，召公主之；自陕以东，周公主之。“盖周公、召公分陕而治，各以其治登其国风。则周南者，周公所治之南国；召南者，召公所治之南国也。北界河洛，南逾楚塞，以陕州为中线而两分之。”①陕州即今河南省三门峡市陕

①[清] 王先谦：《皇清经解续编》，上海：上海书店出版社，1988年，第15页。

州区。所以《周南》《召南》二风有一部分也应产生于今河南境内。《王风》，产生于东周洛邑及京畿一带，“王”即洛阳王城。东周迁都洛邑之后，王室衰微，已失去了王室之尊，等同于诸侯，因此与其他国风并列。邶、鄘、卫三风，均视为卫国诗歌。邶，位于今河南汤阴县的东南；鄘，故址在今河南卫辉北、新乡西北一带。“三监之乱”后，邶、鄘并入卫。卫国始封地大致在黄河北岸、太行山脉东麓的今河南省鹤壁、新乡附近。因此，以“淇水诗源”而闻名的卫风，实际上涵盖了邶、鄘二风。《左传·襄公二十九年》记载吴公子季札赴鲁观乐，鲁国乐工“为之歌邶、鄘、卫，曰：‘美哉，渊乎！忧而不困者也。吾闻卫康叔、武公之德如是，是其卫风乎？’”说明当时已将邶、鄘、卫视为一体。郑国为姬姓封国之一，周宣王封其弟姬友于郑地（今陕西凤翔县一带），是为郑桓公。周幽王时郑桓公借东虢和郐之地并迁国于此；郑武公时灭东虢和桧，攻城略地，建都新郑，即今河南新郑市。至郑庄公时，一度成为春秋五霸之一。境内的溱、洧二水，是《郑风》的重要诞生地。陈国是虞舜后裔的封地，地处“太皞之虚”，宛丘之上，是为《陈风》的产生地。桧，文献记载为祝融之后，被封于溱、洧之间，后被郑国所灭。《桧风》4 篇即产生于今河南新密至新郑一带。

产生于河南境内的《国风》，是《诗经》时代中原地区社会生活的真实写照，集中反映了当时的人文和生态环境。这些诗篇大多产生于水滨，如河（黄河）、淇水、溱水、洧水、淮水、汝水、济水、泌水等。《诗经》中涉及大量的名物与中原有关，如农作物黍、稷、麦、粱、豆、麻等，树木类如桃、李、榛、栗、桐、梓、漆、桑、柳、檀、榆、桧等，以及各种草本植物，这些都成为先民起兴、吟咏的对象。

经过多年的考古发掘，中原地区丰富的《诗经》音乐文化不断得到实证。尤其是周代封国郑、卫、陈等地出土了类别丰富、数量众多的音乐文物，为我们了解研究古老的音乐文化提供了翔实的实物资料，这些丰富的文化遗产向我们传递着鲜活生动的音乐信息。

1923 年发现于河南新郑李家楼郑公大墓的编钟，现存一套 23 件，其中特镈 4 件、甬钟 19 件，现分别收藏于国家博物馆、故宫博物院、河南博物院和台北历史博物馆。19 件甬钟造型、纹饰基本相似，大小相次。合瓦形钟体，舞上有上小下大圆柱状甬，舞部及鼓部饰蟠螭纹等。经测音，每个钟均可发出 2 个基音。4 件特镈呈合瓦形体，镈钮由 5 条夔龙组成，蜷曲盘绕；螺旋状枚平均分布于钲间，舞部、鼓部及篆带饰蟠螭纹。郑公大墓的编钟，也是最早发现的郑国乐器实物。1996—1997 年间，考古工作者于中国银行新郑支行建筑工地考古发掘郑国祭祀遗址，出土春秋中期前后青铜编器 9 套 206 件，其中 1、4、5、7、8、9、14、16 号坎编钟（8 套），每套均为镈钟 4 件、钮钟 20 件，17 号坎编钟则为镈钟 4 件、钮钟 10 件；另在新郑金城路 2 号坎、新郑城市信用社 8 号坎各发现一套编钟，均为镈钟 4 件、钮钟 20 件。这 11 套编钟，除 17 号坎编钟外，悬钟规则均为两套 20 件钮钟和 4 件镈钟，“作为中高音的小型钟与作为和声的低音镈钟相配，整个音域跨越三个以上八度，音律和谐，利于旋宫转调以形成丰富多变的旋律特征，较此前的西周礼乐器音

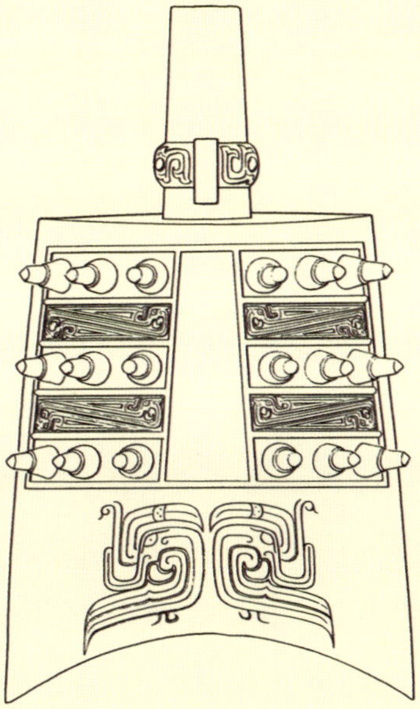

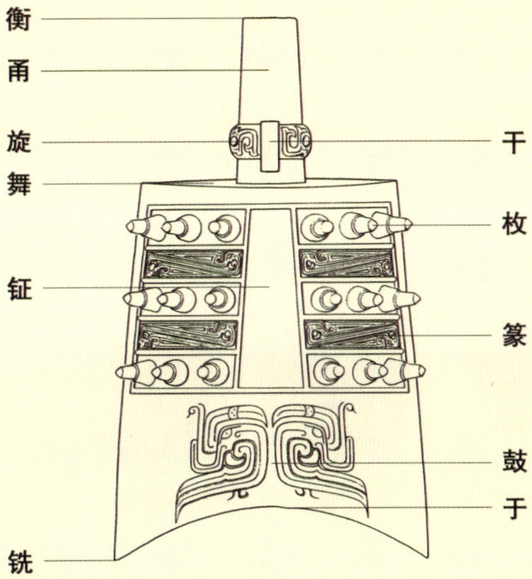

青铜钟各部位名称示意图

特镈　春秋　河南新郑
李家楼郑公大墓出土

蟠螭纹甬钟　春秋　河南新郑李家楼郑公大墓出土

歌钟　春秋　河南新郑金城路祭祀坑出土

节排列有明显进步”[①]。除了编钟的出土外，在郑国都城遗址，还出土有埙、排箫和笛子等。如新郑郑国祭祀遗址出土陶埙，新郑后端湾3号墓出土玉排箫、玉笛等。这些乐器的出土，为探寻湮灭已久的“郑声”提供了难得的实物资料。

兽面纹铜铙　商代　河南安阳殷墟郭家庄160号墓出土

骨排箫　商末周初　河南鹿邑太清宫长子口墓出土

五音孔陶埙　商代　河南洛阳市征集

早在1936年辉县琉璃阁甲乙墓发掘的编钟，则是我们探寻卫国音乐的重要实物。琉璃阁甲墓共出土编钟30件，其中特镈4件、编镈9件、甬钟8件、钮钟9件。特镈、镈钟、甬钟、钮钟形制、纹饰相同，大小依次递减。现分别收藏于河南博物院、故宫博物院和台北历史博物馆。同时甲墓出土有编磬一套10件。在M60同样出土了特镈一组4件、编镈一组9件、甬钟8件、钮钟9件，而石编磬为一套11件，均为特镈、编镈、甬钟、钮钟、编磬五组合的形式。M75为特镈4件、甬钟8件、钮钟9件的组合；M80随葬编钟3件。[②]这些郑国、卫国大型礼乐器的出土，可作为“郑卫之音”的实物见证，同时也为音乐文物的复原与研究提供了无限空间。

三、《诗经》音乐文化的艺术实践

近年来，河南博物院华夏古乐团依托中原地区丰富的《诗经》音乐文化资源，以考古出土的两周时期的乐器为重点，组织相关领域专家针对河南境内出土的两周音乐文物进行系统研究，并复原研制编钟、编磬、瑟、排箫、琴、陶埙等20多件套乐器。同时重点针对《卫风》《郑风》《陈风》进行艺术创作。组织音乐文献研究、音乐创作、作曲等方面专家，针对相关文献记载、古代乐谱，其中包括清代的《诗经乐谱》《诗经古谱》等流传至今的民间音乐遗产进行梳理，创作推出

①李宏主编：《华夏遗韵——中原古代音乐文物》，郑州：中州古籍出版社，2010年，第13页。

②许敬参：《编钟编磬说》，《河南博物院馆刊》第九集，1937年5月；河南博物院、台北历史博物馆：《辉县琉璃阁甲乙二墓》，郑州：大象出版社，2003年；中国科学院考古研究所：《辉县发掘报告》，北京：科学出版社，1956年。

了《淇水恋歌——洪水恋歌》《郑风意象——情景古乐》《情景古乐——宛丘之上》等主题音乐会。将《诗经》这部流传数千载的艺术经典，在学术研究、艺术创作的基础上，以情景音乐会的形式进行舞台化的艺术呈现。

《情景古乐——淇水恋歌》以淇水为重要文化元素，以中国第一位女诗人许穆夫人为主线，通过编钟合奏、琴歌、男女合唱、独唱、对唱等多种形式，分《淇水恋》《复国志》《故土情》三部分，将《卫风》中的重要篇章故事性地勾勒出来，表现许穆夫人的家国情怀。如在音乐剧中重点突出《卫风·淇奥》《邶风· 静女》《卫风·木瓜》《邶风·北风》《邶风·泉水》《邶风·北门》《鄘风·载驰》《鄘风·定之方中》等。《情景古乐——郑风意象》以溱洧、东门等为文化元素，以春秋中期郑国公子子南与徐吾月唯美动人的爱情故事为主线，展现春秋时期溱洧河畔的人文风貌。剧中融合了古代乐器演奏、《诗经》吟诵、情景表演等多元化艺术表现形式，多角度展现溱水、洧水地域文化特征。音乐剧以《出其东门》

吟诵古乐剧——琪水恋歌

《邦之彦兮》《青青子衿》《与子偕老》四个乐章及尾声《萚兮，萚兮》，将《郑风》中的《溱洧》《出其东门》《野有蔓草》《羔裘》《叔于田》《子衿》《有女同车》《褰裳》《清人》《缁衣》《女曰鸡鸣》《风雨》等有机串联起来，构成完整的故事情节。正在打造的《情景古乐——宛丘之上》拟以远古神韵——太昊、神农之乐和《陈风》为主要内容，以太昊陵、宛丘为主要地理文化元素，表现古代陈地人民富裕繁荣的物质文化生活和能歌善舞的传统和习俗，以及他们祈神降福、对美好生活的热情向往和礼赞，宛丘之上青年男女真挚的爱情等。通过《飞龙在天》《尧舜三歌》《宛丘篇》《东门故事篇》《月出篇》五个篇章串联《陈风》10 篇，如《宛丘》《东门之杨》《东门之枌》《东门之池》《月出》《泽陂》《防有鹊巢》等，展现《陈风》中鲜活自然、蓬勃健旺、狂放无羁的原始生命力。

《诗经》情景古乐系列是弘扬《诗经》文化的一种尝试。在这个尝试过程中，首先是对音乐文物的复原与研究。河南博物院华夏古乐团自2000 年成立以来，坚守作为陈列展览的延伸、让文物活起来的初衷，聘请省内外音乐文物专家对境内出土的重要音乐文物进行复原研究，并搬上舞台进行活态展示，努力打造一个可看、可听、可触摸的音乐文化展示平台。所复制的音乐文物，有明确的出处，有可靠的测音数据，有严格的材质要求。其次是对《诗经》的解读，在创作中我们聘请了有关《诗经》研究专家，汲取《国风》中的精华并加以串联，努力还原《诗经》的意境和《诗经》的文化氛围。最后是以古乐为表现形式，通过钟、鼓、磬、瑟、琴、萧、埙、笛等乐器的演奏，展现古代乐器之美、乐器之用、音乐之美，同时辅以各种形式的吟唱、舞蹈等，表现《诗经》音乐文化歌、乐、舞一体的特质，增强古乐的穿透感和表现力，便于让观众去接受并愿意去欣赏。

这种尝试也是在“变与不变”中求得创新。这里所谓的“变”，是历史发展使然。我们知道，《诗三百》自产生以来，经历了两三千年的历史。首先是经历了孔子的删诗与正乐。司马迁《史记·孔子世家》曾提到孔子“删诗书，定礼乐”，“诗三千”被删剩了“诗三百”。研究者根据文献记载研究《诗三百》成书的年代及孔子的生平，多认为“删诗”说难以成立，但《论语》中的确提到了“正乐”。“吾自卫反鲁，然后乐正，《雅》《颂》各得其所。”孔子所处的时代是一个礼崩乐坏的时代，各诸侯国各自为政，乐律不尽相同。因此，孔子在周游列国后正乐，统一乐律则是有可能的。家浚认为，孔子的“正乐”“删诗”应该是乐律的调整。[1] 其次，是语音的变化。《诗经》从口传心授到曲谱的形成历经千年，在上千年的历史变迁中，语音是不断发展变化的，《诗经》音乐原始曲谱早已湮没在历史的尘埃之中。目前我们所能见到的最早的曲谱，是宋人赵彦肃的《唐开元风雅十二诗谱》、元人熊朋来的《瑟谱》《关雎》等，以及清代的《诗经乐谱》《诗经古谱》等。因此，“变”又是历史的必然。但在某种程度上《诗经》的歌乐舞表现形式、《诗经》

①家浚：《诗经音乐初探》，《音乐研究》1981 年第 1 期。

所反映的文化、使用的乐器、特有的曲式又是不变的。如以上提到的《诗经》中反复出现的各种乐器，吟唱中的对唱、帮腔，结构上的重章叠句，等等。《诗经》音乐文化就像一条流淌千年的长河，流去的是岁月，留下来的是它那博大精深的文化内涵和它特有的音乐文化特质。因此，在继承中创新，在创新中发展，在弘扬《诗经》音乐文化中同样具有指导意义。只有不断地创新文化传播形式与方法，才能真正使“文物活起来”，才能将这一优秀的文化遗产传续给子孙后代。

音乐考古学研究中的音乐学分析

——以江都王刘非墓仿玉玻璃编磬的复原研究为例

◇王子初[①]

摘要：本文对所谓“音乐学分析”进行了理论和实践的探讨。文章以2009年江苏盱眙江都易王刘非墓出土的一套仿玉玻璃编磬的复原研究过程为例，研究了音乐考古学研究中的“音乐学分析”方法的应用和作用。其中以乐器材质为研究目标的物理学分析表明，整套酷似翡翠质的“玉编磬”有着诸多人造的痕迹；化学分析的结果表明，这套编磬确为中国古代特有的高铅钡硅酸盐玻璃质地的人造制品。它不仅是古代中国在玻璃技术发展史上的空前大发现，也是古文献推崇备至的“玉磬”之最早、最完美的标本。这套编磬复原实验的全过程，是有关“音乐学分析”应用实践的一个生动实例，对于研究中国有着三千多年历史的古旋律乐器编磬的乐器材质、制造工艺、音律结构、音乐性能和音乐文物性质，乃至汉初宫廷音乐礼制和社会音乐生活、中国古代玻璃制造工艺等，均有重大意义。

关键词：西汉刘非墓；仿玉编磬复原；音乐学分析

就一般意义而言，所谓“分析”，本义就是“研究”——或说“一种研究”。侧重于技术角度的、定量的研究，多谓“分析”；着眼于理论概括的、定性的研究，则多谓“研究”。所谓“分析研究”，即常用词汇的同义叠用。提及“音乐学分析”，可以认为是与音乐本体较为密切的分析方法，以及为音乐学研究所借用的各种技术分析方法和逻辑分析方法的总和，如音高、音色、音强的分析方法，音阶、乐律、和声、曲式的分析，音乐心理、音乐美学、音乐社会学、音乐民族-民俗学、音乐考古学的分析等。除此之外，也可以包含大量其他学科的分析研究，如统计学分析，物理、化学等自然科学的分析，以及哲学的、逻辑学的推理分析等。总而言之，任何一种其他学科的分析研究方法，都可能为音乐学所用；而它一旦进入了音乐学研究的领域，无疑都可能看作为“音乐学分析”方法的组成部分。

即便是我们所认为的单纯音乐本体的“音乐

①王子初：郑州大学音乐学院教授、中央音乐学院音乐系教授。

学分析”，它们浑身上下，也无不透露着与其他学科之间的千丝万缕的联系。如音高、音色、音强、和声的分析，本质上源于物理学（声学）的方法；律学、律制的分析，完全以数学的分析作为支撑；音乐心理、音乐美学、音乐社会学、音乐民族-民俗学、音乐考古学的分析方法，则无疑与其他相关学科心理学、美学、社会学、民族-民俗学、考古学的研究方法息息相通。

需要指出，在音乐学研究中，对各种分析方法的应用还是有所侧重的。即与音乐学本体关系密切的分析方法——即除音乐学之外不为其他学科所常用的分析方法，是“音乐学分析”方法的主体，是本学科分析方法的基础；而借用其他学科的分析方法，则为辅助，为补充。以下所论江苏盱眙刘非墓音乐考古学研究实践，可为“音乐学分析”中微观分析的一种尝试。

一、刘非墓仿玉玻璃编磬的出土和复原研究

2009 年，西汉江都王刘非墓（江苏盱眙大云山 1 号汉墓）出土了一套仿玉玻璃编磬（图 1），为中国音乐及科技考古上的空前大发现。

图 1　刘非墓出土仿玉玻璃编磬之一部

从刘非墓编磬在墓坑中一露头，人们已经感受到它的不同寻常。对其一度辉煌的历史原貌的探究，自然备受考古界、科技界关注。对于音乐考古学家来说，对这套编磬作为乐器的历史原貌及其可能一度带有的音乐音响性能，更是怀着莫大的兴趣，期待一探究竟。

2010 年，笔者受南京博物院考古研究所的委托，主持了该墓“音乐考古学研究”和“仿玉玻璃编磬复原研究”两个项目，前后历时 5 年有余，给南京博物院交出了一份较为满意的答卷，并荣获“南京博物院科学研究最佳合作伙伴奖”。本文以此研究实践为例，谈谈有关“音乐学分析”的体会和认识。

项目中所谓“仿玉玻璃编磬的复原研究”，与今日一般意义上的“复制”理念不同。所谓复制，是以现存的文物面貌（主要是外观）为模仿蓝本，即完全依照出土原件进行制作；而本项目的所谓“复原”，则是以文物当年的面貌为蓝本，“复”的是编磬两千多年前的样子。文物当年面貌现在当然看不到了，所以需要进行大量的研究和分析，找出编磬在两千多年前的各种相关信息。显然，所谓“复原”，无疑包含了更多科学研究的成分。

本项目研究的基本程序大致如下：

（1）首先邀请矿物学专家，对刘非墓出土的玻璃编磬原件进行取样分析，获得其材质全面的物理信息和化学元素成分资料。

（2）寻找合作的实验工厂，共同研制这种古玻璃材料。

（3）修复出土的仿玉玻璃编磬原件。

（4）对修复后的编磬原件作三维扫描，取得完整的形制数据；进行电脑建模，复原编磬在古

代的原始面貌的三维模型；再用电脑雕刻代替3D打印的方法制成工程塑料的阳模，由工厂翻模制造“复原编磬”。

（5）对复原编磬进行测音分析，以获得的数据为基础，对出土编磬音律组合关系进行逻辑分析；由之进一步对出土乐器的性质（明器？实用器？）做出判断。

二、乐器材质的物理、化学分析

盱眙刘非墓编磬在地下经历了两千多年的岁月沧桑，仅有2块比较完整。磬块表面及多数断面普遍严重风化；但风化层多保留了原磬体的形貌特征，成为依附在本体表面的强度和厚薄不同的外壳或表皮。编磬出土以后，刘非墓音乐考古学研究课题组委托中国社会科学院考古研究所李存信先生，将取样送往北京北达燕园微构分析测试中心，进行了化学成分的分析，得出了编磬的表层及心材主要成分为白铅矿的结论。其化学组成为$pbCO_3$，晶体属三方晶系的碳酸盐矿物。心材中含有少量的白云石及微量的微斜长石。

2012年1月，为了进一步确认刘非墓编磬乐器的材质，笔者邀请国土资源部南京矿产资源监督检测中心、江苏省地质调查研究院测试研究所的汪建明先生亲临江苏盱眙大云山发掘工地，对刘非墓出土编磬实地考察。就是在这一次考察中，汪先生获得了惊人的发现。他在编磬的材质中看到了大量气泡和人为搅动的痕迹，从而初步确定了这些编磬的所谓“玉质”，实际上是一种中国古代的人造材料，即玻璃。

中国汉代的玻璃制作水平已相当成熟，玻璃技术限于制作小件饰品为主，如项链、串珠、耳坠及“玉璧”之类。笔者查阅了以往的音乐考古资料，发现山东即墨古城出土的半截战国琉璃磬，应该是在刘非墓玻璃编磬发现之前所见最大的玻璃制品了。当时的玻璃冶炼技术掌握在皇室贵族们的手中，秘不外传。人们不仅把琉璃用作玉的代用品，而且看成与天然玉一样的珍贵。刘非墓玻璃编磬在当时也是价值连城的宝器。

1. 编磬材质的物理学分析

受课题组委托，汪建明先生主持了对盱眙玻璃编磬的材质一系列的取样分析，包括X射线粉晶衍射物相分析；等离子质谱主要元素和微量元素分析；X射线荧光能谱硅、铅等元素分析等。对盱眙玻璃编磬其他项目也作了深入分析，工作主要包括：这种玻璃材料的折射率、密度、硬度测量；体视显微镜微形貌分析；偏光显微镜微形貌分析；Micro-image Analysis & Process材料图像分析气泡含量；中红外光谱分析；近红外光谱分析；扫描电子显微镜微形貌分析以及激光拉曼光谱分析等。这些理化的分析手段，帮助课题组基本上掌握了大云山玻璃编磬材质的物理与化学特性。这对编磬的复原工程来说，是一个十分重要的先决条件。

汪建明先生分别选取了三件样品中未风化腐蚀的碎屑置于偏光显微镜下，使用油浸法观察，3件样品均为含有气泡的均质玻璃体，油浸法测定折射率（nd）均为1.65。选取3件样品中未风化腐蚀的碎块，根据阿基米德定律，采用静水称重法测得密度均为$3.83g/cm^3$；摩氏硬计测得3件样品的摩氏硬度均为4.5，获得了编磬材质基本的物理性质。随之他又对大云山玻璃质编磬进行了微观特征的分析，如他选取未经风化腐蚀的玻璃质磬体碎片置于体视显微镜下观察。玻璃质编磬碎片呈透明或半透明状，贝壳状断口（图2），随入射光角度的不同呈现玻璃光泽或珍珠光泽。碎片的表面和内部均分布有大量白色或淡黄白色气泡，气泡呈圆球形，大小悬殊。在部分碎片中有乳白色混浊相和少量透明清晰相，两相交融在一起，形成搅动构造。人造材料的特征显露无遗。

又取未经风化腐蚀的玻璃质编磬碎片磨制成薄片置于透射偏光显微镜下观察，3件样品在正交偏光下均为全消光（全黑），表明磬体是均质的玻璃相。在单偏光下观察，可将玻璃体分为两个相，即：气泡密集分布的差透明度相（构成主体相）和少量无气泡（或少气泡）的透明相，两相交融在一起形成搅动构造。该现象在体视显微镜下观察或肉眼观察，分别对应于乳白色混浊相和透明清晰相（图3），由此说明磬体的透明度与气泡的分布数量有关，这种“玉料”的半透明玉的温润质感由此而生，惟妙惟肖！

2. 编磬材质的化学成分分析

汪先生又使用日本JSM6490型扫描电子显微镜配置的牛津IMCA型X射线荧光能谱仪对3件样品进行成分分析，其结果见表1。3件样品的化学成分基本一致，SiO_2、PbO、BaO之和已大于93%，含有少量或微量的钠、镁、铝、钙、铁，是典型的PbO-BaO-SiO_2硅酸盐玻璃。

3件样品使用美国（Thermo Fisher X Series Ⅱ）电感耦合等离子体质谱仪（ICP-MS）进行微量元素分析，结果与扫描电子显微镜X射线能谱分析结果相当一致，验证了扫描电子显微镜X射线荧光能谱分析结果的可靠性。

汪先生又对大云山编磬作了玻璃相的X射线衍射物相分析和拉曼光谱、中红外光谱分析。通过大量的物理和化学分析，他对刘非墓这种编磬材质的声学性能和乐器性能的分析结果可以归纳如下：

（1）刘非墓玻璃质编磬的PbO、BaO和SiO_2含量大于95%，含少量的Na_2O，其他元素的含量极低，属于先秦以来中国特有的高铅钡硅酸盐玻璃。

（2）大云山汉墓出土的玻璃质编磬成分与我国其他地区出土的战国至汉代高铅钡硅酸盐玻璃成分的比较见表2，其PbO和BaO含量普遍高于其他地区出土的玻璃。而其PbO、BaO、SiO_2的比例关系和其他少量及微量元素的含量，与扬州甘

图2　09XDM1：3918-10

贝壳状断口，玻璃光泽或珍珠光泽，分布有浑圆状气泡

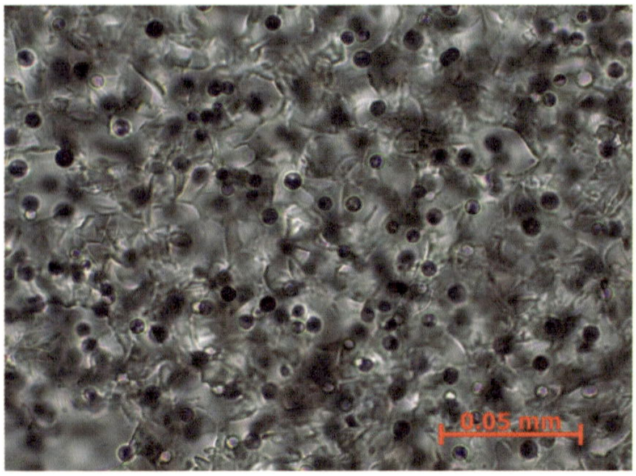

图3　09XDM1：3918-11

照片14进一步放大，气泡密集分布的差透明度相

泉山西汉“妾莫书”木椁墓出土的玻璃仿玉衣片非常类似。江都王刘非为景帝刘启的第五子，死于公元前127年。武帝元狩三年（前117年）江都更名为广陵，扬州甘泉山一带为广陵王陵墓区，“妾莫书”墓为广陵王的后宫墓。刘非墓与“妾莫书”墓地域重合、时代相近（西汉），两墓出土的古玻璃很可能是采用了同类配方和同一产地的原料熔炼制成。其背后的史学意义值得深思。

（3）古玻璃的拉曼光谱分析，表明高频区 Si-O 对称伸缩振动组合峰的频率和强度，反映了玻璃网络结构的解聚程度；而低频区 Si-O 弯曲振动组合峰的频率和强度，则反映了玻璃网络结构的聚合程度；因此可以用两组合峰的峰面积比，即聚合指数“Ip”（Ip = A500/A1000）来定量的估计玻璃网络结构的聚合程度。刘非墓编磬玻璃相的 Ip 为 0.38 左右，与大部分国外古玻璃比较明显偏小（当时西方尚无 $PbO-BaO-SiO_2$ 硅酸盐玻璃），与16世纪伊兹尼克高铅古釉（Pb 29%，Ip=0. 31）和15世纪越南高铅古釉（Pb 54%，Ip=0. 36）的 Ip 非常接近，表明硅酸盐熔体中大量铅离子的加入，使硅-氧网络结构的聚合程度明显降低，即解聚程度增加。

刘非墓编磬玻璃相中含有大量的铅和钡、少量的钠，钡和钠均为典型的网络外体，而铅具有网络形成体和网络外体的两重性。当 PbO 含量低时，Pb^{2+} 与 Ba^{2+}、Na^{+} 相似为网络外体；当 PbO 含量高时，出现 Pb^{2+}/Pb^{4+} 平衡，Pb^{4+} 以〔PbO_4〕结构基团进入网络，成为网络形成体。在 $PbO-SiO_2$ 体系的硅酸盐玻璃中，当 PbO≈50mol%时（Liping Liu，1993）或 PbO>60mol%时（S. Feller et al. 2010），铅离子可作为网络形成体。O. M. Kanunnikova et al.（2009）通过 $PbO-SiO_2$ 体系硅酸盐的 X 射线光电子分析研究提出，当该体系中 PbO 含量为30mol%时，大部分铅是作为网络外体出现的，少部分铅可作为网络形成体，但仅占总铅含量的20%。刘非墓古玻璃的铅含量折合成摩尔分数仅有14mol%左右，所以大云山古玻璃中的铅以网络外体占优势，这与红外光谱和拉曼光谱分析提出的大云山古玻璃具有高解聚度的推论是一致的。

刘非墓玻璃质编磬的微观结构特征显示玻璃相中含有大量的圆球状气泡，使玻璃体成为乳浊状，仅含有少量无气泡分布的透明相条带在玻璃体中呈搅动状分布。编磬作为古代的一种编悬打击乐器，磬体受木槌击打，产生振动发出声音。如果玻璃质磬体中含有大量气泡，声波在玻璃质磬体中传播时，就会被气泡中的空气介质强烈吸收，而迅速衰减，使音量、音质发生很大变化，在两千多年前的技术和工艺条件下，不可能有效地控制玻璃中的气泡含量。同时玻璃磬体中分布的气泡实际上是无数个潜在的破裂点，偏光显微镜和电子显微镜观察到的由数十个破裂面组成的 μm 级破裂带证明，当磬体受击打，在某个剪切应力方向上，无数个气泡（潜在的破裂点）发生破裂，并相互贯通形成破裂面，从而使磬体断裂。而且大云山编磬玻璃的聚合程度较低，并含有大量的气泡，其玻璃体的强度较低，脆性较大，可能受击打能力较差。

根据上述因素分析，汪先生推测大云山玻璃质编磬很可能是明器，而非实用器。但他也指出，最后的确认，尚需对大云山玻璃质编磬能否承受演奏的打击力和击打次数，其音量、音质如何做进一步研究。汪建明先生对编磬材质的物理、化学分析，以及在此大量材料的基础上所做出的历史推论和逻辑分析，有着很强的说服力。事实上，当我们花了近五年的时间，把这种材料的编磬制作出来后，在倾听了复原编磬极为优美的音色而欣喜之余，却遗憾地发现，正应了汪先生的预言，这种玻璃质编磬材料的确存在过于脆弱的特性：在演奏的过程中，不小心就被敲下一块来！

表 1　大云山汉墓玻璃质编磬成分（w%）

编　号		SiO_2	PbO	BaO	Na_2O	Al_2O_3	CaO	MgO	FeO	Σ
09XDM1：3918-9	1	53.18	30.66	12.54	2.86			0.75		99.99
	2	53.30	30.67	13.05	2.97					99.99
	3	53.07	32.14	11.83	2.97					100.01
09XDM1：3918-10	1	41.50	36.86	15.36	4.08		0.42	1.07	0.71	100.00
	2	42.36	37.04	14.62	3.63	0.69		0.86	0.80	100.00
	3	42.87	37.19	15.18	3.93				0.82	99.99
09XDM1：3918-11	1	47.18	34.01	15.05	2.80			0.96		100.00
	2	47.88	33.69	16.34	2.08					99.99
	3	48.22	34.01	14.87	2.08			0.81		99.99
平均（9）		47.73	34.03	14.32	3.04	0.08	0.05	0.49	0.26	100.00

表 2　大云山编磬玻璃相与其他地区出土的古玻璃成分比较（w%）

编　号	SiO_2	PbO	BaO	Na_2O	K_2O	Al_2O_3	CaO	MgO	Fe_2O_3	TiO_2	P_2O_5	MnO	SrO	检测方法	出土地点	年代
GD01	49.95	18.58	15.82		1.81	9.01	2.87		1.43		0.45			PIXE	广东肇庆松山墓，蜻蜓眼珠	战国
GZH2	58.10	19.71	9.14		0.6	6.10	1.14		1.88		1.22	0.05		PIXE	贵州郝章可乐 M－91，绿色玻璃珠	战国晚期
M13-15	54.72	25.16	11.82		0.47	3.05	1.27		0.44					PIXE	四川青川郝家坪，蜻蜓眼珠	战国
SX-14	58.53	28.78	6.97		0.51	2.65	0.57		0.27		1.07			PIXE	重庆开县余家坝三峡库区，蓝色玻璃	战国
XJ-37A	56.45	24.10	10.34		0.57	1.53	0.09		0.66			0.34		PIXE	甘肃武威汉墓，绿色耳珰	汉代
XJ-46	20.18	47.14	14.62	2.2	0.36	1.00	1.90	0.28	12.03			0.01		ICP	新疆哈密 No14，蓝色南瓜形珠残片	汉代
HG1	38.44	38.59	18.80	2.11	0.06	0.11	0.16	0.08	0.08	<0.01		<0.01	0.36	湿化学法	扬州甘泉山木椁墓，玻璃衣片	西汉
HG2	36.19	38.64	19.90	2.24	0.06	0.15	0.18	0.08	0.06	<0.01		<0.01	0.34			
HG3	36.03	42.43	18.74	2.09	0.08	0.08	0.17	0.08	0.07	<0.01		<0.01	0.34			
XDM（平均）	47.73	34.03	13.74	3.83	0.034	0.19	0.32	0.70	0.12	0.007	0.009	0.004	0.107	ICP-MS，EDX	江苏盱眙大云山汉墓，编磬	西汉

注：对比资料来源于李家治等（1986）和干福熹等（2007）

三、 编磬材质的古配方分析与试验

要复原全套编磬，首先要制作出盱眙编磬的玻璃材料。而要烧制出这种玻璃材料，必须要知道这种“玉料”的配方。可以肯定地说，上面表 1 中用电子仪器分析出来的一长列各种成分和微量元素数据，并不都属当时的配方；但也可以初步确定，表 1 中的二氧化硅 48. 22%、氧化铅 34. 01%、氧化钡 14. 87%，应该为其配方的基本成分；表 1 中的绝大部分含量在 1%以下的微量元素，多为原料中带进来的杂质。最终只有通过大量的试验和分析，才能真正找到编磬材质的配方及其制作工艺。

1. 编磬材质的前期试验

课题组邀请了清华大学美术学院玻璃工艺系玻璃实验室关东海主任加盟，并确定了上海嘉定著名的台湾玻璃企业——上海琉园水晶制品有限公司作为实验工厂。自 2012 年 5 月起，课题组进行了长达三年多的刘非墓仿玉玻璃编磬的复原烧制实验。

作为一种考古文物的“复原”研究，其“工艺”的复原可能是最难以捉摸的。古人的工艺流程已难以获知，更不可能知道当时用了何处来的原料，成分的含量如何，采用的是什么冶炼器具、炉温又是多少……我们唯一可能依赖的，只是对出土乐器本身的各种测试分析，获知的是十分有限的信息。无比珍贵的历史文物，也不是可以随意处理的，而必须在保证文物绝对安全的条件下才能进行研究。琉园厂古编磬材料的烧制实验，前后经历了三个阶段。琉园公司以陈康良为首的工程技术人员，根据出土古磬成分的检测报告进行调配。为了还原古磬颜色，进行了多次的反复试验。每一次烧制出来的玉料，都要进行质地、色泽、成分等方面一系列的分析。依据前一次获得的研究结果，进行反复分析、调配，制成琉璃模型磬；模型磬在色泽上往往不稳定，有时出现的颜色差异较大。试验中，也往往照顾到了颜色的接近，却在三大成分的配比上，多次出现了铅和钡的成分明显偏高的现象。如由于原料的来源、批次不同，对原料中微量元素杂质等难以把握，很容易造成玉料颜色的偏离。如第一阶段试验结果的分析表：

表 3　第一阶段磬模型颜色分析表

原件色样	第一阶段试验品色样	测试坩埚次数	测试结果
	 	32 次	颜色不符

表 4　第一阶段试验品磬配方表

测试配方元素	SiO_2	PbO	BaO	Na_2O	Al_2O_3	CaO	MgO	FeO	其他	Σ
成分配比（%）	39.2	26.2	22.4	2	2.7	0.08	/	/	7.42	100

试验中遇到的一个意想不到的困难，是这种高铅钡玻璃溶液竟具有超强的腐蚀性。即便是耐高温的陶瓷坩埚或石膏模具，都可以被它轻易溶蚀。所用耐高温陶瓷坩埚仅使用一次，就完全烧穿了。坩埚的溶蚀，污染了大量昂贵的玻璃料液，只能白白废弃。据说只有铂金坩埚才能抵挡它。同在上海嘉定的、属于军工科研机构的上海光学机械研究所，拥有一个 50 公斤级的铂金小坩埚，价值高达几千万元人民币，本课题组难以满足这样的条件。层出不穷的试验难题，给琉园厂的工程技术人员提出了前所未有的挑战。

2. 材料试验的初步成功

尽管每一阶段的试验未能达到满意效果，但琉园厂均为下一阶段的试验留下了宝贵的数据资料和经验。2012 年 6 月，琉园厂还是克服了种种困难，选择试验中较好的材料，烧制成了两块玻璃样磬（图 4），于 2012 年 7 月送至北京，请课题组专家进行鉴定，提出改进意见，以便作为下一阶段试验工作的参考。

2013 年下半年，琉园厂又根据前一阶段的研究成果，经过了多次配方调整，进行了大大小小数十次的试验，终于烧制出了与出土编磬材质在质地、色泽以及化学成分上均较为相似的玻璃材料，研究工作取得了巨大的成功。凭肉眼看，其相互间的色泽已经达到完全一致。图 5 中，中心 1 块不规则状的材料，即为江都王刘非墓出土的仿玉玻璃编磬的取样，其周围的 5 块为近几次试烧出来的新材料。

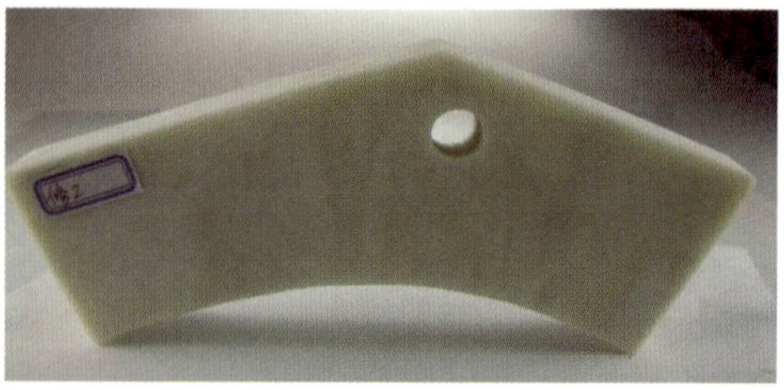

图 4　2012. 6. 30 试样 1 号

图 5　2013. 8. 6 玉料试样

3. 磬声悦耳

科研结果往往难以预料。琉园厂根据以上试验成功的玉料，很快生产了第一批 4 套、88 件仿玉编磬的成品。但这一大批编磬竟然都不能发音，是哑磬。

编磬是一种乐器，乐器最起码的要求是能发声。出土的大云山仿玉玻璃编磬中，有两件保存较好的标本的确可以发出较好的声音；琉园厂以前试验出来的样品中，同样成分的材料，的确也做到了音响品质的优美。所以无论古今，做到编磬的音质优美应该没有问题！由此笔者要求琉园厂务必从中找出技术原因，尽快解决问题。经过琉园厂技术人员的反复分析和实验，最终发现了问题所在。原来，由于原材料的原产地矿区异动，导致这批原料所含微量元素出现变化。原料特性的改变，使磬料产生了瓷化现象，导致了编磬成品声音的喑哑。这的确是一次意外！问题找到了，琉园厂的研究团队总结教训，重新采购了符合特性要求的原料，样磬的复原终于获得了成功！经笔者与清华大学关东海先生协商、南京博物院考古研究所李则斌副所长确认，课题组正式给琉园厂下达了同意全面批量生产的指令。

经过近一年的紧张工作，至 2015 年 5 月，琉园厂用新材料烧制出了 5 套复原仿玉玻璃编磬（图 6）。考察发现，这些成品的每一件，外观晶莹剔透，形制数据精确；不仅色泽、质地与大云山出土原件基本一致，而且编磬发音清脆悦耳，音乐音响性能均十分优良！至此，盱眙大云山出土编磬的复原工作，经过了出土原件化学成分分析，古代玻璃配方的反复探索和 108 次材料烧制试验，再到仿玉玻璃编磬成品的试样和包括三次大方向调整的批量生产等阶段，最终完成了全部的生产任务，取得了项目的成功。

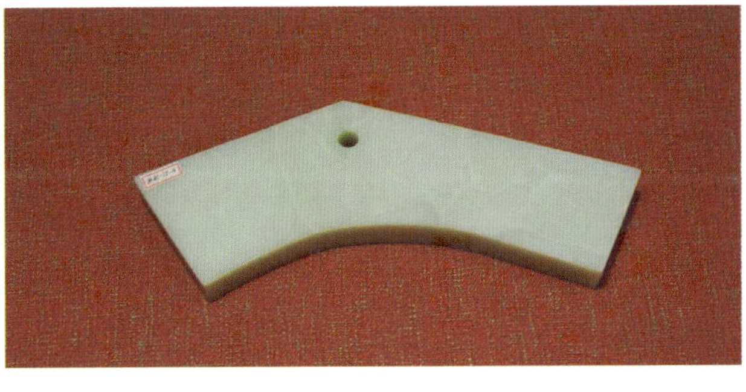

图 6　成功复原的刘非墓仿玉编磬之一（Ⅳ-16）

对于刘非墓出土编磬的复原成功，课题组也认识到，这些成果是建立在以下古人不可能拥有的条件之上的。

（1）今日寻取各种试验用原材料的便利；

（2）试验材质的物理与化学分析的手段精密，材料配方的控制准确；

（3）可严格设定温度的电炉等现代先进烧制工具的应用，后期加工所用的各种刀具、磨具及其他机械设备的科学、快捷。

可以设想，本项目借助了古人难以拥有的条件和技术，尚且用了长达三年的时间、经历了一百多次的失败才取得初步成功。可以推想，古人在创制这套编磬时，所花的人力、物力和智慧，更令今人难以想象！大云山编磬显示出的西汉琉璃工艺，足以让现代人震惊。在我们感叹西汉江都王当年这种超越时代的奢侈时，更为先人的聪明才智所折服！

四、 刘非墓编磬的音律分析

刘非墓出土的仿玉玻璃编磬由于严重的风化与破碎，难以发声毋庸置疑。要指望出土原件向我们提供乐器的音乐本体信息，显然不可能了。但是，编磬是汉代能够遗留至今的极少数定音乐器，它对我们今天要了解古代乐器的音律关系至关重要。是否有可能借助“实验考古”的间接途径，来获得两千多年前音乐的一些信息呢？值得一试。

1. 出土编磬的编列分析

有关这一点，本文的设想是：根据出土编磬的三维扫描所得的形制数据，应用上述与刘非墓出土的仿玉玻璃编磬色泽、质地、化学成分及音乐音响性能相近的高铅钡玻璃玉料，全面复原全套编磬。再对复原编磬测音研究，由此推测刘非墓出土编磬原件大致的音列关系及音域范围，这在目前可能是唯一可行的方法。上述琉园水晶制品有限公司全面成功地复原了5套、多达100件以上的刘非墓编磬，让我们有条件对江都王刘非墓出土的编磬进行音律分析，获得当时的乐器在音乐音响性能上的一些认识。

要对刘非墓出土编磬进行音律分析，首先要对这套编磬的编列（件数）加以确认。

全套出土编磬经笔者修复，由无数残片与碎屑被一一归位为22件基本完整的单体磬。但是形制分析表明，发现“这套”编磬中有些磬块的造型之间相距甚远。特别是第1号磬和第22号磬，造型短宽、轻薄，明显与其余各磬不同。特别是这两件磬块出土时在墓葬中的位置，分别位于磬架的两端之外，与其余编磬的距离较远；它们不应该属于这一套编磬的序列。课题组由此确认，出土编磬的编列应为20件一套。这一确认，也得到了山东章丘洛庄汉墓出土的编磬的编列印证。洛庄出土的6套、总共107件的编磬，是目前所有出土西汉编磬最重要、最可靠的参照。其中4套均为20件（套）编磬。可以证明，西汉早期诸王所用编磬的编列规范，应以20件为一套、每套2组、每组10件为常规。盱眙仿玉编磬以此为参照，符合西汉早期藩王所飨礼乐器的规制。

2. 编磬的音律分析

笔者对琉园厂复原成功的编磬，进行了全面的测音分析。下表即是琉园厂制成的5套复原仿玉玻璃编磬的实测音高数据。

表5　复原盱眙大云山1号墓编磬测音、调音数据记录表

序号	编号	通长（厘米）	通高（厘米）	频率（赫兹）	测音（音分）	国际音名
01	F5−21	69.0	34.5	509.95	B4+47	b^1
	F1−21			502.00	B4+28	b^1
	F2−21			525.79	C5+8	c^2
	F3−21			539.69	C5−47	c^2
	F4−21			516.81	C5−22	c^2
02	F5−20	64.0	23.4	555.64	$^{\#}$C5−4	$^{\#}c^2$
	F1−20			538.38	D^5−12	b^2
	F2−20			525.79	$^{\#}$C5+8	c^2
	F3−20			579.04	D5−25	d^2
	F4−20			587.89	D5+1	d^2
03	F5−11	60.1	22.4	621.39	$^{\#}$D5−11	$^{\#}d^2$
	F1−11			763.11	G5−47	g^2
	F2−11			732.15	#F5−19	$^{\#}f^2$
	F3−11			732.18	#F5−19	$^{\#}f^2$
	F4−11			733.50	#F5−16	$^{\#}f^2$

续表

序号	编号	通长（厘米）	通高（厘米）	频率（赫兹）	测音（音分）	国际音名
04	F5−19	59.0	22.0	714.19	F5+30	f^2
	F1−19			619.87	$^{\#}$D5−7	$^{\#}d^2$
	F2−19			686.01	F5−32	f^2
	F3−19			641.12	E5−49	e^2
	F4−19			713.71	F5+37	f^2
05	F5−18	54.8	19.9	763.98	$^{\#}$F5+47	fa
	F1−18			747.70	$^{\#}$F5+17	$^{\#}f^2$
	F2−18			816.75	$^{\#}$G5−30	$^{\#}g^2$
	F3−18			777.52	G5−15	g^2
	F4−18			742.92	$^{\#}$F5+6	$^{\#}f^2$
06	F5−10	53.5	20.1	781.93	G5−13	#fa
	F1−10			826.39	$^{\#}$G5−9	$^{\#}f^2$
	F2−10			847.02	$^{\#}$G5+33	$^{\#}g^2$
	F3−10			841.17	$^{\#}$G5+21	$^{\#}g^2$
	F4−10					
07	F5−09	50.4	18.0	933.24	$^{\#}$A5−7	$^{\#}a^2$
	F1−09			978.26	B5−17	b^2
	F2−09			996.44	B5+15	b^2
	F3−09			958.26	$^{\#}$A5+47	$^{\#}a^2$
	F4−09			1042.61	C6−7	c^3
08	F5−17	48.9	18.4	1062.54	C6+18	c^3
	F1−17			1012.11	B5+42	b^2
	F2−17			1076.71	C6+49	c^3
	F3−17			1089.63	$^{\#}$C6−31	$^{\#}c^3$
	F4−17			1147.45	D6−41	d^3
09	F5−08	44.8	16.6	1089.89	$^{\#}$C6−38	$^{\#}c^3$
	F1−08			1152.07	D6−34	d^3
	F2−08			1106.07	$^{\#}$C6−5	$^{\#}c^3$
	F3−08			1150.53	D6−36	d^3
	F4−08			1172.43	D6−4	d^3

续表

序号	编号	通长（厘米）	通高（厘米）	频率（赫兹）	测音（音分）	国际音名
10	F5-16	42.4	16.6	1290.76	E6-45	e^{3}
	F1-16			1290.09	E6-38	e^{3}
	F2-16			1251.39	#D6+9	$^{\#}d^{3}$
	F3-16			1340.52	E6+28	e^{3}
	F4-16			1350.78	E6+41	e^{3}
11	F5-07	40.5	15.0	1313.55	E6-15	e^{3}
	F1-07			1316.69	E6-3	e^{3}
	F2-07			1349.49	E6+40	e^{3}
	F3-07			1362.84	F6-43	f^{3}
	F4-07			1359.06	F6-48	f^{3}
12	F5-15	38.5	15.4	1655.01	#G6-15	$^{\#}g^{3}$
	F1-15			1537.03	G6-35	g^{3}
	F2-15			1525.89	G6-48	g^{3}
	F3-15			1504.72	#F6+28	$^{\#}f^{3}$
	F4-15					
13	F5-06	35.1	13.0	1719.99	A6-48	a^{3}
	F1-06			1739.50	A6-21	a^{3}
	F2-06			1677.00	#G6+16	$^{\#}g^{3}$
	F3-06			1722.76	#A6-38	$^{\#}a^{3}$
	F4-06			1833.13	#A6-30	$^{\#}a^{3}$
14	F5-05	31.2	12.6	1949.46	B6-31	b^{3}
	F1-05			2045.82	C7-40	c^{3}
	F2-05			2008.88	B6+28	b^{3}
	F3-05			2009.93	B6+29	b^{3}
	F4-05			1972.63	B6-3	b^{3}
15	F5-14	34.3	13.8	2098.85	C7-4	c^{4}
	F1-14			2196.57	#C7-17	$^{\#}c^{4}$
	F2-14			2175.01	#C7-34	$^{\#}c^{4}$
	F3-14			2084.62	C7-7	c^{4}
	F4-14			2086.16	C7-6	c^{4}

续表

序号	编号	通长（厘米）	通高（厘米）	频率（赫兹）	测音（音分）	国际音名
16	F5−13	24. 4	10. 1	2608. 05	E7−27	e^4
	F1−13			2799. 59	F7+3	f^4
	F2−13			2623. 94	E7−9	e^4
	F3−13			2652. 39	E7+10	e^4
	F4−13			2575. 62	E7−41	e^4
17	F5−04	26. 3	11. 0	2625. 56	E7−16	e^4
	F1−04			2616. 60	E7−14	e^4
	F2−04			2829. 56	F7+22	f^4
	F3−04			2646. 48	E7+6	e^4
	F4−04			2639. 72	E7+1	e^4
18	F5−03	26. 9	10. 9	3044. 69	$^{\#}$F7+41	$^{\#}f^4$
	F1−03			3141. 01	G7+2	$^{\#}g^4$
	F2−03			2928. 99	$^{\#}$F7−19	$^{\#}f^4$
	F3−03			2928. 83	$^{\#}$F7−19	$^{\#}f^4$
	F4−03			3132. 38	G7−2	g^4
19	F5−12	22. 3	09. 5	3278. 50	$^{\#}$G7−31	$^{\#}g^4$
	F1−12			3601. 87	A7+39	a^4
	F2−12			3287. 67	$^{\#}$G7−19	$^{\#}g^4$
	F3−12			3359. 73	$^{\#}$G7+19	$^{\#}g^4$
	F4−12			3493. 54	A7−14	a^4
20	F5−02	19. 7	08. 2	4309. 87	C8+42	c^5
	F1−02			4288. 78	C8+41	c^5
	F2−02			4247. 65	C8+25	c^5
	F3−02			4267. 87	C8+33	c^5
	F4−02			4534. 91	$^{\#}$C8+38	$^{\#}c^5$

【说明】

1. 表中“编号”一栏中的“F1-21”，意谓首套复原玉编磬（未编号）+出土磬原编号；以下“F1-01”意为“复原编磬第 1 套”；余类推。复原玉编磬的形制完全以出土原件为准，未作调音处理。

2. 本表大致按出土玉编磬原件的形制（通长）由大到小的顺序排列；音高采用物理标记，如“C8”，相当于音乐标记的“c^5”（小字五组 c）；余类推。

制表日期：2015 年 4 月 13 日

分析上表中5套复原编磬的测音结果，可以简要归纳为如下4点：

（1）通过上表可以清晰地看到，5套编磬中相应各磬的音高大致接近。即用相同材料制成的、造型一致的磬块，其发音的高低也是相近的。其中个别磬块误差可能大一些，其涉及的原因较为复杂，很可能是由于制作工艺中偶现的材质内部熔化时造成的结构不均，导致声波传导不畅造成的；但“相近”还是其主要的特性。就是说，用实验考古方法制成的复原编磬的音高，对出土原件的研究具有明显的参考意义。尤其各磬块之间相对的音高关系，有较大参考价值。同时，用5套编磬做的实验，可以看作同一实验做了5遍。其结果基本一致，应有一定的可信度。

（2）按序号以首磬音高为基准分析，5套编磬的各磬音高由低到高排列，可以清楚地看到其偏离度越来越大；且在这一点上，5套编磬的表现完全一致。足可以说明，本实验对刘非墓仿玉编磬音律关系的研究，虽是一种间接的研究，但明显具有一定的参考意义和可信性。

（3）上表中，全套20件编磬的音域大致是从c^2（磬f2-21）到$^{\#}c^5$（磬f1-2），跨度达三个八度有余。可知，全套20件编磬的音列关系，并非按音阶的关系编列。这与山东洛庄汉墓出土的六套编磬的音阶结构均不相符，也与至今所见大量先秦出土编磬标本皆不相符。从技术上进一步分析，20件套编磬，若按古今常见乐器所用的音阶编排，音域仅为两个八度有余即可。由此基本可以推定，盱眙江都王刘非墓出土的仿玉玻璃编磬为非音阶排列的音列结构，即这是一套音律无序、不能用于实际演奏的乐器。

（4）参考（2）中5套编磬的各磬音高由低到高排列时其偏离度越来越大这一点，可以推测刘非墓出土编磬也应该符合这一特征；这是一般编磬的制作流程中，完成最后调音前的磬坯的特征。另外，还有一个值得注意的重要旁证。从盱眙出土的这20件编磬分析，它们的造型虽然大致相近，但其中还是有少数磬块，形制上存在差异。（图7、图8）如出土编磬原件中的2号、3号、4号诸磬，造型过于厚实，其与相邻磬块在形制比例上过于悬殊，也难以构成音阶序列关系。根据制磬的一般经验，若完全按照其原样复原出来的编磬，可以肯定其音律不能构成正常的音阶序列。从本实验的结果也正好获得了印证。

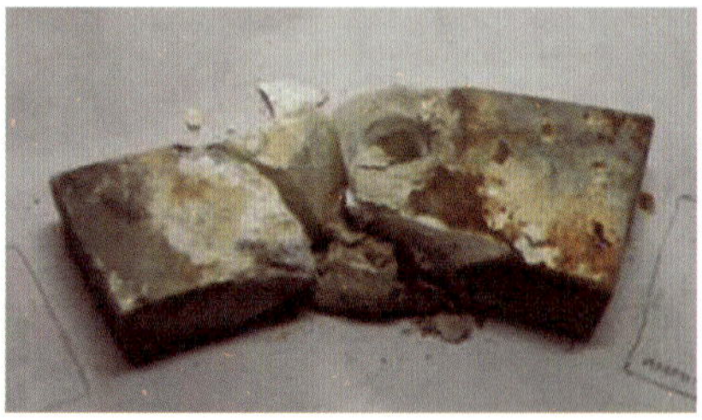

图7 09XDM：3918-2

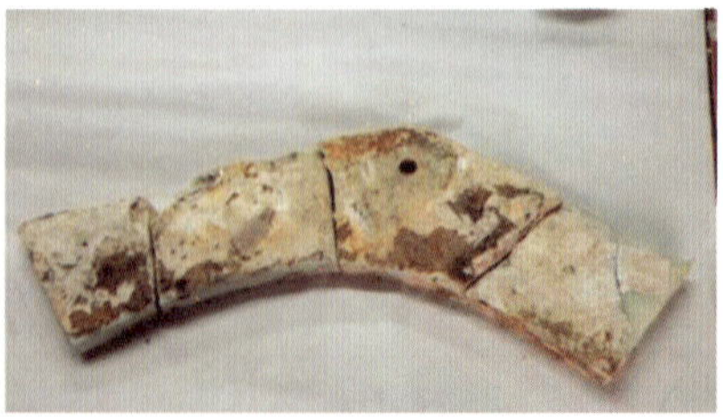

图8 09XDM：3918-11

这一点，在其中两套编磬应南京博物院用于演奏的要求而所做实际调音的过程中，也得到充分的证实：为使3号磬块纳入音阶，其厚度被磨去了一半还多。可以肯定，出土的大云山仿玉编磬并没有完成音律的最后调试。

3. 编磬的乐器属性分析

以上实验，包括一系列的“音乐学分析”，也是对江都王刘非墓出土的仿玉玻璃编磬重要的乐器定性研究。

这套历史上规模空前的古代玻璃制品、精美绝伦的乐器仿玉编磬，究竟是仅用于江都王刘非殉葬的明器，还是当时一种可以演奏音乐的实用乐器？它可以应用于如今天乐坛那样绚丽纷繁的音乐场合或人们日常的音乐生活吗？

前文汪建明先生猜测，这套编磬很可能是明器。笔者觉得实际情况可能要复杂一些。

首先，所谓明器，是指古人专为殉葬制作的苟简代用品。而这套编磬的用料却极其珍贵！这种基本成分为二氧化硅、氧化铅、氧化钡的仿玉玻璃材料，在西汉的确与玉一样珍贵。迄今所见汉墓中的所谓琉璃、料器仿玉制品，都是王侯贵族秘而不宣的珍品，绝无“明器”一说。大云山出土的仿玉编磬虽然音律无序，但其材料珍贵、制作精致，它应该是一套按实用乐器的规格来制作的珍品。其音律乖错，应该是没有完成最后的调音工序所致！编磬自古以来最优良、也是最常规的用料是石灰石。即便用石灰岩制作的实用器，也是廉价之极。江都王墓中用比石灰岩珍贵不知多少倍的“玉”来制作简陋的明器，这无论如何是说不通的。

其次，出土编磬原件与实验所制的复原编磬均表明，江都王墓出土的这种仿玉玻璃编磬，客观上的确是一种音乐音响性能极佳的乐器材料。江都王刘非葬礼的主持者采用这种“玉料”来制作编磬，恰恰是用对了这种材料的音乐音响特性，这应该不是偶然的。当时的人已经掌握这种材料的音响特性，甚至已经拿它来制作乐器编磬，应无疑义。

再次，从出土的这套仿玉玻璃编磬来看，不仅材料珍贵，而且用料充实、制作规范，工艺也说得上精致，丝毫看不到一般明器的粗陋、苟简的痕迹。

最后值得提及的是，如以发音最低的第 21 号磬为基准，可以看出整套复原编磬的音都有偏高的倾向。这很可能是为后一道工序——调音——留的余量。上文已提及，以减薄磬体厚度的方法，逐渐降低磬块的音高，最终达到其设计音高，这无论在先秦编钟还是编磬上，均是最合理、规范的调音方法。尤其在编钟的调音上，更是唯一的方法；而于编磬，虽然也可以通过打磨磬体的两端来提高磬块的频率，但这种以牺牲磬体五边形规范为代价的做法，一般不宜多用。上文提到，部分磬块的五边形形制虽然还比较规整，但其厚度则明显不类。如第 2 号、第 3 号、第 4 号磬，明显露出了这种“磬坯”的蛛丝马迹。

总之，刘非墓出土的仿玉玻璃编磬，其当时的制作理念不是明器，只能是无比珍贵的实用器。

既然如此，那么它为什么没有按照常规的乐器编磬进行调律呢？这确实值得进一步分析。

很遗憾，今天人们已经难以知晓江都王刘非死亡的真实原因。公元前 154 年，刘非 15 岁参加平定“吴楚七国之乱”，次年（前 153 年）因功改封为江都王，在位 26 年。《汉书・景十三王传》载“（刘非）二十七年薨，子建嗣”，可推算刘非死时应在 42 岁上下，正当壮年。他的死应该是意外，所以下葬极为仓促。笔者研究发现，江都当时的国相，竟是那位历史上曾向汉武帝提出“罢黜百家，独尊儒术”根本国策的大儒董仲舒。他效仿上古尧舜，采用“玉磬”给刘非殉葬（猜测这很可能是董仲舒的主意），顺理成章；今天的试验也证明，这种仿玉玻璃编磬的制作相当困难。虽然玉磬最终做出来了，精心调音已经没有了时间。好在是给死人所用，有没有音律也就无所谓了。如此，可以确定大云山出土的这套仿玉玻璃编磬，应该是一套没有完成最终调音的“实用”乐器。

五、余 言

40 多年的改革开放政策，引领中国经济急剧发展。大规模的建设工程遍地开花，大量古代遗址和墓葬等考古发现接踵而至，其中也包含了音乐考古学方面的重大成果。湖北随州的曾侯乙墓和曾侯乙编钟，河南舞阳贾湖遗址的大批七音孔骨笛，新疆且末和鄯善的公元前 5 世纪前后的箜篌……令人目不暇接；而更重要的是，既有的中国古代音乐史，给了人们以难以想象的缺欠和谬误；面对大量音乐考古新发现的历史真实，频频造成音乐史学家们绝对的震撼！同时在考古实物资料的研究中，相比以往单纯对文献史料的研究，各种分析方法的应用越来越广泛，由此而获得的成果也愈加丰富。

近日，江西南昌海昏侯墓发掘又备受社会关注。证据表明，墓葬主人就是西汉海昏侯国的第一代海昏侯刘贺。墓内出土了大量珍贵文物，特别是包括了编钟、编磬等礼仪乐器。（图 9）

值得注意的一个现象是，刘贺墓及以往已经出土的西汉三王墓——济南洛庄汉墓、江苏盱眙刘非墓、广州南越王墓中，都出土了一套完整的编钟；而且这套编钟都由一组纽钟 14 件和一组甬钟 5 件（唯刘贺墓为 2 组 10 件）组合而成，与同出编磬等乐器构成完整的礼仪乐悬；这些编钟不论是纽钟还是甬钟，在造型和纹饰上均有着西汉早期编钟的鲜明特征。这种礼乐制度所体现的钟磬乐悬的种种规范，在这四座墓葬、长达 127 年内顽强地表现出来，也从今山东洛庄、江苏盱眙，到江西南昌、广东广州，南北跨越数千公里，覆盖了西汉王朝的大部疆域。很遗憾，有关高祖刘邦在汉初是如何推行“礼乐制度”的，却已成为失载于典籍的重要史实。

显然，对海昏侯墓出土的礼仪乐器进行“音乐学分析”研究，是认识汉初礼乐制度的重大课题。仅就海昏侯墓出土的编钟而言，如刘非墓编磬一样，可以运用“音乐学分析”展开的研究前景广阔：

如编钟的外部特征：造型、音梁结构、调音锉磨遗痕、色泽、纹饰、铸造工艺（范缝、铸疣、浇冒口等）等。（图 10、图 11、图 12、图 13、图 14）

如编钟的内部特征：乐器的设计铸造理念、金属成分、合金配方、金属结构及金相等。

图 9　海昏侯墓出土的编钟

图 10　海昏侯墓甬钟的竹节状甬

图 11　海昏侯墓纽钟的腔体造型

图 12　海昏侯墓编钟的方块几何纹饰

图 13　刘非墓编钟上的方块几何纹

图 14　洛庄编钟上的方块几何纹

如编钟性能：音乐性能（声音的频率及频谱分析、音阶、音准、音律等）、音响性能（发音灵敏度、音色特征等）。

如编钟的社会学意义：以上编钟的特征、性能背后所蕴含的丰富的音乐历史价值。

一个事实是，数千年来中国的学术传统可以用“重道轻器”四字加以概括。论音乐，也是《礼记·乐记》所谓“声音之道，与政通矣”之类，多以天道、政治、人伦为论。而对于音乐本体的技术性问题，则视之为“贱工之学”，不值一提！所以，中国数千年留存至今的传统音乐历史文献，亦多为“论道”之作：上述《礼记·乐记》可为音乐上论道之作的典范；而像《周礼·考工记》中专论编钟设计铸造的《凫氏》和专论编磬设计制造的《磬氏》之类“论器”篇章，则凤毛麟角，十分罕见。古来论道者常以“研究”为论；论器者则多被称为“分析”，缘由约在于此吧！

当代科学技术日新月异。在旧有“重道轻器”的传统受到越来越多的冲击的同时，中国考古学界“论器”之风渐兴。以往发掘一个遗址或一个墓葬，“绘图、照相、发简报”的简单模式已被打破；人们的视野，越来越深入到大量的微观和专业的技术领域，由此取得了大量令人难以置信的成果。如1993—1995年，北京大学考古系、江西省文物考古研究所和美国安德沃考古基金会组成联合考古队，在江西省万年县大源乡仙人洞遗址和吊桶环遗址的史前古稻田中，发现了炭化稻壳中的植硅石，分析证明其中已经有了人工培植的栽培稻成分。遗址的下层距今达1.5万~2万年，属旧石器时代末期。[①] 湖南省文物考古研究所也在同时对零陵地区道县寿雁镇玉蟾岩进行了发掘，发现了兼具野生稻、籼稻、粳稻的栽培稻炭化稻粒以及火候较低的陶片。经国家文物局专家组鉴定，稻壳距今已有1.8万~2.2万年。[②] 从泥水里淘洗出来的、几个毫不起眼的炭化稻壳，其背后隐含的重大历史意义为：江西、湖南栽培稻及稻作文化的出现，是中华农业文明起源的一大里程碑。农业文明的诞生，是人类从旧石器时代向新石器时代过渡的革命性标志之一。中华民族的祖先何时步入新石器时代？旧有的认识可能要受到质疑。同时，黄河流域为中华文明单一起源地的传统认识，也将为长江流域以及广大的华南地区取得的丰硕考古成果而彻底更新！

中国考古界这类例证不胜枚举，“论器”的微观分析方法愈为学界所关注；而在中国音乐史学界、音乐考古学界，似尚未得到应有的重视。就目前所见大量的硕士、博士学位论文中，所谓的“音乐学分析”、泛泛而谈的“论道”之作比比皆是；脚踏实地而能真正解决中国音乐历史问题的有所发现、有所创见的文章，则不多见。1918年7月，学者胡适在《每周评论》上提出“多研究些问题，少谈些‘主义’”，于此正可为借鉴。须知对音乐史“道”之高论，是对大量“器”之分析成果的概括总结。无“器”支撑，“道”由何生？愿中国音乐史学界、音乐考古学界，多多关注“论器”之作，也多多关注“音乐学分析”的微观应用！

①《95全国考古新发现》，《光明日报》1996年3月26日。

②《人民日报》1996年4月3日海外版。

澄城刘家洼墓地出土乐器初探

◇王清雷　孙战伟　陆昕怡　陈　健　种建荣[①]

摘要：“2018年度全国十大考古新发现”之一的刘家洼墓地，出土了一些礼乐重器，如编甬钟、编钮钟、编镈、编磬、建鼓和钲等。本文通过对这些乐器的初步研究，认为有些发现具有填补空白的学术意义，如刘家洼M2墓葬出土的B型“山”字形磬为首次发现；M2墓葬出土的4件建鼓，是中国音乐考古上前所未有的重要发现；M1墓葬出土的钲初步判断其应为西周末至春秋初之器物，是目前所见有关钲的最早实物之一；M2墓葬中钟铃与建鼓的组合使用，是目前考古首次发现的新现象；M2墓葬出土的埙是目前所见唯一一例出自墓葬的东周五音孔埙。文章还认为M2出土的乐悬规制为轩悬。如果推测不谬的话，此为目前所见最早的轩悬之实例。特别珍贵的是，刘家洼M1出土的一套编钟和编磬均可以演奏五声音阶，且同为F宫。出于学术研究的需要，王清雷与研究团队用这套钟磬原件试奏了乐曲《北京的金山上》，已在中央电视台科教频道《探索发现》栏目之《刘家洼考古记》（五）中播出，世人终于欣赏到2700多年前极其珍贵的芮国国君享用的金石原声。

关键词：刘家洼墓地；乐器；初探

刘家洼遗址（图1）位于陕西澄城县王庄镇刘家洼村西北，分布于洛河支流长宁河上游的鲁家河两岸。2016年年底发现有墓葬被盗，经申报国家文物局批准，陕西省考古研究院与市、县相关文博单位组成联合考古队，对遗址进行勘探和抢救性发掘。考古队重点发掘了包括周代诸侯大墓在内的两处墓地。根据出土文物的形制、纹饰等

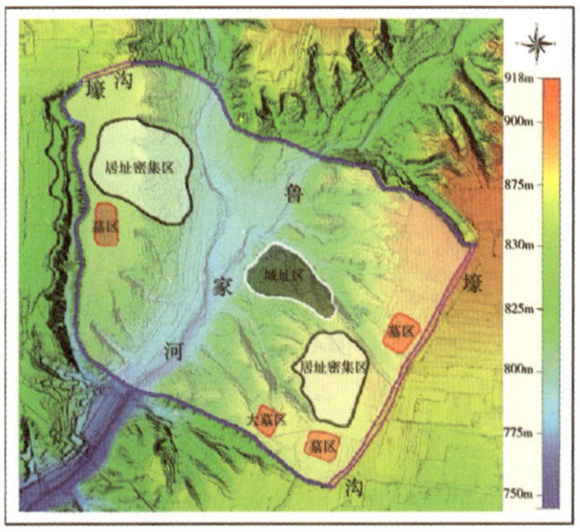

图1　刘家洼墓地范围示意图

①王清雷：中国艺术研究院《中国音乐文物大系》总编辑部主任、河南大学讲座教授、西安音乐学院特聘教授；孙战伟：陕西省考古研究院助理研究员，刘家洼考古队副队长；陆昕怡：西安音乐学院2018级硕士研究生；陈健：西安音乐学院2018级硕士研究生；种建荣：陕西省考古研究院副院长、研究员，刘家洼考古队队长。

特征分析，可以认定该地为春秋早中期芮国后期的一处都邑遗址。

鲁家河穿遗址区中心而过，将遗址分为东、西两区。目前勘探发现墓葬共4处210余座，其中东区墓地3处，西区1处。东I区墓地共发掘大、中、小型墓葬71座，车马坑2座，马坑1座。其中带墓道的“中”字形大墓2座（M1与M2），大型竖穴土坑墓1座（M3）。“中”字形大墓西北部各有一座南北向车马坑。西区墓地共发掘墓葬44座，均为中、小型墓，探明马坑2座，发掘1座。经过两年多的发掘工作，刘家洼墓地出土了大量珍贵文物，取得了一系列重要收获与认识，对推动关中东部周代考古乃至周代历史社会的研究具有重要的意义，入围“2017年度全国十大考古新发现”，成功入选“2018年度全国六大考古新发现”“2018年度全国十大考古新发现”。

刘家洼墓地出土的大量乐器，均发掘自东I区墓地（图2）的三座大墓（M1、M2和M3）中。M1和M2均为带墓道的“中”字形大墓，均遭严重盗扰，人骨不存，墓主葬式不明。M1出土乐器有编甬钟2套（现存10件）、编磬2组（现存10件）、建鼓以及钲。M2出土乐器有编甬钟2套（现存12件）、编磬（现存6件）、建鼓（4件）以及陶埙，同时还出土有钟簴、磬簴。M3为竖穴土坑大墓，虽然没有墓道，但其墓口与M1、M2的椁室大小相差无几。该墓亦被盗，现存编镈（5件）和编钮钟（9件）。从乐器种类来看，刘家洼墓地出土的乐器并无特殊之处，但仔细审视这些资料，有些发现却具有填补空白的重大学术意义，试述如下：

一、编甬钟（及钟簴）

目前所知，刘家洼M1出土编甬钟10件，M2出土编甬钟12件。由于M1和M2均被盗掘，故其编列是否完整有待考证。编钟均为青铜质。其中，绝大多数保存完整，个别残破。钟腔横剖面为合瓦形。平舞，上置圆柱形甬，有的封衡，有的未封衡。旋斡俱全，有的为近方形斡，有的为半环形斡；有的斡为素面，有的斡饰绹纹。篆带和正鼓部大多饰云纹，但细部不同。因为编甬钟均没有除锈，故有的甬钟纹饰不辨。M1的编甬钟已经清理出来，可以看到于口内壁有调音锉磨的痕迹，调音槽有多有少。经王清雷现场试奏（图3）可知，有的甬钟可以发出清晰的双音，正、侧鼓音的音程关系或为大三度，或为小三度，可以判定为实用器。M2的编甬钟（图4）仍在墓坑中未提取，是否有调音未知。尤为珍贵的是，M2（图5）还出土有钟簴（2架），特别是椁室西壁

图2　刘家洼墓地发掘现场

图3　种建荣队长陪同王清雷鉴定刘家洼M1出土的编甬钟

钟簴保存较好，长达 5.3 米，上有嵌蚌饰的木雕漆绘图案（图 6），下伏圆雕兽形簴座，甚为壮观。这种周代钟簴的工艺为目前首见。如何将其复原将是一项非常重要而又艰难的课题。

二、编磬（及磬簴）

据目前的发掘资料可知，刘家洼 M1 出土编磬 10 件，M2 出土编磬 6 件。由于两座墓葬均被盗，故其编列是否完整有待厘定。编磬均为石灰岩质。从器型来看，分为两型，A 型为传统的凸五边形磬[①]，M1 编磬（图 7）均属此型，M2 部分编磬也为此型。B 型为“山”字形磬，其特点是两博均为弧形。在两博与股上边、鼓上边相交处各有一个折角，与倨句一起大致构成一个“山”字形（图 8），故暂称之为“山”字形磬，M2 出土的部分编磬（图 9）属于此型。

图 4　刘家洼 M2 出土的编甬钟

图 6　刘家洼 M2 出土钟簴局部

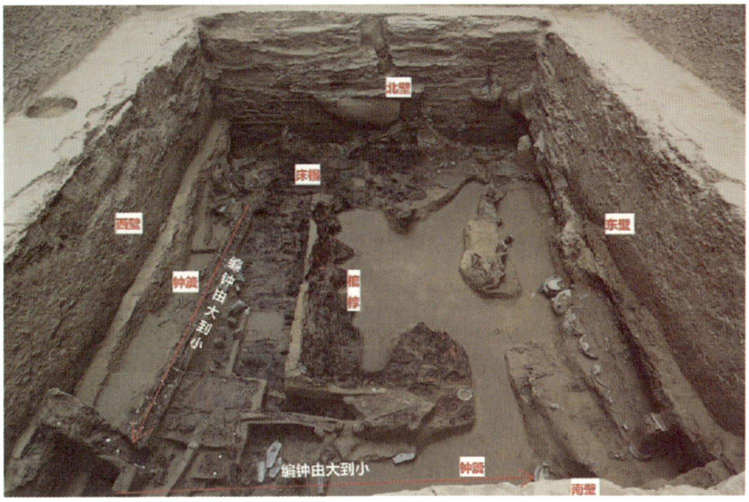

图 5　刘家洼 M2 椁室图

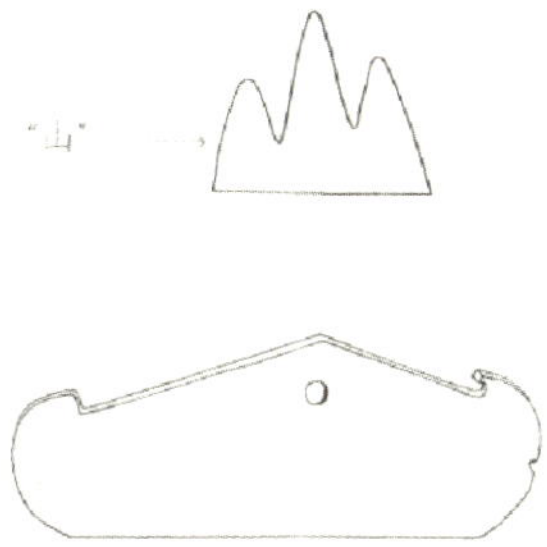

图 8　刘家洼 M2 出土的编磬·B 型线图

图 7　刘家洼 M1 出土的编磬·A 型

图 9　刘家洼 M2 出土的编磬·B 型

①此为李纯一先生之命名，见《中国上古出土乐器综论》，北京：文物出版社，1996 年，第 31 页。

关于磬的器型，目前已有诸多学者进行过系统研究。《中国上古出土乐器综论》一书对新石器时代晚期至汉代的磬作了深入的类型学研究，资料翔实，颇多创见。该书将这些磬分为Ⅰ型（直背）、Ⅱ型（折背）、Ⅲ型（弧背）、Ⅳ型（倨背）四型。Ⅰ型分为Ⅰ1 式（横条形）和Ⅰ2 式（竖条形）；Ⅱ型分为Ⅱ1 式（凸五边形）和Ⅱ2 式（梯形）；Ⅲ型分为Ⅲ1 式（鲸头型）和Ⅲ2 式（鲷头型）；Ⅳ型分为Ⅳ1 式（钝角三角形）、Ⅳ2 式（凸四边形）、Ⅳ3 式（凸五边形）和Ⅳ4 式（凸六边形），其中Ⅳ3 式又进一步细分为Ⅳ3a（平底）和Ⅳ3b（拱底）、Ⅳ3c（角底）三式。[①] 通过比较可知，刘家洼墓地 A 型磬属于其中的Ⅳ3b 式。对于刘家洼墓地 B 型磬而言，在该书中却没有与之对应的型与式。《石磬形态通考》[②] 一文通过综合考量磬的形制、纹饰、铭文、音律等要素，将新石器时代晚期至清代的磬分为“模糊型石磬”“变革型石磬”“稳定型石磬”“美饰型石磬”，是目前有关磬的形态研究最为深入的一篇硕士论文。在“模糊型石磬一览表”中，该文按照其形制的不同分为 11 种，分别是类长方形（如夏县西夏冯特磬）、鱼形（如夏县东夏冯特磬）、类梯形（如五台阳白特磬）、类鱼形（如安阳虎纹石磬）、三角形（如安阳小屯虎纹磬）、长方形（如妊冉入石石磬）、类菱形（如巫山双堰塘石磬）、类五边形（如禹州阎砦石磬）、类六边形（如大司空村 991 号墓磬）、类半圆形（如殷墟 93 号墓磬 2）、倒梯形（如郭家庄 160 号墓磬）。在“变革型石磬一览表”中，该文按照其形制的不同分为 6 种，分别是五边形（如襄汾特磬）、类梯形（如平陆前庄特磬）、类鱼形（如安阳永敌石磬）、半圆形（如扶风齐镇石磬）、类五边形（如秦公 1 号墓编磬）等。在“稳定型石磬一览表”中，该文按照其纹饰的不同分为 4 种，分别是素面（如淅川下寺 2 号墓编磬）、铭文（如上蔡商父之征石磬）、花纹（如邳州九女墩 3 号墓编磬）、凤鸟（如江陵彩绘编磬）。在“美饰型石磬一览表”中，该文按照其形制的不同分为 12 种，分别是钝角矩形（如描金龙纹玉特磬）、曲尺形（如通州舒缨磬）、夔龙（如新疆玉磬 1）、云朵（如新疆玉磬 2）、素面（如三星堆石磬）、铭文（如涪陵特磬）、曲尺（如三台文庙编磬）、类三角形（如沁阳刻文石磬）、古琴形状（如汝州琴形玉磬）、折尺形（如武威文庙石磬）、葫芦形（如运城“泗滨浮磬”）、五边形（如天津青玉磬）等。通过仔细梳理这些资料可知，刘家洼墓地 A 型磬属于稳定型石磬，却不见刘家洼墓地 B 型磬。其他相关研究文章还有《商代磬和西周磬》[③]、《西周磬研究综论》[④] 等，亦不见刘家洼墓地 B 型磬。

从对以上研究成果的分析可知，均不见刘家洼 M2 出土的 B 型磬。B 型“山”字形磬为首次发现，具有填补空白的重要学术意义。

三、建鼓（5 件）

据目前的发掘资料可知，刘家洼墓地出土的鼓类乐器共计 5 件，其中 M1 出土 1 件，M2 出土 4 件

①李纯一：《中国上古出土乐器综论》，北京：文物出版社，1996 年，第 31 页。

②王安潮：《石磬形态通考》，上海音乐学院硕士学位论文，2003 年，第 11~12、22、31~32、54 页。

③方建军：《商代磬和西周磬》，《文博》1989 年第 3 期，第 36~45 页。

④高蕾：《西周磬研究综论》，《南京艺术学院学报》（音乐与表演版）2004 年第 2 期，第 48~54 页。

(图10)。这些鼓有的有鼓座，有的没有鼓座。但都有一个共同的特点，即鼓身均有一根鼓杆（图11、图12）贯中而出。《礼记·明堂位》载：“夏后氏之足鼓，殷楹鼓，周悬鼓。”郑玄注：“足，谓四足也；楹，谓之柱贯中，上出也；悬，悬之簨虡也。”① 此处所谓的“楹鼓”就是指建鼓。如果按照郑玄所言“柱贯中，上出”的标准来看，刘家洼墓地出土的鼓均为建鼓。目前所知，春秋战国时期的建鼓主要有8例（大部分仅存鼓座），分别为陕西韩城梁带村M27出土的建鼓（1件，春秋早期）②、河南平顶山叶县旧县乡许国墓出土的建鼓（1件，春秋时期）③、山西太原金胜村M674出土的建鼓（1件，春秋晚期）④、安徽舒城九里墩出土的建鼓（1件，春秋末期）⑤、湖北随州擂鼓墩M1出土的建鼓（1件，战国早期）⑥、湖北随州擂鼓墩M2出土的建鼓（1件，战国早期）⑦、江苏淮安市运河村出土的建鼓（1件、战国）⑧、保利艺术博物馆馆藏的建鼓（1件，春秋晚期）⑨。刘家洼M2墓葬竟然出土了4件建鼓，这是中国音乐考古学上前所未有的重要发现，其所涉及的许多问题均值得深入探讨与研究。

四、钲

钲（图13），1件，出土于M1棺椁之间的南侧，北部紧挨编钟。青铜质。钲腔横截面呈合瓦形。平舞，圆柱形甬。甬上有一穿，可以悬挂演奏。器表所饰主纹为减地平雕的饕餮纹。初步判断其应为西周末至春秋初之器，是目前所见有关钲的最早实物之一。在刘家洼M1钲出土之前，有关钲的早期实物为上村岭虢太子墓铜钲（图14）。1956—1957年，虢太子墓钲出土于河南陕县上村岭第1052号墓，其时代为春秋早期。⑩ 钲保存完好。体腔横截面呈合瓦形。舞平，上置圆形甬，虽中空但不与体相通，甬上有一穿，可以悬奏。器身两面阴线云纹。通高25.7厘米，重2.45千克。⑪《中国上古出土乐器综论》指出：“在I型钲中又以出土于上村岭东虢太子墓的例1年代为最早，山东沂水、湖南衡阳和安徽宿县等地出土的例2~4，不但年代晚，而且尽管它们在形制上有些细微的发展变化（如例2的悬孔为方形，例3、例4体高逐渐增大等），但都未脱离例1的基本原型。由此可以推知，钲可能最先出现于中原地区的河南。”⑫ 现以西周末至春秋初的刘家洼M1出土的钲来看，“钲可能最先出现于中原地区的河南”的推断，仍有商榷的余地。

①《礼记·明堂位》，《礼记正义》卷三十一，《十三经注疏》（下），北京：中华书局，1980年，第1491页。

②《陕西韩城梁带村两周考古又有重大发现（一）》，《宝鸡文理学院学报》（社会科学版）2006年第4期，第61页。

③平顶山市文物管理局、叶县文化局：《河南叶县旧县四号春秋墓发掘简报》，《文物》2007年第9期，第17页。

④侯毅：《鼓座、建鼓与战鼓》，《中原文物》2006年第4期，第49页。

⑤安徽省文物工作队：《安徽舒城九里墩春秋墓》，《考古学报》1982年第2期，第233~234页。

⑥随县擂鼓墩一号墓考古发掘队：《湖北随县曾侯乙墓发掘简报》，《文物》1979年第7期，第6页。

⑦湖北省博物馆、随州市博物馆：《湖北随州擂鼓墩二号墓发掘简报》，《文物》1985年第1期，第17、20页。

⑧淮安市博物馆：《江苏淮安市运河村一号战国墓》，《考古》2009年第10期，第17页。

⑨孙机：《记保利艺术博物馆所藏青铜鼓座》，《文物》1999年第9期，第87页。

⑩中国科学院考古研究所：《上村岭虢国墓地》，北京：科学出版社，1959年，第22页。

⑪袁荃猷：《中国音乐文物大系·北京卷》，郑州：大象出版社，1996年，第84页。

⑫李纯一：《中国上古出土乐器综论》，北京：文物出版社，1996年，第319页。

图 10　刘家洼 M2 出土的建鼓之一

图 13　刘家洼 M1 出土的钲

图 14　上村岭虢太子墓出土的钲

图 11　刘家洼 M2 出土的建鼓鼓杆青铜构件一

图 12　刘家洼 M2 出土的建鼓鼓杆青铜构件二

五、铜铃与建鼓的组合

铜铃出土数量很多，器型多样，有銮铃和钟铃等。所谓銮铃（图 15），其铃体一般为扁圆形，上面有镂孔，并有长方形的座。所谓钟铃，是指其器型如钮钟。铃体横截面为合瓦形。平舞，上面置环钮。于口弧曲，舞底有铃舌。铜铃在 M2 出土较多，如北侧的车马器区，既有钟铃，也有銮铃。特别需要说明的是，在刘家洼 M2 的东南角发现有 4 件钟铃（图 16）与 1 件建鼓放在一起。根据墓葬出土器物的组合关系，M2 的东南角、南侧与西侧均为乐器区。故此，这 4 件钟铃的功能并非车马器，而为乐器，其应和建鼓配套使用。这种将钟铃与建鼓一起使用的乐器组合，是目前考古首次发现的新现象，再一次刷新了学界的认识。

六、罕见的五音孔埙

经考古队发掘人员告知，刘家洼出土的埙至少有 2 件，一件为红陶，一件为黑陶。均为五音孔，5 个按音孔的布局为前三后二。其中 M2 的为黑陶埙（图 17），保存完整。轮制。体呈陀螺形。体表磨光，素面没有纹饰。在埙的中部凸起成腹，腹向下略收成平底，底径较小。在埙的顶端开有一个吹孔，孔径较大。目前发掘的周代墓葬数量众多，但出土的埙却数量很少，初步统计仅有 15 件，

图 15　刘家洼 M2 出土的銮铃

图 16　与刘家洼 M2 建鼓共出的钟铃

图 17　刘家洼 M2 出土的黑陶埙

如洛阳北窑 341 号墓出土的埙（2 件，五音孔）①、德安陈家墩出土的埙（一音孔）②、郑国祭祀遗址 5 号出土的坎埙（四音孔）③、郑国祭祀遗址 9 号出土的坎埙（三音孔埙）④、新郑热电厂 590 号墓出土的埙（二音孔埙）⑤、章丘女郎山出土的埙（2 件，四音孔埙）⑥、新郑热电厂东周遗址出土的埙（二音孔）⑦、新郑土地局东周遗址出土的埙（二音孔）⑧、新郑金城路东周遗址出土的埙（二音孔）⑨、郑国祭祀遗址 1 号出土的坎埙（三音孔）⑩、郑国祭祀遗址 8 号出土的坎埙（三音孔）⑪、郑国祭祀遗址 7 号出土的坎埙（四音孔）⑫、郑国祭祀遗址 16 号出土的坎埙（四音孔）⑬ 等。在以上这 15 件周代埙中，一音孔埙有 1 件，二音孔埙有 4 件，三音孔埙有 3 件，四音孔埙有 5 件，五音孔埙仅有 2 件，且均为素面，没有任何装饰。其中，2 件五音孔埙（洛阳北窑 341 号墓埙）均为西周时期的产物。刘家洼墓地的时代为春秋早中期，埙的时代应与其相当。由此来看，刘家洼 M2 出土的五音孔埙是目前所见唯一一例出土的东周五音孔埙。在刘家洼考古队，王

①方建军：《洛阳北窑周埙研究》，《中国音乐》（季刊）2008 年第 3 期，第 68~69 页。
②徐长青、余志忠、杨明：《江西德安陈家墩遗址第二次发掘简报》，《东南文化》2000 年第 9 期，第 23 页。
③王子初：《中国音乐文物大系Ⅱ・续河南卷》，郑州：大象出版社，2009 年，第 310 页。
④王子初：《中国音乐文物大系Ⅱ・续河南卷》，郑州，大象出版社，2009 年，第 314 页。
⑤赵世刚：《中国音乐文物大系・河南卷》，郑州，大象出版社，1996 年，第 24 页。
⑥周昌富、温增源：《中国音乐文物大系・山东卷》，郑州，大象出版社，2001 年，第 19 页。
⑦赵世刚：《中国音乐文物大系・河南卷》，郑州，大象出版社，1996 年，第 25 页。
⑧赵世刚：《中国音乐文物大系・河南卷》，郑州，大象出版社，1996 年，第 25 页。
⑨赵世刚：《中国音乐文物大系・河南卷》，郑州，大象出版社，1996 年，第 26 页。
⑩王子初：《中国音乐文物大系Ⅱ・续河南卷》，郑州，大象出版社，2009 年，第 309 页。
⑪王子初：《中国音乐文物大系Ⅱ・续河南卷》，郑州，大象出版社，2009 年，第 313 页。
⑫王子初：《中国音乐文物大系Ⅱ・续河南卷》，郑州，大象出版社，2009 年，第 312 页。
⑬王子初：《中国音乐文物大系Ⅱ・续河南卷》，郑州，大象出版社，2009 年，第 315 页。

清雷老师带领研究生陆昕怡、张玲玲对M2出土的黑陶埙进行了测音（图18）。“对于五音孔埙，仅仅通过单纯的开闭音孔就可以获得32种指法组合，也就是可以吹出32个音，可以演奏五声音阶、七声音阶。如果配合唇位和口风的控制，其完全可以演奏包含十二个半音的任何乐曲，其乐器性能和音乐表现力之高可见一斑！由于埙的形状所限，其音域不宽，仅有一个多八度。”①

图18　王清雷和陆昕怡、张玲玲对刘家洼M2出土的黑陶埙测音

七、不是谜题的谜题——刘家洼M2编甬钟的排序

据M2负责人许甫喆老师告知，该墓出土有7鼎。按照当时的列鼎制度，该墓墓主应为芮国的一位国君。从发掘现场（图5）可知，在墓室南侧出土钟簴和磬簴各一架。墓室的东南角出土有1件小甬钟（及钟钩），从其体量和出土位置来看应是最小的一件；在墓室的西南角有3件比较大的甬钟。因为南壁被盗，这一侧的甬钟肯定有缺失。在这一侧，A型编磬和B型编磬都有出土。在墓室西壁出土钟簴一架、甬钟8件。这一侧没有被盗，可知此套编甬钟的编列为8件一肆。据此推测，南壁的编甬钟亦应8件1肆，其中4件被盗。当我们站在墓室中间来审视南壁和西壁的两架编甬钟，会发现其悬挂顺序似乎有误。按照编钟的演奏规律，应该按照音高从低到高的顺序悬挂。从编钟的体量来说，应该按照从大到小的顺序悬挂。但是从现场遗迹来看却恰恰相反，两架编钟都是按照从小到大（音高从高到低）的顺序排列，与编钟的演奏规律相悖。难道是下葬时匆忙之间挂错了？或是负责下葬的官吏不谙此道？张忠培先生曾说，考古学需要“以物论史，透物见人，替死人说话，把死人说活”。如此，我们应该站在墓主的视角来审视这两架编钟，此时其排序的问题就豁然开朗。据许甫喆老师告知，墓室的中间为棺椁，北侧有张床榻。从“视死如视生”的角度来看，墓主应该是在棺椁的位置或床榻的位置来欣赏“金石之乐”，那么乐工就绝对不会站在钟磬（钟簴、磬簴）的内侧，背对国君来演奏，而应是面对国君来演奏。也就是说，乐工应该站在钟磬（钟簴、磬簴）的外侧。这时我们从乐工的位置再来审视这两架编钟的排序，其正好是按照音高从低到高悬挂的，完全符合编钟的演奏规律，问题便迎刃而解。这也正是民族音乐学所提倡的“局内人”与“局外人”的视角问题。

八、刘家洼M2的乐悬规制

《周礼·春官·小胥》载：“正乐悬之位，王宫悬，诸侯轩悬，卿、大夫判悬，士特悬，辨其声。”② 这是先秦典籍中关于周代乐悬摆列制度的

①王清雷：《古埙掠影七千年——从考古实物管窥埙的历史沿革》，中国博物馆协会乐器专业委员会、湖北省博物馆编《音乐与社会》（第一辑），武汉：湖北人民出版社，2017年，第78~79页。

②《周礼注疏》卷二十三，《十三经注疏》（上），北京：中华书局，1980年，第795页。

唯一记载，但语焉不详。郑玄注云：“乐悬，谓钟磬之属悬于簨簴者。郑司农云：‘宫悬四面悬，轩悬去其一面，判悬又去其一面，特悬又去其一面。四面象宫室，四面有墙，故谓之宫悬。轩悬三面其形曲，故《春秋传》曰：‘请曲悬，繁缨以朝。’诸侯礼也。故曰：‘惟器与名不可以假人。’玄谓轩悬，去南面辟王也。判悬左右之合，又空北面，特悬悬于东方或于阶间而已。”[①] 据郑玄的解读，根据等级的不同，周代乐悬的摆列方式分为四种：周天子为宫悬，摆列于四面；诸侯为轩悬（或曰曲悬），摆列于东、西、北三面，空南面；卿、大夫判悬，摆列于东、西两面，空南、北两面；士特悬，摆列于东面或阶间。刘家洼 M2 椁室东北角建鼓铜柱套上刻铭“芮公”作器，下压的 1 件铜戈上亦有“芮行人”铭文，出土列鼎 7 件。据此判断，该墓主当为一代芮国国君。如果按照《周礼》所载的乐悬制度，该墓应为轩悬（或曰曲悬）之制。刘家洼 M2 出土编磬一架、编甬钟两架，可以摆成三面的轩悬之制。但从 M2 的椁室图（图 5）来看并非如此，一架编甬钟摆在墓室西面，另外一架编甬钟和一架编磬摆在南面，构成一个两面的曲尺形，属于判悬之制，而不是三面的轩悬之制。

那么 M2 的乐悬规制究竟为判悬还是轩悬呢？这就涉及如何看待和解读考古材料的问题了。晋侯墓地出土了许多套编钟和编磬，有些编磬出土时摞在一起，既无钟簴，也无磬簴。如果仅限于钟磬出土时的原有样态来解读的话，对于晋侯墓地这些没有钟簴和磬簴的钟磬来讲，其演奏方式就成了问题，难道这些钟磬就是放在地面上演奏的吗？显然不是。特别是有些编钟出土时是从大到小套置在一起，有些编磬摞在一起，这样的样态又如何演奏？这种情况绝非个案，而是一种普遍现象。当我们面对墓室中这一件件冰冷的礼乐重器时，要知道它们在数千年前是有“温度”的，它们见证了墓主钟鸣鼎食、莺歌燕舞的奢华生活，见证了墓主金戈铁马、刀光剑影的戎马生涯，见证了一个家族或诸侯国的崛起与衰落。由此，我们既要尊重考古材料的原始面貌，又不能仅仅拘泥于考古资料的原有样态，而应“以物论史，透物见人，替死人说话，把死人说活”。那么，我们再重新来看刘家洼 M2。该墓室南北长 7 米，东西宽 5 米，虽然被盗，仍出土各类文物 400 件（组）。随葬品的摆放是按照其功能来分区的，西壁和南壁主要是乐器，东壁主要是礼器，北壁是床榻和车马器等，中间是主棺。限于墓室的狭小，最长的一架编钟置于西壁，另一架编钟和一架编磬全部置于南壁。在墓主现实的礼乐活动中，3 架钟磬如此摆放显然是不合理的。首先，南壁的一架编钟和一架编磬前后摆放，有碍于墓主的观瞻。其次，将音量很大的一架编钟和一架编磬同置于一面，也不符合音响学的原理。如果将一架编钟或编磬摆于另一面就不存在这个问题了。目前关于周代乐悬制度的典型实例是战国初期的曾侯乙墓乐悬。在曾侯乙墓墓室的中室，编钟摆列两面，编磬摆列一面，为轩悬之制，墓主为曾侯乙，正与《周礼》所载的乐悬制度相合。李纯一先生指出：“曾侯乙墓出土的这个战国早期曲悬

①《周礼注疏》卷二十三，《十三经注疏》（上），北京：中华书局，1980 年，第 795 页。

图 19　曾侯乙墓椁室

实例，不但它本身相当完整，编次清楚，而且它的主人身份、国别和年代也都很明确，这就使得我们对于当时的乐悬制度，以及‘礼崩乐坏’情况，能够有一些确实而具体的了解。”① 从曾侯乙墓椁室图（图 19）来看，编钟分别摆在中室的西面和南面，这与刘家洼 M2 编钟的摆列方向完全相同，那么刘家洼 M2 南壁的编钟保持原地不动应是合理的。既然如此，编磬的移位就是必然的。是否可以参考曾侯乙墓编磬摆在中室北面的实例，将刘家洼 M2 编磬也置于墓室的北面呢？问题绝非如此简单，这是一个涉及钟磬乐悬摆列方向的大问题。首先要明确的问题是，仅以刘家洼 M2 和曾侯乙墓钟磬乐悬的摆放方向而言，《周礼·春官·小胥》郑玄之解读尚不足为信。刘家洼 M2 的钟磬乐悬摆列于西面、南面，并非如郑玄注所云摆于东、西两面，空南、北两面；曾侯乙墓钟磬乐悬摆列于西、南、北三面，也并非如郑玄注所云摆于东、西、北三面，空南面。那么，钟磬乐悬的摆列方向到底应该空哪一面呢？如果我们关注一下主棺的位置，或许能找到答案。从“视死如视生”的角度来看，刘家洼 M2 墓主应该是在棺的位置或床榻的位置来欣赏“金石之乐”，那么摆放床榻的北面自然不能摆放钟磬乐悬。再看曾侯乙墓（图 19），主棺放在东室，墓主应该在东室欣赏“金石之乐”，中室的东面自然要空出来。由此可知，钟磬乐悬摆放时所要空出的方位应与主棺（或墓主）的位置息息相关。刘家洼 M2 主棺放在墓室中间，头北脚南，面对墓道，墓主是在这个视角或北壁床榻的位置来欣赏“金石之乐”，那么摆放床榻的北面可以排除，原置于南壁的那架编磬就只能摆列在东壁了。由此，刘家洼 M2 的西面、南面各摆一架编钟，东面摆一架编磬，可为轩悬之制。如果推测不谬的话，刘家洼 M2 的钟磬乐悬即为目前所见最早的轩悬（或曲悬）之实例。

最后需要说明的是，为了配合陕西省考古研究院申报 2018 年全国十大考古新发现，2019 年 3 月 14 日至 21 日，王清雷携助手张玲玲、陆昕怡和陈健一行 4 人第二次来到刘家洼考古队，对刘家洼东周遗址出土的乐器做全面的资料采录工作（图 20）。令人惊喜的是，刘家洼 M1 出土的一套

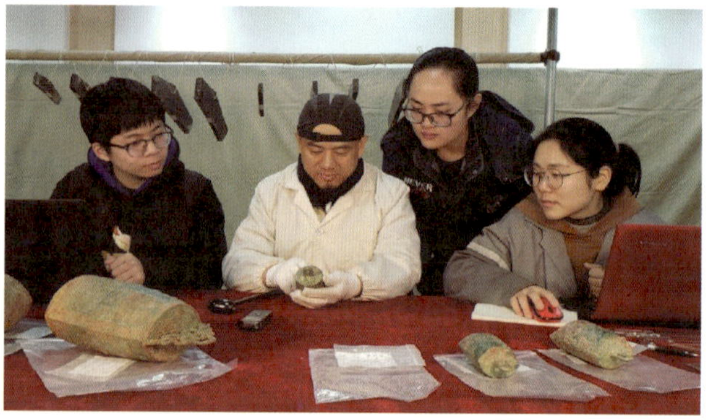

图 20　王清雷和研究团队在鉴定刘家洼 M3 编镈

①李纯一：《曾侯乙墓编钟的编次和乐悬》，《音乐研究》1985 年第 2 期，第 70 页。

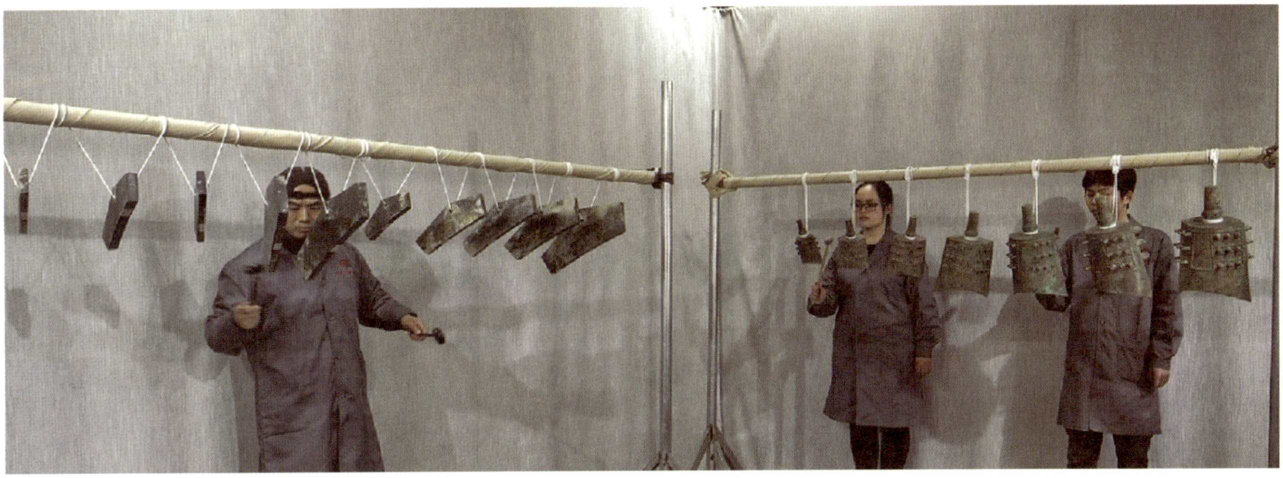
图 21　王清雷、张玲玲和陈健用刘家洼 M1 编钟和编磬试奏《北京的金山上》　陆昕怡摄

编钟（7 件）和编磬（10 件）均可以演奏五声音阶，更出乎意料的是二者竟然同为 F 宫。出于学术研究的需要，王清雷与研究团队用刘家洼 M1 编钟和编磬原件试奏了一首乐曲《北京的金山上》（图 21）。这段视频于 2019 年 5 月 29 日在中央电视台科教频道（CCTV10）《探索发现》栏目之《刘家洼考古记》（五）中播出。从播出的视频可以看出，用于试奏的刘家洼 M1 编磬保存完好，音色清脆悦耳，音准相当好；编钟的音色悠扬绵长，音高准确。钟磬和鸣，金声玉振，世人终于欣赏到了 2700 多年前极其珍贵的芮国国君享用的金石原声。

目前，澄城刘家洼东周遗址出土乐器的详细资料（如文字、数据、测音、图片等）基本采录完毕，正在梳理过程中。尤其待编钟、编磬、埙等乐器的测音资料整理后，将对其音列、音准和律制做进一步的研究，相信届时必定会有更为重要的学术发现。

本文系 2019 年中国艺术研究院基本科研业务费项目“音乐考古学概论”的阶段性成果

朝鲜族箫类乐器的传承及演变研究

◇张翼善[1]

摘要：中国朝鲜族的传统乐器种类非常多，具有一定的特色。特别是在改革开放之后这些乐器从形态、材质、音孔、音域等方面均发生了变化，这些变化又推动了音乐语言、音乐创作以及听众的欣赏能力等方面的变化。这些变化更加具有时代感，同时也能够反映当代朝鲜族人民的审美感。乐器的变化在音乐演奏和合奏等方面容易同其他民族音乐演奏家融合在一起，奏出最响亮、交心的心声，也能和国际音乐艺术界接轨。其中具有一定代表性的乐器——朝鲜族箫类吹管乐器，既继承了本民族的传统音乐，又结合了当地和区域的音乐艺术特点。乐器的形制和添加件等进行改革之后，使传统乐器奏出的音乐更加贴近大众、得到普及，同时也达到专业化方向发展的要求。

朝鲜族传统箫类乐器中有国家级非遗项目洞箫和省级非遗项目短箫等音乐，这些音乐不仅在乐器、曲目、演奏队伍等方面发生了变化，而且参与者、作品以及观众等也都有了变化，这些变化在某种程度上达到难以想象的地步。

本文从考古研究成果中寻求朝鲜族箫类乐器的根，同时又从古代文献中寻求变化过程及依据，并结合目前在朝鲜族音乐文化中这些音乐传承、变异等现象，论证朝鲜族箫类乐器的传承及演变的过程。

关键词：箫类乐器；传承；演变

朝鲜族是中华民族大家庭中一个具有优秀传统音乐文化的民族，朝鲜族民间文化不仅是朝鲜族人民的宝贵文化财富，也是中华民族民间音乐文化的一个有机组成部分，它在自身的发展过程中形成了鲜明的朝鲜族音乐特色。[2]

朝鲜族传统音乐文化包含从朝鲜半岛带来的特有音乐文化，又在中国多民族共同生活中更加完善了本民族的音乐文化。因此在谈论朝鲜族音

---

①张翼善：延边大学教授、博士生导师，韩国汉阳大学特聘教授。

②张翼善：《中国朝鲜族民谣概论·序》，延吉：延边大学出版社，2013 年，第 1 页。

乐文化的根源和来源等问题时不可避免要谈到朝鲜半岛的问题。本文在谈朝鲜族箫类乐器时自然也会提到朝鲜半岛音乐文化，并从那里寻根。

一、 中国朝鲜族

众所周知，中国朝鲜族是从朝鲜半岛迁移①过来的，是中华民族大家庭中一个具有一定特性的成员。在漫长的历史长河中同中国其他民族一道为盛开的华夏民族文化之花贡献了自己的力量。但对朝鲜族的概念上有不少人不太理解，也有人把朝鲜民族与朝鲜族混为一谈。因此，探讨和研究中国朝鲜族民间歌曲之前，首先理解与解释上述词义是一个最重要的问题，不然可能会出现一些不必要的麻烦或误解。为了便于理解朝鲜民族及朝鲜族的概念，首先讨论关于民族的定义。民族是一个历史范畴，有其发生、发展和消亡的过程。国外至今没有统一的认识，中国学术界理解也不尽一致。因此笔者认为朝鲜族是在中国国内具有中国国籍的使用本民族语言的人群，不应该称“鲜族”，“朝鲜族”为正确的民族称呼。

为了更好地寻找箫类乐器的根，我选择了朝鲜半岛挖掘的文物——百济金铜香炉（图1）。

二、 百济金铜香炉及乐师和乐器

对于百济音乐的文献在《三国史记》《隋书》《日本书记》《日本后记》等书中都有记载，但有关百济金铜香炉的记录查不到，因此下面简单地叙述有关百济金铜香炉的由来及包含的一些有关音乐的内容。

图1　百济金铜香炉

1. 百济金铜香炉的历史背景

朝鲜半岛三国时代的音乐，给后世留下了许多音乐遗产，甚至比起周边国家和民族也毫不逊色，特别值得一提的是百济，它拥有非常优秀的

①迁移作为一个词语时，它的意思是离开原来的所在地而另换地点或由于自然力的作用从一地移向另一地。在心理学上，它指的是一种学习对另一种学习的影响，指在一种情境中获得的技能、知识或态度对另一种情境中技能、知识的获得或态度形成的影响。在遗传学中，也有不一样的意思。在社会学中迁移则指永久（permanent）或半永久（semi-permanennt）居住地的改变，个人或团体，从一个社会单元（social enlt）或居家环境到另一个环境的空间转换。见宋春日：《中国朝鲜族移民史》，北京：中华书局，2009年，“前言”。

对于朝鲜族移民大体上分为六个时期：第一时期是1620—1677年，就是明末清初，也称“强制移民时期”。第二时期是1678—1881年，也称“犯越潜入时期”。第三时期是1882—1910年，这个时期为“移民招垦时期”。第四时期是1911—1920年，这个时期为自由移民时期。第五时期是1921—1931年，这个时期称限制移民时期。第六时期是1931—1945年，这个时期称强制集体移民时期。金哲洙、姜龙范、金哲焕：《中国朝鲜族历史常识》，延吉：延边人民出版社，1998年，第2页。

音乐文化。这些在中国和日本所留传下来的文献中已得到了证实。[1] 百济是7世纪整个东北亚地区势力划分过程中，被罗、唐联合军吞并后消失在历史长河中的国家。

百济金铜大香炉比其他任何文物更为真实地体现了百济的这段悲惨历史。这一大香炉于1993年12月12日在位于扶余罗城郊外的零山里古坟群西沟空房遗址的水槽沟中出土。经专家鉴定，这一香炉曾被用于百济王室。它奇迹般地越过1400多年的时间，重现了当年被用于百济王室时的形状。这一大香炉高135厘米、宽90厘米、深50厘米，是从水槽沟重叠的破瓦堆中发现的。从而可以推断，它是在罗、唐联合军正在逼近的情况下被慌忙藏匿的。[2] 在烂泥塘中被发现并且完好无损的这一珍贵宝物，真实地展现了百济人至高的艺术水准和崇高的理想境界。

2. 百济大香炉的形体结构

迄今为止，以中国为中心的在世界各地被发掘的香炉高度一般为20厘米左右，相比之下百济大香炉整个高度为62.5厘米，是由盖顶、盖、炉体、炉脚等4个部分组成。其盖顶上饰有脖子上挂的如意珠展翅飞翔的一只凤凰；炉盖的上部则饰有五乐师演奏阮咸等乐器的形象和人物像及100多个动物和骑马像等华丽的纹样；在炉体上饰有24个莲花叶，并在其中间雕刻了装饰神化的各种鱼、仙人等浮雕像；香炉的炉脚由上下支撑部分构成，其上部饰有一条龙，它玲珑活现地支撑着炉体，下部则饰有盘在一起的祥云和金银花图纹。[3] 在整体上，凤凰和龙的搭配安排，饰有老神的莲花和山岳图上的人物像与动物像的相互协调，或者是以凤凰为中心的五乐师及飞舞的大雁等，整个图纹的构成及纹刻的各个要素和结构，充分说明百济大香炉可谓是世界香炉史上的奇迹。

对五乐师手持的乐器，众多媒体和学者的叫法各不相同。这一香炉被公开之后，新闻媒体根据韩国国立中央博物馆的资料认为，这些乐器是箫、筚篥、琵琶、鼓、弦琴（图2）；而宋芳松则认为，这些是排箫、长箫、阮咸、鼓和玄鹤琴；全仁平认为，这些是箫、洞箫、阮咸、鼓、筝；李宁熙认为，这些是箫、筚篥、月琴、鼓和玄鹤琴。对金铜大香炉的这些乐器名称进行整理后，我们列表如下（表1）。

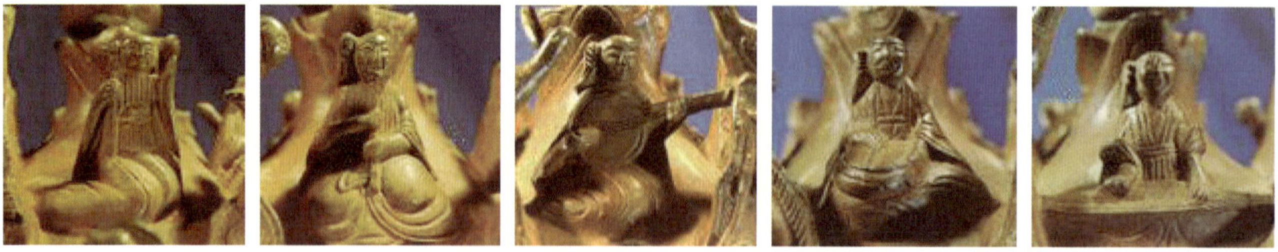

图2　五乐师演奏乐器的造型

①宋芳松：《百济乐器的音乐史学的照明》，《韩国音乐史论考》，1995年，第1页。

②徐正禄：《百济金铜大香炉》，学古斋，2001年，第4~5页。

③宋芳松：《百济金铜大香炉》，学古斋，2001年，第22~23页。

表 1　对五乐器的多种看法

新闻媒体	箫	荜篥	琵琶	鼓	弦琴
宋芳松	排箫	长箫	阮咸	鼓	玄鹤琴
全仁平	箫	洞箫	阮咸	鼓	筝
李宁熙	箫	荜篥	月琴	鼓	玄鹤琴

从这些争议中可以看出，对一件古代的文物有多种看法和认定并各有自己的理由，那么笔者在这里仅就图 2 第二个（从左起）乐师进行详细的分析。

三、 文献中的箫类乐器

朝鲜族的箫类乐器有几种，如排箫、短箫、洞箫等。在这里先排除多根的排箫，因为从图像中我们可以看出是单一的乐器，那么就剩下短箫和洞箫。

1. 短箫

短箫是长约 39 厘米、粗约 2 厘米的竖吹式民族管乐器，它与伽耶琴一起使用。

短箫的起源难以确定。从几种文献记载来看，河承天在《图书集成》中说："距今约 4000 年前中国的皇帝轩辕让一位叫岐伯的人制作这种短箫，以歌颂皇帝的功德。"并据《朝鲜乐器篇》及《李王歌乐器叠》的记载，这种乐器是在朝鲜舜祖（1801—1834）时期从清朝引进的。从《宫云岩琴谱》"箫"下面的乐器图中的形状进行观察，就可看出它是与短箫有关联的一种乐器。① 可以推定，15 世纪中叶短箫还没有出现，而是后期与扬琴一样作为洞箫的变形才被引进的。尤其是在《中国艺术丛书・箫》一书中有这样的记录："短箫是朝鲜族同胞经常吹奏的乐器，形如汉族洞箫，内径较细，音色柔和高亢，音域为 $^{b}b-f^{3}$。不仅是朝鲜族的吹奏乐器，在古代也曾为汉族人民所使用。"② 在《中国民族乐器小百科》"短箫"中写道："朝鲜语称单扫（단소），朝鲜吹奏乐器"，说明了它与中国的渊源。

因此对一般称之为洞唉的与中国洞箫形状相仿的较短的传统乐器，叫作短箫。综上所述，短箫是自古以来在朝鲜百姓中与新罗的横笛"三竹"，即大今、小今一起被称之为洞唉的乐器。到朝鲜王朝后期被宫中乐师采用后，随之变成较短的形状。由于它的音色纤细而被编入重奏形态，从而发挥了它的专长。短箫有 1 个后孔、4 个前孔而发出 6 种声音，不过它并不使用最下面的一孔，从而获得时人所追求的五声。③ 其音域达到两个八度音程，具有声音清雅的优点。与此相反，它也存在着音域窄、音孔位置相对固定，不好演奏微分音的现象，同时又不能自由转调等一系列缺点。④ 短箫作为能发出清脆而清雅声音的乐器，不仅被用于独奏、弦乐及歌曲、歌词、诗歌等的伴奏，而且可与笙簧、扬琴或伽耶琴、筝类的乐器进行合奏。在同这些弦乐器进行合奏时，短箫与

①张翼善：《改良短箫和伽耶琴演奏曲集》，首尔：韩国艺术综合学校传统艺术学院，2004 年，"序言"。

②林飞：《中国艺术经典全书・箫》，长春：吉林摄影出版社，2002 年，第 5~6 页。

③孙泰龙：《韩国传统乐器》，大邱：岭南大学出版社，2003 年，第 69 页。

④朴亨燮：《朝鲜民族乐器》，平壤：文化艺术综合出版社，1994 年，第 22 页。

弦乐器不同，它起的是提供持续音的作用。[①]

在《高丽史·乐志》和朝鲜王朝成宗时期（1470—1493）撰写的《乐学轨范》中没有短箫的记载，其渊源不清楚。短箫一般用陈黄竹或乌竹制作，乌竹虽好看但因太细而易裂，黄竹则因其质硬声美可长期使用。不过目前采集黄竹日趋困难，所以按照模型利用 PVC 进行大批量生产，其精细度可超过竹制短箫。此外，经改良的现代短箫具有声音清脆而凄婉的特征，因其音域广而强，可演奏任何一种乐曲，其音阶调律成 12 个半音阶并可进行自由转调。这种短箫在其演奏法上不仅引进了弄音、微分音、滑音等细微的民谣性颤音技巧及多种短音方法，而且还引进了颤音、快速音等现代演奏法。[②] 到目前为止，短箫有了长足的发展，适用于独奏、重奏、合奏以及声乐伴奏和舞蹈伴奏等。

图 3　举办各类短箫学习班

从图 3 举办的各类短箫学习班可以得知，目前在各级政府机构和传承人的积极努力以及各部门的鼎力协助下，延边地区已经形成了学习朝鲜族短箫的新高潮。但从乐器的长度来看百济金铜香炉乐师演奏的乐器并不像是短箫。

2. 洞箫

洞箫为竖吹式无簧竹管乐器。早在高句丽时期就有竖吹式箫类乐器，那时使用的是在一根竹子上挖几个孔的单管式和把几根竹子排列在一起按音程顺序演奏的多管式乐器。在高句丽古墓壁画中所出现的长纵笛的长度，看起来达到 1 米以上，这可能与迄今为止咸镜道一带使用的长洞箫有一定的渊源关系。[③] 另外，通过 4 世纪中叶高句丽壁画中吹奏箫乐器的画面，可以看出这种乐器在这一时期已开始制作、使用。据文献资料记载，“洞箫为无底”的意思，“所谓的‘洞’就是‘通’，即无底而上

①孙泰龙：《韩国传统乐器》，大邱：岭南大学出版社，2003 年，第 68 页。

②朴亨燮：《朝鲜民族乐器》，平壤：文化艺术综合出版社，1994 年，第 7 页。

③朝鲜作曲家同盟委员会民族音乐分科委员会：《民族乐器解说》，平壤：朝鲜音乐出版社，1959 年，第 44 页。

下畅通的意思，故称之为洞箫”①。此外又有“较大的箫为24管式的无底管，汉代叫作洞箫”的记载。② 由此可以看出，洞箫是把短竹管并排连接后，每管单独密封调准音律，并把已调准音律的“箫”的底部开通之后，在一个管上挖出几个音孔而形成的。③

洞箫一般用陈年黄竹制成，它比短箫更粗大，其长度约55厘米，内径为2厘米左右。作为早在中国使用的乐器，迄今使用的洞箫有两种。其一，前有5个指孔，后有1个指孔，无清孔，是一种正乐用乐器。其二，前有4个指孔，后有1个指孔，在清孔上贴有芦苇膜的民乐用乐器，又叫洞唉。④《高丽史·乐志》中说“洞箫为8孔”⑤，而在《乐学轨范》中有“在洞箫上贴芦苇膜使音变清脆”的记录（图4）。由此可见，所谓的洞唉就是朝鲜王朝时期在洞箫上添加清孔而改良形成的。

原来8孔的洞箫在朝鲜王朝成宗时期（1470—1493）加上清孔之后就变成了9孔。其正乐用洞箫未用半空法而用低吹法、平吹法、力吹法来调节音域，其音域可达到两个八度半音程。⑥洞箫与短箫一样，是竖吹式无簧乐器，其声音凄婉而富有男性化的粗浑。洞箫的音色柔和悦耳，但随其不同的音区，尤其是因芦苇膜的补充，其音色出现显著的变化。在无芦苇膜共鸣时，其声音柔和而轻软，结果是低音区的音色悦耳，而高音区则显出干涩的感觉。不过在芦苇膜的补充下，整个音色出现强烈的凄婉、浓厚的情感。

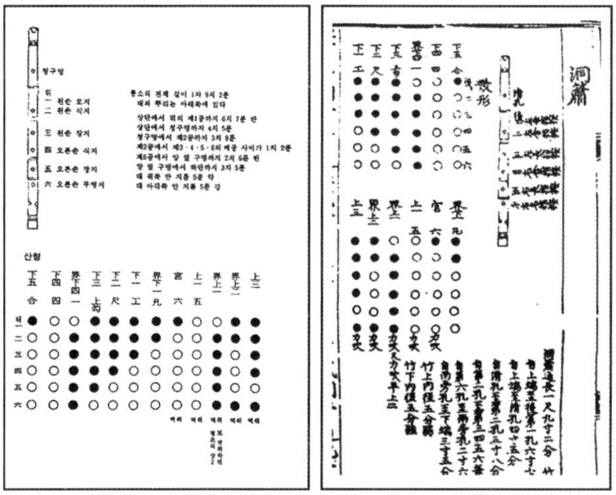

图4 《乐学轨范》中洞箫的记载

在低音区具有沉吟热切的风格，中音区则具有较清脆而柔和的风格。

在高音区其音色清强，超高音区其音色则锐利。

在洞箫的音色中芦苇膜是作为情感色彩变化的重要手段而被利用的，而这就是洞箫与其他乐器相区别的特征。⑦

①成俔：《乐学轨范》，平壤：国立出版社，1956年，第482页。

②成俔：《乐学轨范》，平壤：国立出版社，1956年，第397页。

③朴亨燮：《朝鲜民族乐器》，平壤：文化艺术综合出版社，1994年，第335页。

④汉译音。

⑤国立国乐院：《三国史记乐志、高丽史乐志、增补文献备考乐考》，《韩国音乐学资料丛书二十七》，首尔：国立国乐院，1988年，第55、145页。

⑥孙泰龙：《韩国传统乐器》，大邱：岭南大学出版社，2003年，第62~63页。

⑦朴亨燮：《朝鲜民族乐器》，平壤：文化艺术综合出版社，1994年，第337页。

图 5　各类活动中洞箫演奏的照片

如今，洞箫作为独奏乐器，被广泛使用于民俗乐中假面无伴奏等领域。（图 5）

目前在中国朝鲜族中广为传承的是洞箫。

从上述文献资料和图片等来看，朝鲜族的洞箫是从朝鲜半岛传承下来的乐器，到目前为止洞箫音乐艺术在朝鲜族大众和平民百姓生活中有着广阔天地，人们非常喜欢洞箫艺术。

结　语

从上述几种简单的推理和实证资料来看，朝鲜族洞箫这一乐器的历史非常悠久，变化也非常大，并在中国朝鲜族的音乐文化生活中成为人们非常熟悉的乐器。

再从上面的资料论证中可以得知：第一，从考古遗物来看，朝鲜族的洞箫和百济金铜香炉中的洞箫有直接的联系，也可以说是朝鲜族洞箫在朝鲜族民众的音乐艺术生活中不断地传承，在传承中保存它固有的音乐魅力和特性。第二，从《乐学轨范》文献来看，中国朝鲜族到目前为止传承的洞箫乐器和音乐是从朝鲜王朝时期的洞箫原封不动地传承的，结合了区域民众的音乐审美和音乐功能变化发展的。第三，目前朝鲜族常用的洞箫，在继承原来祖先们喜爱和善用的乐器的前提下，根据时代和区域大众文化的需求以及人们的审美特点等影响，形制、音孔、加键、材质等发生了变化，但大众对洞箫的喜爱如同以前。因此笔者认为朝鲜族的洞箫及洞箫音乐文化是从朝鲜半岛迁移过来的，它的音乐文化和百济金铜香炉中的洞箫有着密切的关系。

中韩方格式律吕谱对比研究

◇邹　茜　孙晓辉[1]

摘要：律吕字谱是中国古代以十二律吕名称记录乐曲音高的一种记谱法。中国元代《韶舞九成乐补》中的“方格谱”和韩国15世纪世宗时期的“井间谱”皆为方格式律吕谱。元代余载编撰的祭孔音乐《韶舞九成乐补》以“音轴”记录了音高、调式，还以“方格”规定了方整的时值节奏，可视为有量记谱法。在朝鲜王朝世宗时期李裪创制的记录宗庙祭祀乐“井间谱”是朝鲜最早的有量乐谱。东传日本的工尺谱记谱的诗乐《魏氏乐谱》和古琴减字谱也有方格式记谱法的遗存。自此认为中国元代余载《韶舞九成乐补》记录的谱式可视为东亚最早的有量记谱法。

关键词：方格式律吕谱；《韶舞九成乐补》；井间谱；《世宗实录》

在以儒家文化为主导的东亚文明中，中国古代礼乐治国的文化体系影响着周边国家，并体现着儒家治国思维方式及其文化观念。从东亚儒文化圈音乐文化背景来审视中国、韩国、日本及其周边国家的乐谱传播和流变，其乐谱也具有某些共性特征。律吕字谱是中国以十二律吕名称记录乐曲音高的一种记谱法。相对工尺谱而言，律吕谱更具有雅乐属性。宋代就有《风雅十二诗谱》《中兴礼书》《越九歌》等律吕谱存世，并传播到朝鲜半岛。韩国音乐家们至今还在使用他们的祖先根据中国律吕谱改造而成的井间谱（宋传乐谱）。

一、　中国元明时期的律吕方格谱

元人余载，又名大车，天历人，生卒年月不详，载入《永乐大典》，始末无考。自称三山布衣。三山，原福州古称，自述曾任福州路儒学录。根据其弟子新安人朱模在《〈进乐通〉〈韶舞补略〉序》一文中提到，余载以养亲为由，四十七岁时辞官，笃行授徒，适时隐退。[2] 此书为《文

[1]邹茜：武汉音乐学院中国音乐史研究生；孙晓辉：武汉音乐学院音乐学系教授。

[2]［元］余载：《韶舞九成乐补》，《钦定四库全书・经部九・乐类》，上海：上海古籍出版社，1987年，第95页。

渊阁书目》著录，但久无传本，唯《永乐大典》①尚录其全文，因屡经传写，故舛误甚多。《四库全书》按《韶舞九成乐补》，文渊阁抄本作《韶舞九成乐》，文津阁抄本初亦作《韶舞九成乐谱》，后在“谱”字右侧，注“补”字，“盖已知渊本之误而改之”。清修《四库全书》时，馆臣自《永乐大典》中辑出，并给予校正，使其得复旧貌。除《四库全书》文渊阁抄本外，后有《墨海金壶》嘉庆本及影嘉庆本。

《韶舞九成乐补》包含歌音图、歌义图、缀兆图、采章图四个部分，皆以方格的形式承载音乐特征，其“九德之歌音图、歌义图”歌词和律吕音高体现了音乐特征（图 1）；“九韶之舞缀兆、采章图”体现舞者衣容服饰及站位、进后退的步伐，展现了声歌、舞容的综合艺术形式，即歌、乐、舞三位一体的原始乐舞。

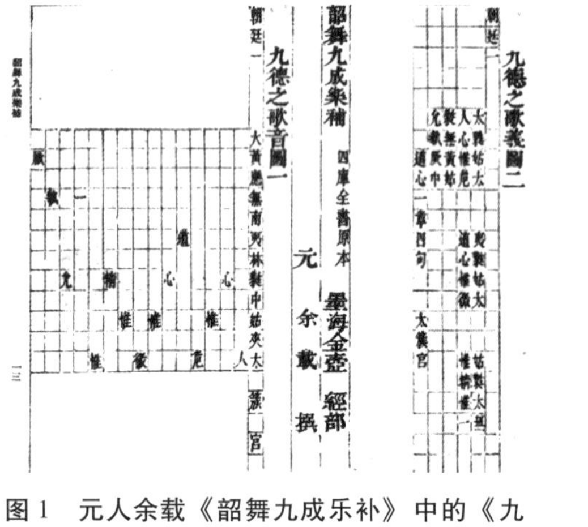

图 1 元人余载《韶舞九成乐补》中的《九德之歌音图》《九德之歌义图·朝廷一》

图中横向注律吕字谱于最右，固定音高位置，从横向第二格开始，从右至左，加以《九德之歌义图》中歌词，章句划分关系顺序以歌之。表格中纵向从律吕首字“黄”（黄钟）开始自上而下为十二个音位，每格代表一个半音，按照十二律吕顺序依次填写。这一律吕“音轴”不仅显示了音高和调式，还有方整节奏的多重信息。例如《九德之歌音图》中律吕轴的起音是“太簇”，是因为“太簇宫”调式的规定。《九德之歌音图》所表示的横纵关系与《九德之歌义图》所表示的章句关系都以指代音高、调式和方整节奏为最重要的音乐信息。

谱例 1：《九德之歌义图·朝廷一》：太蔟宫（D 宫） 译谱 邹 茜

据《九德之歌义图·朝廷一》所知“道心”一章四句，太簇宫。《乐补》载“右本《虞书·大禹谟》文取存心，出治之义”。九首“歌义图”的歌词内容所指明的天地之道、为政之道、君臣之道和文武之道，思想意义出自古代《尚书》《周易》《礼记》。该词反映的内容涉及人事政治、天地神灵、先祖先贤等古礼。②

余载在辞官之后所作《韶舞九成乐补》中言：“孔子师表百王仪刑万世，历代之所崇褒蔵祀，未有若我元之盛也。然今之孔庙所用乐歌，顾乃袭宋人之旧，大非所以立圣明一代之制，而合诸古帝王不相沿乐之义。”③ 余载以复兴《韶乐》为依据，考据典礼书籍，创作祭孔乐章，系个人复古之作，乐谱的形式为我国极为特殊的祭

①[明] 解缙、胡广、胡俨、杨士奇等：《永乐大典》，南京文渊阁藏。

②罗艺峰：《从〈韶舞九成乐补〉数理运演看古代音乐思想的范式特征》，《中国音乐学》2007 年第 3 期，第 63~69 页。

③[元] 余载《韶舞九成乐补》，[清] 永瑢 、纪昀等：《钦定四库全书·经部九·乐类》，上海：上海古籍出版社，1987 年，第 105 页。

孔乐谱——方格式律吕谱。

《韶舞九成乐补》方格式律吕谱作为一种记录音乐的载体并不是一个孤例存在，明代黄佐《乐典·大合乐》中体现方格式律吕谱（图 2）、明代朱载堉《律吕精义》中的“格图”“律吕塔样图”、明代李之藻《頖宫礼乐疏》中的“协律歌谱”都与之一脉相承。

余载意在重建本朝祭孔音乐，以《韶乐》为内容、方格式律吕谱作为载体来记录祭孔乐章并体现诗、乐、舞三位一体的艺术形式。明代黄佐《乐典》之“大合乐宫角征羽九变总图”中体现以律吕记录音高、方格记录音乐的谱式形式并体现“乐有九成”的结构特征，该书提到“右九变总图相传以为招本也，古乐记有《招本篇》……书亡惟图尚传，先儒谓六府三事为‘招本’‘九德之歌本’”。图中所示在方格的形式下记录着乐器类别、曲式结构、宫调关系、歌词内容、音高及转调等，此内容与余载《韶舞九成乐补》在谱式特征上具有相同之处。

明代朱载堉《乐律全书》之“律吕塔样图”，其纵向所体现的是以黄钟开始按十二律吕顺序从下到上排列，与《韶舞九成乐补》右侧注律吕音高于最右，在形式上具有相同特征。（图 3）

“论学乐自赓歌始”的内容记载在朱载堉《乐律全书》中《律吕精义》第二次出现的“格图”中，其歌词内容阐述《赓歌》的含义。朱载堉认为以“九歌”的深意来唱《赓歌》的人，最为接近《韶乐》。所以称“九歌”是“君臣相戒”，如《赓歌》之类的歌曲。其中《赓歌》歌词同余载《韶舞九成乐补》中“歌义图”之《朝廷三》《朝廷四》相同，歌词均出自《尚书·虞书·大禹谟》。（图 4）

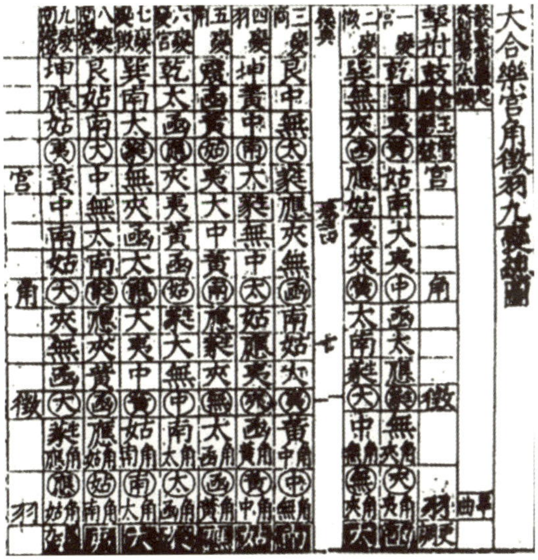

图 2　［明］黄佐《乐典·大合乐》

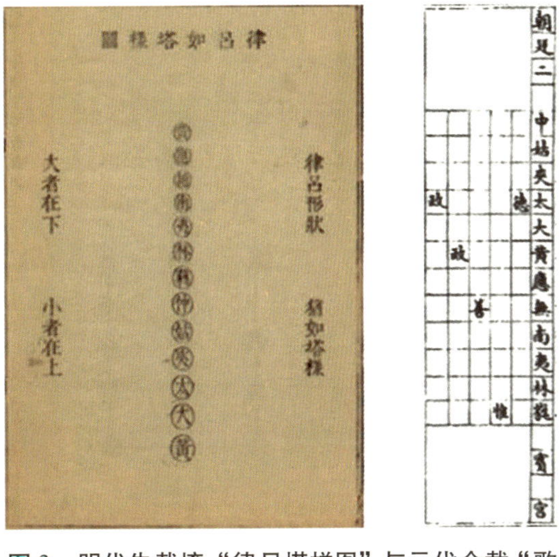

图 3　明代朱载堉“律吕塔样图”与元代余载“歌音图”比较

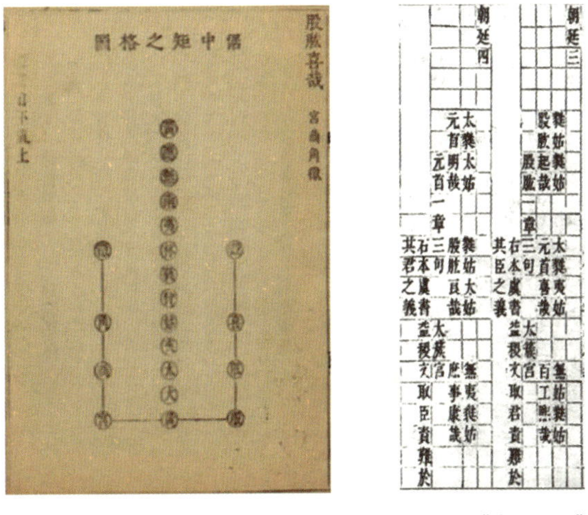

图 4　明代朱载堉《赓歌》与元代余载《朝廷三》《朝廷四》比较

明代李之藻《頖宫礼乐疏》之《协律歌谱》为明代官方祭孔乐章，其记谱形式与朱载堉的格图如出一辙，元代余载《韶舞九成乐补》的个人复古之作，若在两者上加上“曲线”和“方格”两两互补，可得出以下图示。(图 5)

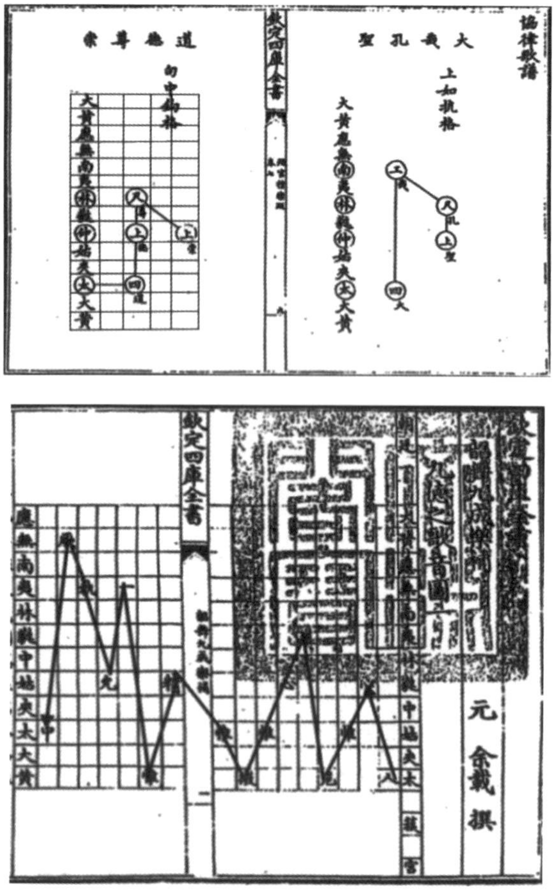

图 5　明代李之藻《协律歌谱》与元代余载《九德之歌音图》对比

朱载堉称：“谨按古之歌音，虽则失传然其遗音犹有存者，若太常中和（韶乐）乐谱及释奠大成乐谱最为近之。”因此从《韶乐》到祭孔雅乐的转变，是建立在古乐的基础之上的，在内容上具有相同祭祀音乐性质，在形式载体上同以方格记录。由此佐证，明代朱载堉、李之藻与元代余载的《韶舞九成乐补》具有一脉相承的关系。

二、15—20 世纪井间谱在朝鲜半岛的发展

李氏名祹，字元正，恭定王（太宗）与元敬王后闵世第三子，为李氏朝鲜第四代君王。《世宗实录》所载为世宗即位后，1418—1450 年在位 33 年的记事。乐谱卷为一百三十六至一百四十七。在编纂乐谱方面，采用纪传体记事。

“井间谱”的名称是在 1948 年李惠求发表的《韩国的旧谱法》中提出的［홍정수，“대강보의 절주방식（节奏方式）”］。但是 1841 年编纂的《三竹琴谱》（界面打铃则八井间为一脚）；차칙사정간위일각（此则四井间为一脚），차지일간당피지이간（此之一间当彼之二间）……已经使用过“井间”的名称。世宗制定的新乐中也包含以前的“乡乐”，即宫廷俗乐，隶属于雅乐，是不同于中国的韩国化雅乐。其特殊性是用横竖方格记录音乐特征，律吕记谱音高的谱式形式。这种横竖方格就是 1841 年所说的“井间”，井间音的长短是为有量时值。

《世宗实录》仅在卷 138～146 的“新乐”中才出现以“井间谱”记谱的音乐特征。①《世宗实录》的“井间谱”被认为是韩国出现的最早的有量乐谱，其中用“井间谱”记载的有《定大业之舞乐谱》（图 6）15 首，《保太平之舞乐谱》11 首，《发祥之舞乐谱》11 首。《保太平之舞乐谱》和《发祥之舞乐谱》都是以九首正曲与“引入”

①〔韩〕《世宗庄宪大王实录》，见《朝鲜王朝实录》，韩国首尔大学奎章阁汉文文献。

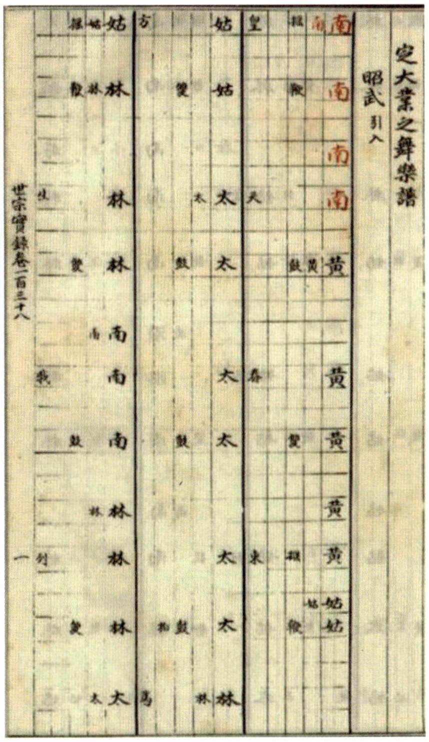

图 6　韩国《世宗实录》中的《定大业之舞乐谱》

“引出”组成的 11 首的套曲形式，其中第九变被视为“九成”大歌的结构特征。

井间谱具有声乐与器乐分谱的总谱性质，包括乐器杖鼓、律吕音高、歌词、拍等明显的信息内容。井间谱的读谱方式中，以纵向井间格数来命名井间类别，在 15 世纪《世宗实录》“三十二井间”、《世祖实录》延续世宗，缩短一半井间数量记“十六井间”。又在三十二井间里对井间数细分为“332332”“323323”六大纲；十六井间里可细分为“323323”六大纲。17 世纪后，出现十二井间，可细分为“3333”；二十井间里可细分为“33222233”的数格分类特点。这里的分类序列数字，合为井间数，并且视为“节”，称之为一个单位。一格（井间）为一拍是井间谱的定量时值，节奏的变化体现在一个井间内记录音的不同方式。

15 世纪的井间谱，记录的是一字一格为一拍；17 世纪井间谱，井间、大纲的数量逐渐减少；20 世纪井间谱出现一个井间多音，从而体现明确节奏变化的记谱形式，如 20 世纪创作的雅乐部《觱篥谱》《大笒谱》等，其读谱方式与日本《魏氏乐谱》中工尺谱的节奏时值具有相似之处。

乐器杖鼓演奏方式的变化，最开始在 15 世纪世宗（世祖同）井间谱中以文字的形式“双、鞭、摇、鼓”来提示杖鼓的演奏方式；16 世纪《琴合字谱》中以乐器形态的“图示”提示杖鼓演奏方式；17 世纪《梁琴新谱》开始用符号表示杖鼓演奏方式，出现“●”“｜”“◐”符号；20 世纪以“○”“◐”“｜”“¡”“┆”代替了前者并沿用至今，现今在韩国的传统音乐教习中多见，演奏弦乐也出现了用“合字谱”提示的演奏指法。

显示乐曲的速度变化可见 15 世纪世宗时期的宗庙祭礼乐，《保太平》是由 15 首乐曲组成的套曲舞乐谱，《定大业》《发祥》是由 11 首乐曲组成的套曲舞乐谱。在 19 世纪《东大琴谱》中的《灵山会上》，同样是由不同乐曲组成的套曲形式，变化的是《东大琴谱》同个套曲中出现了速度从慢到快的转变。

记录音高经历了从 15 世纪世宗朝律字谱到世祖朝五音略谱的变化，16 世纪开始的肉谱伴随着“合字谱”出现，肉谱用拟声字辅助提示演唱者对音高的概念，出现宫商字谱与五音略谱、肉谱合用，五音略谱与律吕谱合用，20 世纪回归到律吕字谱记录音高，音域也从一个八度到三个八度再到七个八度的范围，音乐记谱符号更多地在谱面提示，使其器乐演奏、声乐演唱的内容更加丰富。

表 1　韩国“井间谱”演进一览表

时期	书名	格式	表示音高	记谱内容	关联性
1418—1450 年	《世宗实录》乐谱	1 行 32 井间（323323）	律吕字谱	总谱；旋律、长鼓、拍、歌词	首创井间谱
1455—1468 年	《世祖实录》乐谱	1 行 16 井间、6 大纲（323323）	五音略谱	总谱；旋律、长鼓、拍、歌词	受《世宗实录》影响
1572 年	《琴合字谱》	1 行 16 井间、6 大纲（323323）	宫商字谱 五音略谱 合字谱 肉谱	总谱；旋律、乐器（琴、长鼓、笛）、歌词	受《世祖实录》影响
1592 年以前	《时用乡乐谱》	1 行 16 井间、6 大纲（323323）	五音略谱	总谱；旋律、长鼓、拍、歌词	受《世祖实录》影响
1610 年	《梁琴新谱》	1 行 2 大纲、1 行 3 大纲、1 行 4 大纲、1 行 6 大纲	宫商字谱 合字谱 肉谱	总谱；旋律	井间谱转折点
不详	《增补琴谱》	1 行 2 大纲、1 行 4 大纲、1 行 6 大纲	宫商字谱 合字谱 肉谱	总谱；旋律	部分转抄《梁琴新谱》
1610—1650 年	《尹容镇所藏琴谱》	1 行 2 大纲、1 行 6 大纲、1 行 8 大纲	宫商字谱 合字谱 肉谱	总谱；旋律	部分转抄《梁琴新谱》《梁合字谱》
1651—1680 年	《南薰琴谱》	1 行 2 大纲、1 行 4 大纲、1 行 6 大纲、1 行 12+14、井间混用	宫商字谱 合字谱 肉谱	总谱；旋律、歌词	部分转抄《梁琴新谱》
1759 年	《大乐后谱》	1 行 16 井间 6 大纲（323323）	律吕字谱 五音略谱	总谱；旋律、长鼓、拍、歌词	《大乐前谱》散佚（取自《世宗实录》）；《大乐后谱》（取自《世祖实录》）
1800 年	《俗乐源谱》	1 行 16 井间 6 大纲（323323）1 行 20 井间 6 大纲（424424）	律吕字谱 五音略谱	总谱；旋律、长鼓、拍、歌词	部分转抄《大乐后谱》
1813 年	《东大琴谱》	1 行 12 井间、18 井间、20 井间	宫商字谱 合字谱 肉谱	总谱；旋律、长鼓	部分转抄《梁琴新谱》
1916 年	《朝鲜音律谱》	1 行 12 井间、20 井间	律吕字谱	总谱；旋律、长鼓	
1930 年	雅乐部“弦乐谱”“器乐谱”	1 行 12 井间、20 井间、32 井间	律吕字谱	总谱；长鼓、旋律	

自韩国15世纪世宗朝创制“井间谱”之后，至20世纪“井间谱”在本土都有变异性发展。世祖时期改世宗“井间谱”的32井间数为16井间数，该律吕记谱音高为五音略谱（宫上下谱记谱音高）。16世纪出现宫商字谱、肉谱、五音略谱记录音高的合谱形式，在记录音乐音高方面又向前迈进一步，音乐信息更为丰富，并体现出详细的总谱特征。17世纪《梁琴新谱》中发现井间和大纲数量变少，书中出现了合字法的文字说明，这种记谱法就是中国古琴减字谱的指法谱类型。19世纪的《东大琴谱》有明显的三种变化，首先《慢灵山》为大型套曲形式，其次乐曲速度有从慢板到快板的变化，最后谱式出现以图示记录长鼓的演奏，这比15世纪《世宗实录》中以文字“双鞭摇鼓”记录杖鼓节奏更为直观。20世纪井间谱开始回归到以“律吕字谱”记录音高，“雅乐部”乐器谱中已经具有与现代记谱法相同的记谱体系，可证明方格式记谱法适用于记录节奏、音高及其时值。

三、中韩方格式律吕谱特征比较

南宋朱熹所撰《仪礼经传通解》卷十四载“风雅十二诗谱”律吕谱也是以方格形式记录的，已经隐约可见其有量的规定。至中国元代《韶舞九成乐补》按照十二律吕顺序依次填写，这一律吕“音轴”不仅显示了音高和调式，还有方整节奏的多重信息。与韩国15世纪《世宗实录》中乡乐“井间谱”具有方格式律吕谱的乐谱形式，同具有仪式功能；在谱面上世宗“井间谱”体现出的“双鞭摇鼓”等杖鼓演奏技法及其节奏提示，虽然《韶舞九成乐补》谱面无记载乐器，但从《韶乐》的特征来看，具有钟磬管弦之声，因此两者都存有乐器编制。从记谱特征上，虽然横纵方格数量不同，但同以律吕字谱记录音高，两者为相对有量。

表2　《韶舞九成乐补》律吕方格谱与《世宗实录》井间谱对比表

	《韶舞九成乐补》	《世宗实录》井间谱
创作时间	元朝文宗天历年间（1328—1330年）	朝鲜王朝世宗时期（1430—1445年）
音乐功能	文庙祭祀乐	宗庙祭礼乐
记谱特征	一纵为十二方格“律吕音轴”，律吕字谱记录音高	一纵为三十二方格，律吕字谱记录音高
时值特征	相对有量	相对有量，一格一拍
读谱方式	从下至上，从右至左	从上至下，从右至左
乐器编制	文献有，谱面缺。按《韶乐》特征，有钟磬管弦之声	部分乐器指示，属于器乐与声乐的总谱
舞谱	《九磬之舞缀兆图、采章图》	文献记载
歌词内容与对象	祭孔；天地之道、为政之道、君臣之道、文武之道	仿照中国四言诗内容所作；颂扬朝鲜王朝祖宗的文德武功
歌词出处	《尚书》《周易》《礼记》	世宗时期创作
易学思想	《九磬之舞缀兆图、采章图》	横竖经纬

相比中、韩最早的有量记谱，《世宗谱》比《乐补》能展现出更为详细的音乐内容，也更便于记录复杂的音乐内容，在形式上韩国比中国更优化。两者创作时间上相近，谱式相似，前者为我国最早的有量记谱的尝试，后者为韩国最早的有量记谱。①

结　论

南宋嘉定年间朱熹《仪礼经传通解》卷十四所载诗乐是以方格承载歌词，律吕记录音高，体现着一格一字一音原则。元代余载《韶舞九成乐补》以方格纵向标注律吕字谱于最右侧，律吕首字自下而上依次填写标注音高，横向从第二格开始从右至左显示歌词，有记录音高和节奏的双重功能，是目前所见中国最早的相对有量记谱法。明代朱载堉《律吕精义》中的"格图""律吕塔图"、李之藻《頖官礼乐疏》中的"协律歌谱"与元代方格式律吕谱一脉相承，明代黄佐《乐典·大合乐》以方格式律吕谱记谱、明代徐会瀛《文林聚宝万卷星罗》之"太音纪原"中以方格式减字谱记录古琴曲。可证在中国宋、元、明时期曾有以方格式的记谱形式流传于世。

15世纪朝鲜世宗时期（相当于我国明朝），李祹在文化方面注重儒学，考据中国音乐理论书籍，复制中国乐器，修订雅乐制度，亲自参与宫廷礼乐制度的制订，创制的以记录宫廷俗乐的"井间谱"为方格横竖相间、律吕记录音高节奏的谱式，这是朝鲜最早的有量乐谱记录，并自此开始至20世纪"井间谱"记谱方式在韩国本土得到了变异性本土化发展。中国的方格律吕谱传至韩国，韩国方格律吕谱——"井间谱"记录的乐谱信息更丰富，有声乐、器乐合谱的特点，并兼有乐队总谱和分谱的性质；扩展为含有方格律吕谱、方格式五音略谱、合字谱、肉谱合谱等综合谱式。

目前所见东亚最早的有量的记谱法是中国元代《韶舞九成乐补》，韩国"井间谱"完善其功能。余载《韶舞九成乐补》方格式律吕谱，不仅以"音轴"记录了音高、调式，还以"方格"规定了方整的时值节奏，可视为中国最早体现相对有量的乐谱，可以判定至少在元代，中国积极尝试建构有量记谱法。中国方格式律吕谱的制定比"井间谱"早一百多年。而国际上绝大部分认为东方的有量记谱是朝鲜世宗时期井间谱的创作。有学者提出"井间谱还是世界上最早的一种有量记谱"②、"它是东方第一个有量乐谱"③、"世宗依靠中国，他独自成功完成"④、"是东亚最早创案的有量乐谱"⑤ 等观点。笔者认为，以上论点尚待深入研究。

---

①〔韩〕张师勋：《韩国音乐史（增补）》，北京：中央音乐学院出版社，2008年，第236页。

②朴恩玉：《韩国的井间谱》，《文化艺术研究》2009年第6期，第75页。

③于冰：《中朝礼乐思想之比较研究》，《艺术评鉴》2017年第12期，第26页。

④〔韩〕宋慧娜：《有关中国礼乐思想之朝鲜式体现的考察——以朝鲜宫中的祭礼乐与宴礼乐为中心》，《当代韩国》2009年第4期，第83页。

⑤迟凤芝：《朝鲜半岛对中国雅乐的接受传承与变衍》，上海音乐学院2004年硕士论文，第53页。

华夏古乐　大音承传

——河南博物院古代音乐文化舞台转化与传承

◇霍　锟[1]

摘要：中原自古为礼乐之邦，这片厚重的土地上有着源远流长的历史文明。悠久的历史含带着丰富的音乐文物遗存，就河南博物院馆藏文物而言，音乐类的文物藏品数量达2000余件（套）。河南博物院华夏古乐团成立于2000年，主要从事古代音乐文物研究、古代音乐的舞台化转化展演和古代音乐文化的传承传播等工作。本文从河南博物院音乐文物收藏及其特点、古代音乐遗产转化、舞台化重构展演、古代音乐文化的传承传播等方面展开分析，以华夏古乐团为例，简要梳理河南博物院在古代音乐文化遗产的复原转化与传承传播等方面的工作。

关键词：中原音乐文物；古乐舞台化；传承；传播

河南博物院华夏古乐团，成立于2000年，至今已经组建近20年了。华夏古乐团主要从事古代音乐文物研究、古代音乐的舞台化复原转化展演（图1）和古代音乐文化的传承传播等工作。以下，以华夏古乐团为例，就河南博物院在古代音乐文化遗产的复原转化与传承传播等工作，简要梳理，请各位专家、同行给予指导。

图1　河南博物院华夏古乐团演出场景

[1]霍锟：河南博物院华夏古乐团团长、副研究馆员。

一、 华夏遗韵， 中原回响
——河南博物院音乐文物收藏述略

中原自古为礼乐之邦，这片厚重的土地上有着源远流长的历史文明。关于中原地区的音乐文化，古文献中多有载述："昔葛天氏之乐，三人操牛尾，投足以歌八阙：一曰载民，二曰玄鸟，三曰逐草木……"① 《周礼·春官·大司乐》所述《大夏》是歌颂大禹治水功绩的乐歌；"敢有恒舞于宫，酣歌于室，时谓巫风"②，是关于商人音乐活动的记载；"吾端冕而听古乐则惟恐卧，听郑卫之音则不知倦"③，是春秋战国时期的郑卫之声，是一代新音乐的代表，使听者"乐此不倦"，足见春秋战国时期中原地区民间音乐的繁盛状况；更有两汉时期的本土音乐，魏晋南北朝少数民族音乐与中原音乐的汇流、古琴音乐的兴盛；隋唐洛阳的歌舞大曲；北宋汴京勾栏瓦舍上演的散乐杂剧种种。在广袤的中原大地上，古代音乐文化源远流长，几千年连续无间。

悠久的历史蕴含着丰富的音乐文物遗存，从河南博物院馆藏而言，音乐类的文物藏品数量达 2000 余件（套），其中贾湖骨笛（图 2）、夏代铜铃、殷墟铜铙、"王孙诰"编钟、石排箫等具有其所处时代的代表意义，两周时期的编钟编磬、汉唐乐舞俑及宋代戏曲雕砖等音乐图像资料的收藏也颇具特色。河南博物院的音乐文物收藏具有如下几个特点：

1. 时代谱系完整

裴李岗文化时期的贾湖骨笛，仰韶文化时期的陶鼓与陶埙，龙山文化时期的特磬，夏代的铜铃，商代的编铙和陶埙，两周时期钟磬鼓瑟、管箫琴笙等，汉代画像砖（石）雕像，隋唐时期的乐舞俑，宋元时期的戏曲雕砖，明清时期的传统乐器等，时代连续一脉相承，在中原大地上，古代音乐文化薪火相传，几千年绵延亘古，连续无间。

2. 典范意义

舞阳贾湖出土的贾湖骨笛，是我国目前经科学发掘的最早的吹奏乐器，经专家测定具备七声音阶结构，被音乐学专家公认为中国音乐史的开端；二里头遗址出土的带翼铜铃是最早的青铜打击乐器；安阳殷墟出土的商代乐器编铙、陶埙等，为我们展现出商代完整乐器的组合关系；鹿邑长子口墓出土的骨排箫是目前可见的我国最早的排箫实物；淅川下寺出土的"王孙诰"编钟是春秋时期音乐性能最为完备的编钟组合之一。

3. 类别完备

从音乐文物资料的分类而言，乐器实物、音乐图像、音乐文献等齐全，信息丰富；从乐器声部属性类别而言，吹奏乐器、打击乐器、弹拨乐器等完备。

图 2　贾湖骨笛　河南舞阳贾湖遗址出土　新石器时代　河南博物院藏

①《吕氏春秋·古乐》。
②《尚书·伊训》。
③《史记·乐书》。

图 3　“王孙诰编钟”，河南淅川下寺楚墓出土

图 4　河南博物院系列音乐文物研究成果

4. 系统的科学研究

河南博物院的音乐文物收藏最早在建馆初期就已经开始，郑公大墓出土青铜编钟、甲乙墓礼乐器是河南博物院早期的馆藏，后来的殷墟音乐文物、二里头铜铃、淅川楚墓“王孙诰”编钟（图 3）、信阳楚墓礼乐器、汉代画像砖石、唐代乐舞俑等音乐文物，是河南博物院特色藏品。

在音乐文物的研究方面，也是有传统的学术脉络，如首任馆长关百益先生的《新郑古器图录》；宿白先生的《白沙宋墓》，开启了对宋代杂剧与散乐的研究；许顺湛先生、周道先生 20 世纪 60 年代开始研究汉画、宋代乐舞砖雕等音乐图像资料；20 世纪 90 年代河南博物院研究人员参与了《中国音乐文物大系 · 河南卷》的编纂工作；近年来张得水、李宏等专家及几位青年学者也对音乐文物进行了专题研究，《华夏遗韵——中原音乐文物》《谁 · 调清管 · 度新曲——丝绸之路音乐文物》《贾湖骨笛》《东亚音乐考古研究》等著作（图 4）先后出版；还建立了“河南省文物局音乐文物保护研究重点科研基地”；深入、系统地开展了音乐文物研究，为音乐文物资源的转化、复原、利用打下了较好的学术基础。

二、　活化文物，　寻声传韵
——古代音乐遗产转化、　复原展演

中国自古就是礼乐之邦，古代音乐是中华传统文化遗产中重要的组成部分。走进博物馆的每一个观众，在一件件穿越历史的乐器、乐俑、乐舞壁画面前驻足、遐想，如何让沉寂千年的乐器重新奏出美妙的乐音，让画像上的乐舞场景、舞蹈活起来，让失去色彩的华服鲜亮起来，这是摆在我们博物馆人面前一个崭新的课题。

2002 年，国际博物馆协会亚太地区第七次年会将“博物馆与无形文化遗产传播”列为主题；2004 年，国际博物馆协会大会将“博物馆与无形遗产”列为主题。“博物馆是一个为社会及其发展服务的、非营利的常设机构，向公众开放，为研究、教育、欣赏之目的征集、保护、研究、传播、展示人类及人类环境的有形遗产和无形遗产。”①

历代音乐文物凝结着中华民族先民的智慧，众多的音乐考古发现，使得中国音乐的历史有了实物见证。回望远古，依照发掘出土的音乐文物，窥探各个历史时期音乐文化发展状况，是一个非常有趣的课题。可以说，如何更好地展示、传播包括音乐文化在内的无形文化遗产，是当今博物馆界新的共识和使命担当。

1. 组建华夏古乐团

当下，视频录像、多媒体演示、VR、增强现实等多媒体手段，是博物馆静态陈展模式的补充，但总体上仍属于相对静态的模式，如何突破？营造一种动态的、立体的历史文化氛围和形象，激发每一位参观者的感观，使文物的展示变为观众与科学、艺术、历史的对话，这应当是当今博物馆陈列追求的完美境界所在。

基于此，河南博物院在 2000 年 3 月开始组建华夏古乐团（图 5），并于当年 5 月 1 日正式成立并对外公演（图 6）。音乐考古舞台化复原转化，是一个多学科交叉融合的综合项目，包括考古、历史、音乐、舞台表演等诸多方面，其间，国内众多知名专家如王子初、李幼平、蒋朗瞻、丁承运、童忠良等多次论证，并直接参与了华夏古乐团前期的各项工作。

2. 音乐考古资源的复原转化

古代乐器。我们针对历代乐器进行了的复制、研发，整体数量达到 100 余套，计 1200 余件，像贾湖骨笛、陶鼓、王孙诰编钟、商代编铙、古琴

图 5　河南博物院华夏古乐团首次专家论证会

图 6　河南博物院华夏古乐团首演

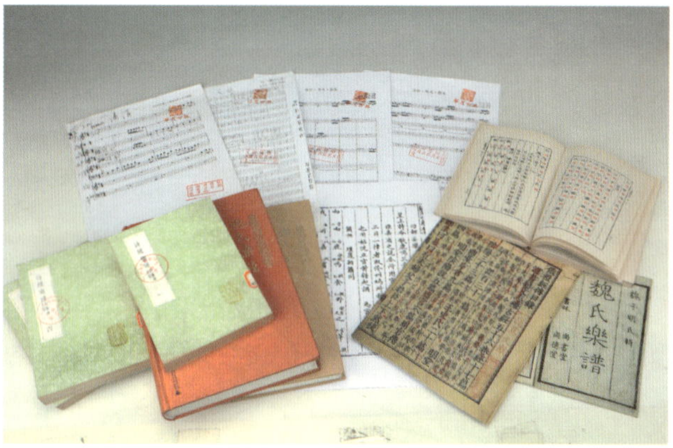

图 7　河南博物院华夏古乐团针对历代古谱进行编译重构

等古代乐器的研制形成了较完善的体系；2018 年登上央视舞台的“贾湖骨笛”，即是古乐团的研究人员、演奏人员联合乐器制作老师全新研制的成果，在选材形制、音律性能、制作工艺等方面达到了较好的效果。

古代乐曲编译创作。华夏古乐的曲目复原、

①《国际博物馆协会章程》，2007 年 8 月 24 日在维也纳通过。

整理、移植创编是在古籍文献、历代古谱、琴谱及活态的音乐遗产的基础上，由国内多位著名音乐考古和作曲家共同合作进行编译、创作的成果，目前已经完成近100首古代乐曲的编译创作工作，其中在骨笛与陶乐器、商代墓葬出土的乐器组合、《诗经》音乐、古典诗词、音乐图像演出等方面做了大量的实践工作，其中也不乏网友们的热议和点赞，像《瑞鹧鸪》《关雎》等乐曲点击量都超过了10万人次。（图7）

历代服饰研制。在考古学家和服饰造型专家共同合作下，我们还对古代服饰完成了8个序列、1000多套服装的研制工作。

这些活化文物的过程，其实是一个多学科融合、创新的转化过程，每一个项目都是一个科学和严肃的课题，每一步探索都是一种全新的尝试，每一种复原都连带着邃远的历史文化背景。

3. 展、演结合——展览延伸与艺术化解读

如何深度解读文物，运用多种手段发掘文物本身的文化负载和其背后的故事，使文化遗产由记忆变为鲜活的形象，使其在与现代的交融中得到传承和创新，使传统文物展览予以延伸、艺术化解读，进而综合传达给观众一个丰满的、立体的文化感受，这是我们不断创新原创陈展模式，组建华夏古乐复原展演的初衷。（图8）

走进博物馆的观众，在展览中看到一件件音乐文物，或是一件乐器，或是一幅乐舞图像，移步到音乐厅就可以听到美妙的乐声传来，看到鲜活的乐舞场景，抑或近距离感受体验，由静到动、由被动到主动、由知识学习到艺术感受，越来越多的人在音乐厅坐下来，于大量展览信息的传递间适时消化、沉淀，在演出的艺术化的感受中把知识进行溶解，进而受到文化的感悟和启发，此刻博物馆悄

图8 “展厅里的音乐会”华夏古乐团赴鲁迅纪念馆演出现场

图 9　“弦歌八千载”华夏古乐团在国家大剧院演出现场

然变成了综合的、除却冰冷的文化空间。

除了结合展线基本固定的展演，我们还配合各个主题原创展览、配套的创作和教育活动，河南博物院的展览开幕式及展厅间，时而响起编钟乐演奏的埃及民歌、大提琴与金石乐队碰撞声，陶瓷化身为舞者，展览有了主题歌，与各个主题展览的文化空间相呼应的系列活动也成了一种较好的尝试。

音乐文物专题展演。2010 年以来，河南博物院集中音乐文物藏品、华夏古乐的复原转化成果，推出原创展览《华夏遗韵——中原古代音乐文物特展》；2010 年 12 月 27 日，在国家大剧院首展、并在国家大剧院同时举行《弦歌八千载——音乐考古复原专场演出》（图 9）；2015 年，推出《谁・调清管・度新声——丝绸之路音乐文物展》，同时举办《丝路回响——丝绸之路古乐交流展演》和“中韩音乐文物”学术研讨会。2017 年 11 月，为期半年的《东方神韵——河南博物院远古和声》音乐文物受邀在美国凤凰城乐器博物馆开幕，期间华夏古乐团进行了一系列配合展览的演出、工作坊等活动。

这种融合了展览、演出、学术研讨、教育、体验于一体的综合体，正展现出它在博物馆原创展览、社会教育和文化服务方面的独特效果和优势。

三、 大音承传
——古代音乐文化的传承传播

业内专家和广大观众对这种具有厚重文化意义和独具特色的演出给予了一致好评，他们称华夏古乐团的日常演出使参观博物馆的观众不但浏览了重要的文物文化遗存，而且还能在相对集中的时间内观看乐团立体化、动态化、艺术化的演出，是对博物馆传统陈展模式、静态文化服务的有益补充和拓展。

1. 日常展演引领公众聆听历史声音

华夏古乐团自 2000 年建团以来，20 年来风雨不停、寒暑不断，向海内外观众展现着古代音乐文化的独特魅力。以每天固定场次演出结合团队预约的基本方式进行展演工作，截至目前，累计展演 10000 余场次，直接观众有 150 余万人次。

此外，乐团还以传统节日、法定节日、主题节日等为切入点，推出公益主题演出。从每年春节期间的《古乐春晚》、元宵节的《上元灯月》，到清明节与端午节的《诗词吟唱会》、中秋节的《华夏月明》，到博物馆来过节成了传统文化爱好者和博物馆之友的生活时尚。

2. 打造属于博物馆的舞台艺术精品

推出专题音乐会。乐团还利用多年来古代音乐文化遗产复原的基础、中原地区丰厚的音乐文化资源，申报国家、省里艺术创作经费的扶持，开发、排演了多部舞台艺术精品项目。

如：《华夏正声——音乐考古复原专题展演》《淇水恋歌——古乐吟诵情景剧》《风雅传韵——古典诗词吟诵专题音乐会》《上元灯月——传统元宵节情景古乐》等，一经上演就引起社会各界的好评，也在全国各地进行巡演。此举，也是博物馆根据自身优势打造的文化产品，给社会公众提供独具文化价值、艺术特色的多元化的舞台艺术项目。（图 10）

3. 把历史音乐厅文化带回家

音乐是直入人们心灵的通用语言，与此相关的课题讲座非常贴近公众的认知意向并被乐于接受。乐团近年来分别举办了针对大学生、中小学生、机关干部等不同人群的专题音乐文化讲座 100 余场，受众达 12 余万人次。

北大百年礼堂、大连理工大学、长城脚下的军营、新疆哈密的幸福村社区、香港的九龙公园、贵阳孔子学堂都留下了华夏古乐的足迹，“华夏历史音乐厅”正是一支传播古代音乐的轻骑兵，驰骋在更加广阔的空间，将历史好声音传递给社会公众。（图 11）

除此之外，我们还陆续编辑、制作图书、光盘 10 余种，让观众把文化装进包里带回家。

4. 华夏古乐走向世界

近年来随着中外文化交流的开展，华夏古乐多次代表国家、河南省赴国外进行文化交流、访问演出，分别受邀赴美国、俄罗斯、土耳其、澳大利亚、韩国、意大利、泰国、新加坡、柬埔寨等国家访问演出，足迹遍及 10 余个国家。（图 12）

2014 年以来，华夏古乐团承担了“中韩人文合作交流项目”“国际音乐考古学会议”“古代音乐与宫廷音乐交流研讨”等活动，河南博物院与韩国国立国乐院的系列交流活动，卓有成效。2019 年 9 月围绕“丝绸之路古乐复原”的主题举办了演出、学术研讨等交流活动。

图 10　河南省省级艺术精品项目情景古乐《郑风·意象》

图 12 华夏古乐 走向世界 对外交流演出

图 11 “历史的音乐厅”走进校园

2014 年，中国博物馆协会举办的“首届博物馆教育项目示范案例评选”活动中，“华夏古乐”项目获得评委会的全票通过；由河南博物院华夏古乐团制作出版的《风雅颂十二音诗——〈诗经〉音乐专辑》获得 2016“中华优秀出版物奖·优秀音像出版物奖”……这些荣誉正是专家、社会公众对河南博物院工作的认可和肯定，同时也是一种激励和鞭策。

华夏古乐团成员，平均年龄 33.65 岁，平均工龄 11.88 年，他们在守望古代音乐文化中走过了 18 个春秋。乐团虽然取得了一些成绩，但在科研、专业化水平、文化创意创新能力、互联网新技术运用等方面还有亟待改进和提升的空间。目前，针对华夏古乐团的各方面工作，河南博物院正在以“学术化、专业化、特色化”为定位，以打造成为全国最好的古乐研究传承团队为目标，进行全方位的提升建设，借以形成河南博物院在文化遗产研究传承方面的金色名片。

古代音乐文化遗产对中国人的情感生活有着不可估量的影响。在良莠不齐的现代音乐冲击下，中国特有的优秀音乐文化遗产越来越受到世界各国的关注。包括中华古代音乐在内的中华文化的复兴，是新时代中国与世界一种跨越时空、超越国度、直指人心的对话语言和传播纽带。

现代博物馆正在以多种形态保护和传播文化遗产，营造立体的动态空间，通过文物和文化的综合展示启发人们与历史对话和思考，继而进行知识的“二度创作”“三度创作”。博物馆不只是一个建筑场所，它应当是连接过去、现在、未来，亦应当成为链接个体的人、文化归属、思考与创造的空间。

南朝齐标型画像砖的音乐考古学研究

——以河南《邓县彩色画像砖墓》为例

◇王歌扬①

摘要 音乐图像是音乐考古学研究的对象之一。1958 年出土于河南邓县的彩色画像砖墓，因出土器物相对丰富和具有特色而震惊中外。特别是墓室中出土的“（吹）弯形长角号、摇鼗、击鼓”画像砖、“（吹）横笛、排箫、弯形长角号、竖笛”画像砖、“舞蹈、腰鼓、吹笙、人物”画像砖、“吹笙引凤”“南山四皓（吹笙、弹琴）”和“伎乐飞仙”等画像砖，其音乐画面上不同于秦汉，下有别于隋唐，代表了中国古代音乐发展史上一个转折时期的音乐现象，备受音乐界的关注与高度评价。然而，墓的确切年代及墓主人身份一直悬而未决。

本文对音乐画像砖重新加以研究，结合史籍文献记载，希望借助这一疑题的再次破解，为中国古代音乐发展史的分期、音乐场景及乐人服饰的级别功用等问题提供较为可靠的依据。

关键词：邓县；音乐画像砖；墓主人；音乐场景；年代考证

作为音乐考古学四大研究范畴之一的音乐图像研究，因其形象立体直观，在音乐考古学研究中具有独特的学术价值，但同时我们也要认识到由于音乐实物的缺失、具体音响的无法探讨、艺术的夸张、删减与再加工、社会水平与制作水平的局限、工匠的认知水准与艺术再创作等不确定因素的存在，我们在对音乐图像进行音乐考古学研究时，更需要理性地选取、客观地判断并谨慎地依据文献史料，结合当时的社会制度与历史文化大背景，参照不同区域的实际情况，以相对娴熟的音乐学和考古学研究手段，有效比对、分析、评估，才能获得符合历史的音乐考古学准确结论，才能真正地对历史和现实负起责任。

河南邓县彩色画像砖墓（以下简称邓墓）②1957 年 12 月至次年 1 月于河南邓县（今邓州市，以下同）学庄（即许庄）被发现，此后河南省文

---

①王歌扬：河南博物院。

②河南省文化局文物工作队：《邓县彩色画像砖墓》，北京：文物出版社，1958 年。

化局文物工作队对其进行了发掘，因出土了大量的纹饰砖、刻铭砖、画像砖、彩色画像砖、墨书题记画像砖，以及一幅壁画券门而闻名中外。尤其是邓墓出土的以“鼓吹”为代表的彩色音乐画像砖，使后人第一次看到了我国南北朝（宋齐）时期，流行于黄河流域与江汉平原间、有别于汉魏时期的一些乐器和演奏场面。因此，这批画像砖的出土，在我国三国两晋南北朝音乐考古史上，具有标型画像砖的价值和承汉启唐的意义。但该墓的年代及其主人因发掘时已遭破坏之故，其年代及墓主人一直处于难以破解之状态。经笔者查阅有关史料，结合墓的形制、结构、画像内容以及出土器物，初步确认该墓为南朝齐墓，墓主人为宋齐权臣、冠军籍人张敬儿；墓葬的时代为483年。

一

邓墓坐落于河南省邓州市张村镇与冠军村之间，今路庄村委会许庄（前称学庄）自然村西南约100米处。墓顶离地表约1米，墓室由墓门、甬道、墓室几部分组成，平面布局呈窄长“凸”字形，方向东南，纯砖结构。南北长9.8米、东西宽3.09米、高约3.20米。发掘时墓顶、墓室局部已被扰乱或遭建设性破坏。

墓室甬道封门砖，以砌筑墓室剩余的画像砖砌成。砌法为横一排、竖一排，券门内外共砌两层，未用石灰。文物工作者从封门砖中拣出不带彩绘、内容各异的画像砖10余种。墓门，即墓室甬道之门。拱券顶，高3米、宽2.7米、边门宽0.6米。在用石灰面涂抹的墓门上，用朱红、黄、绿、蓝、紫、浅红、黑七种颜色绘制一怪兽、二飞仙、二持剑门吏壁画。

甬道，即“凸”字形墓室凸出部分。用莲花小砖铺地，用纹饰砖、画像砖砌壁，用楔形砖、子母砖券顶。甬道左右壁各有4个砖柱，每柱为三组。上一组两壁镶嵌对称“狮子”画像砖，下边两组组成一个人像，向上一组至券顶。

墓室，大抵亦用莲花小砖铺地，用纹饰砖、画像砖砌壁。室顶因遭破坏结构不明，抑或用楔形砖、子母砖券砌拱形顶。墓室两壁各砌有8个砖柱，柱与柱之间的距离，仅容一横砖。每一柱的下半部，都镶嵌由5块砖（上下2块用砖面，居中3块用砖侧）组成的画像。皆为小冠、大履、手握长剑的尊者（或为墓主人肖像）。砖柱的上半部各镶嵌两块画像砖，内容各异。后壁砌法较为特殊，有两柱，每柱3组，再向上砌有多个“凸”字形壁龛。

邓墓发掘及收集而来的画像砖、纹饰砖较多，计60余种。

1. 彩色画像砖，计34种。其中，15种系从墓室甬道、墓室两壁及墓室后壁科学揭取的。砖的形制完全相同，长38厘米、宽19厘米、厚6厘米。由墓室东壁自前至后、由上至下分别镶嵌的彩色画像砖有：“麒麟”、战马、武士、鼓吹、运粮、牛车、乐队、郭巨埋儿、侍从图等。战马画像砖侧有墨书文字三行，内有“以三月”“众十万”“以四月辞天子”“用此廿五”“部曲在路吹”“赐□粟牛酒不少”“家在吴郡”等可识文字。西壁自前至后、由上至下分别镶嵌的彩色画像砖有牛车、“老莱子”图；墓室后壁上镶嵌的彩色画像砖有玄武图。收集的彩色画像砖有：“万岁千秋”、礼佛（供养）、“南山四皓”、肩舆、飞天、伎乐、青龙、白虎、凤凰、双龙图等。

2. 素面（未着色）画像砖，共计 11 种。堆砌于封门砖中的画像砖有：牵牛、骑马出行、贵妇出游、执盾武士、乐舞、吹笙凤鸣、“王子乔、浮丘公”、骑麒麟图；砌筑于墓室东壁的画像砖有：郭巨埋儿图。收集的画像砖有：导引（舞蹈）、飞马图等。

3. 纹饰砖，共计 26 种。主要为铺地砖、镶嵌于墓壁两侧彩色画像砖四周之砖，以及砌筑于墓顶的券顶砖等。铺地砖，或为长方形，一般长 24 厘米、宽 11.5 厘米、厚 4.5 厘米；或为正方形，一般长、宽均为 36 厘米。上均模印莲花图案。墙壁砖，大小不尽相同，大者长 51 厘米、宽 6 厘米。券顶砖，一般由楔形砖和子母砖组成。或作封门砖、券门外镶砖之用，或作券顶砖之用。尺寸、纹饰不尽相同，一般模印莲花图案。

邓墓出土的器物主要有：陶俑，计 55 件。从形态看有武士俑、侍从俑、乐舞俑等。其他有：神兽俑、骨簪、五铢钱等。

邓墓的时代，当时初步推断为南北朝。

二

在邓墓所有的出土物中，几块有关音乐、舞蹈场景的画像砖尤其值得注意，在我国南北朝音乐考古中应该占有十分重要的地位。

1. 鼓吹乐队画像砖（图 1）。此砖镶嵌于墓室东壁第二柱上。长 38 厘米、宽 19 厘米、厚 6 厘米。画面模印 4 乐人，均男性，头戴有帽檐、尖顶、呈黑色之高冠，身穿已褪色之袴褶。此高冠及袴褶，与邓墓出土的头戴有帽檐、尖顶、呈紫色的高冠，身穿已褪色之袴褶陶奏乐俑（原图 51）完全相同。不同的是前二人（右二人）双手执弯曲长角乐器，长角上端飘扬着红、绿彩带，呈行进吹奏状。后二人（左二人）腰间佩朱红色鞞鼓，一手执拊敲击，一手摇串联（三）鼗鼓，呈行进敲击状。

上述四乐人的冠饰较为特殊，有人将其描绘为似“笠状”的帽子，正中竖起部分为“璎

图 1　河南邓州学庄南朝墓出土鼓吹乐队画像砖　河南博物院藏

珞”[①]。然依遮颜推论或为笠。《礼记·郊特性》：“草笠而至，尊野服也。”用于御暑或遮雨雪；以黑色高竖而论，或为通天冠。晋朝徐广《舆服杂注》：“通天冠高九寸，黑介帻（屋状帻），金博山。”《南齐书·舆服志》：“通天冠，黑介帻……乘舆常朝所服。”此冠在汉代冠类中，规格最高；以“鼓吹”而论，或为“黑帻武冠”。《宋书·礼制五》：“（刘）宋乘舆鼓吹，黑帻武冠。”以乐人而论，或为建华冠。《晋书·舆服志》：“建华冠，以铁为柱卷，贯大铜珠九枚，古用杂木珠，……祀天地、五郊、明堂，舞人服之。汉《育命舞》乐人所服。”以形状而论，或为爵弁。《晋书·舆服志》：“爵弁，一名广冕。高八寸，长尺二寸，如爵形，前小后大（此似前大后小）。增其上似爵头色。有收持笄，所谓夏收殷冔者也。祠天地、五郊、明堂，《云翘舞》乐人服之。”何说为是有待进一步研究。

四乐人的服饰或沿用魏晋之“袴褶之制”。《晋书·舆服志》：“袴褶之制，未详所起，近世凡车驾亲戎、中外戒严服之。服无定色，冠黑帽，缀紫摽，摽以缯为之，长四寸，广一寸，腰有络带以代鞶，中官紫摽，外官绛摽。又有纂严戎服而不缀摽，行留文武惠同。其畋猎巡幸，则惟从官戎服带鞶革，文武不下缨，武官脱冠。”刘熙《释名》：“袴，跨也。两股各跨别。”汉人史游《急就篇》卷二：“褶，谓重衣之最在上者也。其形若袍，短身而广袖，一曰左衽之袍也。”明人方以智《通雅·衣服》：“古袴上连衣，故戎衣谓之袴褶。”南北朝时期战争频仍，军人多着甲胄、袴褶之服。这种服装紧身窄小，衣着与膝齐，袴管宽松，下长至足，犹如喇叭（今有“喇叭裤”之称）。后被广泛使用于文职官员和普通老百姓，并可能成为乐人、舞人之常服或便服。

画像中的角或牛角[②]，为古代吹奏乐器之一。河南省禹州市谷水河遗址出土的新石器时代龙山文化陶号角[③]，形如牛角，残长 28 厘米，一面扁平，一面弧鼓，空腔，扁平面距口部 1.8 厘米处有一小圆孔，孔径 0.5 厘米，距今 4800~3900 年，是河南省出土较早的角器之一。先秦两汉时期流行于北方游牧民族，似对空旷的原野有较大的“号”召力。其材料多用耕牛或野牛之角。也有用竹木、皮革及陶、铜等材料的情况。三国两晋南北朝时期，除了用于军事外，如邓墓，还普遍用于殡葬活动之中。此角或牛角，呈弯曲状，体较长，一头粗，一头细，如明人王圻《三才图会》所云：“其本细，其末钜，本尝纳于腹中，用即出之。”今广西瑶族所用之“纠”，就是用大牛角制作的乐器，长 60~70 厘米，以泡桐木管为吹嘴，插入牛角尖端；角口与用“那膏”树胶制成的管口粘连。除用于独奏外，常与铜鼓合奏。融江流域流行的牛角，称“姜”，一般用水牛角制成，多用于丧乐。“纠”与“姜”明显带有古代牛角乐器的遗风。

挂在左二乐人身上的腰鼓或为鸡娄鼓[④]，系

①柳涵：《邓县画像砖墓的时代和研究》，《考古》1959 年第 5 期。

②中国艺术研究院音乐研究所、《中国音乐词典》编辑部：《中国音乐词典·牛角》，北京：人民音乐出版社，1984 年。

③河南博物院：《华夏遗韵——中原古代音乐文物》，郑州：中州古籍出版社，2010 年，第 41 页。

④中国艺术研究院音乐研究所、《中国音乐词典》编辑部：《中国音乐词典·鸡娄鼓》，北京：人民音乐出版社，1984 年。

打击乐器；而乐人左手所持的乐器当为三联鼗鼓，亦为打击乐器。鸡娄鼓出土的时代不详，隋唐时期广泛流行于汉化了的西域诸国。《旧唐书·音乐志》云，《高昌舞》《龟兹乐》《疏勒舞》均采用"鸡娄鼓"。其形状如马端临《文献通考》云："鸡娄鼓，其形如瓮，腰有环，以绶带系之腋下。"其奏法，如宋代陈旸《乐书》云："左手持鼗牢，腋挟此鼓鸡娄鼓，右手击之，以为节焉。"在甘肃敦煌壁画和五代前蜀主王建墓①均可见其形状。王建墓出土的鸡娄鼓与鼗鼓，浮雕于墓主棺座上，一女乐人束发，着宽8袖短衫及长裙跽坐于地（席）上，右手执拊击鸡娄鼓，左手摇三联鼗鼓。邓墓画像与此浮雕相比，除前者为南北朝（420—581年）、后者为前蜀（907—925年），前者为砖质、后者为石质，前者为男伎乐人、后者为女伎乐人，前者为行进状、后者为跽坐状外，其他，如乐器及其打击、摇动的方法几乎如出一辙。

2. 乐队画像砖（图2）。此砖镶嵌于墓室东壁第六柱。长38厘米，宽19厘米，厚6厘米。颜色已全部脱落。画像中模印五男性乐人，均头戴幅巾，身着裤褶之服。右一人吹横笛，右两人吹排箫，右三人、四人吹角，左一人吹（短）箫，呈行进演奏状。

幅巾，是只用一块帛巾束首，而不戴冠帽之物。② 至迟见于汉代。《后汉书·郑玄传》："玄不受朝服，而以幅巾见。"《后汉书·孔融传》："融为九列，不遵朝仪，秃巾微行，唐突宫掖。""秃巾"，以巾帻包发（髮），因称不用巾帻包发为"秃巾"。南北朝时，中下级官员以及庶民百姓十分流行幅巾。《隋书·礼仪志》云："晋太元中，国子生见祭酒博士，单衣角巾。"《宋书·礼志》云："今国子太学生冠之，服单衣以为朝服，执一卷经，以代手板。居士野人，皆服巾焉。""巾以葛为之。"

图2　乐队画像砖

横笛，吹奏乐器之一。由古时称为"横吹"的管乐器发展而来，相传由西汉武帝时丘仲所造。《宋书·乐志》云："笛，案马融《长笛赋》，此器起近世，出于羌中，京房备其五音。又称丘仲工其事，不言仲所造。《风俗通》则曰：'丘仲造笛，武帝时人。'其后更有羌笛尔。三说不同，未详孰实。"此记载说明，在我国南北朝时期，对于骨笛的兴起及其制作的时代有多种不同的说法。其实，骨笛至迟出现于新石器时代裴李岗文化舞阳贾湖遗址。M282：21笛③，骨质，经考为鹤类尺骨，全长23.6厘米，7孔，距今8700～6800年。之后，普遍采用竹制，横吹，有吹孔一、指孔六，近吹孔处另有膜孔，蒙以芦膜或竹膜。尾部常有二至四个出音孔。邓墓画像中的笛为何质

①冯汉骥：《前蜀王建墓发掘报告》，北京：文物出版社，1964年。

②陈茂同：《中国历代衣冠服饰制》，天津：百花文艺出版社，2005年，第83页。

③河南博物院：《华夏遗韵——中原古代音乐文物》，郑州：中州古籍出版社，2010年，第28~30页。

地，画像不明，或为竹制，它是独奏、合奏或伴奏的特殊乐器。

箫，吹奏乐器之一，古之箫多指排箫。单管、直吹，无底者为“洞箫”，简称“箫”。多为竹制，但也有玉制或瓷制的情况。《宋书·乐志》：“蔡邕曰：‘箫，编竹有底。’然则蔡邕时无洞箫。”又云：“凡箫，一名籁。前世有洞箫，其器今亡。”既然南朝刘宋时“洞箫”已不复存在，左一乐人所持的乐器又非“排箫”，那或为“管”。郭璞注：“管长尺围寸，并漆之，有底。”《说文解字》：“管如篪，六孔。”《宋书·乐志》云：“管，《尔雅》曰：‘长尺，围寸，并漆之，有底。’……古者以玉为管，舜时西王母献白玉琯是也。《月令》：‘均琴、瑟、管、箫。’蔡邕章句曰：‘管者，形长尺，围寸，有孔无底。’其器今亡。”然“管”亦非南朝刘宋之乐器。及此，此乐人所持的乐器或为“短箫”，系“洞箫”中短而细的一种。《宋书·乐志》：“鼓吹，盖短箫饶歌。”或为“箫管”，即“尺八”，又名“竖笛”。也有学者认为它的前身为隋唐以来盛行的筚篥（又名头管或茄管），北魏云冈石窟第二期雕塑中有大量吹管的形象出现。

排箫，吹奏乐器之一。古时称若干竹管编成的箫为“排箫”，有封底，故又称“底箫”。排箫，可能由单管直吹的箫发展而来。《世本》：“箫，舜所造。其形参差象凤翼，七管，长二尺。”《宋书·乐志》：“《尔雅》曰：‘编二十三管，尺四寸者曰言；十六管，长尺二寸者曰筊。’筊者爻。”《博雅》：“箫，大者二十四管，无底；小者十六管，有底。”河南鹿邑太清宫长子口墓出土的骨排箫①，系商末周初之实物，距今已有近三千年的历史。河南淅川下寺1号楚墓出土的石排箫，距今已有两千余年的历史。另外，湖北随州曾侯乙墓出土的排箫，竹制编管十三，最长、最短者分别为22.5厘米、5.1厘米，是现存最早的竹制实物。两汉时，习见于南阳画像石刻，有无排箫不成乐舞之说。此排箫应是远在两汉、魏晋之遗风再现。与两汉不同之处是前者多为坐吹，而邓墓则为立吹，呈行进状。

3. 乐舞画像砖（图3）。此砖从封门砖中揭出。长38厘米、宽19厘米、厚6厘米，未着色。画面模印6人。自左至右四人皆为男性乐人，戴束巾小冠，穿博大衣裳，着翘首平底屐。左一人吹笙，左二人似为尊者，左三人击细腰鼓，左四人举一物。自右至左二人为女性乐人，束发，穿交领襦裙，着翘首平底屐，做相同舞蹈状。

图3　乐舞画像砖

南北朝时期，除了流行上述的幅巾、袴褶之服外，人们以小冠、褒衣博带、平底屐为时尚。《晋书·五行志》：“晋末皆冠小而衣裳博大，风流相放，舆台成俗。”《宋书·周朗传》亦云：“凡一袖之大，足断为两，一裾之长，可分为二。”衣襟宽大，又称“褒”。褒衣博带，见于西

①河南博物院：《华夏遗韵——中原古代音乐文物》，郑州：中州古籍出版社，2010年，第62~63页。

汉。《汉书·隽不疑传》：“褒衣博带，盛服至门上谒。”颜师古注：“褒，大裾也。言著褒大之衣，广博之带也。”衣领多交叠于胸前，称“袷”。郑玄注：“袷，交领也。”这时男女的鞋履，与魏晋大体相同，但流行“软材平底木屐”及“连齿木屐”。其他有“丝履”“锦履”“皮履”等鞋系。

笙，吹奏乐器之一。由簧片、笙管、斗子三部分组成，是古老的簧管乐器之一，大抵产生于我国传说时代。《礼记·明堂位》载，女娲氏之时，有“笙簧”之记载。《世本》：“随作笙。”殷商时，甲骨文中的“龢”字，即为小笙。西周时，装簧的管乐器有更明确的记载，《诗·鹿鸣》：“吹笙鼓簧。”并与竽成为我国较早的匏类乐器。《周礼·春官》有笙师，“掌教龡竽、笙、埙 、籥、箫、篪、篴、管”诸乐器。笙和竽的区别在于前者体小，后者体大。《吕氏春秋·仲夏纪》高诱注：“竽，笙之大者。”前者簧少，后者簧多。《周礼·笙师》郑注：“笙十三簧。”“竽三十六簧。”且前者“宫管在左方”，后者“宫管在中央”。《宋书·乐志》：“八音七曰匏。匏，笙也，竽也。笙，随所造，不知何代人。列管匏内，施簧管端。宫管在中央，三十三簧曰竽；宫管在左傍，十九簧至十三簧曰笙。其他皆相似也。竽今亡。‘大笙谓之巢，小者谓之和。’其笙中之簧，女娲所造也。《诗》传云：‘吹笙则簧鼓矣。’盖笙中之簧也。《尔雅》曰：‘笙十九，簧者曰巢。’章帝时，零陵文学奚景于舜祠得笙，白玉管。后业易之竹乎。”但在发展过程中，笙的管数越来越多。《尔雅·释乐》郭注：汉代为十三管，晋代已增至十九管。已知竽至迟于南朝刘宋时已为笙所取代，故推断邓墓乐舞画像砖左一乐人所持之吹奏乐器为“笙”。可以独奏，也可以用于伴奏和合奏。

细腰鼓，打击乐器之一，以“广首纤腹”（两端粗中间细）而得名。习见于汉魏时期。宋代陈旸《乐书》：“杖鼓、腰鼓，汉魏用之。大者以瓦，小者以木类，皆广首纤腹，宋萧思话所谓细腰鼓也。……右击以杖，左拍以手，后世谓之杖鼓、拍鼓，亦谓之魏鼓。每奏大曲入破时，与羯鼓、大鼓同震作，其声和壮而有节也。”细腰鼓除见于此画像砖外，还见于敦煌北魏石窟壁画和大同云冈北魏石刻雕画。

右二女乐人所展现的舞姿，不知为何舞，或许为“公莫舞”。《宋书·乐志》：“《公莫舞》，今之巾舞也。相传云项庄剑舞，项伯以袖隔之，使不得害汉高祖。且语庄云：‘公莫。’古人相呼曰‘公’，云莫害汉王也。今之用巾，盖像项伯衣袖之遗式。”或许为《自纻舞》。歌诗有“高举两手白鹄翔，轻躯徐起何洋洋”，以及“袍以光躯巾拂尘，制以为袍余作巾”句。

4. “王子乔”与“浮丘公”（吹笙凤鸣）画像砖（图 4）。此砖从封门砖中揭出，长 38 厘米、宽 19 厘米、厚 6 厘米，未着彩色。画面一左、一右各模印一人。左一人头戴小冠，着褒衣博带，穿翘首云头鞋，端坐在象征性的山林中，双手握

图 4 “王子乔”与“浮丘公”（吹笙凤鸣）画像砖

笙吹奏。其旁有“王子乔”模印题记三字。右刻一披发老者，身着与王子乔相同衣履。一手下垂，一手持尘尾。其旁有“浮丘公”模印题记三字。二人之间模印凤凰神鸟，呈展翅欲飞状。

王子乔、浮丘公均为神话人物。西汉刘向《列仙传》云：“王子乔者，周灵王太子晋也。好吹笙，作凤凰鸣。……三十余年后，求之于山上，……至时果乘白鹤驻山头，望之不得，举手谢时人，数日而去。”上述记载大意是王子乔，字子晋，喜吹笙作凤凰鸣声，为浮丘公引往嵩山修炼。三十余年后，在缑氏山顶上，向世人挥手告别，升天而去。故有“王子登仙”的传说。此画像砖形象地反映了《列仙传》吹笙引凤的记载。

4. 吹笙凤鸣画像砖（图5、图6）。此砖从封门砖中揭出，长38厘米、宽19厘米、厚6厘米，未着彩色，画面与原图二十八“王子乔”与“浮丘公”画像砖构图基本相似，唯吹笙者未有“王子乔”、持尘尾者未有“浮丘公”模印题记。另外，凤鸟、彩云、山林也非完全相同，应为两个不同的模范印制。但现藏于河南博物院的“吹笙引凤”画像砖①，与原图二十七出于同一模范。唯断为两块，另着色彩。该画像可见王子乔黑发、着红色幅巾、白脸、黑色眉目，穿红色褒衣。双手

图5 “吹笙凤鸣”画像砖

捧一灰黄色有飘带之笙，端坐在一涂有蓝色和绿色、象征山林之处“作凤凰鸣”。其后有树，浅红色树干，绿色树叶。浮丘公居于画像之右，披黑发，面部同王子乔，穿上蓝、中红、下白褒衣博带。其袴呈红色。鞋履呈蓝色。右手持墨绿色尘尾作导引状。画像中之凤鸟，颜色斑斓。红冠，红翅，红、黄、蓝白尾，黑颈、黑腹、黑蓝胫腓，白、黄、红爪。口衔鲜红灵芝草。其上下满布蓝白飞云。由于墓室侵蚀原因，整个画石似一幅五彩缤纷的水彩画。

5. “南山四皓”画像砖（图7）。此砖系收集而来。长38厘米，宽19厘米，厚6厘米。画面模印四人，皆长发披肩，着褒衣博带，赤足，列坐于山林之中。右一人穿绿色褒衣，抚琴；右二人穿紫色褒衣，吹笙；右三人穿黄紫褒衣，展示卷；左一人绿色褒衣，赤足，似引歌高唱。人物之上模印山脉，树林，仙草，凤鸟；其下或平铺边弧纹座席。画像左侧模印“南山四皓”题记。

“南山四皓”，即“商山四皓”。秦末东园公、角里先生（角，一作角）、绮里季、夏黄公隐于商山（商阪、楚山，在陕西商州区东南），年皆八十余，时称“商山四皓”。《史记·留侯世家》司马贞索隐引《陈留志》对此曾有记载。传说汉高祖敦聘不至，吕后用张良策，令太子卑辞安车，招此四人与游，因而使高祖认为太子羽翼已成，消除了改立赵王刘如意为太子的意图。

商山地形险要，景色幽胜，非常适于不仕之人隐居，画像模印之山水、草木、花鸟，正是四皓追求的理想之地。

①河南博物院：《华夏遗韵——中原古代音乐文物》，郑州：中州古籍出版社，2010年，第112页。

图 6　“吹笙引凤”画像砖

图 7　“南山四皓”画像砖

画像中右一人所抚之琴，为具有悠久历史的弹拨乐器。《宋书·乐志》：“琴，马融《笛赋》云：‘宓羲造琴。’《世本》云：‘神农所造。’《尔雅》‘大琴曰离’，二十弦。今无其器。齐桓曰号钟，楚庄曰绕梁，相如曰燋尾，伯喈琴，伯喈曰绿绮，事出傅云《琴赋》。世云燋尾是伯喈琴，伯喈传亦云尔。以傅氏言之，则非伯喈也。”琴是我国古老的丝弦乐器，居“琴棋书画”之首。相传伏羲神农氏“继庖羲而王天下……削桐为琴，绳丝为弦以通神明之德，合天地之和焉”。“士无故不撤琴瑟”“琴瑟友之”“琴瑟合鸣”等文献记载了琴瑟之和谐的事实。琴有旋宫五调，自古相传有一套旋宫方法。《风俗通》中记载：“琴长四尺五寸，法四时五行也；七弦者，法七星也，大弦为君，小弦为臣，文王、武王加二弦，以合君臣之恩。”说明了“琴”最初的五弦象征五行，到后来增加文王、武王的二弦，则是有君臣之恩的意义在里面。至于古琴上的徽位，宋朝崔遵度《琴笺》中有这样的说明：“十三徽象期之月，居中者象闰。”现代所说的古琴或七弦琴，在古代又别称为“绿绮”，长约 130 厘米、宽 20 厘米、厚 5 厘米，一般以桐木制作。孔子、司马相如、蔡邕、嵇康等都是弹琴名家。

上述 6 块涉及不同内容的音乐画像砖，并不代表邓墓音乐画像砖的全部。因在文物工作者科学发掘前，两壁的画像砖已部分被揭掉。流散于村民中的画像砖是否还有音乐内容的画面已不得而知。但仅存的此 6 块音乐画像砖，若以乐人而言，共计 15 人；若以乐器种类而论，共计两类八器。其中，鼓吹乐器有：鸡娄鼓、细腰鼓、角、笙、笛、排箫、短箫；弹拨乐器有：琴。另外，还有二女乐人伴舞，其场面十分宏大、壮观。假如把这些画像连接起来几乎可以再现一支古代“交响乐团”。其基调无疑应是为墓主人送葬的哀乐，不过，也不能排除为其墓主人生前歌功颂德的内容。

三

邓墓的年代，原报告指出：“我们初步推断墓的年代可能是南北朝。”① 国内专家普遍认为：这一推断是科学的、可信的。笔者进一步研究后认为邓墓的年代为南朝齐，其墓主人大抵为张敬儿。理由如下：

1. 邓墓的形制、结构习见于江苏、广东、福建同时期出土的南朝齐梁墓。

在我国南北朝时期，南朝宋、齐、梁、陈四朝，都以建康（今南京）为都城，管辖范围常以“江左”相称，南达广东、福建一带。这一时期、这一地域发掘清理的墓葬除了上述所说的邓墓外，还有江苏南京西善桥油坊村南朝大墓②。江苏丹阳胡桥鹤仙坳大墓③，其应是南齐高帝萧道成（427—482 年）称帝后为其亡兄萧道生重建的陵墓。其时代为南齐建武元年，即 494 年。另外，在丹阳胡桥发现了疑为齐宣帝萧承之之永安陵，或齐高帝萧道成泰安陵，在建山发现了疑为齐东昏侯萧宝卷墓，或齐和帝萧宝融恭安陵。在南京栖霞山甘家巷发现了三座可能晚于齐的梁安成康王萧秀和他的家族墓。

上述萧氏陵墓或坟墓与邓墓的共同特点是：墓室都有拱券形墓门、拱券形长方甬道、长方形或长方椭圆形墓室几部分组成，墓室平面布局呈“凸”字形，纯砖结构，或砖石混作结构。其中，胡桥萧道生墓呈椭圆形，墓室长 9.4 米、宽 4.9 米（穹隆顶）、高 4.35 米，砖石混作结构，与邓墓长 9.80 米、宽 3.09 米（拱券顶）、高 3.20 米的纯砖结构比较接近。然萧氏为王室家族成员，邓氏为朝廷贵臣，显然，后者的规格较高。

邓墓甬道和墓室两壁各砌八个砖柱的做法，可以推断为：当砖柱达到可以起券高度时，就在两柱上面筑一道拱券梁，用来承托上面的券顶。此法除邓墓外，还见于广州市东郊塘望岗 3 号墓和福建建瓯木墩梁天监五年（507 年）墓。福建建瓯墓虽为梁墓，但应是去齐仅五年的墓葬，可以视为南朝宋齐葬俗的遗风。

既然邓墓的形制、结构与丹阳胡桥南齐萧道生墓及福建建瓯梁天监五年墓相似或大部相似，那么，邓墓的年代就应该在南朝萧齐（479—502 年）、萧梁（502—557 年）间。

2. 邓墓出土的壁画、彩色画像砖、画像砖、纹饰砖及其内容，习见于江苏南京、丹阳同时期出土的南朝萧齐墓。

1961 年在南京西善桥发现的南朝大墓（1 号墓）、1965 年在丹阳胡桥发现的南朝大墓以及此后发现的另外两座大墓（2 号墓、3 号墓），“内容有这样几类：狮子、四神、飞仙、武士与出行仪仗、七贤与荣启期像”等④，与邓墓出土的模印“狮子”画

①河南省文化局文物工作队：《邓县彩色画像砖墓》，北京：文物出版社，1958 年。

②罗宗真：《南京西善桥油坊村南朝大墓的发掘》，《考古》1963 年第 6 期

③南京博物院：《江苏丹阳胡桥南朝大墓及砖刻壁画》，《文物》1974 年第 2 期。

④林树中：《江苏丹阳南齐陵墓砖印壁画探讨》，《文物》1977 年第 1 期。

像砖（原图四一）、四神青龙画像（原图三六）、白虎画像（原图三七）、朱雀（凤凰）画像（原图三九）、玄武画像（原图一九）、飞仙画像（原图三三）、武士画像（原图九）、出行画像（原图二三）、仪仗（抬轿）画像（原图三二）等，均有相同或相似的内容。其中，胡桥一号墓模印有“狮子”二字的残砖，以及另两座墓（2 号墓、3 号墓）甬道两壁上模印的“狮子”壁画，与邓墓甬道两侧镶嵌的模印有“狮子”榜题的画像砖，其位置和守护神的功能则完全一致。特别是南京西善桥、丹阳胡桥南朝墓出土的“竹林七贤”“竹林七贤与荣启期”砖印壁画，与邓墓出土的“南山四皓”画像砖在隐居不仕的价值取向上更是如出一辙。故邓墓的年代，更具南朝南齐的时代特征。

3. 南朝齐车骑将军、开府仪同三司张敬儿或为邓墓的主人。

《南齐书·张敬儿传》及《南史·张敬儿传》：“张敬儿，南阳冠军（上保村）人也，本名苟儿。……宋明帝（刘彧）嫌苟儿名鄙，改为敬儿。”敬儿，“父丑，为（南阳）郡将军，官至节府参军”。敬儿年少便弓马，有胆气，好射虎，发无不中。南阳新野风俗出骑射，而敬儿尤多膂力，求入队为曲阿戍驿将，州差补府将，还为郡马队副，转队主。稍官宁蛮府行参军。随同郡人刘胡（刘宋南阳涅阳人）领导伐襄阳诸山蛮，……敬儿数十合，杀数十人，贼不能抗。……敬儿自占见宠，为长兼行参军，领白直队。

泰始二年（466 年）初，晋安王刘子勋在寻阳称帝。……张敬儿“讨义嘉贼，与刘胡相拒于鹊尾州。启明帝乞本部，事平，为南阳太守”。泰始三年（467 年），薛安都子柏令、环龙等窃据顺阳、广平，张敬儿及新野太守刘攘合兵抗击，以功徙为顺阳太守，“将军如故”。“南阳蛮动，复以敬儿为南阳太守。”

刘宋后废帝元徽（473—476 年）年间，张敬儿“遭母丧还家（冠军），行服居丧三年之礼”。

元徽三年（474 年），桂阳王刘休范反，五月壬辰，张敬儿以诈降“斩休范”，“除骁骑将军，加辅国将军”。（齐）高帝置酒谓敬儿曰：“非卿之功，无今日。”

为防荆州刺史沈攸之兵变，（齐）太（祖）“以敬儿为持节，督雍、梁二州，郢 、司二郡军事，雍州刺史，将军如故，封襄阳县侯，二千户”。

“宋升明元年冬，……敬儿劳接周至，为设食讫，列仗于听事前斩之。……太祖大喜，……敬儿进爵为公，增邑四千户。”

“及齐受禅，（敬儿）转侍中、中军将军，迁散骑将军、车骑将军，置佐史。高帝崩，遗诏加开府仪同三司。”

由是，敬儿“不自测量”。又使于乡里为谣言，使小儿辈歌曰：“天子在何处？宅在赤谷口；天子（即万岁）是阿谁？非猪（儿）如是狗（苟儿）。”“阉人闻其言说之，事达（齐）武帝。敬儿又遣使与蛮中交关，武帝疑有异志，永明元年，敕朝臣华林八关斋，于坐收（杀）敬儿。”

敬儿被杀后，葬于何地，未见史书记载。据如下理由，邓墓或为张敬儿墓。

①邓墓坐落于今邓州市张村镇路庄村与郭王（庄）村间许庄自然村，此村距今冠军村（南朝宋齐冠军县旧址），仅约 2 公里。

②张敬儿为南朝齐南阳郡冠军县上保村人，生前先后仕刘宋、萧齐两朝，官至襄阳县侯、南

阳太守、顺阳太守、雍州刺史、散骑将军、车骑将军、开府仪同三司，是东晋至南北朝时期唯一见于《宋书》《南齐书》与《南史》等正史的南阳冠军籍高官。

③据邓墓出土的原图四七战马画像砖侧墨写文字中的“三月”“众十万”“天子”“部曲”“率众”等语考，似与466年刘宋晋安王刘子勋反，张敬儿率众与刘胡相拒于鹊尾州即将大战有关。

④张敬儿任南阳太守期间，“遭母丧还家”。其家无疑在冠军[①]，其母理应葬于冠军。按汉晋居丧三年之礼，敬儿应遂构庐于冢侧。

⑤邓墓出土的战马、武士、运粮、出行、执盾握剑画像砖，似与张敬儿的武职身份有关；而出土的鼓吹、乐队、舞蹈画像砖，则与太祖给其“鼓吹一部”有关；出土的“万岁千秋”彩色画像砖或与其家儿歌“天子是谁？非猪如是狗”有关。

⑥邓墓中出土的9枚五铢钱，因原报告未作进一步描述，不知为何时货币。不过，《宋书·明帝纪》有泰始二年三月“壬子，断新钱，专用古钱”之记载。

⑦秦汉讫南北朝，贵臣墓地，往往由天子赐予，其尤宠者则赐冢于天子园陵之旁。一般官吏多作归葬处理。《后汉书·李固传》：固，汉中南郑人。“梁冀畏固名德，终为己害，遂诛之。南阳人董班亦往哭固而殉尸，不肯去。太后怜之，乃听将襚敛归葬。”张敬儿系“伏诛”之臣，死于他乡，不可能享受国家赐予冢地或作陪葬冢之待遇，只能归墓己乡，故邓墓为张敬儿墓的可能性较大。

结　语

邓县彩色画像砖墓因这批音乐画像砖的出土，在我国三国两晋南北朝音乐考古史上，具有标型画像砖的价值和承汉启唐的意义。本文在一定程度上解决了三个问题：其一，此墓的时间为魏晋南北朝时期的南朝齐；其二，依据上述种种理由，我们推断墓的主人为南朝南齐车骑将军张敬儿；其三，音乐画像砖传递出此时音乐多沿用于民间的信息，军中之乐或占一定比重。墓主人身份既定，相关不能定性的部分已不再是无厘头之说；时间确切，音乐的时代标志和特征也就水落石出：音乐画像砖画面场景区别于以往石刻画像我们所了解的音乐特制，或者说它联通、递接于汉唐之间，上不同于秦汉，下有别于隋唐，代表了中国古代音乐发展史上一个转折时期的音乐现象。至少在中国古代音乐发展史的分期、音乐场景和乐人服饰的级别功用等问题上提供了较为可靠的依据和信息，因此我们说，邓县彩色画像砖墓音乐舞蹈场景画像，具有划时代的价值和意义。

①李延寿：《南史·张敬儿传》，北京：中华书局，1974年。

河南信阳战国楚瑟研究与探索

◇袁佳音[①]

摘要：瑟是中国最古老的弦乐器之一，古代文献中多有记载，自西周以来就广为流行。汉代以后瑟的形制有很大的变化，渐渐趋于古筝的形制，至明清时期瑟已经成为一种礼器。河南出土的瑟多集中在南部城市信阳，河南信阳长台关发掘了战国中期的楚国贵族墓葬。从1957年开始经过8次发掘，出土了大量珍贵文物，其中①号墓发掘的13件编钟，形制、音色、音高都非常完整，陆续出土的战国木瑟，成为战国瑟的重要研究对象。河南博物院华夏古乐团以河南出土的战国古瑟为蓝本进行了复原工作，同时在多年的演奏实践中，结合专家以及观众回馈的意见和建议，以及对文献和考古资料深入的研究，对现代复原古瑟的使用性能、考古依据等方面进行了调查与探索。

关键词：瑟；先秦；考古；瑟定弦；音乐文物；复原工作

一、河南信阳长台关1号墓古瑟出土情况

（一）墓葬情况

发掘时间：1957年3月至5月，由河南省文物工作队在信阳长台关清理发掘战国古墓，中央音乐学院民族音乐研究所在郑州进行采访调查；6月20日至29日，对瑟、鼓、编钟等出土乐器进行了测音、录音和测量工作。墓室发掘分为前室、主室、南北侧室（位于主室的两侧）、后中室、后北室、后南室，乐器出土于前室。

（二）瑟出土情况

信阳长台关M1出土战国中期瑟3件，这3件战国古瑟均有琴码、过弦板，且有弦痕，我们初步将这3张瑟定位为实用器。

1. 瑟一（残存大瑟）

出土时瑟为很多碎片，经过专家修复，瑟长184厘米，首尾均4.85厘米，黑色素面，内部形制四边有立墙，首部4.2厘米×3.5厘米，尾部7.8厘米×4.7厘米，槽腹尾部有坦缓的斜坡，其他三面较陡峻。挖去的部分，成为仰瓦式，与正面弯形的弧度是相适应的。面板中间薄，两边厚。

---

①袁佳音：河南博物院华夏古乐团。

瑟的特点：这是一件形制较长的大瑟，从文献记载中，瑟也有大小之分。另外这张瑟首部较薄和窄，而尾部较厚且宽，这与其他出土瑟的首尾宽度和厚度不一样，说明瑟在战国时期的形制具有多样性。

2. 瑟二（残存大瑟的尾部一角）

3. 瑟三（漆绘小瑟）

信阳长台关 1 号墓出土的漆绘瑟体制较小，纹饰精美，弦痕清晰可见，出土时残碎成 53 块，经过整理拼合，大体可恢复原形。瑟长 124 厘米，宽 37 厘米，高 6. 3 厘米。由瑟面板、底板及壁板扣合而成，中空，面板厚 2. 3 厘米。锦瑟形制与木瑟类似。枘为 1. 7 厘米×1. 7 厘米的正方形。岳山残存 4 段，高出面板 0. 5 厘米，弦痕清晰可辨，各弦间的平均距离为 1. 66 厘米。瑟首、瑟尾和两侧均涂黑漆，中部为素面。岳山上绘菱纹，两侧黑底涂以对称的连续金银彩变形卷云纹，首、尾两端及壁板上则绘有精致的狩猎和燕乐巫舞图案。[①]（图 1、图 2）

图 1　信阳长台关 1 号墓出土的锦瑟彩绘图案

图 2　信阳长台关 1 号墓出土的锦瑟彩绘图案

二、 信阳长台关 2 号墓出土瑟的情况

（一）墓葬情况

1958 年 5 月至 9 月，河南省文物工作队对长台关 2 号墓进行发掘工作，墓葬分为前室、主室、南北侧室（位于主室的两侧）、后中室、后北室、后南室，墓葬形制与 1 号墓相同。不同的是乐器出土于北侧室而不是前室，出土编钟、磬均为木头材质，瑟 3 件等。

（二）瑟出土情况

信阳长台关 2 号墓出土的瑟。信阳长台关 M2 出土战国中期瑟 3 件，有琴码，其中信阳长台关 2 号墓 M2：150 号瑟，长 134 厘米，宽 45 厘米，面板厚 2 厘米，由面板、壁板和底板构成，形成中空的腹部，壁板高 0. 85 厘米、厚 1. 5 厘米，长度同面板，中部光素。瑟尾面上安有 4 个蘑菇状枘。靠近弦枘的内侧置 3 条岳山，上承 25 弦，两侧岳山各承 9 根弦，中间岳山承 7 根弦。乐首有岳山 1 条。弦眼位于瑟板两端靠近岳山处，眼为圆孔，孔径 0. 3~0. 5 厘米。各弦眼距离为 1. 7~2. 1 厘米。个别弦眼内和弦柱上有弦的残段。[②]（图 3）

①摘自赵也刚：《中国音乐文物大系 · 河南卷》，郑州：大象出版社，1996 年。

②赵也刚：摘自《中国音乐文物大系 · 河南卷》，郑州：大象出版社，1996 年。

图 3　信阳长台关 2 号墓 M2：150 号瑟

三、 信阳长台关 7 号墓瑟出土情况

（一）墓葬情况

2002 年 10 月，河南省文物局在长台关墓葬群保护区内，紧邻 107 国道的大型墓葬中进行长台关 7 号墓的抢救性考古发掘。墓葬与 1 号墓、2 号墓相同，分为前室、主室、南北侧室（位于主室的两侧）、后中室、后北室、后南室。与 2 号墓相同的是乐器也出土于北侧室，出土木编钟、木磬、木瑟 2 件等。

（二）瑟出土情况

信阳长台关 7 号墓近年来又出土了 2 张保存非常完好的古瑟，形制与 M2 出土的漆黑瑟大体相同，属于中形古瑟，未发现有瑟弦的遗迹，有弦孔，瑟枘固定在琴尾。但是专家们发现，这几张瑟尾部的瑟枘是固定在瑟尾处不能拔出的，不作为实用器使用，但是瑟的腔体内却留下了防止日久使用而造成瑟体变形的直梁，正如文献里所提到的“梁下相连，使其声冲融”。如果是冥器，那么为什么又会有防止乐器变形的梁柱呢？但同墓室的其他出土文物数据大多为冥器，墓主生前未曾使用，所以目前还将其定义为冥器。（图 4）

另外，笔者发文时，长台关 8 号墓出土大小规格不同的瑟 4 件、编钟 1 套，但由于发掘报告还未公布，详细数据不便于发表。

图 4　信阳长台关 7 号墓瑟

四、 河南博物院复制瑟的情况

河南博物院华夏古乐团分别以河南信阳长台关 1 号墓出土的锦瑟、信阳长台关 2 号墓出土的黑瑟为蓝本进行了古瑟的复原工作。

（一）复原乐器情况

2000 年河南博物院复制的两张瑟因实际演出需要，桐木制作，25 弦，张尼龙弦，瑟弦为白色，以朱红色弦区分八度，雁足形琴码。（图 5、图 6）

（二）定弦方式研究与探索

定弦方法按照丁承运教授对瑟定弦的研究，

图 5　根据信阳长台关 1 号墓出土锦瑟复原的古瑟

图 6　根据信阳长台关 2 号墓 M2：150 号瑟出土复原的古瑟

以及对汉代马王堆1号墓出土汉代古瑟的研究，将瑟柱分为两排，外9根弦和内16根弦分别呈两排琴码排列，外9弦为1＝e的五声音阶排列，内16弦为1＝f的五声音阶排列，利用双排瑟柱之间的音高差别实现瑟与编钟古乐的旋宫转调（图7）。

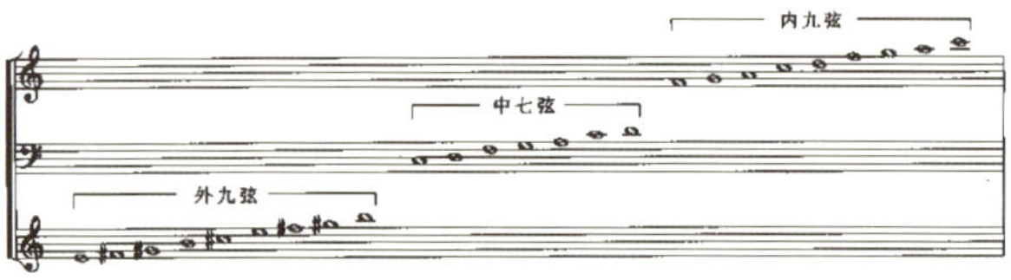

图7　瑟定弦音位图

同时根据河南淮阳于庄汉墓瑟俑呈现的形象（图8），扶瑟者右手作弹弦状，左手抬起，演奏瑟的技法是右手演奏内16弦，左手演奏外9弦，两手交替演奏。①

图8　河南淮阳于庄汉墓瑟俑

锦瑟的音色清亮婉转，黑漆瑟音色温润、低沉。

经过多年的探索与研究，笔者认为由于瑟大多与编钟同时出土，说明瑟在古代是与编钟等乐器同时演奏的，由于管乐器与弹拨乐器在出土时乐器性能基本损坏，而编钟作为青铜乐器，其保存的完整性较为完好，所以瑟的音高定弦可以通过同墓葬编钟的音高进行辅助性复原工作。信阳长台关1号墓出土的13件编钟，在出土时保存完好，呈金黄色泽，未经严重的氧化损坏，基本可以展现乐器在埋葬之前的音乐性能，极其珍贵。经中央音乐学院调查组测音，其音阶为1＝b 123567音阶排列（图9），那么信阳长台关战国瑟的下16弦的排列是否应该为此音阶？如果瑟为五声音阶排列，那么瑟的内16定弦可为1＝b的五声音阶排列。按照丁承运教授的内16弦和外9弦可以旋宫转调的原理，外9弦定弦可以为1＝c的五声音阶排列，这只是我的一点关于瑟定弦的新想法，希望通过更多的调查进行更深入的研究，也希望专家同行多多指正。

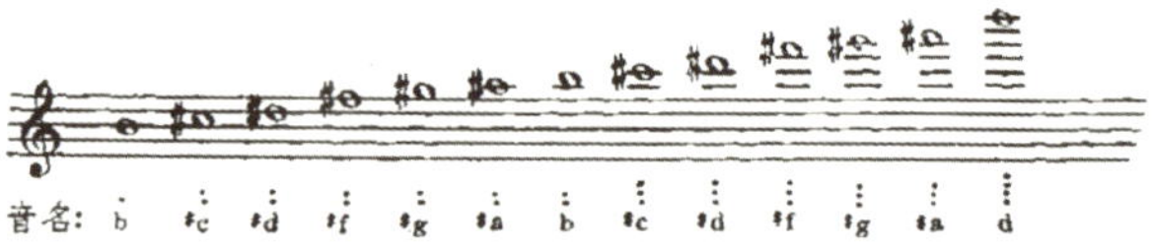

图9　信阳长台关1号墓编钟测音音位图

（三）复原曲目

目前根据《诗经》乐谱、琴曲等复原创作的瑟的乐曲有：先秦音乐《神人畅》《诗经·周南·关雎》《诗经·秦风·蒹葭》、汉代音乐琴瑟和鸣《凤求凰》等。②（图10、图11）

图10　瑟演奏

①丁承运：《古瑟调弦与旋宫法钩沉》，《音乐研究》2002年第4期。

②摘自中央音乐学院民族音乐研究所调查组《信阳战国楚墓出土乐器初步调查记》。

图 11　演奏《诗经·小雅·鹿鸣》

（四）古瑟复原中遇到的几点问题

近年来河南博物院古瑟复原工作取得了一定的进展，但同时也存在一些问题，如瑟弦瑟材质是否应该还原古代而采用丝弦，是否应该佩戴义甲等问题还需要不断探讨。目前大多复古乐团复制的古瑟均为尼龙弦、高琴码，考虑到日常演出的音色多样化，多与古筝相仿。从文献和考古数据中得知，古瑟的弦多为丝弦材质，但是瑟在张丝弦后，出现瑟弦张力不够，琴码易移动，在演奏中常出现音高不稳定、音色共振不佳等情况。近年来多位学者在这方面进行了不断研究，丁承运教授制作的仿丝弦解决了这一问题，在不降低琴瑟码的情况下，仿丝弦仍能较好地产生共振，而且还较为真实地保留了丝弦的音色，这种仿丝弦结合了尼龙线和丝弦的优点，不仅音色温润，韧性也很好。

今演奏古瑟多用古筝玳瑁指甲，这种材质比较普遍，但是怎样展示古瑟之风貌呢？这种指甲会让人有一种古瑟貌似古筝的音色之感，湖北战国楚墓江陵雨台山 M345、江陵枣林岗 M137、荆州博物馆清理物（还未确认）中有三处骨质指套的出土①，我认为牛角也为骨质，用牛角质地的义甲代替玳瑁类的义甲会有利于展示古瑟音色原貌。

信阳战国古瑟复原工作已经初见成效，同时也存在很多问题，我们愿和业界同行不断地进行研究与探索。

①晏波：《古瑟研究》，华中师范大学硕士论文，2009 年。

“中韩音乐文物国际学术研讨会”综述

◇王　浩[①]

由河南博物院和韩国国立国乐院共同主办，中国博物馆协会乐器专业委员会、东亚音乐考古学会作为学术支持单位的“中韩音乐文物国际学术研讨会”，于2019年5月28日在河南博物院举行。来自中韩两国近30名专家、学者参加了研讨会，本次会议以中韩音乐文物研究为主题，从音乐文物研究、中韩音乐文化交流、传统音乐遗产传承、博物馆音乐文物收藏与展示等方面进行了深入的学术研讨和交流。

音乐文物研究

著名音乐考古学家、郑州大学音乐考古研究院院长王子初教授在《音乐考古学研究中的音乐学分析》一文中，梳理了近五年来针对江苏盱眙大云山汉墓出土的“仿玉编磬”融合化学、物理学综合音乐学分析的研究成果，其研究成果对于研究中国有着三千多年历史的古旋律乐器编磬的乐器材质和制造工艺、音律结构、音乐性能和音乐文物性质，以及中国古代玻璃制造工艺乃至中国科技史等方面，有较大学术意义。王子初先生针对玻璃编磬横跨化学、物理等界别的研究手段，以考古实物借助音乐学的分析方法讨论音乐性能等，体现出“音乐考古理论与技术深度外延”的学术特点。河南博物院院长、研究员马萧林在《展览的融合与创新——以“中原音乐文物展”为例》的专题报告中详细阐述了河南博物院馆藏音乐文物资源、音乐文物专题展的策划、乐舞复原、展演结合、观众体验等方面融合与创新的研究及实践成果。河南博物院推出的特色原创展览“中原音乐文物展”，以特色化选题、展演有机结合等融合式理念，取得较好的效果，该项目分别在国家大剧院、大连博物馆、美国凤凰城乐器博物馆、宁波博物馆、东莞博物馆进行巡展。湖北省博物馆馆长、湖北省考古研究所所长、研究员方勤在《曾侯乙编钟系华夏正声体系再论》一文

---

①王浩：河南博物院华夏古乐团。

中，借助音乐考古遗存，从历史的角度系统地观察了曾侯乙编钟，认为曾侯乙编钟十二律影响了整个中国，代表了华夏正声的发展。湖北省博物馆研究员张翔在《湖北新发现的先秦服饰资料》报告中，介绍了湖北地区，尤其是曾、楚两国考古资料中的服饰资料的新发现，借以梳理出先秦乐舞艺术、礼乐制度服饰的面貌；由音乐器具到人类的行为，张翔从人类学的角度入手，通过大量案例的比对，扩展了当前学术界对表演服饰的认识，而乐器演奏姿势与演奏环境、“羽人”在乐舞中角色的识别等研究成果，也传递出音乐考古学兼具交叉研究、跨界合作的本来属性。中国艺术研究院《中国音乐文物大系》总编辑部主任王清雷及孙战伟、张玲玲、种建荣等专家，带来最新的音乐考古研究成果《澄城刘家洼墓地出土乐器初探》，针对“2018 年度全国十大考古新发现”之一的陕西澄城刘家洼墓地出土的乐器编甬钟、编钮钟、编镈、编磬、建鼓和钲等展开研究，认为该墓有些发现具有填补空白的学术意义，如刘家洼 M2 出土的“山”字形磬为首次发现；M2 出土的 4 件建鼓，是中国音乐考古学上前所未有的重要发现；M1 出土的钲初步判断是目前所见有关钲的最早实物之一；M2 中钟铃与建鼓的组合使用，是目前考古上首次发现的新现象。王清雷认为，澄城刘家洼墓地 M1 出土的钲，初步判断其应为西周末至春秋初之器，是目前所见有关钲的最早实物之一；M2 B 型“山”字形磬、4 件建鼓，东周五音孔埙、钟铃与建鼓组合使用等乐器的发现，具有填补空白的学术意义；同时推测 M2 的乐悬规制为轩悬，可能是目前所见最早的轩悬之实例。延边大学艺术学院教授张翼善以《朝鲜族箫类乐器的传承及演变研究》为选题，针对中国朝鲜族箫类吹管乐器的传承、影响以及改革等进行详细论述，展示了在继承本民族的传统音乐，又在继承的前提下结合当地和区域的音乐艺术特点进行改革的传承理念。张翼善教授依据古代文献和考古实物，梳理了中国朝鲜族箫类吹管乐器的发展与演变，借助音乐学的分析方法进行考证，认为百济金铜香炉中的洞箫为朝鲜族洞箫的直接物证，中国朝鲜族目前使用的洞箫和洞箫音乐与朝鲜王朝时期一脉相承。

河南博物院王歌扬以《治臻大化与观象授时——对丝路音乐文化内涵和传统宇宙观互相映射的观察与思考》为题，认为汉唐时期，中原音乐与西域音乐在相互往来碰撞的过程中，经由乐器、乐曲、乐人、乐舞、乐俗，尤其是外来音律与中原音乐文化的和合发展等，完成了彼此间的了解与相互容纳，共同推动了历史文明的进程。汉唐音乐博大、开放、豁达、雍容的音乐气质，与中国传统宇宙观中和平、守势、平稳与调和的观念相互切合，印证了“天人合一”的宇宙观是治世成败的根源。韩国国立国乐院乐器研究所朴相浹的《〈乐学轨范〉大筝的复原制作》一文中认为：《乐学轨范》载述之大筝，从形态上看日本的筝，与中国古筝一脉相通。弹拨乐器，和中国有着直接或间接关系，韩国国立国乐院复原的大筝，展示了根据文献记述所进行的传统乐器的复原研制工作，并展示了其舞台演出及传承教育的功能；借助文献并在技术操作中以实际情况为参数，对形态上类同日本筝、中国筝、蒙古亚特的韩国大筝进行了文献与技术的双重考证，结合当下韩国民众的文化审美，将其舞台功用发挥到了最大化。

中韩音乐文化交流

韩国国立国乐院研究室室长、民族音乐学博士金希鲜做了《朝鲜半岛与中国音乐文化交流史的考察》专题报告，从历史的角度追踪中国和韩国历代进行的音乐文化交流的关系，阐释了中国音乐对韩国音乐的影响及与韩国固有音乐文化的交融中变为乡乐化并发展至今的发展状况，尤其对近现代中韩音乐文化交流的复杂性进行了重点论述，同时对其意义展开讨论。金希鲜认为，韩国与中国传统音乐自古至今都在交流与融合中发展与演变着，韩国音乐在乡乐化过程中，中国传统音乐一直影响至深，直至 20 世纪后与现代化的中国传统音乐接轨，成为现代化的韩国传统音乐，其音乐包含了复杂的演变过程。武汉音乐学院教授孙晓辉《中韩方格式律吕谱的对比研究——以中国元代余载〈韶舞九成乐补〉与韩国〈世宗实录〉“井间谱”为例》，对双方记谱之间的异同进行比较，进而提出中国元代余载《韶舞九成乐补》的谱式可视为东亚有量记谱法的源头。孙晓辉认为，中国元代余载编撰的《韶舞九成乐补》是目前所见中国最早的有量记谱法，记录的谱式可视为东亚有量记谱法的源头；与中国元明一脉相承，朝鲜世宗时期（相当于我国明朝）创制的“井间谱”是朝鲜最早的有量乐谱记录。东传日本的工尺谱记谱的诗乐《魏氏乐谱》和古琴减字谱也有方格式记谱法的遗存。郑州大学音乐学院副院长陈艳教授在《中韩音乐考古交流与学科建设》一文中，阐述了中韩“音乐考古学”学科建设发展和交流合作的现状，梳理了郑州大学音乐考古研究院及东亚音乐考古学会近年来所做的工作实践，回顾近十年来音乐考古学在中国乃至国际音乐考古学研究中所做出的成绩与贡献。陈艳尤其回顾了中韩两国在此过程中的交流与互动，期望在未来与世界的深入交流与合作中，中国音乐考古事业能够努力开创新途径，继续致力于东方文明的研究与探讨，而完善并起到推动作用的中韩两国音乐考古学研究，影响和意义必将深远。郑州大学音乐考古研究院硕士研究生权玚娜的《论中原佛教音乐文化的由来与扩散——以河南省洛阳白马寺水陆法会为例》一文，从历史的观点考察水陆斋的形成时期和用语的根本意义，对两国的水陆斋和佛教音乐从宏观角度、地域分布、随之而来的传承演变和变异过程等进行了深入细致的探讨。

中韩传统音乐遗产的传承创新

河南博物院副院长、研究员张得水在《〈诗经〉音乐文化的探索与实践》专题报告中，重点介绍了河南博物院以《诗经》为素材，以继承与创新并举的理念，策划编排的系列项目《古乐吟诵剧——淇水恋歌》《情景古乐——郑风意象》《情景古乐——宛丘之上》等，从《诗经》的音乐价值与音乐关系，论述了《诗经》郑、卫（邶、鄘）、陈风的文化内涵；从中原地区音乐文物概况及《诗经》音乐文化系列项目研究、创演等方面，梳理了河南博物院在《诗经》音乐文化的创新传承的工作实践。韩国国立国乐院徐廷镐研究员做了《韩国文庙祭礼乐的传承与舞台化》的专题报告，梳理了韩国国立国乐院在“文庙祭礼乐”传统礼乐形式及近年来进行的舞台化复原展演方面的探索。韩国国立国乐院于 2002 年和 2010 年，把文庙祭礼乐全曲进行祭礼化并搬到舞台演出，让观众近距离观看祭礼程序和祭礼所使用的祭器、祭品、服饰等，在传统仪式音乐的舞台化重现及传承和传播方面进行了有益探索。韩国学者宋铉樜在《正祖时期过程燕射礼中出现的古乐恢复呈现》一文中，针对传统燕射礼、射礼乐及其复原进行了系统研究。燕射礼在很久以前就成为儒家文化所重视的射礼，《周礼》《论语》《孟子》《统传》等文献中都有记载。韩国历史上正祖时期燕射礼的复原，既体现了正祖持续追求的对古制与古乐的恢复及遵守旧制的本质和意义，又展现了符合现实的灵活性的传承思想。

此次研讨会研究范围涵盖面广，分别从音乐文物研究、中韩传统音乐交流、礼乐重构乐器复原、乐谱研究、博物馆与音乐文物收藏、展示考古新发现等方面进行了深入的研究与探讨，既有对音乐文物、中韩音乐交流方面的系统研究，又不乏对博物馆专题展览的策划、古代乐谱的研究，亦有比较前沿传统音乐当代舞台化创新传承的研究成果，是中韩两国研究人员、相关机构在音乐文物这个学术领域研究成果的分享，对未来文化交流开拓了更深入、更广泛的合作领域。

据河南博物院院长马萧林介绍，河南博物院一直以全球视野推动音乐考古事业的发展，河南博物院与韩国国立国乐院在中韩人文交流框架内建立的深度合作关系，双方在学术研究、展演交流、传统音乐遗产舞台化展演创新、联合出版等方面，既体现了国家合作层面的交流机制，也是两国人文交流方面的成功实践。

韩　国

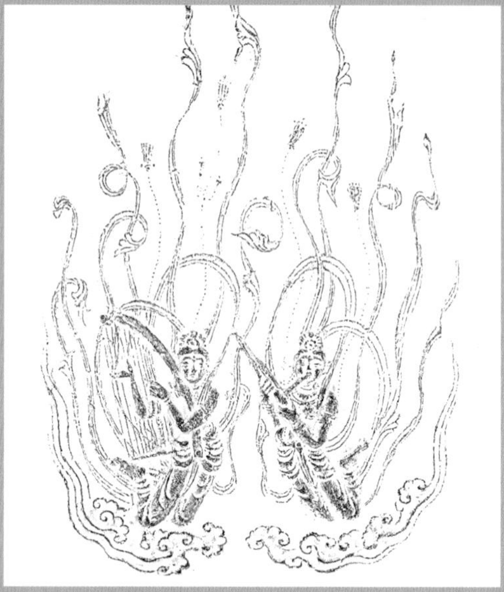

东亚丝绸之路歌舞交流史序说

◇权五圣[①]

摘要：本文为了了解在中国、日本以及丝绸之路周边国家上演的各种传统公演艺术，把握各个国家之间的歌舞交流史，通过比较研究，对本文提出的一些想法进行了整理。第一，比较与韩国传统艺术有关国家的传统艺术。第二，为了寻找韩国传统艺术的本质，达到用“文化人类学观点”和“文化东亚音乐史”来论述的目的，认为要用韩、中、日以及越南的史料进行比较分析。第三，在整体比较分析了各种史料和现在留存的演出形式以后，要对它进行历史性的再建。要综合以往东亚各国音乐史、舞蹈史、演剧史、美术史学的研究成果，把新发掘的考古学资料和图像学资料，放入可以迅速交换东亚和丝绸之路沿线国家演出艺术资料的大数据库中，并以此为基础进行比较，然后再到现场进行实地考察。这种研究态度，对于我们来说，是迫切需要的。

有人认为，只凭借文献资料来研究东亚音乐史，是一件非常困难的事情。但本文认为，除了文献以外，还要对上面论述的几个问题进行综合再讨论，只有这样，才能论述真正的东亚公演艺术史。通过“脉络变化的构造”，可以探索出周边残留文化的文化特性。前面提到的对各个地区的歌舞文化的研究，本文认为是在这种薄弱条件下的一种非常实际、有用的方法。要对实地考察收集的资料进行记录和录音整理，还要参考被采集资料国家的代表史料和文物古迹（古墓的奏乐图等图像资料）等考古资料。

关键词：东亚；丝绸之路；传统公演艺术

①权五圣：韩国汉阳大学校名誉教授。

一、 前言

我在本论文中对韩民族的音乐文化做了一个历史性的考察，韩国音乐史是韩民族和邻近几个民族的音乐文化不断进行接触和交流下而形成的。但是，因为韩国音乐史是韩国史的一个比较特殊的部分，所以如果在无法正确了解历史的前提下，是不可能予以记述的。特别是关于古代音乐史的叙述，情况就更加复杂了。

在探究韩国音乐的时候，从古代到现在存在着众多的歌舞戏，它们用百戏歌舞的名称记录和保存下来。韩国的公演艺术，要通过陆路和海上丝绸之路的交流史进行再认识。

在中国，曾经出版过《中日音乐交流史》[①]和《中外音乐交流史》等书籍，今后，韩国也应该研究并出版一些关于韩日、韩中音乐交流史，或者是欧亚与韩国音乐交流史的书籍。而且，日本也应该出版一些关于日韩音乐交流史的书籍。但是，不知道是不是因为他们不想公开曾接受过韩国文化的事实，有关这方面的研究书籍少得可怜。

到现在为止，有关文化交流的文献有郑守一的《古代文明交流史》[②] 和《文明交流史研究》[③]，以及之前出版的《新罗、西域交流史》[④]。本论文将对以下问题进行阐述：如何寻找韩国歌舞的源头，歌舞交流史应该怎样研究。对这些问题，我们应该怎样全面理解，在这里我打算阐明一下自己的观点。

二、 研究歌舞交流史的必要

我们一般把 21 世纪称为“信息文化的世纪”或“文化的世纪”。“文化的世纪”是指世界各国的文化艺术之间进行的活跃交流，通过尖端技术，让人们在假想的空间里进行各种信息交换的时代。这样的话，世界各国的人们就会站在“文化相对主义”（Cultural relativism）的立场上，增加相互之间的艺术和文化的理解。韩国不仅和周边的中国、日本等国家有着频繁的歌舞交流，还和包括蒙古在内的丝绸之路沿线国家和地区——乌兹别克斯坦等古代中亚地区间进行过频繁的歌舞交流。在 21 世纪，由于大众媒体的飞速发展，相互之间的理解就更加便捷，“地球村”这个词也就变得不再陌生。

本论文为了了解上述地区——中国、日本以及丝绸之路周边国家上演的各种传统公演艺术，把握各个国家之间的歌舞交流史，将通过比较研究的形式，对我的一些想法进行整理。

第一，比较与韩国传统艺术有关的国家的传统艺术。第二，寻找韩国传统艺术的本质，用“文化人类学观点”和“文化东亚音乐史”来探

①张前：《中日音乐交流史》，北京：人民音乐出版社，1999 年。

②郑守一：《古代文明交流史》，首尔：四季，2001 年。

③郑守一：《文明交流史研究》，首尔：四季，2002 年。

④郑守一：《新罗、西域交流史》，首尔：檀国大学校出版部，1992 年。

索周边残留文化的特性。这对各地区的歌舞交流研究，可以说是一个非常实际、有用的方法，尤其是处在这种薄弱的现实情况之下。对实地考察收集的资料进行记录和录音整理，还要参考被采集资料国家的代表史料和出土文物古迹（古代坟墓的奏乐图等图像资料）。

众所周知，韩国的代表文献资料有《三国史记》《三国遗事》《高丽史》《朝鲜王朝实录》等。中国的文献资料除了二十五史之外，还有不计其数的文献资料。不仅如此，韩国的古乐谱有《韩国音乐资料总书》（国立国乐院刊）、《世宗实录》、《世宗实录乐谱》等，中国除了《九宫大成南北词宫谱》和《琴曲集成》之外，还保存有大量的古乐谱。日本的文献资料有《古事记》《日本书纪》《仁智要录》《三五要录》等。由此可以看出，汉字文化圈里有关古代传统公演艺术的记录，传承下来了很多。

作为考古学方面的资料，我看到黄海道安岳3号墓后室的舞乐图与中国酒泉市博物馆收藏的丁家闸墓晋壁画非常相似。而且，韩国扶余地区发现的百济金铜龙凤大香炉的奏乐像里表现的仙家音乐思想，也不能排除与中国道教音乐的关联。我虽然试图寻找与之相似的中国博山香炉，但可惜没有找到。因此，仅仅依据上面文献资料中的片段性记录和现有的考古资料，是很难具体把握当时文化交流的全貌的。对资料的叙述，既要有微观，又要有宏观，只有这样，才能建立起实质性的体系。

虽然我们都知道，对韩国传统艺术和其他地区之间的歌舞文化史的研究，是非常必要的。但是，由于现场调查的困难、大量资金的需求以及专业研究人员的不足等原因，一直到现在还没有实现。在这期间，我曾在中国的“中国传统音乐学会”“中国少数民族音乐学会”“木卡姆学会”“九宫大成学会”等学会发表过文章，并和中国的学者作过活跃的交流。在日本，我还通过东洋音乐学会和日本民俗音乐学会进行了各种交流。此外，在“国际传统音乐学会”（International Council for Traditional Music，ICTM）、“国际传统音乐学会韩国支部”（Korean national Committee，KNC）、“国际民族音乐学会”（Society for Ethnomusicology SEM）、“亚-太民族音乐学会”（Asia Pacific Society for Ethnomusicology，APSE）等会议上，我还对亚洲音乐舞蹈的各种资料进行了收集和整理，发表了一些论文、评论。所有这些研究，都是为传统艺术、民俗文化本质的构建做出的努力。

三、 歌舞交流的实例

这里虽然简单地记录为歌舞交流，实际上要撰写通过丝绸之路的中韩日公演艺术交流史——包括美术史学和岩刻画等——需要众多的资料。对于怎样历史性地整理这些资料，今后还需要做更深入的研究。在这里，我只是介绍一下我曾经经历过的几件事情。

（一）在韩国音乐和中国音乐的交流当中，最可靠的文献记载当属宋徽宗时期朝鲜半岛的大晟雅乐传入。现在在成均馆演奏的文庙乐，虽然不能说它保留了原型，因为它已经发生了一些变化，但可以说它就是当时从中国引进的大晟雅乐。根据《宋史》记载，大晟雅乐是在1117年传入朝鲜半岛的。那么，从哪儿、用什么方法把编钟和编磬等众多的乐器运到高丽的首都——松都（现在朝鲜的开城）的呢？如果依据“谁、什么时候、哪儿、什么、怎样、为什么”的六何原则来考虑的话，就会产生许多疑问。

“谁”为宋徽宗，这是很清楚的事实；给“谁”，即送给了睿宗，这也是很明确的。那么，“怎么传入的”就是一个问题。当时北宋的首都在开封，从开封经过陆路运到哪儿、海陆又是从哪儿开始的，所有这些问题，都不很明确。我们虽然推测当时是用船运到朝鲜半岛礼成江附近的港口的，但是却没有准确的资料可以证明。对于“传入的是什么”的问题，虽然可以清楚地知道是“大晟雅乐”，但是当时宋徽宗作为道君，是和道教有关联的皇帝，为什么会传播在孔庙祭祀时演奏的音乐呢？对于这些，都还是未解决的疑问。能够解决这些问题的，是元代林宇的“大晟乐谱”传到了朝鲜半岛，现在记录在韩国的《世宗实录乐谱》中。可是，中国没有关于林宇是谁的资料，元朝当时的乐谱，据推测是记录在《至正条格》这部法律书籍中的。可是据我的调查，中国很难找到《至正条格》这本书，反倒是韩国最近发现了一部分，很可惜没有找到有关的资料。

（二）文献和古乐谱中与高丽乐有关的曲名，大约有35首。在日本，因为乐制改革，唐乐、林邑乐、度罗乐合称为唐乐，被分在左方乐；三国乐中的高句丽乐、百济乐、新罗乐等合称为高丽乐，被列为右方乐。因此，高丽乐可以看成是朝鲜半岛的所有音乐，但是如果仔细区分的话，它又包括从高句丽、百济、新罗等传入日本的朝鲜半岛音乐；西域、中国等亚洲大陆的音乐经过朝鲜半岛流入日本以及日本按照高丽乐的形式创作的音乐，所有这些，都属于高丽乐的范畴。① 关于《仁智要录》中的高丽乐，可以参考下面的论文。②

（三）丝绸之路周边地区的公演艺术经过中国和朝鲜半岛传到了日本，这些都被记录在日本的文献资料里。可是丝绸之路周边地区、韩国、中国却没有保存这些资料。通过日本的记录，我们可以反推韩国、中国、丝绸之路周边地区已经消失的东西。而且，日本的神乐是传入日本的韩国巫乐，经过日本化的过程以后，作为神乐而存在。研究日本的神乐，可以帮助我们复原韩国古代的巫乐。我认为，这个研究一定要进行。前张是巫乐的一种，它和催马乐有什么关系，现在还不得而知。日本《琴歌谱》中的阿踰陁振、新罗歌等，是朝鲜半岛的什么音乐，传到日本以后经过怎样的变化才形成这样的形式？对于这一点，也是我们应该探索的问题。

（四）我觉得高丽乐中最受注目的乐曲应该是“纳曾利”，“纳曾利”的动作形象地描绘了青龙游玩时的样子。李惠求认为，“纳曾利”的舞蹈动作让人联想起“处容舞”。如果比较“纳曾利”和“处容舞”的话，就可能推测出古代朝鲜半岛“处容舞”的特征。但是，大部分高丽乐的由来都很模糊，“纳曾利”也不例外。因此，要对这两个舞蹈进行比较的话，首先要把握舞蹈的

①东北亚音乐研究所：《韩国古代音乐的复原和再现》，2010年。

②金建民：《智要录高丽曲解析和考证——兼论古代朝鲜、中国、日本、渤海和西域的音乐文化交流》，《韩国音乐研究》第21集，1993年。

起源。“处容舞”又可以说是双龙舞，与阿拉伯人或波斯人进入朝鲜半岛有关。

（五）崔致远《乡乐杂咏》5首中的“束毒”，在日本被称为“宿德”或“走秃”，是假面舞剧的一种。它可能是乌兹别克斯坦撒马尔罕地区苏克特（Soghd）人的一种假面舞。虽然朝鲜半岛现在没有传承下来，但是否能在乌兹别克斯坦苏克特（Soghd）人的假面舞中找到它的原形，也还是一个疑问。对于这个问题，希望能够参考我的论文《丝绸之路地区散乐的韩、中、日流传》。[①] 束毒还与七部伎、九部伎中的康国伎有关。

（六）崔致远《乡乐杂咏》5首里的“月颠”，是起源于现在中国新疆和田、于阗（和田附近）的假面舞，或者是一首独立性的歌曲，它和日本福冈地区演唱的“黑田谣”的旋律相同。而且，它和日本雅乐的代表乐曲——“越天乐”也有一定的关联。在韩国，已经找不到这首乐曲，只能在文献记录里找到它的痕迹。在1893年就任庆尚道固城府使的吴弦默编撰的《固城丛琐录》（高宗三十年十二月三十日）中，记录着“月颠”和“大面”的演出场面：一群奇异的人按照顺序交换起舞，演出人员互相观望、戏弄，或是一边叫一边跳跃，或是慢慢起舞。但是，记录中的内容是否可信，也还需要再证实。于阗位于现在新疆的和田地区，古代曾经是一个佛教国家，于阗使用的语言属于波斯系统。我们如果先查找韩国和波斯文化交流的痕迹，就有可能研究韩、波文化交流史。关于这一点，可参考我的论文《散调的渊源和形式构造》。[②]

（七）日本奈良东大寺在给大佛开眼的仪式上，演出过“度罗乐”，大概还可以把它念为“耽罗乐”，这是古代耽罗国（现济州岛）的音乐。据推测，耽罗国的音乐出自阿富汗的北部。我们先要调查日本是否存在与“度罗乐”相关的乐舞，还要从济州岛传承的灵登巫中寻找耽罗乐的痕迹，并调查它们与现在阿富汗北部的音乐有什么关系。济州岛玄氏祖先的月支国起源说，也需要进一步的考证。

（八）《乐学轨范》“鹤莲花台处容舞合设”中的“莲花台舞”，起源于乌兹别克斯坦塔什干的柘枝舞。它曾在现在属于库车地区演出过。“柘枝舞”中的“柘枝”，是塔什干的旧名。我们需要考证现在乌兹别克斯坦是否还有这种舞蹈，还要考证日本是否存在和“莲花台舞”有关的舞蹈。

（九）《三国遗事》乡歌中的“思脑歌”，其实就是“赞耆婆郎歌”。“赞耆婆郎歌”是赞美西域有名的佛经翻译家鸠摩罗什的歌曲。鸠摩罗什的父亲是天竺人鸠摩罗炎，鸠摩罗什的母亲是龟兹王的妹妹耆婆。因为这个原因，耆婆的儿子鸠摩罗什又被称为耆婆郎。忠谈的“赞耆婆郎歌”指的就是鸠摩罗什（A. D. 344—413）[③]。今后，对和新罗乡歌有关的外国人的调查，需要积极地进行，还要找出生活在新罗的中国人往来印度、

①权五圣：《丝绸之路地区散乐的韩、中、日流传——以崔致远的乡乐杂咏五首为中心》，《国乐院论文集》，第20集，2009年。

②权五圣：《散调的渊源和形式构造》，《大韩民国艺术院》，第48集，2009年。

③지배선：《高句丽遗民高仙芝和吐蕃、西域史》，首尔：혜안，2011年，第32~35页。

西域的资料。是否能够调查清楚“慕竹旨郎歌”中的竹旨郎是什么人？

（十）周采赫认为，因为兴安岭的附近有一个叫“阿里岭”的地方，所以应该与阿里郎有关，这个地区还和红山文化有关联。我们应该对阿里岭附近演唱的歌曲进行收集和调查。并且，它还可能与中国云南省纳西族歌曲里的“阿里里”有关系，如果采集一下西藏西南地区演唱的歌曲的话，或许能够找到与阿里郎有关的历史渊源和歌曲。

（十一）另外，与阿里郎有关的歌曲，还有原属于苏联、20 年前独立的格鲁吉亚（Georgia）的歌曲——“欧罗贝亚”，这首歌曲中有“阿拉里，阿拉里”的歌词。我曾经听亚美尼亚的学者说过，在接近亚美尼亚和土耳其的阿勒山地区演唱的歌曲里，有献给阿勒山山神的歌曲。如果歌曲中有和“阿拉里”的发音相似的部分的话，它也可以成为收集的对象。与此同时，亚美尼亚的杜杜克笛（Duduk）和韩国荜篥的比较，“竹纳”和韩国唢呐、中国唢呐的音乐比较，也都是很有必要的。

（十二）在高丽时代，皇帝出访完地方回宫的时候，会演奏还宫乐，《高丽史》还记录着还宫乐中就有“天竺伎”和“高昌伎”。“天竺伎”是印度的歌舞，很难想象这个歌舞是什么样子，而“高昌伎”则和现在中国新疆吐鲁番的歌舞——“木卡姆”或吐鲁番地区的民谣有着一定的联系。

（十三）在论述韩国传承的唐乐时，常常会说到“步虚子”和“洛阳春”。“步虚子”原是中国的道教音乐，它进入宫廷以后，作为宫廷音乐而演奏，后来又传到了朝鲜半岛。[①] 现在，中国的很多道观还称之为“步虚声”，保存着 130 多种旋律。在许多古乐谱里，都记录着各种不同形式的“洛阳春”，它有时还称作“一落索”。其中，传入韩国的是哪一首“洛阳春”，不得而知。[②]

（十四）此外，《高丽史》中还记录了 43 种散词，对于中国的歌舞是怎样传入朝鲜半岛的，还有很多无法准确知道。我曾经阐述过韩国古乐谱里记录的“风入松”旋律与《九宫大成南北词宫谱》的旋律很相似。[③] 我还发现，高丽歌谣中“双花店”的旋律与中国甘肃省、青海省等地演唱的“花儿会”的四季调很相似。此外，有关《高丽史・乐志》中的唐乐和中国音乐的关系，朴恩玉的《高丽史乐志唐乐研究》[④] 阐述了很多观点。

（十五）对于演奏最多的“灵山会相”系列音乐，我们到现在为止还没有探明它的历史渊源。有的学者认为，它是在世祖时期形成的乐曲，但是这是没有根据的说法。根据李惠求的观点，人们一直认为《大乐后谱》的“灵山会相”是包含“灵山会相佛菩萨”7 个字的佛教音乐。但是，最近南相淑做出了新的解释，她认为，《大乐后谱》“灵山会相”井间谱的构成形式为

①权五圣：《步虚子与道教》（Essays on Korean Traditional Music Culture），首尔：民俗苑，2008 年。

②郑祖襄：《〈洛阳春〉词调初考》，《华夏旧乐新证》，上海：上海音乐学院出版社，2000 年。

③权五圣：《韩、中〈风入松〉的比较试论》，北京：中国文联出版社，2003 年。

④朴恩玉：《高丽史乐志唐乐研究》，首尔：民俗苑，2006 年。

4·2·4·4·2·4，这是《大乐后谱》中唯一的一个乐谱，而且，是贴在“步虚子”乐谱最后一页上面的。由于上述原因，“灵山会相”的历史一直到现在还无法准确地给予解答。相反，明清歌曲——“诸佛如来菩萨尊者”是由中国的永乐斋在世宗时期传入朝鲜半岛的。而且，为了确认这首歌曲是否得以传授，还派遣了使臣，这些事实都被记录在《世宗实录》和《明史》里。从这个角度出发，“灵山会相”的起源还要有新的研究突破，参考我的论文《中国明代明清歌曲的韩国传入考》。[①]

上面我对韩、中、日传统公演艺术和文化交流做了简单的论述，通过持续不断地对文物、遗迹的现场考察和文献的调查，进行多方面的探求，使之能够得以解决。同时，还需要研究人员在待研究地区进行长期的滞留，并和待研究地区与传统公演艺术有关的当地学者、艺术家进行多方位交流。

在叙述音乐史的时候，虽然可以依据文献资料来记述各个国家之间的音乐交流，但是，像“大晟雅乐”这种情况，如果使用六何原则的话，就会发现当时的情况有很多说不清楚。因此，我们现在利用各种文献资料，通过观看视频等方式，可以粗略地了解现在这些音乐以什么样的形态存在。但是，我们还要清楚地了解这些公演艺术在当地是怎样被评价的。从这一点来看的话，我们还需要文献学、古乐谱学、音乐考古学、音乐图像学等方面的各种信息和资料。因此，虽然利用HRAF（人际关系档案）可以调查资料，但这种方法只适合与现代比较接近的时期，而比较久远的时期就无法知道了。所以，我们只好先以文献资料为重点进行调查。新出现的口述资料，也可以起到重要的作用。可是，比较各国公演艺术的口述资料，则更难找到。

四、 歌舞交流史和韩国音乐史的关系

不论什么时代，以宫廷为中心的上层文化圈都具有外来文化指向型的特征，引进周边国家的特色歌舞，并与本国的音乐相融合，从而创出新的音乐文化，这已经成为一个惯例。现在我们无法了解古朝鲜和扶余的歌舞内容，对此，我们要努力予以弥补。但是从现在的情况来看，我们只能依赖新发掘的音乐考古文物了。朝鲜半岛的三国时代，我们一般认为是接受了中国的音乐文化，其实中国音乐的实质，应该理解为从印度出发，经过丝绸之路以后引进到朝鲜半岛的。并且，它们后来还传到了日本。

在印度、波斯等地区→丝绸之路各个地区→中国（以长安为中心的地区）→朝鲜半岛→日本的传播途径中，日本既是丝绸之路的终点，又是欧亚歌舞的保管仓库。即使是这样，因为经过了日本强占时期，也可能还残留着一些反日的情绪，所以去日本研究日本歌舞资料的人很少。今后的歌舞交流史，只能够从日本出发，再到韩国、中国、丝绸之路地区进行反推。

那么，有的人就会反问，是不是朝鲜半岛的所有歌舞都是从外国引进的，没有自己创作的歌舞了呢？在朝鲜半岛形成的基层音乐文化有很多，

①权五圣：《中国明代明清歌曲的韩国传入考》，《国乐院论文集》，第22集，2010年。

即与各种农活、捕鱼、妇女的劳动等有关联的基层音乐文化。但是，基层音乐文化这个领域还没有被开发。不仅有从基层音乐文化向上层音乐文化转移的上升文化，也有外来音乐文化向基层音乐文化转移的沉降文化（Gesunkenes Kultur）。例如，宫中音乐中的“吹打”，就是从基层音乐文化的歌曲——“路军乐”，转移到上层音乐文化的一个例子。而且，庆尚南道咸安的安义地区演唱的“路军乐”，转移到了12歌词中的“路军乐”，成为中层专业歌手的演唱曲目。

任何文化经过各个地区的音乐和舞蹈的变化，围绕这种变化的公演形态、演出场地、观众等“社会文化脉络”（Socio cultural context），转移到其他地区或国家的时候，就会形成“文化的脉络变化”（Trans contexualization of culture）。如果从这个角度来理解我们的文化根源的话，就必须在欧亚地区的范围内研究我们的文化交流史。

作为参考，我从2000年开始，以（社）东北亚音乐研究所（Institute of North-East Asian Music）为中心，与韩、中、日音乐学者进行了各种各样的交流。比如：东亚佛教音乐学术大会、东亚乐律学会、东亚音乐考古学会、亚-太民族音乐学会（1994年开始，Asia-Pacific Society for Ethnomusicology）等。

五、 结论

因为时间的原因，我在这里只是简短地做了一个介绍，广义地说，要记述东亚音乐史的话，一定要分析韩、中、日、越南的史料。而且，在总体地分析了各种史料和现在传承的公演艺术形态以后，还必须要对它进行历史性的再构成。要综合以往东亚各国在音乐史、舞蹈史、演剧史、美术史上的研究成果。

要把新发掘的考古学资料和图像学资料，放入可以迅速交换东亚和丝绸之路地区演出艺术资料的大数据库中，并以此为基础对它们进行比较，然后再到现场进行实地考察。这种研究态度，对于我们来说，是迫切需要的。

虽然有人认为，只凭借文献资料来研究东亚音乐史，是一件非常困难的事情。但是我认为，除文献史学以外，还要对我在上面论述的几个问题进行综合的再讨论，只有这样，才能论述出真正的东亚公演艺术史。

与歌舞交流史相关的部分文献资料

1. 韩国

［1］东北亚音乐研究所. 韩国古代音乐的复原和再现［M］. 2010.

［2］权五圣. 步虚子与道教（Essays on Korean Traditional Music Culture）［M］. 首尔：民俗苑，2008.

［3］权五圣. 散调的渊源和形式构造［J］. 大韩民国艺术院，第48集. 2009.

［4］权五圣. 丝绸之路地区散乐的韩、中、日流传——以崔致远的乡乐杂咏五首为中心［M］. 国乐院论文集，第20集，2009.

［5］权五圣. 中国明代明清歌曲的韩国传入考［M］. 国乐院论文集，第22集，2010.

［6］权五圣. 韩、中《风入松》的比较试论［M］. 北京：中国文联出版社，2003.

［7］金建民. 仁智要录高丽曲解析和考证——兼论古

代朝鲜、中国、日本、渤海和西域的音乐文化交流［J］. 韩国音乐研究，第 21 集，1993.

［8］郑守一，新罗、西域交流史［M］. 首尔：檀国大学校出版部，1992.

［9］朴恩玉. 高丽史乐志唐乐研究［M］. 首尔：民俗苑，2006.

［10］郑守一. 古代文明交流史［M］. 首尔：四季，2001.

［11］郑守一. 文明交流史研究［M］. 首尔：四季，2002.

［12］지배선. 高句丽遗民高仙芝和吐蕃、西域史［M］. 首尔：혜안，2011：32-35.

2. 中国

［1］冯文慈主编. 中外音乐交流史［M］. 长沙：湖南教育出版社，1998.

［2］张前. 中日音乐交流史［M］. 北京：人民音乐出版社，1999.

［3］郑祖襄.《洛阳春》词调初考［M］//华夏旧乐新证. 上海：上海音乐出版社，2000.

［4］赵维平. 中、日音乐比较——国际学术研讨会论文集（中文版）［M］. 上海：上海音乐出版社，2005.

［5］赵维平. 中国和东亚帝国的音乐文化交流［M］. 上海：上海音乐出版社，2006.

［6］赵维平. 中国与东亚音乐的历史研究［M］. 上海：上海音乐学院出版社，2012.

［7］二十五史.

3. 日本

［1］岸边成雄. 古代丝绸之路的音乐［M］. 강담사，1981.

［2］泷远一. 东洋音乐论［M］. 홍학사판，1943.

［3］樱井哲男. 亚洲音乐的世界［M］. 世界思想社，1997.

［4］土田杏忖. 上代の歌谣［M］. 东京第 1 书房，1929.

［5］쓰게겐니찌， 우에무라 유키오. 亚洲音乐史》［M］. 音乐之友社，1996.

［6］山口修. 比较文化论［M］. 世界思想社，1995.

4. 其他

［1］亚太民族音乐学会（Asia-Pacific Society for Ethnomusicology，APSE）

1992 年，在中国台湾举办了第五届民族音乐学学术大会，与会的学者中，由台湾学者许常惠提议，越南的特兰房客、菲律宾的胡塞马赛达、韩国的权五圣等认同，准备创立新的学术团体。1993 年，在中国抚顺举办的第三届中国少数民族音乐学会学术大会上，中国大陆学者赵枫和中国台湾学者许常惠、韩国学者权五圣等又一次达成了创立新学会的共识。之后，日本的藤井智晃、泰国的查伦查中巴易伦、印度的苏打日苏脑等一共 8 位学者成了首届会员。1994 年，在中国福建师范大学举行了创会会议。第一届学术大会和音乐演出在韩国首尔的国立国乐院和国立剧场举行，由亚太民族音乐学会促进委员会（委员长权五圣）与国立国乐院共同举办。

1994 年　第 1 届亚太民族音乐学会。韩国国立国乐院、国立剧场。

1995 年　第 2 届亚太民族音乐学会。日本国立民族学博物馆。

1996 年　第 3 届亚太民族音乐学会。泰国玛哈萨拉坎大学。

1998 年　第 4 届亚太民族音乐学会。中国台湾师范大学。

1999 年　第 5 届亚太民族音乐学会。中国福建师范大学。

1999 年　第 6 届亚太民族音乐学会。韩国水原大学。

2002 年　第 7 届亚太民族音乐学会。菲律宾菲律宾大学。

2003 年　第 8 届亚太民族音乐学会。韩国全州与声音庆典共同举办。

2004 年　第 9 届亚太民族音乐学会。柬埔寨柬埔寨大学。

2005 年　第 10 届亚太民族音乐学会。中国福建师范大学。

2006 年　第 11 届亚太民族音乐学会。中国西北师范大学。

2007 年　第 12 届亚太民族音乐学会。韩国忠北永同兰溪国乐器体验传授馆。

2008 年　第 13 届亚太民族音乐学会。泰国玛哈萨拉坎大学。

2009 年　第 14 届亚太民族音乐学会。中国杭州文艺艺术馆。

2010 年　第 15 届亚太民族音乐学会。中国乌鲁木齐师范大学。

2011 年　第 16 届亚太民族音乐学会。中国北京师范大学艺术学院。

2012 年　第 17 届亚太民族音乐学会。中国山东师范大学。

2014 年　第 18 届亚太民族音乐学会。泰国玛哈萨拉坎大学。

这个学会举办的学术大会，主要是对亚太地区传统音乐的各种研究成果进行交流，交换各国的国家报告和优秀论文，并提供一个讨论的空间。但是，像上面所看到的，最近 4 年都是在中国举办的。韩国的学者虽然也有参会的，但是第 16 届北京会议只有我一个人参加，2012 年在济南山东师范大学举办的会议上，也只有我和李辅亨老师两个人参加。希望年轻的学者能够积极地参与进来。

这个学术大会的 8 位首届会员都是理事，后来又接收柬埔寨的散昂散为理事，新加坡、缅甸、乌兹别克斯坦、克孜克斯坦还添设了联络员。虽然应该接收印度的学者为理事，但是，举办学术大会的国家要负担 9 位理事的机票和食宿费用，所以很难再接收新的理事。

今后，通过对规则的改进，正在摸索接收更多理事国的方案。

以欧洲音乐为中心的国际音乐学会（IMC）、以美国为中心的民族音乐学会（SEM）、研究世界各国传统音乐的国际传统音乐学会（ICTM）等，这些学会都在进行着活跃的研究，这是一件好事。但是，从 21 世纪中期开始，如果世界文化的中心将转到亚洲、太平洋地区的预测是准确的话，APSE 的活动将起到很重要的作用。韩国学者也要积极地参与进来，并起到主导性的作用。此外，ICTM 的学习小组-MEA（Music of East Asia）学术大会也曾举办过几次（第一届在台北、第二届在上海、第三届在韩国、第四届在香港）。在这些会议上，中国、日本、韩国的学者发表了和东亚音乐学有关的论文。我希望，年轻的学者也要积极地参与到这个学会中来。到现在为止，以东北亚音乐研究所为中心，举办了下面的各种东亚音乐学者聚会。

［2］韩中佛教音乐学术大会

2003 年　第 1 届中韩佛教音乐学术大会。中国北京。

2004 年　第 2 届韩中佛教音乐学术大会。韩国仁川。

2005 年　第 3 届韩中佛教音乐学术大会。中国厦门。

2006 年　第 4 届东亚佛教音乐学术大会。韩国马山。

2007 年　第 5 届东亚佛教音乐学术大会。中国台湾。

2009 年　第 6 届东亚佛教音乐学术大会。韩国首尔。

2012 年　第 7 届东亚佛教音乐学术大会。中国长沙。

2014 年　第 8 届东亚佛教音乐学术大会。韩国马山。

韩、中、日三国的音乐文化中除佛教音乐文化外，其他领域其实很难有实质性的研究。现在，通过中国西藏的佛教音乐（藏传佛教音乐）、受其影响的蒙古佛教音乐、中国的汉传佛教音乐、韩国的佛教音乐、日本的佛教音乐之间的相互交流，形成了各国特有的佛教音乐文化。对此，各国学者要持续不断地进行研究。在韩国，以釜山和马山为中心，韩国佛教音乐学会（会长崔宪）已经举办了3次学术大会。

在韩国佛教音乐学会上发表了不少新的论文，而且这些论文在东亚佛教音乐学会上也连续不断地有所介绍，这些韩国学者为东亚佛教音乐的比较研究提供了一个平台，希望年轻的学者能够更进一步地研究。

［3］东亚乐律学会

2005年10月　第1届东亚乐律学会。韩国首尔。

2006年12月　第2届东亚乐律学会。中国武汉。

2007年11月　第3届东亚乐律学会。韩国永同。

2009年11月　第4届东亚乐律学会。中国杭州。

2010年11月　第5届东亚乐律学会。韩国首尔。

2011年11月　第6届东亚乐律学会。中国宁波。

2012年12月　第7届东亚乐律学会。韩国釜山。

2013年11月　第8届东亚乐律学会。中国温州大学。

东亚乐律学会是研究以中国乐律学为中心的一个学会，我认为这是韩国需要开拓的一个新领域。在这期间，韩国学者一直在参加这个学术大会。希望更多的韩国学者在这次大会上能够发表自己的论文。

这次学会将有中国学者20名、日本学者5名、韩国学者17名参加，特别是将介绍利用计算机进行研究的乐律学新领域。今后，年轻一代将利用计算机来研究音乐的高低长短、分析音色，我特别期待年轻学者的研究。

［4］东亚音乐考古学学会

2008年10月　第1届东亚音乐考古学学会。韩国首尔艺术院大会议室。

2009年10月　第2届东亚音乐考古学学会。中国无锡市。

2011年10月　第3届东亚音乐考古学学会。韩国首尔。

2012年10月　第4届东亚音乐考古学学会。中国苏州、北京（与第8届世界音乐考古学会共同举办）。

2013年11月19~23日　第5届东亚音乐考古学学会。韩国釜山。

以东亚音乐考古学和图像学为研究中心，中国广阔土地上发掘的考古文物中与音乐有关的考古学资料和图像资料是这个领域研究的主要对象。在韩国和朝鲜，与音乐考古学有关的文物、遗迹、图像，也不是很多。但是，不仅仅是这些领域，在古代的朝鲜和扶余，以及原为高句丽国土、现为中国领土的地区，发掘的考古文物、遗迹中的乐器、古墓中的图像资料等，都是未来韩国音乐考古学中备受重视的研究领域。

现在，在内蒙古赤峰地区的红山文化中，与音乐有关的考古学资料将是未来的研究对象。对1978年出土于中国湖北随县的曾侯乙墓（BC 433）的编钟、编磬以及100多种乐器的研究，不仅仅是中国学者的研究领域，同时也是韩国学者研究先进文化的一个方面。今后，这都是韩国学者需要开拓的新领域。

最后，希望以联合国教科文组织国际音乐评议会（IMC）为中心展开新的学术活动。开展与欧洲音乐协议会、亚洲大洋洲音乐协议会（MCAO）、非洲音乐协议会等各大陆的学术活动，期待它们之间能够互相合作，展开活跃的世界音乐研究。2012年在山东举办了第17届APSE会议和MCAO会议，2013年MCAO会议于11月在澳大利亚的布里斯班举行。在这些学术大会上，韩国的学者进行了活跃的学术活动。

对三国时代和统一新罗初期横吹管乐器的考察

◇朴恩玉[①]

摘要：在韩国，有一个三竹（大芩、中芩、小芩）的说法。不仅如此，在韩国传统管乐器中，三竹之一的大芩还占据着举足轻重的地位。在现在的国乐演出当中，大芩的演奏已经成了不可缺少的重要部分。由于大芩在韩国国乐中的重要性，所以很多研究国乐的学者都在研究大芩的起源。但非常遗憾的是，一直到现在为止，大芩的起源还是处于众说纷纭的状态，没有得出一个明确的结论。

由于朝鲜半岛管乐器的最早记载出现于三国时代的末期，而且三个国家（高句丽、百济、新罗）横吹管乐器的出现时期也各不相同，所以本文我把考察的时间限定在三国时代和统一新罗时代的初期，同时，我还利用整理文献资料和考察相关文物的方法，对高句丽、百济和新罗这三个国家的横吹管乐器做一个调查和整理，期待通过对当时文献资料的整理和相关文物的考察，为当时朝鲜半岛横吹管乐器的存在形式和演奏方法做一个系统的整理，以便为大芩起源的研究奠定基础。

在对文献资料的调查当中，我发现虽然都是以高句丽、百济、新罗为记录对象，但是中国和日本文献中记录的内容却各不相同。在这两个国家的记录中，都没有发现对新罗横吹管乐器的记录。但是在对高句丽和百济横吹管乐器的记录里，两个国家各自使用了不同的名称。在中国的记录中，百济的横吹管乐器一直使用着同一个名称——笛，而高句丽的横吹管乐器却有着好几种不同的叫法。在日本的文献里，高句丽和百济的横吹管乐器都使用了同一个名称——横笛。

在对三个国家横吹管乐器的文物进行考察时，我发现三个国家的横吹管乐器是有区别的，例如：高句丽的横吹管乐器管身长，管径比百济和新罗的要细，管身和头部的角度接近90度，所有这些，都说明高句丽的横吹管乐器和当时中国的横笛非常相似。此外，百济和新罗横吹管乐器的管身虽然也比较长，但是管径与高句丽的相比，

①朴恩玉：韩国湖西大学。

显得比较粗，而且管身和头部的角度也与高句丽的有所区别。特别是新罗月池东宫金铜板佛中的横笛在外形上保持了竹子的原有形态，可以清晰地看到笛头部分不加雕琢的痕迹。这一点，可以说与朝鲜半岛的大芩非常接近，但却和中国精雕细琢的横笛外形有着较大的差异。

关键词：横吹管乐器；高句丽；百济；新罗；三国时代；大芩

一、 序言

在韩国传统乐器中，最有特色的当属三弦（玄琴、伽耶琴、琵琶）和三竹（大芩、中芩、小芩）。其中，对于三竹的起源，韩国的部分音乐学者认为它和新罗时代的万波息笛有关。之所以会有这样的看法，主要原因是因为《三国史记》在记述三竹的时候提到了万波息笛。① 可是，一直到现在，三竹的万波息笛起源说还只是一种推测。另外，有的学者还认为三竹起源于高句丽的横笛和百济的笛。② 对于这种说法，也因为没有明确的史料记载，只能通过几件出土文物的图像作一个推测。因此，对于三竹的起源，一直到现在也没有一个明确的结论。

有一点值得注意，不管三竹的起源怎样繁多复杂，人们都把它的起源时期放在三国时代或统一新罗时代的初期。那么，如果对三国时代和统一新罗时代初期的管乐器做一个考察的话，将会对三竹起源的研究有一个很大的帮助。由于三竹指的是三种横吹的管乐器，所以本文在考察的时候，将只考察横吹的管乐器；对于纵吹的管乐器，将在以后的研究中进行详细论述。

而且，我在调查横吹管乐器的时候，将把考察的时间限定在三国时代和统一新罗时代的初期，这是因为有关高句丽和百济管乐器的最早记录出现在三国时代，而有关新罗管乐器的最早记录出现在统一新罗时代的初期。在本文中我将使用两种方法进行研究，一种方法是通过对相关文献资料的整理和分析，从文献学的角度了解三国时代和统一新罗初期横吹管乐器的记录情况；另一种方法是利用对相关文物的调查，用直观的证据来证明当时横吹管乐器的使用情况。

二、 文献资料中的横吹管乐器

一般来说，在考察朝鲜半岛三国时代和统一

①《三国史记》卷三十二：“三竹，亦模仿唐笛而为之者也。《风俗通》曰：‘笛，汉武帝时丘仲所作也。’又按，宋玉有《笛赋》，玉在汉前，恐此说非也。马融云：‘近代双笛，从羌起，又笛涤也，所以涤邪秽而纳之于雅正也。长一尺四寸，七孔。’乡三竹，此亦起于新罗，不知何人所作。古记云：神女王时，东海中忽有一小山，形如龟头，其上有一竿竹，昼分为二，夜合为一。王使斫之作笛，名万波息。虽有此说，怪不可信。三竹笛有七调，一平调，二黄钟调，三二雅调，四越调，五般涉调，六出调，七俊调。大笒三百二十四曲，中笒二百四十五曲，小笒二百九十八曲。”

②李惠求：《韩国艺术总览·概观篇》，第 110 页；《国乐史》，第 14 页。宋芳松：《高丽三竹的起源和传承问题》，《人文研究》，岭南大学人文科学研究所，1987 年。

新罗初期的横吹管乐器时，最先考虑的应该是韩国的文献资料。但非常遗憾的是，韩国记录三国时代历史的《三国史记》里，有关高句丽、百济、新罗的音乐史料，基本上都是引用了《北史》和《通典》的内容进行整理的。因此，要了解朝鲜半岛三国时代和统一新罗初期横吹管乐器的情况，基本上要依靠国外的史料来进行。

1. 中国文献中的横吹管乐器

在中国的文献当中，有关三国时代和统一新罗初期横吹管乐器的资料，主要见于《北史》《隋书》《通典》《旧唐书》和《新唐书》等文献。其中，在《北史》和《隋书》的“列传”中，都对三国时代高句丽和百济的音乐情况做了简短的说明，现将之罗列如下。

资料1：《北史》卷九十四，列传第八十二。

高丽：乐有五弦、琴、筝、筚篥、横吹、箫、鼓之属，吹芦以和曲。

百济：有鼓角、箜篌、筝竽、篪笛之乐，投壶、樗蒲、弄珠、握槊等杂戏。

资料2：《隋书》卷八十一，列传第四十六。

高丽，乐有五弦、琴、筝、筚篥、横吹、箫、鼓之属，吹芦以和曲。

百济，有鼓角、箜篌、筝、竽、篪、笛之乐，投壶、围棋、樗蒲、握槊、弄珠之戏。

众所周知，《北史》记录的是从北魏登国元年（386年）到隋义宁二年（618年）的历史，而《隋书》记录的是从隋文帝开皇元年（581年）到隋恭帝义宁二年（618年）38年间的历史。这两本文献中记录的高句丽和百济的内容，最晚不超过618年，这时正处于新罗还没有统一朝鲜半岛的三国时代。因此，这两个文献里记录的高句丽和百济的内容，应该是三国时代高句丽和百济的音乐使用情况。不仅如此，《北史》和《隋书》里记录的高句丽和百济的内容，也大体相同。有一点值得我们注意，在这两种文献当中，都把高句丽的吹奏乐器称为横笛，而把百济的吹奏乐器称为笛。在古代的文献资料和文人的记录当中，虽然经常出现笛和横笛互相混淆的情况，但是《北史》和《隋书》对两种管乐器的不同记录，具有一惯性，说明这两种乐器是有区别的；同时，也暗示了高句丽的横笛和百济的笛是有区别的。

《隋书》里还有关于七部伎和九部伎的记载，其中，也能找到有关高丽伎的内容。《隋书》没有把百济和新罗的音乐列入七部伎和九部伎①，而单把高句丽的音乐列入了七部伎和九部伎之中。不仅如此，在唐朝的九部伎和十部伎里，也依然为高句丽的音乐留了一席之地。下面就是《隋书》里有关高丽伎的记录。

资料3：《隋书》卷十五。

《高丽》，歌曲有《芝栖》，舞曲有《歌芝栖》，乐器有弹筝、卧箜篌、竖箜篌、琵琶、五弦、笛、笙、箫、小筚篥、桃皮筚篥、腰鼓、齐鼓、担鼓、贝等十四种，为一部。工十八人。

在《隋书》的高丽伎里，出现了笛的字样，

①对于百济和新罗的音乐没有被列入七部伎和九部伎的原因，我认为，虽然韩国人对朝鲜半岛各个地区的音乐很熟识，能够轻易地区分它们的地域差异。但是对外国人来说，百济、新罗、高句丽的音乐是比较相似的，都具有韩民族音乐的共同特征，没有什么突出的区别。因此，既然七部伎和九部伎中已经有了高丽伎，那么，就没有必要再把相差不大的百济和新罗音乐加进来。

这和《北史》《隋书》记录朝鲜半岛音乐时把高句丽的横吹管乐器称为横吹是有区别的。对于这种区分，我们是否可以做这样的解释：高句丽的音乐在编入七部伎、九部伎和十部伎的时候，一方面受到中国宫廷音乐上演格式的限制，另一方面也会受到其他部伎音乐的影响，所以，进入七部伎、九部伎和十部伎的高句丽音乐、乐器，也会随之产生一定的变化，这样就与实际演奏于朝鲜半岛的音乐和乐器产生了不同，这种可能性，是存在的。

接下来，让我们再来看一下《通典》的记录。

资料4:《通典》卷一百四十六，“乐六”：

高丽乐，工人紫罗帽，饰以鸟羽，黄大袖，紫罗带，大口葱，赤皮靴，五色绦绳。舞者四人，椎髻于后，以绛抹额，饰以金珰。二人黄裙襦，赤黄葱；二人赤黄裙，襦葱。极长其袖，乌皮靴，双双并立而舞。乐用弹筝一，搊筝一，卧箜篌一，竖箜篌一，琵琶一，五弦琵琶一，义嘴笛一，笙一，横笛一，箫一，小筚篥一，大筚篥一，桃皮筚篥一，腰鼓一，齐鼓一，担鼓一，贝一。大唐武太后时尚二十五曲，今惟能习一曲，衣服亦浸衰败，失其本风。

百济乐，中宗之代，工人死散。开元中，岐王范为太常卿，复奏置之，是以音伎多阙。舞者二人，紫大袖裙襦，章甫冠，皮履。乐之存者，筝、笛、桃皮筚篥、箜篌、歌。

《通典》是唐代杜佑在德宗贞元十七年（801年）编撰而成的，从资料4可以看出，这里记录的高句丽乐和百济乐的内容，是唐朝宫中的乐器使用和演奏的情况。不仅如此，我们还可以看到，《通典》里的内容已经和《北史》《隋书》的内容有了一定的区别。在《通典》里，高句丽乐的横吹管乐器一共有两种，一是义嘴笛，一是横笛；而百济乐中的横吹管乐器只有一种——笛。义嘴笛是在吹口的位置上附加一个嘴①，它和我在本文中调查的、直接用嘴在吹口吹奏的横吹管乐器有所不同，所以这里将之省略不谈。

《通典》与《北史》《隋书》不同的是，不把高句丽乐中的管乐器称为横吹，而是记为横笛，横吹和横笛这两个名称虽有不同，但实际上是同一种乐器。另外，《通典》和《北史》《隋书》又有着共同之处，就是对高句丽、百济的横吹管乐器用了不同的名称记录，即把高句丽的乐器称为横笛，而仍把百济的乐器称为笛，这种不同名称的记录，也说明了这两种乐器是有区别的。

下面是《旧唐书》和《新唐书》对高句丽、百济音乐的记录。

资料5:《旧唐书》卷二十九。

高丽乐，工人紫罗帽，饰以鸟羽，黄大袖，紫罗带，大口袴，赤皮靴，五色绦绳。舞者四人，椎髻于后，以绛抹额，饰以金珰。二人黄裙襦，赤黄袴，极长其袖，乌皮靴，双双并立而舞。乐用弹筝一，搊筝一，卧箜篌一，竖箜篌一，琵琶、义嘴笛一，笙一，箫一，小筚篥一，大筚篥一，桃皮筚篥一，

①《文献通考》“乐十一”：“义嘴笛，如横笛而加嘴，西梁乐也。而今高丽亦有用焉。”亦作“义嘴笛”。［明］杨慎《丹铅总录》“义帝”：“《乐器图》有义嘴笛，谓笛上别安嘴也。”

腰鼓一，齐鼓一，檐鼓一，贝一。武太后时尚二十五曲，今惟习一曲，衣服亦寖衰败，失其本风。

百济乐，中宗之代，工人死散。岐王范为太常卿，复奏置之，是以音伎多阙。舞二人，紫大袖裙襦，章甫冠，皮履。乐之存者，筝、笛、桃皮筚篥、箜篌、歌。

资料6：《新唐书》卷二十一。

高丽伎，有弹筝、扫筝、凤首箜篌、卧箜篌、竖箜篌、琵琶，以蛇皮为槽，厚寸余，有鳞甲。楸木为面，象牙为捍拨，画国王形。又有五弦、义嘴笛、笙、葫芦笙、箫、小觱篥、桃皮觱篥、腰鼓、齐鼓、檐鼓、龟头鼓、铁板、贝、大觱篥。胡旋舞，舞者立球上，旋转如风。

中宗时，百济乐工人亡散，岐王为太常卿，复奏置之，然音伎多阙。舞者二人，紫大袖裙襦，章甫冠，衣履。乐有筝、笛、桃皮觱篥、箜篌、歌而已。

在《旧唐书》和《新唐书》的高句丽乐里，横吹或横笛的名称已经无法找到，可是在百济乐里，笛这个乐器名称依然出现。《旧唐书》是后晋刘昫在开运二年（945）编撰完成的，《新唐书》是宋朝的宋祁和欧阳修等人于1060年编撰而成的。可以说，它们记录的内容又在《通典》之后。对于这一点，从《新唐书》“高丽伎”的内容里也可以得到证实。虽然《北史》《隋书》《通典》对高句丽的横吹管乐器使用了不同的名称进行记录，但却是一直存在的；而在《旧唐书》和《新唐书》的高丽乐里，横吹或横笛的字样已经不再出现，而只保留了义嘴笛这个横吹管乐器。

上面我对《北史》《隋书》《通典》《旧唐书》《新唐书》等文献资料中高句丽和百济的横吹管乐器作了一个简单的整理，我发现，除《旧唐书》和《新唐书》以外，在这些文献资料中，对高句丽的横吹管乐器分别使用了横吹、横笛、笛等不同名称进行记录；与此相反，百济的横吹管乐器一直使用了一个名称——笛。

在中国的文献资料里，或多或少都会有一些关于高句丽和百济乐器的记录，但是对三国时代和统一新罗初期的新罗横吹管乐器，却只字未提，这对我们了解当时的新罗横吹管乐器来说，不能不说是一个遗憾。

2. 日本文献中的横吹管乐器

早在天武天皇十二年（684），日本和朝鲜半岛就已经有了音乐上的交流和往来，这一点，可以从《日本书纪》的记录中得到证实。[①] 当时，高句丽、百济、新罗的乐师被派遣到日本，在日本教授横笛、莞篌和莫目等乐器，而且，这些乐师在日本教授一段时间以后，还会和本国的乐师进行轮班交换。[②] 在《日本后纪》卷十七“定雅乐寮杂乐师”条里，对高句丽、百济和新罗的乐师做了详细的记录，现记述如下。

资料7：《日本后纪》卷十七“定雅乐寮杂乐师”条。

［平城天皇 大同四年三月（809）］丙寅……高丽乐师四人，横笛、莞篌、莫目、舞

①《日本书纪》卷二十九：“天武天皇十二年春正月己丑朔丙午是日，奏小垦田舞及高丽、百济、新罗三国乐于庭中。”

②《日本书纪》卷五十“钦明天皇十五年二月”：“乐人施得三斤、季德已麻次、季德进奴、对德进陀，皆依请代之。”

等师也。百济乐师四人，横笛、箜篌、莫目、舞等师也。新罗乐师二人，琴、舞等师也。

在资料 7 里，新罗乐师当中没有出现教授横笛的乐师，而在高句丽和百济的乐师里都出现了横笛这种乐器，这一点，和中国文献的记录略有不同。在中国文献里，不仅提及高句丽和百济的乐器中出现了管乐器，还对高句丽和百济的乐器做了相应的区分。可是在日本的文献记录中，高句丽和百济管乐器的名称却完全一致，都使用了横笛这个名称。这证明了《北史》和《隋书》等中国文献中出现的百济笛，确实是横吹的管乐器。那么，这里就会产生一个疑问：同样是高句丽和百济的横吹管乐器，中国和日本的记录当中却使用了不同的名称，高句丽和百济的横吹管乐器是完全一样还是有所区别呢？对于这个问题，我将通过对出土文物的考察来分析。

三、 考古文物中的横吹管乐器

1. 高句丽的横吹管乐器

有关高句丽的横吹管乐器，虽然没有乐器的实物出现，但是在今中国吉林集安五盔墓（图1）、舞俑冢、江西大墓和长川 1 号墓（图 2）里，我们都可以找到相关的图像资料。通过这些图像资料，我们能够对高句丽的横吹管乐器有一个大致的了解。

图 1　集安五盔墓 4 号墓的横笛壁画

在建于 6 世纪末、7 世纪初的集安五盔坟 4 号墓中，我们可以找到横笛的图像，吹奏横笛和排箫的仙人，骑着凤凰，分别位于中间画有三足乌的太阳两边。集安五盔坟 4 号墓吹奏横笛仙人的右臂处于一个比较伸展的状态，可知横笛的笛身较长。而且横笛的管径也不像大芩那么粗，而和中国笛的管径相仿。从集安五盔坟 4 号墓横笛的形状和吹奏的角度来看，可以认为它和中国的横笛非常接近。

长川 1 号坟的前室和舞俑冢（图 3）上都画着吹奏横笛的图像，这两个横笛和集安五盔坟 4 号墓的横笛相仿，两个横笛的管身都比较长，横笛的管径也不是很粗。这两个横笛的吹奏姿势和集安五盔坟 4 号墓的横笛有所不同，即他们的握笛方式是相反的。

图 2　长川 1 号坟前室藻井的横笛

图 3　舞俑冢壁画的横笛画像

从上面几个古坟壁画中出现的高句丽横笛的形状和吹奏姿势来看，高句丽的几个横笛与中国的横笛比较相似，都是管身比较长，而管径不是很粗。这和中国的横笛基本一致，换句话说，就是和朝鲜半岛的传统吹管乐器——大芩有着一定的区别。

2. 百济的横吹管乐器

百济碑严寺癸酉铭全氏阿弥陀佛三尊石像（图 4）的奏乐图雕刻于文武王十三年（673），这座寺院位于忠清南道的燕岐郡，燕岐郡曾经是百济灭亡以后百济遗民生活过的地方。而且，碑严寺的三尊石像就是由百济遗民中一个姓全的家族修建的。虽然碑严寺的三尊石像建于百济灭亡 13 年之后，但是它却通过百济遗民之手而使百济的风格得以保存，因此，韩国学者都把这个奏乐图看成是反映百济音乐文化的代表作。① 在碑严寺的奏乐图中，有一个飞天吹奏着单管乐器，乐器的末端一直垂到飞天的腰部。由于乐器的倾斜度很大，因此有的学者还把它看成是竖吹的尺八。② 可是，如果仔细观察一下乐器顶端的话，就会发现它不是竖吹的乐器。因为乐器的顶端和乐人的头部有着一定的距离，乐人不可能对着乐器的顶端吹奏。再者，从乐器和头部的角度来看，也可以证明这一点。奏乐图中的乐器顶端几乎到了乐人的左肩，可见，它采用的不是竖吹，而是横吹的演奏形式。由于奏乐图雕刻的不是很清晰，使得我们无法清晰地判断奏乐图中横笛的粗细，但是，如果从横笛管身和飞天手臂的比例来看的话，还是可以认为奏乐图中横笛的管身是比较粗的。

图 4　碑严寺的癸酉铭全氏阿弥陀佛三尊石像

3. 新罗的横吹管乐器

在中国和日本的文献中，只记录了新罗的乐器——琴，而对三国时期新罗的管乐器却只字未提。这说明，三国时代的新罗很可能没有管乐器。并且，三国时代新罗的出土文物中也找不到横吹管乐器的痕迹。这里我就介绍几个统一新罗初期的文物，以便我们能够了解新罗的横吹管乐器。

681 年，新罗的第 30 代王——文武王为了击退倭寇的侵略，开始在东海边上修建感恩寺。但是，还没有等到完工，文武王就去世了。之后，文武王的儿子——神文王继承了王位。神文王遵照父王的遗嘱，继续建造感恩寺，并于 682 年完工。感恩寺被看成是新罗的护国寺，在新罗的历史上，它占据着比较重要的位置。神文王在建造感恩寺的同时，还在寺庙前空地的东西两侧，建造了一对三层石塔。1960 年，在对年久失修的石塔进行保修时，发现了西塔里面存放的青铜制舍

①《新罗大芩形成考》，载《民族文化论总》，岭南大学民族文化研究所，2006 年。

②李晋源：《大芩谜题新解》，《韩国乐器学》2005 年，第 3 号。

利盒。在舍利盒的上方正中，存放着一个舍利瓶，舍利瓶的四周，雕刻着四个演奏乐器的乐人，这四位乐人演奏的乐器分别为凤首琵琶、腰鼓、笛和铜钹。图 5 就是演奏笛的乐人图像。

图 5　感恩寺舍利盒的乐人图

从图 5 可以看出，舍利盒上乐人吹奏的是一个单管乐器，乐器的长度较长，它的长度大约相当于乐人的上半身；从乐器和身体、手的比例来看，乐器的管径也较粗。而且，乐器的末端基本上下垂到了乐人的腰部，与此同时，乐人的头还稍微向左倾斜，好似在察看按孔的手指。乐人的表情也很温和，给人一种栩栩如生的感觉。舍利盒上与横笛同时出现的乐器，还有凤首琵琶、腰鼓和铜钹。凤首琵琶、腰鼓和铜钹，都是从西域传来的外来乐器，不是新罗所特有的。那么，与这三种乐器组合在一起的横笛，也就不能排除从外部引进的可能性。舍利盒上的横笛与高句丽的横笛同为横吹管乐器，但是可以发现两者之间存在着不同。虽然它们的管身都比较长，但是，舍利盒上横笛的管身明显要比高句丽的要粗。也就是说，舍利盒上横笛的形状与大芩更为相似，而高句丽横笛的形状则和中国的横笛更为接近。

除了感恩寺舍利盒上乐人图的横笛以外，在月池东宫出土的新罗金铜板佛（文武王十四年，674）中也可以看到横笛的存在（图 6）。月池东宫金铜板佛中的横笛较长，管径也较粗，笛身向下倾斜的角度也较大。此外，横笛头部的竹节不仅鲜明，还很粗糙，给人一种未加修饰的感觉，这种不加雕琢的外形与当时的中国横笛是有区别的。月池东宫金铜板佛的横笛和感恩寺舍利盒上乐人图里的横笛很相似，都是笛身很长、管径较其他横笛粗，特别是月池东宫金铜板佛的横笛还具有竹子原来特色、不加修饰的特点，所有这些，都是与同时代的中国横笛不同而和韩国的特有管乐器——大芩相似。

图 6　月池东宫的新罗金铜板佛

四、　三国时代和统一新罗时代初期横吹管乐器的特征

上面我通过文献资料和考古文物的考察、整理，对三国时代和统一新罗初期高句丽、百济、新罗的横吹管乐器做了一个简单的调查。以这些调查为基础，现在我来对高句丽、百济、新罗的

横吹管乐器作一个大概的比较。

《北史》《隋书》《通典》《旧唐书》《新唐书》等中国文献资料和《日本书纪》《日本后纪》等日本文献资料里都有关于高句丽、百济横吹管乐器的记载。在中国和日本的文献资料当中，都找不到有关新罗横吹管乐器的任何记录。除此之外，两国的记录内容存在着一定的差异。除《旧唐书》和《新唐书》以外，中国文献资料对高句丽的横吹管乐器分别使用了横吹、横笛、笛等不同的名称；而对百济的横吹管乐器则使用了一个具有一贯性的名字——笛。由此可见，在记录高句丽横吹管乐器时使用了多样性的名称。另外，日本的文献资料把高句丽和百济的管乐器都称作横笛，把两个国家的乐器看成是同一种乐器，这和中国把高句丽、百济横吹管乐器进行区分记录的方式，是有差异的。

与此同时，我还对高句丽、百济、新罗横吹管乐器的各种图像作了考察，并对三个国家横吹管乐器的特点作如下整理。

第一，从高句丽、百济、新罗横吹管乐器的吹奏姿势上，可以找到三者的区别。高句丽横吹管乐器的演奏姿势为很典型的横吹，即管身和头部的角度大致与现在演奏大芩、横笛的角度一样，大体呈 90 度。但是，百济和新罗的横吹管乐器就有所不同，百济和新罗的横吹管乐器与高句丽相比，乐器的角度比较靠下，因此，管身和头部的角度不是 90 度。也正是因为这个原因，所以有人还把百济碑严寺癸酉铭全氏阿弥陀佛三尊石像奏乐图中的横吹管乐器看成是纵吹的笛。

第二，通过各种图像可以看出，高句丽横吹管乐器的管身比较长，管径也比较细；而百济和新罗横吹管乐器的管身虽然也较长，但是管径与高句丽的横吹管乐器相比，就显得比较粗。换句话说，高句丽横吹管乐器的形状和中国的横笛比较相似，而百济、新罗的横吹管乐器则与朝鲜半岛的传统吹奏乐器——大芩更为接近。

第三，高句丽横吹管乐器的图像虽然比较简单，但是图中横笛的外形和中国的横笛很接近。对于新罗横吹管乐器的外观，我们通过感恩寺舍利盒和月池东宫金铜板佛中的横笛可以得到详细的了解。这两件文物中的横笛，管径不仅粗，而且在外形上保持了竹子的原有形态，特别是在月池东宫金铜板佛中的横笛上，我们可以清晰地看见笛端部分是不加修饰和雕琢的。这一点，和韩国的大芩非常相似，但与中国精雕细琢的横笛外形却是有着较大的区别。

五、 结论

在韩国，有一个三竹（大芩、中芩、小芩）的说法，不仅如此，在韩国的传统管乐器当中，三竹之一的大芩还占据着举足轻重的地位。在现在的国乐演出中，大芩的演奏已经成了不可缺少的重要部分。由于大芩在韩国国乐中的重要性，所以很多研究国乐的学者都在研究大芩的起源。但非常遗憾的是，一直到现在为止，大芩的起源还是处于众说纷纭的状态，没有得出一个明确的结论。

由于朝鲜半岛管乐器的最早记载出现于三国时代的末期，而且三个国家（高句丽、百济、新罗）横吹管乐器的出现时期也各不相同，所以我在本论文中把考察的时间限定在三国时代和统一新罗时代的初期，同时，我还利用整理文献资料和考察相关文物这两种方法，对高句丽、百济和新罗这三个国家的横吹管乐器做了一个调查和整理，期待通过对当时文献资料的整理和相关文物的考察，为当时朝鲜半岛横吹管乐器的存在形式和演奏方法做一个系统的整理，以便为大芩起源的研究奠定一个基础。

在对文献资料的调查当中，我发现虽然都是以高句丽、百济、新罗为记录对象，但是中国和日本文献中记录的内容却各不相同。在这两个国家的记录中，都没有发现对新罗横吹管乐器的记录，这一点，是两国文献的共同之处。但是在对高句丽和百济横吹管乐器的记录中，两个国家各自使用了不同的名称。在中国的文献记录中，百济的横吹管乐器一直使用同一个名称——笛，而高句丽的横吹管乐器却有着好几种不同的叫法。在日本的文献里，高句丽和百济的横吹管乐器都使用了同一个名称——横笛。

在对三个国家横吹管乐器的文物进行考察时，我发现三个国家的横吹管乐器是有区别的，例如：高句丽的横吹管乐器管身长，管径比百济和新罗的要细，管身和头部的角度接近 90 度，所有这些，都说明高句丽的横吹管乐器和当时中国的横笛非常相似。此外，百济和新罗横吹管乐器的管身虽然也比较长，但是管径与高句丽的相比，就显得比较粗，而且管身和头部的角度也与高句丽的有所区别。特别是新罗月池东宫金铜板佛中的横笛在外形上保持了竹子的原有形态，可以清晰地看到笛头部分不加雕琢的痕迹。这一点，可以说与韩半岛的大芩非常接近，但却和中国精雕细琢的横笛外形有着较大的差异。

论世宗时期朝会雅乐的成立背景

◇郑花顺[①]

摘要：世宗为了树立符合当时统治理念的礼乐制度，确立儒教的礼仪和制度，制定了与之相应的用乐制度的框架。为了准确地区分雅乐、唐乐、乡乐以及其用途，对以往的旧乐进行了整顿。在这个过程中，就必须要对当时最薄弱的雅乐进行完善。即在儒教的体制下依据古制来促进礼乐制度的确立，在音乐方面，就是在各种仪礼当中扩大雅乐的使用。通过对旧乐的整顿，使得乡乐的使用范围缩小，而雅乐的使用范围得以扩大。更重要的是，世宗没有沿袭雅乐的故乡——中国的雅乐，而是详细考察各种典籍，创制出了朝鲜式的雅乐，这是在儒教政治下对时代的要求做出的自主性对策。朝鲜雅乐的创制正是顺应了当时的统治理念，是世宗发挥自主精神的必然结果。

世宗虽然最初把雅乐的使用范围局限在祭祀领域，但是他还提出死者享受的音乐与生者享受的音乐不一样的疑问，为了对之进行一元化，准备把雅乐的使用范围扩展到朝会。朝会雅乐创制的动机就是对死者与生者的音乐用雅乐进行统一。世宗不用以往享受的乡乐进行一元化，而是使用雅乐来进行统一的原因，大概是因为根据稽古制考察古代礼乐制度中使用的音乐时，发现所用的音乐都是雅乐。与此同时，也因为雅乐在当时以宗庙乐为首的各种祭祀当中的地位已经稳固。还有一个根据就是朝会和宴享等为生者的音乐和宗庙等为死者的音乐，受到了《诗经》正统雅乐中分别使用雅和颂的传统音乐观的影响。

关键词：朝鲜雅乐；雅乐；朝会乐；会礼乐

①郑花顺：清州大学校艺术大学音乐系教授。

一、 绪论

朝鲜王朝世宗即位之时，正处于太宗时期社会秩序得到确立、国家基础在一定程度上得到整治的时期，但是朝鲜王朝建国才刚刚27年，所以在制度方面还存在很多问题。因此，世宗加强了集贤殿的体制，详细考察古制，探索新制度的确立。礼乐制度的讨论也正是在这种情况下进行的，其最终目标是确立顺应当时统治理念的儒教仪礼和制度，制定与之相适应的、正确地用乐制度的框架。即世宗时期音乐政策的主要核心是详细考察古制，在当时进行合理的实现，它最终的目标就是确立正确的礼乐制度。

礼乐和治道是有关联的。众所周知，礼是秩序之本，乐是和谐之本。秩序与和谐是维持一个社会稳定与健康的必要因素。因此，历代国家在立国以后，都把礼乐看作是当务之急的事情，朝鲜王朝从建国初期开始，就认为礼乐是政治的真谛，把礼乐看成是国家的大事。

朝鲜王朝初期为了实质性地推进儒教礼乐制度的建立，从太宗时期开始，一部分仪式中的礼乐已经达到了和谐和制度化，但是学问的水准（特别是音乐的见解）还比较浅薄，它的发挥也处于比较低级的水平，这种状态大约一直持续到1424年（世宗六年）。

在世宗即位之初，因为定宗、元敬王后（世宗的母后）、太宗的驾崩等接二连三的国丧，关于音乐演奏的问题，没有机会作为现实性的问题而进行严肃的探究。另外，在太宗去世的时候，世宗登基仅仅4年，因此从世宗的立场上来看，他也无法轻易修改父王——太宗所制定的条例。他通过即位诏书宣布将遵循太祖和太宗制定的法度。其实，用乐制度已经于1402年（太宗二年）6月对朝会、宴会以及臣民通用的音乐在合理的名分下进行过一次修改。结果是世宗时期礼乐制度的重新整顿一直到太宗死后才有可能实现。从这一点来看，太宗的驾崩可以说是预告变化的重要事件。

在实录中，关于世宗时期具体制定的各种仪式里，明确标记乐曲名字的是从太宗死后的1424年（世宗六年）制定“太宗祔庙仪”开始的。此时的乐器都监制作和校正了包括笙和竽等在内的各种乐器，不仅具备了包括宗庙在内的各种祭祀当中使用的、充裕的乐器，还具备了朝会和宴享等扩大使用时的大量乐器，这些契机在“太宗祔庙仪”中都可以被发现。王道教化的根源是孝，世宗非常重视孝道，自然也就非常重视父王——太宗的祔庙仪，因而促进了举行仪式时所必须具备的各种乐器的制作。为了太宗的祔庙仪而进行乐器的制作、所用乐曲的精密选定，从而推动了礼乐制度的发展，这是世宗孝心的表现，进一步说是标榜儒教政治的当时政治理念的产物。总之，带来音乐发展的根本原因应该从政治思想中寻找。但是，以“太宗祔庙仪”为契机，世宗时期礼乐制度得到了进一步发展这一事实是不可否认的，可这个时候还处于音乐研究正式进行之前，只不过是对以往音乐材料的利用，因此还没有发生划时代的变化。

世宗时期确立儒教仪礼和制度的大纲主要由礼曹、仪礼详定所等担任，从1430年（世宗十二年）讲授《律吕新书》之后到对乐制出现新的讨论之前，大概用5年时间对乐制进行了全面的研究。其实，要想建立一个制度，必须要在该方面先进行深入的研究才有可能。礼乐制度也和其他制度一样，如果没有这方面的先行研究，恐怕也是不可能的。实际上，在5年的时间里，虽然是以祭仪为重点，但对其他祭仪的顺序和音乐使用情况也进行了深层次的研究，并根据这些研究，对各种祭仪的顺序和音乐使用情况进行了大幅度的修改，① 最终影响到了朝会的音乐使用。这种集中研究的基础，就是根据乐学别坐朴堧的手本、由礼曹于1425年（世宗七年）2月提交的“乐书撰集建议案”。②

从1430年2月的记录中所看到，朴堧在上述的条例中根本没有提及朝会乐，可以推测当时的朝会乐还没有进入正式的研究，对它的讨论应该是在这之后才被正式提及的。

另一方面，1430年对乐制问题重新进行讨论，是世宗阅览了蔡元定的《律吕新书》以及其他乐书之后，是在对制作的深奥原理有了精辟的理解之后。即，1430年8月首次在经筵上讲授了蔡元定的《律吕新书》③，世宗非常感叹该书深奥的内容，让艺文馆大提学柳麟讷、集贤殿副提学郑麟趾、奉常少尹朴堧、京市主簿郑穰等对旧乐进行整理④。同年9月命集贤殿副提学郑麟趾、奉礼郑穰在集贤殿对周尺进行考证，并编撰乐谱。除了《律吕新书》，他还阅览了很多其他乐书，深刻理解了音乐制作的原理。⑤ 此时，正是对朝会乐进行活跃研究的时候，对乐制进行新的讨论，大概跟当时的这种情况也不是没有关系。因为朝会乐适用的是随月用律法，与祭祀乐相比，不仅乐调的使用复杂，而且高丽、朝鲜在朝会中都没有使用音乐的先例，因此在当时这是需要非常慎重研究和探讨的问题。

正确地对旧乐进行整理的过程，就是整理乐制的过程，它的最终目的是破除以往的陋习，合理搭配礼和乐，这也是与确立合理的礼乐制度息息相关的问题。要确立世宗当时追求的、符合古制的正确礼乐制度的话，就不得不把解决当时简略的雅乐并对之进行扩充的课题提到日程上来。为了解决这个现实性的要求，世宗的具体解决方式是：重新确立朝鲜式的雅乐，也就是在研究朝会乐的同时，厘正旧乐，为朝鲜雅乐的确立做好准备工作。总之，由于《律吕新书》的法度精密、尊卑有序，这一点正是世宗推进乐制转换的

①这五年所获得的成果，在世宗十二年二月十九日礼曹和仪礼详定所报告的、朴堧的上疏内容中有详细的说明。参照《世宗实录》卷四十七，10b-19a，世宗十二年二月十九日（庚寅）。

②《世宗实录》卷二十七，26a，世宗七年二月二十四日（甲子）：通过1430年2月19日朴堧的上疏内容，乐书的编撰历经5年，这时才得以完成。关于三部乐都有所提及，特别是对祭礼雅乐（所用乐调）的音乐、乐器、佾舞、祭服等，几乎没有涉及不到的内容，都做了详尽的说明。参照《世宗实录》卷四十七，10b-19a，世宗十二年二月十九日（庚寅）。

③《世宗实录》卷四十九，26b-12，世宗十二年八月二十三日（辛卯），“经筵始讲《律吕新书》”。

④《世宗实录》卷一百三十六，“雅乐谱”序1a. “恭惟我主上殿下特留宸念，宣德庚戌秋，御经筵讲蔡《律吕新书》，叹其法度甚精，尊卑有序，思欲制律，第以黄钟未易，遽得重其事也。乃命臣艺文大提学柳思讷、集贤殿副提学郑?? 趾、奉常少尹朴堧、京市主簿郑穰等，整正旧乐。……”

⑤《世宗实录》卷四十，38a14-16，世宗十二年九月二十九日（丁卯）：“命集贤殿副提学郑麟趾、奉礼郑穰，考正周尺于集贤殿，仍命撰乐谱。上览《律吕新书》及诸乐书，深知制作之妙，故命撰之。”

核心动机，在对旧乐进行整理的过程中，准备新的朝鲜式雅乐，是音乐事业的必然结果。

确立新的礼乐制度，首先就要对旧乐进行整理，创制包含祭祀乐和朝会乐的朝鲜式雅乐，只有这样才可以进入正式的轨道。重新整顿的礼乐制度之所以能够成为朝鲜的礼乐制度，是因为朝鲜式的雅乐，即新式的朝鲜雅乐的创制，让雅乐、唐乐、乡乐等三部乐找到了合适的位置，能够让乐作为正确的乐，与礼达到合理地配合。根据稽古制而获得的一系列成果，替代了以往雅乐，与朝鲜雅乐进行配合，让朝鲜礼乐制度的确立成为可能，这可以认为是充分发挥世宗自主精神的结果。

在世宗时期的1431年（世宗十三）1月举行的“贺正礼”中第一次使用了雅乐，这是朝鲜王朝第一次在朝会中使用雅乐。这时使用的雅乐是新制定的雅乐，实录中对当时的事情有这样一段记录：“仪章声乐，粲然可观。”①

这里需要注意的是，在1430年（世宗十二年）完成了《雅乐谱》，此前使用于各种仪式中的雅乐（旧雅乐）事实上已经被废弃，取而代之的是新的雅乐（新雅乐）。以《雅乐谱》的完成为基点，虽然在此前后的雅乐都使用“雅乐”这个名称，在这一点上两者是相同的，但实际上使用的音乐却是不同的音乐。因此，要想讨论世宗时期的雅乐，必须对这两种雅乐进行明确区分。②

这次研究以《世宗实录》卷三十六、卷三十七的《雅乐谱》（以下简称为《雅乐谱》）中记录的朝会乐为基础，通过《雅乐谱》完成之前的各种讨论，考察朝会雅乐制定的动机和过程。通过这种考察，阐明世宗时期音乐政策中鲜明的雅乐化现象的原因，为以后的世宗时期音乐事业和宗旨重新进行区分提供线索。

二、 世宗时期的朝会雅乐

（一）概况

在我国音乐史上，世宗以前在朝会中使用雅乐的有关记录，在高丽时代有1次，在朝鲜时代有1次。前者记录于《高丽史》乐志的雅乐条中，记录了1390年（恭让王元年）礼曹建议在朝会中使用音乐并且同意了这个建议的内容。③ 这里所说的音乐指的是雅乐，虽然无法知道是否真正予以实施，但是因为是关于朝会中使用雅乐的最初谈论，所以备受关注。另外，直到朝鲜时代的1409年（太宗九年），把遵循中国的法则看成准

---

①《世宗实录》卷五十一，1a1-2，世宗十三年年一月一日（丙寅）。

②现在传承的乐谱当中没有关于《雅乐谱》完成之前的雅乐，对它的考察实际上是不可能的。根据实录当中太宗九年的记录，可知朝鲜初期把音乐分成雅乐和典乐，前者用于宗庙，后者用于朝会和燕享［《太宗大王实录》卷十七，22a，太宗九年四月七日（已卯）］。太宗认为不宜因事而使用不同的雅乐，希望用雅乐来统一，即使在太宗九年以后真正地实现了统一，但从太宗的言论中断定“雅乐即是唐乐”这一点来看，对于一直用于宗庙、朝会、燕享的音乐是雅乐还是唐乐，现在仍然无法确定。

③《高丽史》卷七十，志二十四，乐一，“雅乐”轩架乐独奏节度：“恭让王元年三月乙酉，礼曹请朝会用乐从之。”

则，所以才有了在朝会中使用雅乐的谈论。[①] 根据当时的谈论，当时宗庙使用的音乐是唐乐，朝会和燕享使用的音乐是典乐。而且从“雅乐就是唐乐”这一点来看，此时对雅乐、唐乐的概念和区分还缺乏明确的认识，即此后实际使用的音乐是纯粹的雅乐还是唐乐，无从知晓。[②]

直到世宗十二年九月才正式探讨了将雅乐用于朝会的问题，当时讨论的内容包括乐调谈论、乐器框架和乐器制作等。其实这样的探讨基于当时对祭礼乐的研究和整理已经到了收尾阶段，而世宗又对“我国之人，则生而闻乡乐，殁而奏雅乐”提出异议开始的。

世宗在对死者的祭祀中演奏雅乐的问题上，认为中国人在生前是经常可以听到雅乐的，因此在死后演奏雅乐是理所当然的事情，但对韩国人来说，生前听的是乡乐，而死后才在祭祀中使用雅乐，这是不合理的。因此，他为了克服这个矛盾，将生前听的音乐和死后演奏的音乐进行一元化，并不是想将生前听的音乐——乡乐延伸到死后演奏的音乐上，而是想将与死后演奏的相同的音乐形式——雅乐用于生前听的音乐之中。[③] 在世宗的立场上，使用生前听音乐的地方其实就是朝会仪式。所以他希望在朝会和贺礼中能够演奏雅乐，但是他也担心会制作得不精确。

此后，对朝会乐进行了多次具体的商讨，[④] 一系列的探讨都发生在经筵讲解蔡元定《律吕新书》之后。[⑤] 在这些事情发生后，才命郑麟趾和郑穰详细考察周尺，同时编撰乐谱。世宗之所以下这个决心，是因为在阅览了蔡元定的《律吕新书》和其他乐书以后，深刻地领悟了制作的深奥原理。[⑥] 另外，世宗还受到《律吕新书》中法度精密、尊卑有序的影响，命艺文馆大提学柳思讷、集贤殿副提学郑麟趾、奉常少尹朴堧、京市主簿郑穰对旧乐进行整理、纠正，这些可以从记录中

①《太宗大王实录》卷十七，22a，太宗九年四月七日（己卯）：“定雅乐典乐迁转之法。议政府启曰：‘雅乐用之宗庙，其事甚重，工人去官则止七品。典乐用之朝会、燕享，反得五品去官。均是乐工而职赏倒置。乞雅乐同典乐去官之例，用一都目。’上谓左右曰：‘礼乐重事也。吾东方尚循旧习，宗庙用雅乐，朝会用典乐，于燕享迭奏乡唐乐，乱杂无次，岂礼乐之谓乎？雅乐乃唐乐，参酌改正，用之宗庙，用之朝会、燕享，可矣。岂可随事而异其乐乎？’黄喜对曰：‘用乡乐久，未能改耳。’上曰：‘如知其非，狃于旧而不改，可乎？’左代言李慥启曰：‘臣奉使上国观奉天门，常置雅乐。’上曰：‘上国之法，宜遵用之。’”

②这一点从后来的记录中也可以得到证实。即太宗十一年十二月的记录中有“定雅乐。礼曹上言：‘前朝光王遣使请唐乐器及工，其子孙世守其业。至忠烈王朝，金吕英掌之，忠肃王朝，其孙金得雨掌之。又按宋乐书，元丰年间高丽求乐工而教之。然则吾东方之乐，实出中国也，流传世久，恐或有讹。乞与惯习都监详加审察，寻其旧谱，追唐宋之遗音，定盛朝之正乐。’从之”［《太宗大王实录》卷二十二，47ab，太宗十一年十二月十五日（辛丑）］，由此可知朝鲜初期雅乐与唐乐也没有明确的区分。

③因为这种观点是与以往的观点相反的，所以将在本文中详细论述。

④9月21日，礼曹和详定所一起对朴堧上疏的有关朝会用乐的问题进行了讨论与报告［《世宗实录》卷四十，35a8-35b13，世宗十二年九月二十一日（己未）］，9月27日郑招向皇帝阐述了自己对朝会乐中音乐使用节度的见解。［《世宗实录》卷四十九，37b3-11，世宗十二年九月二十七日（乙丑）］。

⑤《世宗实录》卷四十，26b-12，世宗十二年八月二十三日（辛卯）。

⑥《世宗实录》卷四十九，38a14-16，世宗十二年九月二十九日（丁卯）。

得到证实。[①] 那么，可以认为是通过《律吕新书》领悟到制作的深奥原理，在受到法度精密、尊卑有序的影响之后，才有了促进详考周尺、厘正旧乐、编撰乐谱等工作。如果要了解这三件事的具体内容，就必须考察当时音乐现状。实际上世宗在研究了以《律吕新书》为首的各种乐书之后，对乐器制作和正确使用音乐煞费苦心。[②]

详细考察周尺这件事，与在音乐中决定黄钟音高相仿，决定作为标准音高的黄钟，是利用黄钟律管决定度量衡的标准，这对中国历代皇帝来说都是非常重要的事情。如果确定了黄钟的音高，就可以制作 12 律管；如果制作了 12 律管，就可以根据它制作音律准确的乐器，同时还可以创作乐曲。如果具备了乐器和乐谱的话，就可以演奏音乐，所以在乐制当中把制作黄钟律管作为最优先的问题。[③] 虽然制作周尺管的事后来不了了之，[④] 但在进行这件事的过程中，确认了中国历代的周尺制度和黄钟管也各不相同的事实，而且历代制作乐器的制度也不是永恒不变的，这是一个非常重要的收获。自此以后，可以不用再对后代的评价抱有心理负担，能够继续进行乐器的制作了。最重要的是对于试图自行制作律管，对构筑朝鲜独立的音乐世界，应该给予很高的评价。

正确地整理旧乐就是对宫廷乐中的雅乐、唐乐、乡乐等三部乐进行正确地整理，当时不仅要区分混乱的雅乐、唐乐、乡乐等三部乐，而且还要明确其用途，并根据地位的高低严格区分使用的音乐，从而合理地调和礼和乐，这在重视尊卑等级差别的儒教礼乐制度中是非常核心的问题。旧乐的厘正意味着世宗向所追求的、正确的礼乐

①《世宗实录》卷一百三十六，“雅乐谱”序 1a：“恭惟我主上殿下特留宸念，宣德庚戌秋，御经筵讲蔡《律吕新书》，叹其法度甚精。尊卑有序，思欲制律，第以黄钟未易，遽得重其事也。乃命臣艺文大提学柳思讷、集贤殿副提学郑麟趾、奉常少尹朴堧、京市主簿郑穰等，整正旧乐。……”

②《世宗实录》卷四十九，32a6-11，世宗十二年九月十一日（乙酉）：“……今讲《律吕新书》，且稽历代应候，不可一二计，而乐器之制，皆未得其正也。至宋朱文公门人蔡元定，考古人遗制而造乐器，文公称美之。其后元定见放于外，《文公通书》云：所制音律未协，待还?? 定。宋朝之乐亦未定也。令伶人黄植入朝，闻奏雅乐，长笛、琵琶、长鼓相间而奏于堂上，中国亦杂用乡乐也。右议政孟思诚对曰：古云，合止祝敔，笙镛以间，则间奏俗乐，自三代之前，当已有之。’”

③它的代表可以从《吕氏春秋》中黄帝制作 12 律和咸池奏乐的故事里得到证实。由此得出黄钟宫是构成音乐顺序的根本，在制作 12 律管以后铸造 12 钟，使 5 音和谐，并创作乐曲进行演奏：昔黄帝令伶伦作为律，伶伦自大夏之西，乃之阮隃之阴，取竹于嶰溪之谷，以生空窍厚钧者，断两节间，其长三寸九分，而吹之以为黄钟之宫，吹曰舍少，次制十二筒，以之阮隃之下，听凤皇之鸣，以别十二律，其雄鸣为六，雌鸣亦六，以比黄钟之宫适合。黄钟之宫皆可以生之，故曰黄钟之宫，律吕之本。黄帝又命伶伦与荣将铸十二钟，以和五音，以施英韶，以仲春之月，乙卯之日，日在奎，始奏之，命之曰咸池。（吕不韦：《吕氏春秋》卷五，“古乐”篇）有关以《吕氏春秋》为代表制作 12 律的故事，在班固的《汉书》、蔡元定的《律吕新书》、［朝鲜］成伣等的《乐学轨范》等历代典籍中都有所引用。

④《世宗实录》卷五十，8a16-8b3，世宗十二年十月十八日（乙酉）：“上曰：‘周尺之制，历代皆不同，而黄钟之管亦异。古人因声制乐，我国之人，声音异于中国，虽考古制而造管，恐未得其正也。与其制之而取笑于后，宁不造。’命停郑麟趾、郑穰等造周尺管。”世宗之所以停止了对周尺管的制作，是因为他知道周尺的制度历代都不相同的事实，同时还了解到黄钟管也是历代不同的事实。虽然根据《律吕新书》了解到制作的深奥道理，但是他怀疑《律吕新书》也只不过是一本理论书而已，结果在律管的制作中没有任何改革，最终还是以中国的编磬为基础，使用了以往的制作方式。

制度迈进。

乐谱的编撰，借用现代的表现方式，就是乐曲的创作。从当时的情况来看，就是指创制祭祀乐、朝会乐等朝鲜式的雅乐。音乐的用途是让神人相互和谐、使上下人情相通，再加上儒家追求的音乐目标，使之与礼相合，严格区分上下等级。① 世宗通过创制与儒家音乐思想相符合的朝鲜雅乐，完善了当时不完备的雅乐。

在《律吕新书》讲读以后，由此而诱发了有关乐制的新的讨论，这成为韩国音乐史上开创新局面的重要事件。在对之进行具体实施的过程中，世宗说出“《律吕新书》亦文具而已”，表现出了怀疑。② 但最后完成了旧乐的厘正和朝鲜雅乐的创制，可以认为《律吕新书》在韩国音乐史上的影响是非常大的。

其实，世宗时期确立的礼乐制度的突出特点是，对古制的研究越深，在各种仪式中乡乐的使用范围就越小；与此相反，雅乐的使用范围就变得越大、越突出。例如，世宗原本想将雅乐的使用范围限定在祭仪当中，但最终却将范围扩展到朝会和贺礼。在仪式音乐中不得不排除乡乐的原因，是因为详细考察古制，使仪式音乐古典化，区分雅乐、唐乐、乡乐等三部乐，并明确其用途，由此而涉及乡乐使用的合理性问题，在这个过程中，扩大对雅乐的使用成为必然的事情。

世宗对待礼乐制度这个问题，与持“应该遵守中国法度”的太宗的态度一样，把中国的古制当作理想，着手整备制度，在礼乐制度的古典化过程中，音乐的雅乐化成为必须面对的课题。但是，太宗所要遵循的中国法度大体上是指当时明朝的惯例，而世宗是将周代的礼乐制度当作理想，详细考察中国历代的制度，并对之进行取舍，以此来确立最适合的典型。这种态度是在对古乐研究过程中形成的，实际参考的主要是中古时期的唐宋制度。

与此同时，礼乐制度的确立以1430年（世宗十二年）朝鲜礼乐的完成为契机，开创了朝鲜礼乐制度，但此后不断讨论与修订，说明朝鲜的礼乐制度还没有达到完美无瑕的地步。另外，后来的很多仪礼也被列入议程，使雅乐的使用范围更加扩大，此项工作可能一直持续到1435年（世宗十七）10月详定所被革除为止。③

（二）制定的动机

当初，世宗决定在朝会中使用雅乐的原因，与下列引文中所记述的一样，是要把为生者仪式中使用的音乐与为死者仪式中使用的音乐一元化。不论哪个时代，国家一经建立，不重视祭祀，特别是不重视宗庙祭祀的王朝并不多见，但在某些

①《英祖实录》卷一百一十六，22b，英祖四十七年四月十九日（己丑）：“左参赞徐命膺白上曰：‘乐中之等威裁严处，皆礼也。’故判书朴堧请于世宗朝曰：‘黄钟宫，惟人君用之，诸臣不得用。宜自今殿下出入用黄钟宫；诸臣拜礼用姑洗宫云。’……”

②《世宗实录》卷五十，28b-10，世宗十二年十二月七日（癸酉）：“……《律吕新书》亦文具而已”；《乐学轨范·序》中有“惟蔡元定之书，深得律吕之源。然，未能布爪指而谐声律，是犹抱锄耒而未语耕耘之术也”的评价，这与世宗的言论是一脉相通的。

③1552年（明宗六年）在宪府的上书中有“大抵轩架之乐，用之于祭享，用之于朝会，所以协和神人，其用至大，故世宗特轸圣虑，始于宣德丙午，终于癸丑，历八年之久，始克有成。……”［《明宗实录》卷十二，26a-b，明宗六年七月十日（庚寅）］的记录，世宗时期的祭享乐和朝会乐从1426年（世宗八年）到1433年（世宗十五年））历经8年时间终于完成。

方面，与死者的祭祀乐相比，对生者的朝会乐和贺礼乐更加谨慎。因为朝会乐和贺礼乐包含了对内、外的各种仪式，属于名副其实的为生者使用的仪式，它的参观对象比祭祀乐更加广泛。如果祭祀乐极致诚意，即使在表面形式上稍有不足，也能在一定程度上对之视而不见，[①] 但朝会乐和贺礼乐所表现的内容直接呈现在国内、外的参观者面前，很容易对之进行评价，所以对它的规定也会更加严格。尤其是不属于雅乐起源地的朝鲜，担心错误的音乐演奏会成为音乐知识渊博的人（特别是中国人）的笑柄，这在世宗身上表现得尤为突出。

下面是世宗与孟思诚的对话：

上谓左右曰："雅乐，非我国之声，实中国之音也。中国之人，平日闻之孰矣，奏之祭祀宜矣；我国之人，则生而闻乡乐，殁而奏雅乐，何如？况雅乐，中国历代所制不同，而黄钟之声，且有高下，是知雅乐之制，中国亦未定也，故予欲于朝会及贺礼皆奏雅乐，而恐未得制作之中也。以黄钟之管，而候气亦未易为也。我国在东表，寒暑风气，与中国顿殊，岂可用我朝之竹，而为黄钟之管乎？黄钟须用中国之管可也。今讲《律吕新书》，且稽历代应候，不可一二计，而乐器之制，皆未得其正也。至宋朱文公门人蔡元定，考古人遗制而造乐器，文公称美之。其后元定见放于外，《文公通书》云：所制音律未协，待还更定。宋朝之乐，亦未定也。令伶人黄植入朝，闻奏雅乐，长笛、琵琶、长鼓，相间而奏于堂上，中国亦杂用乡乐也。"右议政孟思诚对曰："古云：'合止柷敔，笙镛以间，则间奏俗乐，自三代之前，当已有之。'上曰：'朴堧所造黄钟之管，据何制而裁正乎？'思诚曰：'据宋元之制，而容唐黍一千二百以造。'上曰：'今以秬黍定黄钟之管，不可也。中国之人，以黄钟之管盛秬黍而知其量也，非以秬黍而定黄钟也。古人云：定律以上党之黍，则以我国之黍而定黄钟之管，甚不可也。'思诚曰：'其容秬黍中者千二百，则非常黍之谓矣。'"[②]

在对话当中，世宗认为："雅乐，非我国之声，实中国之音也。中国之人，平日闻之孰矣，奏之祭祀宜矣；我国之人，则生而闻乡乐，殁而奏雅乐，何如?"这段话引起了我们的注意。这句话的关键是世宗说这句话的原因。此时祭祀乐的整顿工作已有很大进展，正处于收尾阶段。他考虑到死后演奏的音乐是传统的雅乐这一点，所以想把生前听的音乐也换成雅乐，从而实现无论是生前还是死后都使用同一范畴的雅乐，达到一元化的目的。朝会与贺礼属于生前举行的各种仪式当中最重要的活动，因此他说："故予欲于朝会及

①"祭如在，祭神如神在。"（注：程子曰："祭，祭先祖也；祭神，祭外神也。祭先，主于孝；祭神，主于敬。"愚谓："此，门人记孔子祭祀之诚意。"）"子曰：'吾不与祭，如不祭。'"（又记孔子之言，以明之，言己当祭之时，或有故不得与，而使他人摄之，则不得致其如在之诚，故虽已祭而此心缺然，如未尝祭也。○范氏曰：君子之祭，七日戒，三日齐，必见所祭者，诚之至也，故郊则天神格，庙则人鬼享，皆由己以致之也。有其诚，则有其神；无其诚，则无其神，可不谨乎？吾不与祭，如不祭：诚为实，礼为虚也）（《论语·八佾》）

②《世宗实录》卷四十九，31b16-32a16，世宗十二年九月十一日（乙酉）。

贺礼，皆奏雅乐，而恐未得制作之中也。以黄钟之管，而候气亦未易为也。”所以朝会雅乐的创制是体现世宗意志的结果，就是把朝会和贺礼等仪式中使用的音乐转换成与为死者演奏的音乐同一范畴的雅乐。通过下面的引文，就可以更加明确世宗希望将朝会乐进行雅乐化的想法。

> 上又命堧曰：“予欲创制朝会雅乐，立法创制，自古为难。君所欲为，臣或沮之；臣所欲为，君或不听；虽上下皆欲，而时运不利。今也我志先定，国家无事，宜尽心成之。”于是又造朝会乐磬于南阳，铸朝祭乐钟于汉江，令堧董役，又以大护军南汲贰其事。①

上面的引文可以说鲜明地展现了世宗策划创制朝鲜雅乐的意图。当时制作雅乐的时候，世宗的决心已定，大臣们也给予了积极的合作，与在南阳发现了磬石一样，时机也成熟，各种条件都已经具备，没有什么特别的困难，处于非常有利的境地。因此他命朴堧“宜尽心成之”。那么，世宗为什么要把为死者的音乐或者为生者的音乐统一为雅乐，而不是乡乐呢？

孔子曾说：“子曰：吾自卫反鲁，然后乐正，雅颂各得其所。”②这句话的含义是，在孔子返回鲁国后参与了音乐的整顿，对此我们可以解释为进行了两项音乐工作。一是纠正音乐本身，二是澄清雅和颂等音乐的用途。在这两项工作中纠正音乐占了首位，把在各种仪式中使用的音乐分为为生者听的音乐——雅和为死者演奏的音乐——颂，也就是正确地纠正了生前和死后仪式中音乐的使用。即“雅颂各得其所”意味着朝会、燕享等生前举行的仪式中所使用的音乐，与赞扬先祖阴德、为死者演奏的宗庙祭祀等祭享仪式中使用的音乐，用雅和颂进行了明确的区分。这与世宗在推进音乐事业的过程中，整顿雅乐、唐乐、乡乐等三部乐的区分和用途有着一定的相似之处。

孔子认为郑声之乱雅乐也，所以厌恶郑声。③对此朱熹注说：“雅较平淡，郑便过而为淫哇。盖过了雅，便是乱雅。”许多注释家也大都持有这种看法。郑声和雅乐在表现技法、音高、音域、装饰音的使用、音节的出现频率、乐曲的速度、使用乐器的种类、歌诗的内容等方面都有所不同，所有这些过于淫逸的话，就属于郑声。从音乐美学的角度看这两种音乐属于对立关系，它们的用途各不相同，这是众所周知的事实。因此，可以从两个方面推测郑声之乱雅乐，一是足以让当时的人们把悦耳的郑声的淫哇因素侵入雅乐当中，造成雅乐自身变质，以朱子为首的注释家们就属于这一类。二是因为郑声的淫哇因素符合当时人们的喜好而得以流行，并在各种用途中使用，以至于占据了原属雅乐的位置，缩小了雅乐的立足之地，甚至在朝会和祭祀中郑声也代替了雅乐的演奏，使得音乐的用途变得紊乱。无论属于哪一种观点，在孔子生活的春秋时期，郑声处于优势的地位已经非常明显了。

因为礼乐是“非以极口腹耳目之欲也，将以教民平好恶，而反人道之正也”，所以在孔子的立

---

①《世宗实录》卷五十九，2a4-8，世宗十五年一月一日（乙卯）。

②《论语·子罕》。

③《论语·阳货》：“子曰：恶紫之夺朱也；恶郑声之乱雅乐也；恶利口之覆邦家者。”

场上郑声是表现力过于细微的音乐，这是百姓无法承受的，因此绝对不能使用，要受到排斥。[①]这就是《诗经》中把传统雅乐雅、颂进行大力提倡的原因。世宗非常诚心地尊崇大国，在当时统治条件允许的情况下，希望在丧礼和祭祀中使用符合雅、颂的正统雅乐，相反，对不符合雅乐风格的乡乐，自然而然地就会受到轻视。

即使如此，正如下面这段引文所描述的，还是因为朴堧的影响起到了根本的作用，才有了这一开端。

上谓代言等曰："奉常少尹朴堧建议：'请用雅乐，勿用乡乐。'予嘉其言，命令修正。堧专心致志，今适遘疾，将继堧者，谁欤？别坐郑穰，何如人耶？"[②]

世宗的意图是想和死后演奏的音乐——祭祀乐一样，把生前听的音乐——朝会乐也转换成雅乐，而这个灵感是从朴堧身上获得的。[③] 世宗更加强烈地表明了自己的意图，这促成了朝会乐雅乐化的进一步实施。因此，朝会雅乐的创制是将生前听的音乐和死后演奏的音乐统一为同一范畴的音乐，完成之后还将它的使用范围扩大到朝会礼，其实最初他只是想把生者听的音乐限定在朝会和贺礼的使用范围之内，但并不包括会礼。

召谓详定所提调曰："初作雅乐之时，予欲只设于朝仪，意未及于会礼，乃因申请，会礼乐器及工人冠服文武二舞之器，亦令制造，势将不废。"[④]

上述引文中提到的"朝仪"，只能解释为朝仪本身。如果将"朝仪"解释为"朝廷的仪式"，它的范围就太广泛了，就变成了将祭祀、朝会、贺礼、会礼等朝廷实施的一切仪式都包括在内，使前后文章不通顺。如果看成是"朝廷的仪式"，根据当时的情况，那也只能理解为局限在祭祀和朝会之中，而不包括会礼。可是在朝会雅乐筹备之后，以用于贺正礼等事例为例，可以理解为只是简单的朝仪本身，这句话中的"雅乐"也可以理解为朝会雅乐。不管怎样，根据上面的引文，世宗将雅乐的使用范围扩大到会礼，是在大臣们的再三请求下进行的，这超越了他的本意。因此世宗一方面将朝会和会礼的使用音乐雅乐化了，另一方面，由于雅乐化而导致所有的乡乐被排除，对此他也表示出以下的忧虑。

上谓孟思诚曰："人言：'会礼不可用女乐。'若罢女乐，而男乐足观，则可也；若不合音律，则奈何？且文武舞者之服，恐不似中原，其于旁观何？欲用中原之乐而尽弃乡乐，断不可也。"思诚对曰："上教诚然。何可尽弃乡乐乎？先奏雅乐，而兼用乡乐，可

①《礼记·乐记》"乐本"："是故乐之隆，非极音也。食飨之礼，非致味也。清庙之瑟，朱弦而疏越，一倡而三叹，有遗音者矣。大飨之礼，尚玄酒而俎腥鱼，大羹不和，有遗味者矣。是故先王之制礼乐也，非以极口腹耳目之欲也，将以教民平好恶，而反人道之正也。"

②《世宗实录》卷四十九，8a14-16，世宗十二年秋七月二十八日（丙寅）。

③其实，由于引文的内容中建议"请用雅乐，勿用乡乐"是在哪里使用，对于它的用处没有阐明。因此究竟是用于祭享还是朝会还不清楚。但是，这一时期离朴堧以祭礼乐为主要核心的上疏呈递已经过了 5 个月以上的时间，而且在提这个建议的第二天，朴堧上疏关于朝会乐器制作的事实，可以确定世宗命令修正的应该是朝会乐。

④《世宗实录》卷五十五，28a9-11，世宗十四年三月二十八日（丁亥）。

矣。今文武舞衣服之制，亦未知其是否也。”①

其实，这种超越祭祀乐，将朝会乐雅乐化的倾向，与世宗以前的态度是相反的。在5年之前，世宗曾对许稠下了如下的命令。

上谓吏曹判书许稠曰：“……且我国本习乡乐，宗庙之祭，先奏唐乐，至于三献之时，乃奏乡乐，以祖考平日之所闻者用之，何如？其与孟思诚议焉。”②

这样看来，直到1425年（世宗七年）为止，祭仪当中最重要的宗庙祭祀也没有使用雅乐，而是演奏唐乐和乡乐，而且还讨论了“以祖考平日之所闻者用之，何如”的妥当性问题。由此可以看出，当时世宗想让乡乐占据一定的比重，把生前听的音乐和为死者演奏的音乐统一为乡乐。虽然有此指示，可是在宗庙仪式中并没用乡乐来代替的记录，反而是在后来国家的各项祭祀中乡乐处于被排挤的地位。即乡乐只用于文昭殿、广孝殿的终献，而宗庙、圆坛、社稷、风云雷雨祭、雩祀、先农等祭祀中却不使用乡乐。③ 只是按照俗礼，把原来文昭殿、广孝殿中只使用唐乐转换成在亚献中掺杂乡乐④，这可以认为乡乐只用于文昭殿、广孝殿终献的建议被采纳了。由此可见，世宗七年对古制的研究还不完善，国家的仪式音乐中乡乐还占有一定的比重，但随着对古制研究的深入，作为与礼相符合的音乐，雅乐的使用范围被扩大了。

在世宗时期仪式音乐的古典化过程中，随着雅乐使用范围的扩大，导致了乡乐使用范围缩小的结果。在仪式音乐中把乡乐排除在外的原因，是因为根据详考古制以促进礼和乐的合理搭配，在这个过程中，仪式音乐的古典化就成为必需。因为越详细考察中国古代典籍，对仪式音乐使用的知识越丰富，以具有可信性的典籍为依据，对使用乡乐是否妥当的问题就越加明显。世宗时期在对礼乐制度的整顿过程中，根据“稽古制”合理配合礼和乐，使得对旧乐的整顿成为必需。在对旧乐进行整顿的过程中，仪式音乐走向古典化，在详细考察古代典籍时，依据当时被认为具有可靠性的理论，对关联礼仪中的雅乐、唐乐、乡乐等三部乐进行合理归属的过程中，扩大了雅乐的使用。相反，使得乡乐的使用范围缩小了。

（三）制定的过程

最初世宗表明了要将朝会和贺礼中使用的音乐进行雅乐化以后，与世宗心愿相顺应的，是1430年（世宗十二年）9月21日根据朴堧有关朝会乐的上疏文，礼曹呈上了如下内容的文书。

礼曹与详定所同议，朴堧上书朝会用乐事件以启：

①《世宗实录》卷五十三，10b3-7，世宗十三年八月二日（甲午）。

②《世宗实录》卷三十，4a8-11，世宗七年十月十五日（庚辰）。

③《世宗实录》卷三十八，18b5-7，世宗九年十二月二十一日（甲戌）：“礼曹启：‘宗庙祭享，用古制而交奏乡乐，文昭、广孝殿，从俗礼而全用唐乐，互相抵牾。请乡乐毋用于宗庙，只用于文昭、广孝殿终献。’从之。”《世宗实录》卷三十九，1b13-14，世宗十年正月四日（丁亥）：“礼曹启：‘曾令宗庙祭勿奏乡乐，圆坛、社稷、风云雷雨祭、雩祀、先农、先蚕、释奠等祭，亦勿用乡乐。”

④《世宗实录》卷三十八，19b1-2，世宗九年十二月二十四日（丁丑）：“上诣广孝殿，行别祭，王世子亚献，始交奏乡乐。”

一、每月初一日、十六日两次，依古制纯用雅乐，其余四次依旧用俗乐。右条，唐制雅乐惟用之郊庙、元会、冬至及册命大礼。陈氏乐书宫架图，有朔日受朝、冬至朝贺、元日朝贺，乞依古制，朔日及凡大朝贺、册命大礼、诏诰敕书迎命，用轩架，其余衙日，姑仍旧。

一、轩悬十八架，设于堂下，琴瑟陈于堂上，皆用六数。又其工人习业，不可不预，先择可习乐工三十余人教之，其总数一百三十九人。又择各司奴子年少者，充数。右条，乐悬陈设及乐工预习，则竞依所申，乐工则除各司奴子，以公私婢子，甲午六月以后，嫁良夫所生，及干尺补充军等所生，充之。

一、乐之条理，全在始终。始终不备，则宫声容或往而不返，古人以为不祥之兆，愿殿下坐殿之后，乐声未阕，则须令待终而止。至于还殿，亦宜如之。右条，上陛坐乐止，君臣拜毕乐止，一依古制。

一、朝会之乐，一时竞奏。右条，一依陈氏乐书，朝贺只用轩架。

一、朝会之乐，用旋宫之法。正月则奏大簇，二月则奏夹钟，三月姑洗，四月仲吕，逮至十二月大吕而毕，以此隶习，奏之。

一、朝会乐架子，勿藏远处，须于傍近廊下移藏。又其体制，不拘前例，轻快华美改造，用铁胜膝束，勿复离析，常时则全部移入，盖覆避尘，用时则全部移出，设之。

一、朝会轩架，须用坚韧耐久之木，如二年木、楸木等材，可以为之。其装饰，则椵木之类亦可矣。乞令及时预备，用之。

一、轩架之器，除钟、磬外，琴、瑟各六，柷、敔各一，埙、缶、篪、笛、箫、笙、竽、管、籥亦各十部。至于鼓制，考之故图，朝会射仪，皆用建鼓。其装饰威仪，不类祭乐。如此等器，皆不可不预先工作也，宜设乐器监造色，及时制造。右四条并依所申。

从之。①

依照上文的记录，在礼曹提出建议之前，朴堧已经上书提了建议。其中，最初的四个建议被选择性采纳，其余的“关于按照随月用律的旋宫法进行练习的建议”“关于朝会乐中使用乐器架子的制作、保管、使用的建议”“关于轩架材料的建议”“关于设置乐器监造色、提前制作用于朝会轩架的乐器的建议”等，都得以付诸实施。即仪式音乐的施行中最重要的是乐悬的陈设和人数、乐调问题，这些都按照朴堧的建议被确定下来。由此可知，朝会雅乐的使用还只局限在大朝贺册命大礼、诏诰敕书的迎命等轩架之中。这是朝会乐迈向雅乐化的第一步。

但是，“朝会乐中随月用律的旋宫法的适用问题”虽然得到了批准，可因为郑招（如下文）的反对，被保留了下来。

……招又启：“朴堧上书，朝会乐内用月律之条，已启下矣。臣意以为，用乐之节，上下出入皆不同，君上出，则奏黄钟十一月之律，取阳动也；入则奏蕤宾五月之律，取阴静也。以止公侯上卿出入，皆有所用之乐，

①《世宗实录》卷四十九，35a8-35b13，世宗十二年九月二十一日（乙未）。

而其乐不同，今若用月律，则殿下与王世子、政丞出入，皆用一乐，而上下无别矣。诗时迈注云：‘樊、遏、渠，是肆夏也。’天子出入之乐也。上下出入之乐，皆不伦序，不可混也。且向阙位已设之矣，臣之出入不用乐；独于殿下出入用乐，何如？古文，兴拜时亦无乐，是则无用乐之时矣。”上曰：“兴拜，岂无乐乎？《元史》与诸书皆有之。”招对曰：“臣未得盖见古文，请令集贤殿，稽古制。”上曰：“予将更议。”①

郑招在朝会的程序上，认为在没有区分主办者地位高低的情况下，只单纯地按月律进行演奏，从而丢掉了上下区分，出于这种担心，郑招对朝会乐中随月用律的旋宫法持反对态度。这是一种与重视尊卑秩序的儒家宗旨相适应的态度。但是这种反对意见，世宗没有做任何答辩，只是简短地回答了行礼之后是否演奏音乐以及相关记录存在有无的问题。

郑招利用六天的时间对随月用律法的历史资料作了全面考察，并再次进言。② 他认为，除历代的食举乐和出入乐之外，没有专门记载朝会乐中随月用律的事例，他说：“朝贺之乐，惟奏出入行步之节，历代用律，未闻当月之调。然而礼乐制度，广大精微，臣愚不会乐音，区区微见，岂能万一？伏惟睿裁。”仍然坚持他原来的主张。

一个多月以后的 12 月 2 日，世宗召集孟思诚、许稠、郑招等人，关于正朝、冬至朝贺中的礼商讨了以下几种方案。若用问答形式的话可以整理如下。（“问”是世宗的话，“答”是孟思诚、许稠、郑招等三人的话）

1. 关于舞蹈礼的实施

问：“唐开元礼，皇帝正至受群臣朝贺，群官行舞蹈礼。皇太子正至受宫臣朝贺，宫臣行舞蹈礼。”从这个事例可以看出，现在的朝贺仪中应该有舞蹈，但是高丽皇帝拒对举行的盛宴，根据《元史》中的记录“一如朝仪，僭拟过甚”，认为不能实行舞蹈礼。

答：舞蹈则开元始罢其礼，至宋至道间又不行，宜仍旧。

2. 对于插入叩头的顺序

问：从《皇明抄白》的各种事例中，可以看出叩头礼是上下通用之礼，现在正朝冬至的朝贺中，在宣答与高喊千岁时加入叩头礼，在程序上是理所当然的事情。

答：叩头则唐宋礼，皆无之。惟蕃国礼，有跪左膝三叩头，宜仍旧。

3. 关于世子和宗亲跪闻致辞宣答

问：世子及群臣入庭朝贺时，世子在百官前，而议政称某等致辞，无乃不可乎？世子别行礼致辞可也。然致辞后，何以宣答乎？

答：世子别行礼及致辞后宣旨，则已详定宣旨云：“与世子同之。”

4. 关于宗亲别行礼

问：宗亲大君，位在议政之上，而议政称某等致辞，亦不可也。宗亲别行礼致辞何如？

答：宗亲别行礼及致辞后宣旨，则古礼所无，

①《世宗实录》卷四十九，37b3-11，世宗十二年九月二十七日（乙丑）。

②《世宗实录》卷五十，1b13-3b11，世宗十二年冬十月初四日（辛未）。

宜仍旧。

5. 关于左议政、右议政有故时的赞成致辞

问：议政府统百官，故每朝贺，议政府员致辞。若左右议政有故，则赞成之上有领敦宁，而赞成称某等致辞可乎？

答：百官班首致辞，则依古上公致辞礼仍旧。

6. 关于正朝、冬至时世子、宗亲、百官班首别上寿

问：世子及宗亲百官班首，于正至日，别自上寿，何如？

答：世子宗亲别上寿，则世子献第一爵，已详定。宗亲上寿，古无其礼。百官班首上寿，则议政献第一爵，已详定。

7. 关于百官在王面前趋进的问题

问：今百官徐行，有违古礼，趋进何如？

答：百官趋进，则依古礼趋。

8. 关于近臣和侍卫官的入场方法

问：又坐勤政殿时，近臣侍卫官等，分东西门而入伏地，故行礼迟缓。今从内殿随驾出来，分立何如？

答：则代言及史官，依旧东西分入伏地，侍卫武官持器服者，立于御座左右，已详定。

9. 关于繖扇出来时的奏乐

问：又殿上繖扇，从内门出，乐作何如？

答：仪仗从内门出，乐作之节，则乘舆将出，繖扇前导，已详定，侍立处仍旧。

10. 关于王的出入乐

问：又坐勤政殿时，依古制出用黄钟宫，入用蕤宾宫何如？

答：依唐礼出入，皆用黄钟宫。

11. 关于世子、百官班首的出入乐

问：又宋制，皇太子出入用应钟宫，今于世子出入用应钟宫，何如？又唐制，上公出入用姑洗宫，今于百官班首出入，用姑洗宫何如？

答：郑招以为："依唐礼，出入竞用姑洗宫，拜礼不用。"

孟思诚、许稠等以为："依蕃国例，出入无乐，拜兴用乐。"

对此，世宗征求了三个人的意见，认为叩头是中国通行的礼节，所以我国的大臣们也可以行叩头礼，世子或百官班首的出入、拜兴时的音乐演奏，按照蕃国的形式，都要演奏音乐。出入时演奏的音乐，世宗认为郑招的意见是正确的，让所有音乐都

演奏姑洗宫，仪仗的站立位置要求重新讨论。① 换句话说，在这次讨论中，没有论及朝会随月用律的适用问题，只涉及出入乐的乐调问题，同时还讨论了在拜兴时是否演奏音乐的问题。

这时，对朝会中“乐工”的补充问题已经有所讨论，世宗召集黄喜、孟思诚、许稠、安纯等人讨论朝会乐工的选拔问题，最后得出的结论是，京畿道内甲午年以后嫁给良民的、嫁给国垦补充军的，把他们的孩子当作征集的对象。但又把范围缩小，选拔局限在居住在首尔、甲午年以后嫁给良民、巫女、盲人等的子女当中。这个决定，根据后来礼曹的建议得以实行。②

根据下列记录，可以推测朝会乐在12月上旬已处于完成阶段。

上论乐曰：“今朴堧欲正朝会乐，然得正为难。《律吕新书》亦文具而已。我朝之乐，虽未尽善，必无愧于中原，中原之乐，亦岂得其正乎?”③

在这个记录中的“我朝之乐”可以解释为朝

①《世宗实录》卷五十，26a13-27b3，世宗十二年十二月二日（戊辰）。“召详定所提调右议政孟思诚、赞成许稠、总制郑招等议曰：‘唐《开元礼》，皇帝正至受群臣朝贺，群官行舞蹈礼。’皇太子正至受宫臣朝贺，宫臣行舞蹈礼。古人有喜，则必手舞足蹈，今朝贺仪有舞蹈可也。然按《元史》，征东行省平章濶里吉思言：‘高丽王眶，大会曲盖，龙扆警跸，诸臣舞蹈山呼，一如朝仪，僭拟过甚。’则舞蹈之礼，不可行矣。又《皇明抄白》，正朝冬至朝贺，行事执事官，行五拜三叩头。蕃国礼，正朝、冬至、圣寿节望阙行礼仪，有三叩头。且闻中国非特于皇帝前行叩头，至于亲王殿下及都督内官处，皆行叩头，又本国使臣，入朝于礼部尚书处，行叩头。使臣来，与我对坐，使头目叩头于我，则叩头乃上下通行之礼也。又本国正至朝贺，群臣跪闻致词宣答后，俯伏兴平身而又跪，呼千岁行四拜礼，有违节次。今于宣答时，群臣跪闻履新之庆与卿等同之之语，叩头呼千岁而四拜，则节次庶可顺矣。又世子及群臣入庭朝贺时，世子在百官前，而议政称某等致词，无乃不可乎？世子别行礼致词可也。然致词后，何以宣答乎？又宗亲大君，位在议政之上，而议政称某等致词，亦不可也。宗亲别行礼致词何如？又议政府统百官，故每朝贺，议政府员致词。左右议政致词，则合于古之上公矣，若左右议政有故，则赞成之上有领敦宁，而赞成称某等致词可乎？又世子及宗亲百官班首，于正至日，别自上寿，何如？又古者人臣于君前，以趋为敬，今百官徐行，有违古礼，趋进何如？又坐勤政殿时，近臣侍卫官等，分东西门而入伏地，故行礼迟缓。今从内殿随驾出来，分立何如？又殿上繖扇，从内门出，乐作何如？又坐勤政殿时，依古制出用黄钟宫，入用蕤宾宫何如？又宋制，皇太子出入用应钟宫，今于世子出入用应钟宫，何如？又唐制，上公出入用姑洗宫，今于百官班首出入，用姑洗宫何如?’思诚等议以为：‘舞蹈则开元始罢其礼，至宋至道间又不行，宜仍旧。叩头则唐、宋礼，皆无之。皇明礼，行事执事官外，群臣舞蹈山呼而已，惟蕃国礼，有跪左膝三叩头，宜仍旧。’世子别行礼及致词后宣旨，则已详定宣旨云：‘与世子同之。’宗亲别行礼及致词后宣旨，则古礼所无，宜仍旧。百官班首致词，则依古上公致词礼仍旧，世子宗亲别上寿，则世子献第一爵，已详定。宗亲上寿，古无其礼。百官班首上寿，则议政献第一爵，已详定。百官趋进，则依古礼趋。近侍随驾出来分立之事，则代言及史官，依旧东西分入伏地，侍卫武官持器服者，立于御座左右，已详定。仪仗从内门出，乐作之节，则乘舆将出，繖扇前导，已详定，侍立处仍旧。上之出用黄钟宫，入用蕤宾宫，则依唐礼出入，皆用黄钟宫。’世子出入用应钟宫及百官班首出入用姑洗宫，则招以为：‘依唐礼，出入竞用姑洗宫，拜礼不用。’思诚、稠等以为：‘依蕃国例，出入无乐，拜兴用乐。’上曰：‘一依所议，但叩头，中国通行，本国群臣行之亦可。世子及百官班首出入时乐，皆用姑洗宫为可。蕃国礼，蕃王出入时有乐，拜兴亦有乐。今依蕃国礼，世子及百官班首出入拜兴，皆用乐亦可。仪仗侍立处，更议以闻。’”

②《世宗实录》卷五十，13b10-16，世宗十二年十一月二日（己亥）。“召左议政黄喜、右议政孟思诚、赞成许稠、户曹判书安纯等议：……一、朝会乐工，选居畿内甲午年以后嫁良夫之产，及干尺补充军之产，故羸粮远来，难堪其役，处之何如？喜等以为，宜择京居甲午年以后嫁良夫之产，及巫女盲人之子，充之。”《世宗实录》卷五十，14a13-16，世宗十二年 十一月初四日（辛丑）。“礼曹启：‘前者，奉尚少尹朴堧上言，受教。’‘朝会乐工，并以公私婢子，甲午年六月以后嫁良夫所生，及干尺补充军所生，京居者定属。’其京居卖卜盲人经师巫女各色补充军等子孙，并推定属。从之。”

③《世宗实录》卷五十，28b9-11，世宗十二年十二月七日（癸酉）。

会中使用的雅乐。当时朴堧准备整顿的是朝会中的雅乐，这是因为此后朝会中所使用的音乐是以雅乐为中心进行整顿的。中国的雅乐史是每个朝代、每个时期都反复进行改定的历史。同样，世宗时期在中国举行的中国朝会乐也不能保证不被后人修改，能否达到可以确信的程度也还是个未知数。世宗当时对已经达到完成阶段的朝会雅乐的水平，就是与中国的相比，也不会达到令人羞愧的程度，对此世宗感到十分自豪。①

接着，对朝会中乐工的衣冠和鞋等官服做了详细的规定，② 对笙、竽、和等乐器的制度也做了详细的讨论。③ 12 月 27 日监督雅乐制作的朴堧赐予时对皮衣和冠，④ 可知此时的祭祀和朝会雅乐已经全部完成。从闰十二月一日的记录中可知，《雅乐谱》已经最后完成，而且郑麟趾还遵从世宗的旨令为此书写了序文。⑤ 从《雅乐谱》完成到第二年一月一日的贺正礼，通过对管、敔等乐器的使用制度以及演奏法的确定等，可知在此期间对雅乐的讨论一直在进行着。⑥ 在 1431 年（世宗十二）1 月 1 日举行的贺正礼中首次演奏了新制的朝会雅乐，此时的仪章和乐曲都达到了很高的水准。⑦ 这时的仪式，可以推测依据的是 1430 年（世宗十二年）闰十二月二十三日（己未）制定的仪式顺序。

三、 结论

朝鲜世宗时期被誉为韩国音乐史上最突出的时期，其音乐成果令人刮目相看。世宗在位的前半期完成了朝鲜雅乐的创制，以及后半期完成的新乐的创制、井间谱的开创等，都是他各种辉煌业绩中特别突出的成就，对后世的影响也非常大。

到目前为止，世宗的音乐业绩或精神受到了很多音乐家的注目，对其进行了各种各样的研究。在对音乐精神方面的评价中，有些人的论点存在着一些问题，而且，以往在对世宗前半期事业的研究中，有偏重于祭祀乐的倾向。因此本文以研究成果比较缺乏的朝会雅乐为研究对象，试图通过制定雅乐动机和过程的考察，对世宗的音乐业绩和精神进行新的解释和评价。

世宗在位初期，礼、乐制度存在很多问题，为了确立正确的礼乐制度，就要确立与统治理念相符合的儒教礼仪和制度，建立与之相应的用乐

①到目前为止，对于世宗的言论一直从不同的角度进行说明。即："我朝之乐，虽未尽善，必无愧于中原"这句话中的"我朝之乐"，可以看作是"乡乐"或"韩国固有的音乐"，解释成世宗认为我国的音乐也很优秀，并不亚于中国的音乐，认为世宗的这种主张在今天应引以为戒。张师勋：《世宗朝音乐研究》，首尔：首尔大学校出版部，1982 年，第 114 页；韩万荣：《世宗的音乐业绩》，见《世宗朝文化的再认识》，城南：韩国精神文化研究院，1982 年，第 53~60 页。

②《世宗实录》卷 50，31a5-16，世宗十二年十二月十五日（辛巳）。

③《世宗实录》卷 50，35a14-35b6，世宗十二年十二月二十七日（癸巳）。

④《世宗实录》卷 50，35a13，世宗十二年十二月二十七日（癸巳）。

⑤《世宗实录》卷 50，9b16-10a1，世宗十二年闰十二月一日（丁酉）。"雅乐谱成。郑麟趾奉教序曰……"

⑥《世宗实录》卷 50，38b11-39a2，世宗十二年闰十二月八日（甲辰）；《世宗实录》卷 50，42a4-8，世宗十二年闰十二月十七日（癸丑）。

⑦《世宗实录》卷 51，1a1-2，世宗十三年春正月一日（丙寅）。

制度。因此，世宗为了区分雅乐、唐乐、乡乐，明确它们的用处，断然实行了对旧乐的改革，在这个过程中有必要对当时处于微弱地位的雅乐进行完善。世宗通过创制朝鲜雅乐，对当时的现实要求做出了自主性应对。

在把中国的古制当作理想，着手进行世宗时期音乐制度整顿的过程中，礼乐制度也加快了古典化进程，让音乐进一步雅乐化成了世宗必须面对的问题。朝鲜雅乐在创制以后，乡乐在各种礼仪中的使用减少，雅乐的使用则扩大了，这可以说是当时在儒教的体制下，要求确立以古制为标准的礼乐制度发展中的必然结果。在建立礼乐制度的过程中，虽然出现了缩小乡乐使用范围和扩大雅乐使用范围的结果，但重要的是世宗并没有沿袭雅乐故乡——中国的传统，而是详细考察众多典籍，最终创制了朝鲜式的雅乐，这可以说是在儒教政治下符合时代要求而做出的自主性应对。朝鲜雅乐的创制是世宗顺应当时的统治理念、发挥自主精神的必然结果。

朝鲜雅乐可以分为朝会乐和祭祀乐两种，名副其实的祭祀乐是给死者演奏的音乐，朝会乐是给生者听的音乐。祭祀乐在朝鲜雅乐完成之前，经过几年时间已经到了完成阶段。世宗最初想把雅乐的使用局限在祭祀当中，但是他提出为死者演奏的音乐和为生者听的音乐并不一样的疑问，并试图将其一元化，因此世宗想把为死者或生者演奏的音乐统一为雅乐。他不把以往演奏的乡乐作为一元化的课题，而是用雅乐来统一，是因为当时的雅乐是祭祀乐，特别是宗庙乐中使用的音乐，已经形成了传统并占据了一定的地位，这一点起到了很大的作用。但更根本的原因，是因为按照稽古制考察历代礼乐制度的时候，发现所用的音乐都是雅乐。对各种仪式中使用的音乐进行雅乐化的宗旨，是让《诗经》中的正统雅乐——雅、颂得以具体实施，就是将朝会或燕享等仪式中为生者演奏的音乐与宗庙仪式中为死者演奏的音乐分别使用，使之符合各自的传统。

但在以往的研究成果中，对世宗时期音乐精神和业绩的评价似乎多少有些歪曲。造成这一局面的最大原因是，当时通过对旧乐的厘正工作，侧重的是对雅乐、唐乐、乡乐的使用范围各自扩大或缩小，而忽视了对旧乐进行厘正工作。与此同时，对于世宗所阐明的简短发言，不仅没有考察整个文章的脉络，也没有具体观察当时的礼乐情况，从而引起了误会。因此，今后要想讨论世宗时期音乐精神的话，不仅要对所参考的记录内容进行准确的理解，而且还要对时代背景和展开过程等进行详细的考察。因为如果忽视其根本宗旨，只注重片面的发言或侧重音乐业绩的表面成果，其结论将会千差万别。

本次研究的核心为世宗时期“朝会雅乐”的成立背景，因此排除了真正应该涉及的对“朝会雅乐”的讨论。因为世宗时期的朝会雅乐包含很多研究课题，所以仅仅通过一次发表机会，就对各方面的内容进行充分的表达，并不现实。换句话说，此次研究作为笔者对以前一直关注的、世宗时期朝会雅乐相关研究的一个部分，是第一次系统的阐述，同时，对于本论文中不得不排除的朝会雅乐，将通过其他机会发表。

朝鲜中华主义的音乐实现和清文化产物受容的意义

◇宋芝媛[①]

摘要：在朝鲜后期，随着朱子性理学向朝鲜性理学的本土化转变，出现了“朝鲜是中华”的自信意识。这种意识开始在整个朝鲜社会高涨起来，对朝鲜后期的政治、社会、文化都产生了很大的影响。国家对典礼进行了大规模的整顿，并编撰了乐书，对音乐进行了理论梳理。这种现象在明朝灭亡、清朝建国的时期被强化，对朝鲜是“儒教中心”这种责任意识的一种反应。在相同时期，把古乐和古礼看成最理想的音乐和仪礼，并作为恢复它的一个措施，在朝鲜后期进行了国家典礼的整顿。另外，洪大荣、朴趾源等学者提出了北学思想这一新的思想体系，这种新的变化是直视现实、摸索新的学问的一种倾向，可以概括为“利用厚生经济名物之学”。本文通过“朝鲜中华主义的音乐实现”和“清文化产物的受容”两个方面，对朝鲜后期的音乐做一个探讨。

关键词：朝鲜中华主义；朝鲜性理学；北学思想；清文化产物受容；洋琴；琴

一、 绪论

韩国的传统音乐可以分成雅乐、唐乐、乡乐三个部分[②]。其中雅乐和唐乐来自国外，乡乐也包含了一部分外国的音乐（特别是三国时代与西域的文化交流就证明了这一点）。因此，通过历史的形成过程对韩国的传统音乐进行考察的时候，是不能无视外来因素的。

这种现象不仅仅在韩国文化中出现，也可以说是文化有机体的一种属性，就像形象表现文化属性的“文化是流动的”“死水会腐烂”一样，一种文

①宋芝媛：韩国音乐人文研究所所长。

②把韩国传统音乐分为雅乐、唐乐、乡乐的方法是表现其历史形成过程的区分方法。因此，根据这种区分法，不能将发生在朝鲜后期的各种新体裁的音乐包括在内。但雅乐、唐乐、乡乐的区分是指追溯韩国传统音乐的由来，并在追溯过程中体现其形成过程的区分法，因此本文适用这一区分法。

化的形成、流传，文化传播所到之处又会形成各自不同的文化；之后再经过传播，[1] 有的发展，有的消亡，这是文化一般的特性。

就像文化的一般特性中显示的那样，韩国音乐中也包含着固有的和外来的。不管它们的来源如何，已经确实进入“韩国音乐”范围内，如果一定要找出它的外来因素，找出它的固有成分和外来成分，这在寻找它的根源方面也许具有一定的意义。但是，外来音乐在传入他国、经过本土化的过程中，丢弃了什么，保留了什么，强化了什么，调查这些内容是更为重要的。外来文化进入并与之融合之后，怎样进行传播并自然地生根发芽；还有的虽然一度传入，但却被淘汰，最后消失殆尽。这种现象一定有它的原因。追究“外来音乐的韩国接受”这个课题，其实就是寻找上述原因的过程。

在这个过程中，不能无视历史，要对之进行全面的考察，同时还要对它进行共时的接近。本文讨论的时期为朝鲜后期（17—19 世纪），对朝鲜后期流入的外国音乐，之前流入的外来音乐在朝鲜后期经过怎样的受容和变化，以及这种受容和变化是站在什么立场上进行的等进行考察。

朝鲜后期社会是外来文化传入的性理学向“朝鲜性理学”转换时期，表现出强烈的朝鲜就是中华的自信心，文化自豪感非常强。在经济方面，随着首尔的城市发展，市民的生活逐渐富足，朝鲜文化的水准也比任何时期都要高。

另外，18 世纪的洪大荣、朴趾源等学者一方面属于当时的老论学界，另一方面提出了“北学思想”的新思想。直视现实的新变化，觉悟士的社会责任，这是这一思想的真实意义，是以对新的学问内容、学问方法的探索为前提的。这些人通过几次燕行，对清朝文化产物的受容保持肯定的立场，因为这些人使新乐器在韩国后期得以受容。所以，在后面将考察通过北学派从清朝传入的新乐器“洋琴”及其受容过程，以及这些人在燕行以后回到朝鲜完成对琴的韩国受容的活动等。

以这样的认识为基础，本文首先考察朝鲜中华主义追求的是什么音乐。另外，从对接受清朝文化产物持肯定态度的北学派的立场出发，将考察新引进的清朝音乐有哪些，具有什么意义。

二、 本论

（一）朝鲜中华主义的音乐实现

“朝鲜中华主义”这个概念是朝鲜文化自信心的产物。17 世纪中期，在明清交替、重新形成国际秩序的过程中，在文化上处于劣势的女真族用武力征服了中国，从此中华文化在中国的传统被切断，只有朝鲜才有资格继承中华文化，“朝鲜是中华”的意识，即朝鲜中华主义的意识具体体现出来。这种意识在整个朝鲜社会逐渐膨胀，起

①文化传播的形式有两种。一种是自然的传播，是在人们没有意识到的情况下进行的，即某种特色是自然传播的，而传播是由中心地向四周进行的，所以可以掌握时间上的前后关系。位于文化领域边缘的文化特色与接近中心地的文化相比，相对来说具备比较古老的事实。另一种是有意图、有计划的传播，在这种情况下文化会有意识地通过开拓、战争、传教等活动进行积极的传播。C. Wissler, *Man and Culture*, New York, 1923。

到了引导朝鲜文化扩展的火车头作用。[①] “朝鲜是中华”的文化自尊意识对朝鲜后期的政治、社会、文化产生了巨大影响，在音乐方面也不例外。尤其通过整理典礼，可以很好地了解这种潮流。因此，在讨论音乐的时候，不应只观察音乐本身，而应在“典礼整顿”的大框架内讨论其特点。

在经历了倭乱和两乱之后，朝鲜的典礼总体上处于颓废的状态。因此，社会有恢复以往典礼的责任感。但是，这种想法并非全部。换言之，应该关注的是，“朝鲜是中华”的意识不仅表现在恢复以前的典礼中，还表现在完成过去数百年来从未实施过的典礼上。这一系列工作，通过作为农业国家非常重视的亲耕、亲蚕的国家典礼进行考察。此外，我想通过北方的满族灭明建清以后，中华传统在“朝鲜是中华”的意识下，开始了大报坛（皇坛）祭礼，以及通过正祖和徐命庸编撰乐书对音乐理论进行整理等，阐明“朝鲜中华主义的音乐实现”这个命题。虽然只能观察其中的一部分，不能对典礼的所有内容进行阐述，但以后会对它进行补充。

1. 大报坛的音乐（皇坛乐）[②]

1704 年（肃宗三十年），明朝被清朝灭亡一甲子的时候，在昌德宫的禁苑为明朝两位皇帝设置了祭坛，即在“壬辰倭乱”时派遣救兵、建立“再造之功”的明神宗和最后一位皇帝明毅宗的祭坛，这个祭坛就是大报坛[③]（18、19 世纪前半叶又称“皇坛”）。朝鲜为明朝两位皇帝设置的祭坛，在很长时间被认为是事大主义的象征物而遭到唾弃。[④] 但是，考虑到经历了“丙子胡乱”的耻辱，并不断努力克服其后遗症的朝鲜社会，大报坛以相当比重被看成是编年史的现象，有必要对其意义进行分析。同时，有必要观察在大报坛中使用的音乐是什么。

从当时人们的世界观来看，清朝是打破以往国际秩序的帮派。清朝是在没有文化基础的情况下，以武力为进攻背景的北方民族，被视为“野蛮民族”，所以在明朝灭亡以后，能够继承儒家文化的当事者，只能是深入体现儒教文化精髓的朝鲜，[⑤] 这种认识导致“朝鲜是中华”[⑥] 的立场日益膨胀。从这种立场出发，开始了大报坛（皇坛）的祭祀。

大报坛的乐章是在大报坛创设时由大提学宋相琦编撰后呈献的，他根据社稷制度，只创作了

①정옥자：《朝鲜后期历史的理解》，首尔：一志社，1993 年；최완수：《朝鲜王朝的文化鼎盛时期：真景时代》，见《我们文化的黄金时代——真景时代 1》，首尔：石枕头，1998 年。

②有关皇坛乐的论文有：金钟洙：《朝鲜后期皇坛乐研究》，《国乐院论文集》，首尔：国立国乐院，1996 年，第 8 集。

③정옥자：《朝鲜后期朝鲜中华思想研究》，首尔：一志社，1998 年，第 69 页。

④정옥자：《朝鲜后期朝鲜中华思想研究》，首尔：一志社，1998 年，第 69 页。

⑤정옥자，《朝鲜后期朝鲜中华思想研究》，首尔：一志社，1998 年，第 89 页。

⑥在祭文中表示：“朝鲜国王臣李焞，敢昭告于大明毅宗烈皇帝。伏以，于赫皇明，为华夷主（中华和夷狄的主人，即当时代表世界的天下主人）……乃躬其祀……”（《肃宗实录》卷三十九，肃宗三十年三月戊午）。这就是朝鲜正式宣布自己是“明朝的继承人”和“天下的主人”的行为。정옥자，《朝鲜后期朝鲜中华思想研究》，首尔：一志社，1998 年，第 48 页。

在登歌奠币、初献、撤笾豆中演奏的乐章。[①]

大报坛乐章的礼充分地遵循了古训，即在朝鲜时代，古制的乐悬是登歌，没有匏竹，只有琴瑟和歌曲。在祭享雅乐中，歌曲只能在登歌演唱。因此，在迎神和送神时使用乐章与古制是相悖的，皇坛乐的乐章最终还是忠实地遵循了古制。

皇坛的乐器组合按照古制，在登歌设置了歌和琴瑟，在轩架设置了匏竹。这与社稷礼没有多大区别。但在乐悬方面，即使是天子祭祀，也因为现实的理由[②]使用的是判悬[③]等级，虽然有过几次建议，但还是没有改变。

开始讨论皇坛使用音乐时，遵循的是在朝鲜的祭礼仪式上最高的社稷祭。但是从三祀（天神、地祇、人鬼的祭祀）礼来看的话，社稷属于地神祭祀，皇坛祭祀音乐不能使用地乐的意见逐渐形成（刑曹判书金镇龟的札子）。因此，根据《周礼》"若乐六变，则天神皆降；若乐八变，则地祇皆出；若乐九变，则人鬼可得而礼矣"的记载，对人鬼祭祀的大报坛按照先农坛的礼使用九变，决定皇坛的迎神乐按照人鬼的礼使用九变。[④]

这样，在皇坛祭祀中遵从了尊周论的立场。"尊周"是孔子在《春秋》阐述的尊重周朝礼制的理论，是指春秋战国时期只有接受天命的周朝才保持了正统性，是应该尊重的，它成为混乱世上的核心力量，是可以恢复天下和平秩序的一种理论。这里的周室作为中华文化的象征，它所保有的正统性，随着时代的变化而变化。因此，尊周论中"周"的思考框架转变成周室→明 →朝鲜，形成了朝鲜就是中华的朝鲜中华主义。[⑤] 大报坛的创设是儒家文化正统传承者的象征物，这里所具备的礼与东亚文化中心在朝鲜的朝鲜中华主义的自豪感有关。

2. 正祖和徐命膺利用乐书编撰进行的音乐理论整顿

正祖（1776—1800）是一位对音律非常关心、并有所造诣的皇帝，他从即位初期开始就认识到乐制的不准确，于是找到了有意编纂乐书、了解音律的儒生。正祖对乐的关注是遇到知乐之臣徐命膺以后才具体体现出来的，以正祖《乐通》为

①《肃宗实录》卷四十，肃宗三十年十二月丁亥。在演奏俗乐的宗庙祭享中，登歌与轩架都有乐章，而使用雅乐的社稷礼当中，登歌只在奠币、初献、撤笾豆等有乐章。因为以往使用的礼仪中没有皇坛制度，所以有关它的议论也颇多。因此在确定皇坛制度的初期，只作了上述 3 个乐章。此后，按照宗庙乐中有迎神、送神乐章的例子，建议具备迎神、送神乐章［正祖三年（1779）（宋德相的札子］，但是这个建议一直到高宗时期也没有执行。按照古礼，祭享雅乐中并不是缺少迎、送神的乐章，而是缺少真正正规的礼仪。

②所谓现实的理由，是指经过动乱以后，由于雅乐器的散失，未能具备完善的制度。（《英祖实录》卷一二七"英祖行状"）

③判悬是按照大夫的等级摆设的乐器组合，只在东、西摆设编钟和编磬。天子是宫悬，即在东、西、南、北四个方向各摆设 3 架编钟和编磬，一共 12 架，特钟和特磬也从北部中央的子位开始摆放，十二个辰位一共摆放 12 架，这和礼是相符合的。（陈旸：《乐书》卷一一三）

④《肃宗实录》卷四十，肃宗三十年十二月十六日壬午。

⑤정옥자：《19 世纪尊华思想的展开和斥邪论的性格》，《朝鲜后期朝鲜中华思想研究》，首尔：一志社，1998 年，第 208~218 页。

首，徐命庸的《诗乐和声》①、《元音钥》②、《国朝诗乐》③、《诗乐妙契》④ 等乐书才编纂完成。

正祖文集《弘斋全书》⑤ 第六十一卷刊登的《乐通》⑥，是将音乐理论分成乐律、乐调、乐器、乐谱、乐悬、乐舞六个方面进行论述的音乐理论书籍，在 1791 年（正祖十五年）编纂而成。⑦《乐通》中记载，为了当时的雅乐复兴，对中国理论进行了彻底的考证，从中可以看出正祖对乐制的主体认识。即正祖把三代乐作为理想，特别重视恢复古乐，他认为朝鲜时代的世宗和朴堧完成的雅乐复兴业绩与古乐最接近。但是世宗时期朴堧的努力也有不合理和错误的地方，他在《乐通》中都予以指出。

例如他指责朴堧在进行律管的制作时，参考《汉书·律历志》中“秬黍中”时，误解为“中等大小的秬黍”，把熔化蜂蜡当做黍，对黄钟的音高全部使用的是明朝的规定等错误（第 1 篇乐律）。另外，他就世宗沿用明朝制度这一点表示：如果不是天子，就不会讨论。认为是为了义气，而不是因为把明朝的音乐看作是雅正的音乐。对先辈的业绩他也进行了谨慎的评价。

他认为，在当时辅佐的大臣中，朴堧和孟思诚等人都是通晓音乐的。但是朴堧在定尺度、考察律的时候始终追随明朝的制度，明朝音乐是继承了宋代的大晟乐，并没有追究黄钟管的径围和幂积数量。于是，他通过考证证实了先人效仿明朝制度的事实，并指出了错误。

在《乐通》第一篇“乐律”部分，就黄钟管的经纬、面积、长度等问题，从宋代开始说起。宋代的李照竖累黍后制作了尺，并往管里放了 1700 粒黍；而胡瑗是横累黍后制作了尺，并往管里放了 1300 粒黍，这两种方法都是错误的。用魏

①宋芝媛：《英、正祖学者徐命庸的音乐理论书》，《韩国音乐史学报》，庆山：韩国音乐史学会，1997 年，第 19 集，第 228～234 页。

②关于《元音钥》，参考拙文《徐命膺的元音钥》，《文献与解释》，首尔：太学士，1998 年，通卷 4 号。

③关于《国朝诗乐》，参考拙文《徐命膺的国朝诗乐》，《文献与解释》，首尔：太学士，1998 年，通卷 5 号。

④关于《诗乐妙契》，参考拙文《徐命膺的诗乐妙契 1》《徐命膺的诗乐妙契 2》，《文献与解释》，首尔：太学士，1999 年，通卷 7、8 号。

⑤《弘斋全书》是由奎章阁编撰的记录正祖诗文的书籍。从正祖还是世孙的 1765 年写的诗开始，到他逝世的 1800 年为止，对他所留下的诗文按种类分类编辑，经过多次整理，1814 年以 100 卷活字本出版。第一次编纂是 1799 年（正祖二十三），在奎章阁直提学徐告修的主导下，与李晚秀、金祖淳、李存秀等一起编纂而成。第二次编撰是把 1800 年正祖去世时的著述添加进去，1800 年（纯祖一年）12 月以沈象奎为主编撰而成。《弘斋全书》的最终版是以第二版的整理为基础，在 1814 年以整理字版的形式出版。김문식：《国译弘斋全书》，首尔：民族文化促进会，1998 年，题解。

⑥《弘斋全书》的翻译是最近民族文化促进会翻译工作的一部分，《乐通》也是由金钟洙翻译的。本文参考了《乐通》的翻译本。

⑦《乐通》的编撰时期在《增补文献备考》卷二四五“艺文考四”和《国朝宝鉴》第七十三卷，正祖十五年十二月。

汉津的律数制成的宋大晟乐[①]，也是“奸诈和阿谀奉承的结果”，并引用朱子曾评价的话，说这无法表达天地之和。从这一事实来看，正祖的《乐通》是为恢复古乐提供理论依据的著作。

徐命庸在英祖时期就已经作为知乐之臣参与了《大乐后谱》（英祖三十五年，1759）、《国朝乐章》、《增补文献备考》、《乐考》等乐谱和乐书的编撰。正祖时期他的编纂工作还在继续，通过《诗乐和声》《元音钥》《国朝诗乐》《诗乐妙契》等著作，从理论上对音乐的诸多领域进行了整理。

徐命庸作为中央的核心官员，对国家典礼负有重大的责任，在进行与音乐有关的一系列工作中，都表现出要寻找古乐本质的责任意识。因为古乐已经找到了乐的本质，所以要从认识古乐开始。特别是对登歌和轩架的讨论，在他的乐书中占了很大的比重。

> 上古圣人，财成辅相之业多矣。其以乐立象于造化，则尤其微密精深者也。何则造化流行，虽极于浑涵，然其中条理井井，各有纲纪。斗杓自天上建于地上，日躔自天中应于天上，一经一纬，以行其功化。故凡乐，登弦歌于堂上以象日躔，列匏竹于堂下以象斗建。[②]

徐命庸所说的“堂上堂下乐”的根据是日躔、月躔之说，即太阳运行的轨道和北斗七星所指的方向，就是从天地自然的和谐而来。这种原理可以对堂上、堂下乐乐器组成进行说明。

> 象斗建，故植物之中，唯匏竹，外圆中空，如天之体，能藏天地之元声元数。于是，以匏竹为堂下斗建之乐，从气类也。象日躔，故观日以火，位天体五星之中心，以火居人身五之中。蚕以火生，一季五月之中，则夫日与心与蚕，均为火之中气。于是以蚕吐之物，絚为弦丝，心思之发，制为歌诗，相切以奏于堂上日躔之乐，从气类也。是其立象，卓越神妙，出入意表，非范围天地之圣人，夫孰能与于此哉?[③]

徐命庸认为，弦歌放在堂上，象征日躔，匏羽排列堂下，象征斗建。也就是说，堂上之歌和堂下之乐是北斗七星柄向左转，太阳运行的轨道是向右转的原理，这是圣人以前就有的宇宙自然的原理，所以是绝对不能违背的法则。这种说法从三代以来一直流传，隋唐以后不顾及乐理，只考虑耳朵的愉悦，在堂上也排放了匏竹，在堂下也排列了弦歌，徐命庸批评这种做法违背[④]了古乐的本质。这种现象即使在朝鲜也不例外，一直沿袭着丢弃古乐本质的做法。

学者徐命庸作为中央的核心官僚，对整顿典

①魏汉津捏造了历史。“言得黄帝，夏禹声为律、身为度之说。请以帝指三节三寸为度，定黄钟之律。”（《宋史》卷一二八）魏汉津又以自己的虚假材料为基础，建议将宋徽宗的三根手指长度相加，作为黄钟律管的长度。这种主张符合皇帝的口味，只有他的建议得到了皇帝的同意。崇宁四年（1105），宋徽宗特别下达诏书，承认魏汉津改正的“新乐”，并给予“大晟乐”的名称。杨荫浏：《中国古代音乐史稿》，이창숙翻译，首尔：松树出版社，1999 年，第 588 页。

②徐命膺：《诗乐妙契》“后序”。

③徐命膺：《诗乐妙契》“后序”。

④徐命膺：《诗乐妙契》“后序”。

礼负有重大的责任，在各种著述[①]（《诗乐妙契》《诗乐和声》《元音钥》《国朝诗乐》等）中执着地提出“恢复本质”的主张，这在朝鲜后期的音乐史上具有重要意义。因为在中国古乐尚未恢复，理论上尚处于未整理的状态，但在朝鲜，古乐通过徐命庸的理论化工作得以进行。这是明朝灭亡以后基于“朝鲜是中华”的意识而采取的行动，同时也是因为朝鲜性理学的完结而引起的自信感。

当然，徐命庸提出的理论并不是全部都付诸实践，只是作为理论主张、只提示理想方向的也有很多。但是，这样的事业作为站在东亚儒教文化中心的朝鲜，被评价为寻找礼乐文化本质意识的产物。

3. 亲耕和亲蚕

亲耕[②]和亲蚕[③]是在举行先农和先蚕祭享以后，为了鼓励务农和养蚕而进行的仪式。成宗八年（1477 年）三月中宫首次进行亲蚕礼[④]以来（音乐演奏绎成章和与民乐令），已经三百多年都没有举行的仪式，之后在英祖时期又开始举行。当时的活动记录在《亲蚕仪轨》[⑤]（英祖四十三年，1767 年）中。

英祖十五年一月二十八日在先农坛举行了籍田亲耕仪式。第二天英祖走出仁政殿颁布亲耕后的教书，实行宣酝、劳酒礼。教书中有这样的内容。

> 夫以夏、殷、周盛世，咸率天下而明农，乃若汉、唐、宋中治，亦能知大本而修籍，斯皆有国之重，莫不以时而行。……跻坛壝而祀先农，乐叶太簇。……其耦则尔公尔卿之相亚，其推则或七或九之有伦。……修百年之旷典，岂出豫大之图。

上面的内容阐明了当时亲耕的意义。英祖认为当时的仪式不仅仅出于太平和安乐之意。这可以解释为重新找回过去一直没有举行的国家典礼，并进行整顿工作的一环。

同年 2 月 5 日又讨论了亲耕，一些人担心亲耕礼会太大。对此，英祖认为，亲耕之事在艺文中多有删节，而大臣们却顾虑太大，觉得亲耕是世所罕见的盛大典礼。英祖的这种想法应该从强化典礼的整顿来解释。

①在徐命庸的音乐著述中，《国朝乐章》与《诗乐和声》记录在《续修四库全书总目提要》中，《续修四库全书总目提要》是对清朝《四库全书总目提要》的继承。作为参考，这里记录的我国的乐类书籍，还有成俔的《乐学轨范》、丁若镛的《乐书孤存》。

②亲耕：作为榜样皇帝亲自耕种，让百姓认识到农业的重要性，以扩大农业生产的仪式。举行亲耕仪式的地点是在先农坛，现在东大门区龙头洞 138 号的南边。在举行先农祭后举行亲耕活动。1476 年（成宗七年）在这里修筑了亲耕台，皇帝进行亲耕的时候，王世子、各位大臣、年老福多的农夫按照顺序跟着耕种。根据 1767 年（英祖四十三年）制定的《亲耕仪轨》，规定皇帝 5 推礼、世孙 7 推礼、众臣以下 9 推礼，王妃亲蚕的时候也一样，按照身份规定推礼的回数。亲耕仪式在纯宗时进行了最后一次仪式，尤其在日帝强占期以后被废除了。《韩国民族文化大百科辞典》，城南：韩国精神文化研究院，卷 22，第 741 页。

③亲蚕：由王妃亲自养蚕收茧的一系列仪式。亲蚕是告诉百姓养蚕的重要性，以此鼓励发展养蚕，仪式分为亲蚕礼和收茧礼。实际上，亲蚕礼第一次实行是在 1476 年（成宗七年）王宫后苑建立采桑坛以后。王妃带着世子嫔、封爵的内外命妇实施，《亲蚕仪轨》中王妃采摘 5 片桑叶、内外命妇采摘 7 片桑叶、二三品的内外命妇采摘 9 片桑叶。现在还留有英祖四十三年（1767 年）三月礼曹编撰的《亲蚕仪轨》。《韩国民族文化大百科辞典》，城南：韩国精神文化研究院，卷 22，第 747 页。

④《成宗实录》卷七十八，成宗八年八月三日（辛巳）。

⑤《亲蚕仪轨》奎 14543。

英祖四十三年确立了亲耕仪的程序，在登歌、轩架的排列中，登歌设置在观耕台的上面，轩架和庶人的耕位都在西南边、朝北向设置，而且详细地提示了音乐演奏的程序。[①] 同一天的御制颁教文中充分体现了英祖的朝鲜中华主义的意识，这一部分值得我们关注。

> 其于受贺，予志虽固，农业事重，予何敢辞？既行五推之礼于东坛，且行五条之采于北苑，三百年盛事复举，几千年古礼乃修。呜呼！忆昨年春夏，寔荷陟降阴骘之赐，而若其戒太康之心，于宿于食，岂敢少忽？古人云《周礼》，即周公未行之文，而何意今予千千万万梦想之外，同行其礼于一日之内。[②]

这里需要强调的是连周公都没有举行的礼，英祖却做到了。恢复了几千年古礼，不仅仅是指亲耕亲蚕之礼，而是与当时许多国家典礼的整顿相伴随。

另外，在英祖四十三年三月二十三日（丙戌），关于亲耕、亲蚕的意义有过这样的下教。

> 亲耕列朝已行，而至于观刈，我国无是，敢引皇明宣宗故事行焉。……献种藏种事，令儒臣博考《周礼》《礼记》，乃知果有古礼。今番亲耕、亲蚕，即三百年再有之事，仪文不可不备。况《亲蚕仪注》，追录于《续五礼仪》，既考之后，古礼宜复焉。[③]

对英祖来说，恢复古礼是一个很重大的课题，也是一种责任。自壬辰倭乱（1592—1598）和两次胡乱（1627、1636）以后，朝鲜自称为小中华，在农耕社会稳定的经济基础上，经过自称是文化国家的自信时期以后，到了英祖时期，明朝灭亡，清朝建立，朝鲜的知识分子中间充满了“朝鲜不是小中华，朝鲜就是中华”的意识。朝鲜后期，特别是英祖强化典礼的整备是以朝鲜中华主义意识为基础的。当然，英祖的这种意识传给了正祖。整顿亲耕之礼，在正祖时期持续进行着。

正祖五年闰五月五日的实录中，有正祖旨令徐命膺创作观刈乐章的记录。[④] 接到正祖的旨令以后，徐命膺第二天就呈上了观刈乐章。[⑤] 观刈乐章虽在先朝（英祖）也有，但当时有几分疏漏，故命徐命膺重新创作。徐命膺接到旨令后，第二天就创作、呈上了观刈乐章，这个乐章立即使用在当时的观刈礼中。此时所创作的乐章，记录于徐命膺的《国朝诗乐》中。[⑥]

（二）清文化受容的意义

18 世纪的洪大容（1731—1783）、朴趾源

①《英祖实录》卷一百零八，英祖四十三年二月二十六日（庚申）。

②《英祖实录》卷一百零八，英祖四十三年二月二十六日（庚申）。

③《英祖实录》卷一百零八，英祖四十三年三月三日（丁卯）。

④《正祖实录》卷十一，正祖五年闰五月五日（丁未）“旧例，亲耕有乐章。观刈，无乐章。先朝丁卯，始命撰进，而其后观刈，或有命改字句用之时，不可无一定之仪。且升降台及出入时乐章，较亲耕乐章既多……劳酒之礼，本是三爵，而乐章亦有疏漏处。况今观刈隔日，及此时合有博考成式。前大提学徐命膺，曾在先朝承命编校国朝乐章……滥议，撰出乐章”。

⑤《正祖实录》卷十一，正祖五年闰五月六日（戊申）。

⑥宋芝媛：《徐命庸的国朝诗乐》，载《文献与解释》，通卷第 5 号，首尔：文献与解释史，1998 年。《国朝诗乐》是对英祖时期《国朝乐章》的错误部分进行修正和分类，遵从正祖的旨令重新编撰的，这是在对国家典礼中使用的乐章进行整顿的条件下形成的。

(1737—1805）等人在当时老论学的影响下成长，在反省自身成长的过程中提出了一种新的思想体系——北学思想。这与以往的思想体系不同，主张与传统的“北伐”观念相反的“北学”。在其背后，是以正视新变化的现实、觉醒士的社会责任的新学问内容、摸索学问方法为前提的。[1]

在这样的氛围下，以他们为首的北学派探索了被概括为“利用厚生经济名物之学”的新学问，在确认要学习朝鲜没有的东西的情况下[2]，使之成为受容清朝文化的前提条件，展开了学习清朝继承的“中华之遗法”的讨论。

提出北学论的人有一个共同点，那就是他们都是在燕行时熟悉了清朝的先进文化的。众所周知，朝鲜后期从清朝受容的许多新文化和消息大部分都是通过燕行传来的。另外，燕行回来后留下的记录[3]所具有的历史价值也是不用说的，而北学派所持的论点有很多都反映在燕行录中。因此，燕行录成为了解朝鲜后期学术界新动向的重要资料。

他们通过多次的燕行，对清朝文化的受容持肯定的立场，清朝新的乐器也被朝鲜后期受容。因此，我想考察北学派从清朝引进新洋琴的过程和传承经过，还要考察以往传入的乐器在朝鲜后期形成的韩国式受容的动向。

1. 洋琴的传入

朝鲜后期从清朝传入的文化中，音乐领域的代表为“西洋琴”[4]。目前没有关于洋琴传入年代的准确记录，只能通过各种文献记录来推测。作为洋琴的最古乐谱、被推测为纯祖时期编撰的《欧逻铁丝琴字谱》，里面记录着大约在18世纪后期（大约为1770年）传入了洋琴，掌乐院典乐朴保安首次到燕京学习了洋琴的演奏法，被翻译成东音（韩国音乐）。[5]

但如果参考其他文献，对洋琴传入的年代会有一个大概的推测。姜世晃（1713—1791）《豹菴遗稿》的“八物志”[6]中有关于西洋琴的介绍，这个资料的时间为他50岁时的1762年。这里记录了西洋琴的制作方法、演奏方法、音色的特征等。姜世晃在资料的末尾说：“东人或有贸至者，未知其鼓法与声调之如何耳。”因此，当时并没有人领会乐器演奏，只是作为奇物购买而已。

另外，柳庆种的《海岩稿》卷七癸未年（1763）的记录中有“人家偶见西洋琴，制度诡异。纸书曲谱贴之背，不可辩”[7]的内容。从上述两种资料中至少可以看出，在1762年就有人在

①유봉학：《燕岩一派北学思想研究》，首尔：一志社，1995年，第79页。

②朴趾源：《课农小抄》“农器”：“如欲利其器械，则莫如学中国。”

③燕行后留下的记录可以分为两种。一种是负责担任活动实务的书状官在完成任务后向朝廷提交的报告书——誊录，另一种是参与燕行的人的个别记录——燕行录。燕行录与具备一定的形式、简单的誊录相比，形式更加多样，一般都具有丰富的内容。现在大部分的誊录都保管在奎章阁，而个人的燕行录则保存在刊本、写本或文集中。

④众所周知，洋琴是欧洲的乐器，通过中国传入我国，是从利玛窦（Matteo Ricci，1552—1610）开始的。李圭景：《欧逻铁丝琴字谱》。朴趾源：《热河日记》“亡羊录”。

⑤《欧逻铁丝琴字谱》：“……有洋琴之属，流出我东，则几止六十载，终无翻曲，徒作文房奇摩美而已。正宗朝年当侯考，掌乐院典乐朴宝安者，随使入燕，始学鼓法，翻以东音。……”

⑥“八物”指的是眼镜、西洋琴、笔、纸、砚、墨、图书（印章）、怪石八种。

⑦《海岩稿》卷七，癸未年。

燕行的时候买回了西洋琴。

但是，朴趾源的燕行录《热河日记》“铜兰涉笔”中认为对洋琴的受容是积极的，这个内容在下面的记录中也可以看到。

> 欧逻铁弦琴，吾东谓之西洋琴，西洋人称天琴，中国人称番琴，亦称天琴。此器之出我东，未知何时，而其以土调解曲，始于洪德保。乾隆壬辰①六月十八日，余坐湛轩，酉刻立见其解此琴也。概见洪之敏于审音，而小艺既系始，故余详录其日时，其传遂广，于今九年之间，诸琴师无不会弹。②

上面的记录虽然没能说出洋琴传入的具体年代，但它告诉我们，对外来乐器的积极接纳，即用土调对洋琴进行解释的是洪大荣（1731—1783），并于1772年完成。1765年11月以三节年贡谢恩为目的去中国使行③，洪大荣作为书状官洪檍④的子弟军官去燕行的时候，直接买回了洋琴。⑤

燕行回来后，洪大容因“洋琴”这个外来乐器苦恼了好几年。通过上述资料的分析可以得知，最后他用土调解释⑥洋琴的时间是在1772年，是他1765年燕行的7年以后。自从用土调解读以后，诸多乐师几乎达到无人不会的程度。⑦ 因此可以推测，外来乐器在被韩国化后，获得了相当高的人气，同时可以评价为洪大荣在音乐方面的贡献。目前，洋琴用于灵山会相、歌曲、时调等的伴奏。

2. 琴的韩国受容

就像《诗经》中介绍的⑧，中国乐器琴在舜时就已经存在了。琴传入韩国是在高句丽时期⑨，历史非常悠久。后来高丽睿宗十一年（1116）从宋朝传入“大晟雅乐”的时候，琴也包含在其中，在《高丽史》卷105“安珦条”中有买琴的记录。而且还有恭愍王十九年（1370）成准得从燕京归来时明太祖送琴的记录⑩。朝鲜太宗五年（1405）从明朝带回琴，六年在宗庙祭享中使用琴，世宗时编撰《五礼义》中雅乐登歌使用琴，在会礼宴上的登歌轩架中也有使用琴的记载。

通过文献可以看出，从中国传入的琴在两种情况下被使用。一是只用于雅乐，一是作为一些

①乾隆壬辰年：1772年。

②朴趾源：《热河日记》“铜兰涉笔”。

③1644年以前一年使行4次（圣节、正朝、冬至、千秋），但之后有所完善，作为三节兼年贡使到正朝去的情况成为常例。

④洪檍（1722—1809）：洪大荣的伯父。

⑤洪大荣使行回来以后，写下了《乙丙燕行录》和《燕记》。这两个燕行录都收录在他的文集《湛轩书外集》中。

⑥据悉，洪大荣自己悟出了洋琴的演奏方法。从少年时期他就开始学习伽耶琴，演奏水平相当高。甚至在他去燕京时也带着伽耶琴，是伽耶琴的爱好者。洪大荣当时还教掌乐院的乐师金亿演奏洋琴，金亿还与洪大荣、朴趾源等燕岩集团的人进行了音乐交流。这些音乐专业人士和北学派人物之间的音乐交流，为丰富朝鲜后期的音乐做出了贡献。对于这些人的交流，当时被世俗人认为是“交不择人”，受到了人们的非议。体现当时乐师、乐工、燕岩集团人物音乐交流的资料有成大中《记留春坞乐会》。《青城集》卷六；朴趾源：《夏夜燕记》；宋芝媛：《朝鲜后期中人音乐的社会史研究》，首尔大学校硕士学位论文，1992，第74~91页。

⑦参照脚注④的内容。

⑧《书经》“益稷”：“夔曰戛击鸣球，搏拊琴瑟以咏，祖考来格。”

⑨《三国史记》“乐志”：“初晋人，以七弦琴，送高句丽。”

⑩《增补文献备考》“乐考”三。

士大夫的业余爱好而弹奏，它的普及程度极为有限，绝对不能看成是通俗的乐器。[①]

此后，琴的演奏仍面临着困难。实录当中因为唐琴和笙簧的音律都不准确，所以在英祖四十一年（1765）冬至使行的时候，命典乐张天柱购买唐琴和笙簧[②]，并在那里学习演奏方法[③]。琴和笙簧一样，仍然无法在朝鲜直接制作，只能依赖进口。

徐命庸在《诗乐和声》（1780）中这样写道：

我国无大、中二琴，只有小琴，然其小琴必以唐琴为重，每买取燕市辄为其所瞒，材用横木，弦用熟丝，虽使师旷[④]调弦亦不能成声。况俗工乎？东方琴材素号天下第一。

根据上面的记录，虽然琴一直是从中国进口的，但是从演奏的角度来看，在1765年情况也没有多大的好转，依然无法很好地表现音律。在正祖二年（1778年）十一月二十九日的实录中也可以证实这一点。“命吹笙。又命弹玄琴。命膺曰：‘玄琴，一名唐琴。自中原出来，而我国之人，不知其用矣。’”从这一点可以看出还无法进行完美的演奏。如果参照上面的记录，甚至会产生琴这个乐器是不是很难被韩国化的想法。历史上不断重复从中国传入、买回、去中国学习的过程，但到了朝鲜后期，仍然属于音律不太合适或演奏不好，还必须去燕京学习乐器。

同时，琴的乐谱也已传到朝鲜，《游艺志》“唐琴字谱”中就有关于中国琴的介绍。虽然这是将中国的音乐原原本本地介绍进来，还不能认为是韩国化了，但是在尹用求和尹显求兄弟编撰的《七弦琴谱》（韩国音乐学资料丛书，卷16）和《徽琴歌曲谱》（韩国音乐学资料丛书，卷7）中却可以看到琴已经被韩国化的面貌。也就是说，实现了对琴的韩国受容。他们尝试琴乐的韩国化，通过“调弦法的韩国化”、“演奏法的韩国化”（创制了接近玄琴演奏法的一种折中演奏方式）、“记谱法的韩国化”（不使用中国的减字法，用井间谱表示长短的记谱法）、“韩国音乐的演奏”（灵山会相、还入、吹打、民乐歌曲等）四个方面表现出来。[⑤] 就像正祖二年（1778）的记录中所说的“而我国之人，不知其用矣”（参照上面的实录记录），琴的传承非常困难。但在100多年后的1880年，尹显求到燕京买回了琴，并掌握了调弦法。经过10多年的努力，终于成功地与我国

①李慧求：《韩国的琴乐》，《韩国音乐研究》，首尔：民俗苑，1996年。

②洪大荣：《湛轩书外集》卷七“燕记”“琴铺刘生”：“是行乐院禀旨，定送乐师一人，求买唐琴及笙簧，因令学其曲而来，使上通事李瀷主其事……问其价为一百五十两云。”这时随行的乐师根据实录的记载可以断定为典乐张天柱。［《英祖实录》卷一百零六，“英祖四十一年十一月二日（癸酉）”］

③《英祖实录》卷一百零六，“英祖四十一年十一月二日（癸酉）”：“冬至使顺义君、烜、金善行、洪檍等辞陛，上召见之，宣御馔，亲书赐四言各二句，以崇其行。以我国唐琴笙簧不成声，命乐工随燕行者，学其音以来。”第二年，英祖四十二年将正使和副使叫来，询问乐师是否学过乐器，并让他们进行演奏，从中可以看出英祖对音乐的极大关心。“上曰：‘一行皆无事往还耶？’善行对曰：‘王灵所暨，皆无事往还矣。’上曰：‘乐师学乐而来乎？’善行曰：‘学之以来矣。’命乐师张天柱，持乐器入吹笙弹琴各一曲。仍命善教乐工，而声音戒勿烦促。”《英祖实录》卷一百零七，英祖四十二年四月二十日（己未）。

④师旷是中国晋国掌管音乐的太史子野。

⑤严惠卿：《七弦琴的韩国受容》，首尔大学校硕士学位论文，1983年。

的音调相吻合。

从这一受容过程来看，与其他乐器的韩国化过程相比，琴的韩国受容经历了相当长的时间。虽然乐器的传入历史悠久，但经过了漫长的时间，直到19世纪才完成了韩国的受容。

以上对洋琴和琴这两种乐器的受容情况做了考察，洋琴是朝鲜后期从清朝传入的，琴从高句丽时代就已经传入，但直到朝鲜后期才开始在民间演奏。洋琴这个西洋乐器通过清朝传到我国，并已成为"在所有的乐师中，无一人不知晓"的人气乐器。可是琴虽然不断地从中国购买、学习，但经历了很长时间才被接受。直到《七弦琴谱》和《徽琴歌曲谱》编撰时期，才完成了琴乐的韩国化进程。这是一个需要另外解释的现象，对这个问题就到此为止。

朝鲜后期与前期相比，很少有新的外来音乐传入朝鲜。我认为这种现象是明清交替时期朝鲜文化中心的自信感起到的作用。那么，在被更名为清朝的时候，接受清朝文化的意义又应该怎么解释呢?

当时朝鲜的知识分子认为，占据中原的清朝虽然属于夷狄，但是中华文化也是由清朝继承的，所以在接受这一点上没有产生逻辑上的矛盾。即，清朝拥有的文化是中国自古以来传承下来的，比朝鲜更优秀，接受它是理所当然的。[①]

三、结语

本文试图把对朝鲜后期音乐史的解释，从"朝鲜中华主义"和对吸收清朝文化表现出积极性的"北学"这两个大框架来进行。之所以能够从这两个框架进行研究，是因为以往已经有很多相关性的研究。而且，为什么朝鲜后期新传入的外来音乐很少，为什么大部分古乐谱的年代会固守明的年号，英祖、正祖典礼整顿的强化是一个怎样的脉络，徐命庸和正祖在音乐理论上的整顿具有什么意义，从清朝新引进的乐器是从什么角度接受的，对这些疑问在这个框架中得到了部分解释。

但是从外来文化的传入来看，仅从朝鲜后期的17世纪来看，还有需要给予不同解释的部分。也就是说，当时中国文化无法进入，与当时的政治状况相吻合。换言之，在从以明朝为中心的东亚国际秩序向以清朝为中心的秩序转化的过渡时期[②]，僵化的两国关系的封闭性演变为文化交流的封闭性。在经历了17世纪的过渡期之后，朝鲜社会在获得东亚文化中心国家自信心的同时，也实现了文化的发展。

在高丽时代，宋朝的性理学作为外来学问被引入这块土地，在朝鲜前期经历了各种曲折之后，到朝鲜后期形成了朝鲜固有的"朝鲜性理学"的思想框架，通过"朝鲜是中华"的"朝鲜中华主义"意识产生了文化上的自信。因此，在音乐领域，比起新事物的流入，更注重的是强化文化中心民族的典礼整顿和音乐理论的整理。特别是通过正祖和徐命庸的音乐著作对理论的整理，把理想放在了朝鲜作为东亚文化中心国寻找乐的本质

①김문식:《18世纪后期首尔文人的清学认识和清文化产物的导入论》，首尔：首尔大学校奎章阁，1994年，第17、34页。
②최소자:《明清时代中韩关系史研究》，首尔：梨花女子大学校出版部，1997年，第63页。

方面。在明朝灭亡后，把恢复作为儒教文化中心国的古乐作为一种使命。

此外，观察明清时代交替以后的中国，以及对清朝文化的看法，在当时北学派人物中表现得更加积极。他们的立场是：只要是朝鲜没有的新文化和知识都可以接受。这种立场，表现在当时从燕京回来的知识人当中，也就有了新的乐器流入朝鲜。另外，把已经传入的乐器积极进行韩国化的举动，也可以用这样的逻辑来解释。

总之，朝鲜引进“朱子性理学”后形成的国家典礼的受容过程①，是外来文化流入、本土化过程的一个侧面。陌生的文化流入以后，在经历了各种错误的过程中，可以很好地体现出成为该文化固有领域的过程，而且经历了这样的过程以后，文化的自信心将延伸到开放性，从而为接受外来文化创造空间。

从朝鲜后期的音乐史看，从未尝试过对国家规模的典礼整顿或官撰乐书的编撰工作等做有意义的解释。本文对朝鲜后期国家音乐事业的意义进行了阐述。与当时民间音乐的丰富发展相比，宫中音乐呈现衰退现象，从这种普遍认识出发，对朝鲜中华主义和接受清朝文化等方面进行新的解释。

①对于朝鲜时代的主导支配理念、朱子性理学在朝鲜社会是如何扎下根的，通过国家仪礼的整顿过程来进行研究的论文有池斗焕：《朝鲜前期仪礼研究——以性理学正统论为中心》，首尔：首尔大学校出版部，1994 年。

对韩国扬琴受容与传承的考察[①]

◇徐仁华[②]

摘要：扬琴是由18世纪到中国燕行的实学家和宫中乐师们传入的，这两个领域的音乐家们经过相互的交流，最终使扬琴作为一种国乐器而得到接受。18世纪，扬琴的演奏方法传授给了很多人。实学家和乐师们的活动推动了19世纪扬琴的根植与发展，宫中乐师编撰了扬琴乐谱，在宫中和贵族官僚的宴会上也经常可以看到扬琴的演奏，为了宴会的进行，还制作了新的扬琴。在现存的最古乐谱《欧逻铁丝琴字谱》中，使用了借用律名的记谱法。随着扬琴的广泛使用，还用当时民间乐谱中经常使用的肉谱进行记谱。扬琴为在贵族风流房中演奏的灵山会相、歌曲等合奏曲添加了华丽的音色，用一个琴竹自然地表现颤动和弄弦等装饰音，使之在韩国被本土化。20世纪初日帝强占期，经李王职雅乐部的乐师、妓生、地方的风流客而得以传承。从20世纪60年代末开始，扬琴的形状逐渐变大，而且弦数也按照新制乐曲的要求增多。现在，从18世纪由中国传入、已经本土化了的扬琴，正面临着保存和传承的问题。

关键词：18世纪；扬琴；受容与传承

一、 绪论

18世纪中叶，以去北京的外交使团——燕行使中的实学家和宫中音乐机关掌乐院的乐师为中心，引进了扬琴。这些实学家属于脱离了性理学的名分论、强调接受清朝文化的北学派，这些人与掌乐院的乐师相处融洽，有时还一起演奏音乐。19世纪，宫中乐师还出版了乐谱，这使扬琴得到了广泛的传播。扬琴在民间先贤的风流房和宫中

①本文曾在第八届亚洲太平洋民族音乐学会（APSE）国际学术大会上发表过，是对本次大会学术论文集中登载的《对韩国扬琴的受容与传承的时代考察》（2003）一文进行补充、完善而成的。

②徐仁华：韩国国立国乐院学艺研究官。

享有自己的空间，到了20世纪，它的演奏还扩展到了音乐创作领域。

著名科学思想家洪大容（字德保，1731—1783）的堂号为湛轩，与他交往的文学家燕岩朴趾源（1737—1805）等都曾参加过北京的燕行，对扬琴的传入与音乐的受容起了很大的作用。另外，根据实学家李圭景（1788—?）编撰的《欧逻铁丝琴字谱》可知，宫中乐师文命新在中国学会扬琴归来以后，还编撰了乐谱。直到现在还传承有30多种扬琴乐谱。与作为实现儒家琴道的乐器、在先贤中演奏最广泛的玄琴一起，扬琴也在风流房中得到了广泛的使用。

自1958年张师勋的论文发表以后，陆续出现了很多与扬琴传入有关的论文。[①] 海外学者对此也有所论及。本文将从扬琴是韩中文化交流的产物这一点出发，以向中国学者介绍扬琴传入韩国和传承过程为重点，综合以往的研究成果，从以下几个方面对扬琴做一个全面的考察。1. 18世纪文集中出现的与扬琴传入和受容有关的实学家和掌乐院乐师们的活动；2. 考察19世纪《欧逻铁丝琴字谱》等乐谱和记录宫中仪式的仪轨、记录画，对扬琴的本土化过程做一个整理；3. 考察20世纪到现在的扬琴传承。

二、18世纪扬琴的传入与受容

（一）传入

因为无法确切了解扬琴在何时传入我国，所以只能综合文献的记载进行推测。首先，朴趾源在《热河日记》中认为，不知道扬琴是从何时开始在我国使用的。

> 欧逻铁弦琴，吾东谓之西洋琴，西洋人称天琴。中国人称番琴，亦称天琴。此器之出我东，未知何时……[②]

出使过北京的士大夫画家姜世晃（1713—1791）在1762年编撰的《豹庵稿》中，记述了当时从中国买回扬琴的人。

> 西洋琴，制以木，作小函…… 东人或有贸至者，未知其鼓法与声调之如何耳。[③]

洪大荣也参加了1765年11月的出使，作为伯父书状官洪檍的子弟军官出使的时候，他还买回了扬琴。[④]

①张师勋：《欧逻铁丝琴字谱的解读和现行平时调的关系》，高丽大学校亚细亚问题研究所，《亚细亚研究》第1卷2号，1958年，第107~128页；《国乐论考》，首尔大学校出版部，1993年，第314~334页再次收录；张师勋：《古乐谱解题·欧逻铁丝琴字谱》，《韩国音乐史资料总书》，国立国乐院，1984年，卷14，第14页；李东福：《欧逻铁丝琴字谱和游艺志中洋琴字谱的比较研究》，《庆北大论文集》，大邱：庆北大学校，1987年，第105~150页；宋芝媛：《朝鲜中华主义的音乐实现与清文化产物受容的意义》，《国乐院论文集》，首尔：国立国乐院，1999年，卷11，第239~254页；宋惠真：《韩国乐器》，首尔：悦话堂，2000年，第106~111页；赵裕会：《朝鲜后期实学者的音乐观研究》，成均馆大学校博士学位论文，2009年；金宇振：《扬琴受容过程的研究》，《韩国音乐研究》，首尔：韩国国乐学会，2009年，卷46，第31~48页；崔仙儿：《欧逻铁丝琴字谱的七调》，《韩国音乐研究》，韩国国乐学会，2008年，卷44，第215~231页。

②朴趾源：《热河日记》，韩国古典翻译院韩国古典综合DB。http：//db. itkc. or. kr/dir。

③姜世晃：《豹庵稿》，韩国古典翻译院韩国古典综合DB。http：//db. itkc. or. kr/dir。

④宋芝媛：《欧逻铁丝琴字谱解题》，奎章阁韩国学研究院原文资料检索。http：//kyu. snu. ac. kr/。

另外，根据《欧逻铁丝琴字谱》的记录，可以推测扬琴是在1757年左右引进的。因为记录中有扬琴已经引进了60多年的内容，《欧逻铁丝琴字谱》的编撰时期为1817年以后[①]，所以可以推测在1757年扬琴已经被引进了。

> 有洋琴之属，流出我东，则几止六十载，终无翻曲，徒作文房奇器摩弄而已。[②]

根据《欧逻铁丝琴字谱》的记述，至少在18世纪中期，已经从中国引进了扬琴，可几十年来一直没有演奏。但是在Curt Sachs的著作The History of Musical Instruments（1940）中，认为扬琴早在1725年就已经进入韩国。而且，还认为扬琴传入中国的时间在1800年左右，好像韩国接受扬琴的时间比中国更早一样，可是在著作中对相关文献并没有做任何说明。

> Eastward the dulcimer migrated in about 1800 to china, where it still is called the foreign zither (yang ch' in), and thence to the Japanese, Mongols and Buriats. In Korea a native tradition asserts, however, that the instrument was introduced as early as about 1725。[③]

在The New Grove Dictionary of Music and Musicians的“Dulcimer”条中有“根据韩国文献资料，扬琴于1725年从中国传入韩国”的记载，因为没有标明具体的文献名称，所以无法准确了解这里的“韩国文献”指的是什么。[④] 另外，从地图上看，就好像是从欧洲同时向中国和韩国传入的一样，让人觉得更加混乱，而韩国方面也找不到能证明这一点的相关文献。所以，根据《豹菴稿》《欧逻铁丝琴字谱》等文献资料，只能推测扬琴至少在18世纪中期已经传入朝鲜。

（二）受容

朴趾源在《热河日记》中记录了他在乾隆壬辰年（1772年）去洪大荣家时，第一次看到洪大荣解读扬琴演奏法的情景。

> 此器之出我东，未知何时，而其以土调解曲，始于洪德保。乾隆壬辰六月十八日，余坐洪轩，酉时立见其解此金也，概见洪之敏于审音而虽小艺，既系始故。余详录其日时，其传遂广，于今九年之间，诸琴师无不会弹。[⑤]

但是，朴趾源的儿子朴宗采在《过庭录》中说道，他的父亲朴趾源在去洪大荣家的时候，是利用琴的声音直接与外来乐器扬琴进行配合的当事人。

> 先君精于审音，而湛轩公尤晓律。一日，先君在湛轩室，见梁上挂欧逻铁弦琴数张，盖因燕使岁出吾东，而时人无解弹。先君命

①崔仙儿：《欧逻铁丝琴字谱的七调》，《韩国音乐研究》，韩国国乐学会，2008年，卷44，第217页。

②李圭景《欧逻铁丝琴字谱》：“有洋琴之属，流出我东，则几止六十载，终无翻曲，徒作文房奇器摩弄而已。正宗朝（年当俟考），掌乐院典乐朴宝安者，随使入燕始学鼓法，翻以东音，自此传习。而以手相授，苦无字谱，旋得随失。岁在丁丑仲春，同典乐文命新讲，作此谱。”《韩国音乐学资料总书》，国立国乐院，1984年，卷14，第91~92页。

③Curt Sachs, *The History of Musical Instruments*, W. W. NORTON & Company, Inc., 1940, p. 239.

④David Kettlewell, “Dulcimer”, *The New Grove Dictionary of Music and Musicians*: “According to Korean sources the dulcimer arrived in Korea in 1725 from China...”, Oxford University Press, 2001, Vol. 7, pp. 684-685.

⑤朴趾源：《热河日记》，韩国古典翻译院韩国古典DB。http://db. itkc. or. kr/dir。

侍，解下，湛轩笑曰：“不解腔，何用为?”先君试以板，按之曰：“君第持伽耶琴来，逐弦按，验其谐否也?”数回抚弄腔调，果合不此。自是，铁琴始盛行于世。[1]

但是，朴趾源在前面提到的《热河日记》中并没有关于自己的内容，只是记录了洪大荣在乾隆壬辰年（1772年）第一次解读扬琴的事，这对我们理解朴趾源和洪大荣在扬琴传入中所起的作用产生了混乱。[2] 可两位学者经常在一起谈论音乐，甚至还亲自演奏乐器，所以可以推测两位学者在扬琴的传入过程中都起到了一定的作用。[3]

实际上，根据《燕岩集》的记录，洪大荣演奏了伽耶琴，与洪大荣一起的风舞金檍（1746~?）演奏了玄琴。朴趾源在旁边观看并记录了以下内容。

二十二日，与曲翁步至湛轩，风舞夜至，湛轩为瑟，风舞琴而和之，曲翁不冠而歌，夜深流云四缀，暑气乍退，弦声益清。[4]

根据《青城集》的记录，洪大荣在自己的别墅留春坞里，与朋友、当时掌乐院的乐工们一起举办了演奏聚会。这次洪大荣也担任了伽耶琴的演奏。扬琴的演奏由金檍担任，他在上面介绍的《燕岩集》中还有关于演奏玄琴的记录。金檍虽然是在生员试中及第的贵族，但作为琴师和歌客也很有名。

洪湛轩大容置伽耶琴，洪圣景景性操玄琴，李京山汉镇袖洞箫，金檍挈西洋琴，乐院工普安亦国手也，奏笙簧，会于湛轩之留春坞。俞圣习学中，侑之以歌，嘐嘐金公用谦，以年德临高坐，芳酒微醺，众乐交作，园深昼静，落花盈阶。[5]

和洪大容一起在留春坞聚会的、演奏笙簧的“乐院工普安”，被推测就是朴宝安[6]，下面的记录说明他在正祖时期（1776—1800）被派往燕京，是学习扬琴的当事人。

正宗朝（1775—1800）（年当俟考），掌乐院典乐朴宝安者，随使入燕始学鼓法，翻以东音，自此传习……[7]

综上所述，像洪大容、朴趾源这些曾经去北京使行的先贤学者们享受的风流当中，作为清朝文化产物的音乐工具，从18世纪中期开始从中国引进扬琴，数年后国内才得以解读。另外，像宫中乐师朴宝安这样的人，与这些学者交流融洽，

①朴宗采：《过庭录》。金宇振《扬琴受容过程研究》，《韩国音乐研究》卷46，第36页再引用。

②宋惠真，同上书，第109页。

③金宇振接受了《热河日记》和《过庭录》的两种意见，认为“音律造诣很高的朴趾源去洪大荣家时，参考了伽耶琴的调弦法，改变了扬琴的基本音和调弦法，使两个乐器的音律达成一致。而在乐律上有很高造诣的洪大荣用调好音律的扬琴演奏了伽耶琴的乐曲”，对两位学者的作用予以区分。

④朴趾源：《燕岩集》，韩国古典翻译院韩国古典DB。http：//db. itkc. or. kr/dir。

⑤成大中：《青城集》，韩国古典翻译院韩国古典DB。http：//db. itkc. or. kr/dir。

⑥在记录历代掌乐院典乐的国立国乐院藏书《典乐先生案》中，记录的是朴保（辅）完的名字。http：//goseoviewer. gugak. go. kr/viewer/viewer. jsp。

⑦李圭景《欧逻铁丝琴字谱》：“有洋琴之属，流出我东，则几止六十载，终无翻曲，徒作文房奇器摩弄而已。正宗朝（年当俟考），掌乐院典乐朴宝安者，随使入燕始学鼓法，翻以东音，自此传习。”《韩国音乐史资料总书》卷14，第92页。

为了学习演奏方法，特意去中国并在那里学会了演奏方法。在这两个领域的“音乐家”的共同交往中，扬琴终于成为一种国乐器而得以接受。这些实学家和乐师们的活动推动了19世纪扬琴在朝鲜的受容和传播。

三、 19世纪扬琴的乐谱和记录

（一）乐谱

19世纪朝鲜编撰了扬琴乐谱，扬琴演奏不仅出现在贵族的风流房中，在宫中也演奏扬琴。根据《欧逻铁丝琴字谱》记载，可知掌乐院典乐文命新首次编撰了扬琴乐谱。

> 岁在丁丑仲春，同典乐文命新讲作此谱。[①]

根据说明，文命新编撰的扬琴乐谱比《欧逻铁丝琴字谱》（图1）的成书时间更早，所以可以推测《欧逻铁丝琴字谱》是把丁丑年（1817）文命新编撰的乐谱作为底本而制作的。[②]

《欧逻铁丝琴字谱》中的扬琴为14套，每套4弦，14套的琴弦通过两个音码分成右棵左便、左棵右便、左棵左便等部分，各可以发7个音。从右棵左便开始按照雅乐的12律进行调弦，按照半音的间隔进行顺序记录，记录时还加上了工尺谱的两个记号。（图2）

但是，这个乐谱中的律名和实际指示的律名并不一致，没有办法对之进行解读。直到1958年张师勋对乐谱中标记的律名与现行扬琴的律名进行比较之后，才最初发现了它们的关系，阐明了《欧逻铁丝琴字谱》中的调弦法与现行的是相同的结论。[③]

在另一个实学家徐有榘（1764—1845）的《游艺志》[④]中也有洋琴字谱，可以发现它和《欧逻铁丝琴字谱》的记谱法一样。但是，在此后的许多乐谱中，用与奚琴的肉谱很相似的“称、亨、洞、当、经”等，或是与伽耶琴口音相似的“清、

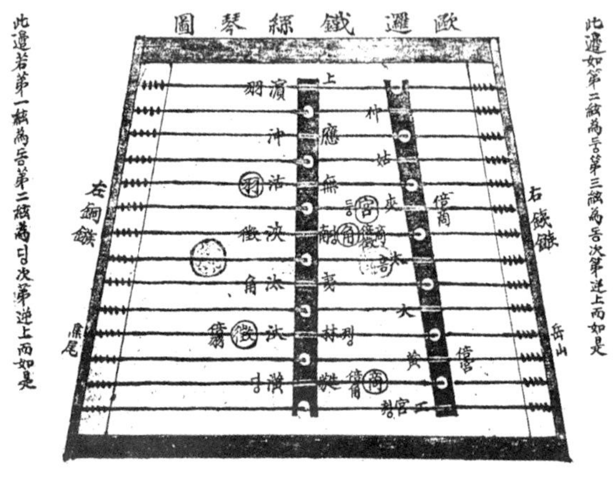

图1　《欧逻铁丝琴字谱》中的扬琴

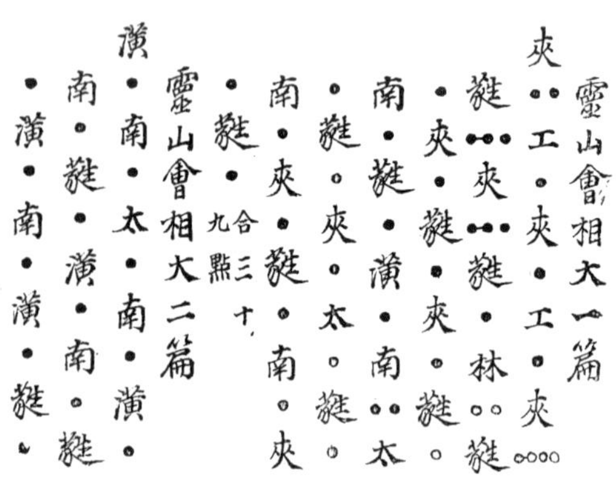

图2　《欧逻铁丝琴字谱》中的灵山会相

①李圭景：《欧逻铁丝琴字谱》，《韩国音乐学资料总书》卷14，第92页。

②崔仙儿，同上文，第217页。

③张师勋：《欧逻铁丝琴字谱的解读和现行平时调的关系》，《国乐论考》，第323~324页。

④徐有榘：《游艺志》，《韩国音乐学资料总书》卷15，国立国乐院，1984，第145~149页。

表 1　《欧逻铁丝琴字谱》扬琴的律名标记和实际律名

区分	弦律名	第 1	第 2	第 3	第 4	第 5	第 6	第 7
右棵	欧逻铁丝琴字谱标记	工	黄	大	太	夹	姑	仲
左便	实际律名	僙	㑀	侠	㑖	㑣	㑲	㒇
左棵	欧逻铁丝琴字谱标记	蕤	林	夷	南	无	应	上
右便	实际律名	黄	太	夹	仲	林	南	无
左棵	欧逻铁丝琴字谱标记	潢	汏	汰	浃	淋	湳	滨
左便	实际律名	林	南	无	潢	汰	淋	湳

中”等来代替。最初，使用的是与口音意义无关的汉字进行标记，或是反过来用汉字的意思标记口音，或者将汉字的音和韩文融合在一起。后来还出现了只用纯粹韩文的口音进行标记的现象。肉谱是韩国从高丽时代起就使用的古代记谱法。

扬琴的古乐谱大多是由风流客们编撰的，记载了他们乐于演奏的灵山会相、歌曲、时调等弦乐风流音乐。（图 3）

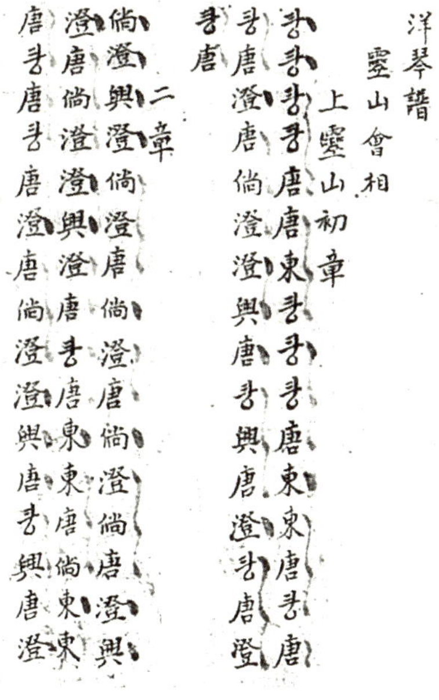

图 3　《洋琴谱》中的灵山会相上灵山

（二）宫中仪轨和记录画

关于扬琴在宫中演奏的记载，主要出现在宫庭仪轨和官员的记录画中。依据 1828 年《进爵仪轨》① 的内容，扬琴曾在慈庆殿举行的进爵仪式中演奏过，这时的扬琴差备里包括了编撰乐谱的文命新。这时虽然又新制了两台扬琴，与 18 世纪实学家们从北京购进的扬琴不同的是，19 世纪的扬琴是在国内自制的。据推测，扬琴被编入民乐等宫中宴礼乐的演奏之中。

宫廷有时还把音乐赐给官厅或个人，宣祖时为家有 70 岁以上老母的宰臣摆设了宴席，有关内容收录在《宣庙祖诸宰庆寿宴图帖》②（图 4）中，在图帖中能够看到宫中乐师演奏的情景。在 1695 年左右的原件中是没有扬琴的，这幅画的 18 世纪临摹本中也没有出现扬琴（图 5），但在 19 世纪的临摹本中却有女妓们演奏扬琴和伽耶琴的情景。（图 6）临摹本不仅具有临摹原本的功能，同时还具有反映临摹当时时代状况的特点，这也可以被解释为反映的是 19 世纪的文化。因此可以推测，原本和临摹本的差异在于是否描绘扬琴在 19 世纪广泛演奏的状况。

①《进爵仪轨》，《韩国音乐学资料总书》卷 3，国立国乐院，1980 年，第 84 页。

②《朝鲜时代宴会图》，《韩国音乐学资料总书》卷 36，国立国乐院，2001，第 130~159 页。

图 4　宣庙祖诸宰庆寿宴图帖（1695 年左右）局部图

图 5　宣庙祖诸宰庆寿宴图卷（18 世纪临摹本）局部图

图 6　宣庙祖诸宰庆寿宴图帖（19 世纪临摹本）局部图

综上所述，19 世纪由宫中乐师编撰了扬琴乐谱，在宫中和贵族官僚阶层的宴会上，扬琴也被广泛演奏。为了宴会的举行还重新制作了扬琴。在《欧逻铁丝琴字谱》中记载了贵族们喜爱的风流房音乐——灵山会相、歌曲等乐曲，乐谱中使用的“律名”记谱法，与当时很多民间乐谱一样，被转换成肉谱的形式。

四、 20 世纪以后扬琴的传承和演奏

与独奏相比，扬琴更多的是作为合奏乐器来使用，在室内乐演奏的传统乐器大多发出的是浊声，与此不同的是，由于扬琴发出的是金属性的清脆声音，所以能使整个音响达到均衡。[①] 20 世纪扬琴传承了 19 世纪的传统，在称之为“丝风流”的室内乐组合中，与玄琴、伽耶琴、细觱篥、大笒、短箫、奚琴、长鼓等和民乐、灵山会相、千年万岁、歌曲、吹打、步虚词一起演奏，有时还与短箫进行并奏。这些音乐主要是学者风流客们喜爱的正乐曲。(图 7)

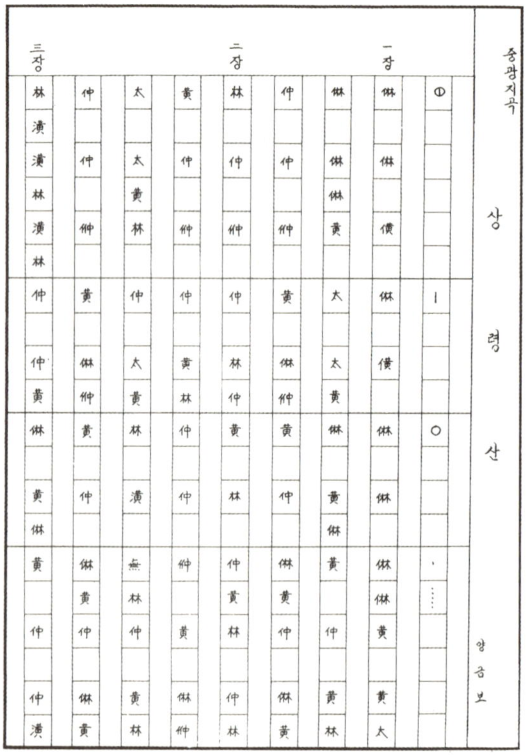

图 7　正乐扬琴谱中灵山会相的上灵山

①《与金千兴对答》，2003 年 9 月 8 日。

根据20世纪初在日帝强占期的宫中音乐机关——李王职雅乐部担任乐师的金千兴（1909—2007）的记述，学生们在用编钟和编磬学习祭礼乐以后，可以学习扬琴，因为扬琴被认为是与编钟和编磬一样演奏技巧比较简单的乐器。金千兴在这里专修的是奚琴，扬琴是他的第二专业。

金千兴在朝鲜券番也活动过，他还涉猎了民俗乐。根据他的说明，在券番中扬琴属于必不可少的乐器。妓生们用扬琴练习视唱听音。因为扬琴主要演奏基本音，便于学习，所以地方风流客们也演奏扬琴。现在丝风流的乐器组成里扬琴起着把握音程的作用。根据国立国乐院扬琴演奏者赵裕会的说明，扬琴旋律中均匀地涵盖了所有乐器的旋律，所以只要通过扬琴的演奏就可以知道所有乐器的流向。① 现行扬琴谱②的记谱方式采用的是在井间谱中记录律名的方式。

关于扬琴演奏传统音乐时的姿势，在正乐合奏时，是将扬琴放在乐器的木箱子上，用一个琴竹进行演奏。根据演奏民俗乐——玄琴散调的演奏者金茂吉的记述③，在演奏装饰音繁多、快速时，也会同时使用两个琴竹，但是现在已经不这样演奏了。而且扬琴是用竹制的琴竹敲击金属弦进行演奏，与直接用手进行演奏的玄琴和伽耶琴不同，无法进行压、推、挑等装饰音的演奏。扬琴只是利用琴竹达到装饰音的演奏效果，即琴竹选择弹力好的竹子进行制作，琴竹的把手和把柄部分只留下薄薄的竹皮，但敲击琴弦的头部较厚，以此增加重量。手握琴竹自由地颤动产生摇声，晃动琴竹产生退声的效果。这种演奏方法虽然可以用于正乐的演奏，但在速度较快、要求强烈弄弦的民俗独奏乐曲中，却很难实现。在民俗乐中徐公哲（1907—1982?）以伽耶琴散调而出名，他利用中摩利和快摩利的节奏创作了扬琴散调。这个散调不用弄弦，取而代之的是增加了很多短小的装饰旋律，但现在已基本上不演奏了。④ 到了20世纪后期，扬琴也发生了很多变化，在18世纪传入的、已本土化的小型扬琴，只在特别的情况下才使用，在传统音乐中大部分使用的是大型扬琴。而且，国立国乐院用于创作音乐的扬琴，已经与以往只用一个琴竹进行演奏的方式有所不同，为了符合创作音乐中的快速与和声，使用的是两个琴竹的双手演奏，并且扬琴也转变为18根弦，放在桌子上坐着演奏。

在以往的教育当中，虽然没有扬琴这个独立专业，但是人们也能够演奏。可是最近有所改变，除了自己的专业乐器以外，很难掌握其他的乐器。因为这种变化，使得扬琴演奏者越来越少。为了振兴扬琴音乐、发展国乐，在1989年成立了扬琴研究会。与此同时，为了顺应国际化的潮流，从20世纪50年代开始，到中国学习扬琴的演奏者也逐渐增加。这是因为中国的扬琴音域宽广，调律和转调都很便利。国立国乐院自2007年在选拔团员的考试中，对正乐团的伽耶琴和玄琴领域的考生，实施了义务演奏传统扬琴曲的考试。

①《与赵裕会的对话》，2019年8月5日。

②金千兴：《正乐洋琴谱》，首尔：银河出版社，1988年，第31页。

③《与金茂吉的对话》，2003年9月8日。

④首尔大学校收藏磁带。

总之，在20世纪初期，扬琴在李王职雅乐部和券番，以及地方风流客中演奏灵山会相、歌曲伴奏等细乐形式的室内乐，在需要强烈弄弦的民俗乐中使用得并不广泛。但从20世纪后期开始，扬琴开始用于管弦乐曲的演奏，经过乐器大小、演奏方法的变化，使本土化扬琴的传承与变化同时得到实现。

五、 结语

扬琴是18世纪通过去中国燕行的实学家和宫中乐师而传入的。这两个领域的音乐家们经过相互交流，终于让扬琴在国乐器中占据了一席之地。18世纪末扬琴的演奏方法也传授给了很多人。

19世纪实学家和乐师们的活动，为扬琴的根植和传播起到了一定的作用。宫中乐师们为扬琴编撰了乐谱，在宫中和贵族官僚的宴会当中，扬琴也被广泛使用。为了宴会的演奏还制作了新的扬琴。《欧逻铁丝琴字谱》是现在传承的最古乐谱，使用的是借用律名的记谱法，此后，随着扬琴的广泛传播，记谱法中还使用了当时在民间乐谱中普遍使用的肉谱记谱法。

贵族们的风流房中常常演奏灵山会相、歌曲等合奏曲，扬琴为合奏曲增加了华丽的音色，用一个琴竹表现了自然的颤动、细微的弄弦等，使之得以本土化。在20世纪初期的日帝强占期，由李王职雅乐部的乐师、妓生、地方风流客等进行了传承。从20世纪60年代末开始，扬琴的体型逐渐变大，为了适应新创作曲的要求，弦数也逐渐增多。现在，在18世纪从中国传入的扬琴已经本地化了，对它的保存与传承逐渐被重视起来。

对韩国古乐复原的现状考察

◇李在玉[①]

摘要：对艺术价值比较高的古乐，以学术检讨与考证为基础，再现和复原古乐，既是为了继承传统古乐艺术，对其价值进行再创造，也是为了挖掘新的信息必须要做的事情。韩国文化观光部一直促进传统艺术复原及再现的相关工作，并且每年通过复原事业招募、选定7～10项传统艺术复原项目。本文通过2009—2012年近三年的资料，考察了韩国古乐的复原现状，分析了传统艺术复原的状态，并提出了传统艺术复原需要注意的事项。本文共分三部分。绪论部分重点检讨古乐的复原现状；本论部分分析古乐复原状况；结论部分提出未来古乐复原需要注意的事项。本文提出了比较完整地复原古乐原型的可能性，考察了在古乐复原时需要注意的事项。通过对古乐复原事例的分析，发现有些事例成功地解决了在复原中需要注意的事项，但是有些事例并未达到复原的预想目标。即对选定的复原依据资料不满意，在复原过程中加入过多创作因素，从而达不到复原的目的。因此，以后在古乐复原中需要注意的，是确保复原对象多样性的依据资料，并对依据资料适当验证，从而确保复原结果的准确性和客观性。另外，古乐复原是否要与原型完全一致？虽然不是完全复制，但是否要接近原型？这些问题都是需要讨论的。

关键词：古乐；传统艺术；复原

一、绪论

复原在词典中解释为"恢复原型"。在当代世界各国为了本国传统艺术的创作和古乐谱、古乐器等古乐的复原，投入了大量的人力和预算。艺术价值比较高的古乐，以学术研究与考证为基础，需要复原与再现。这是为了继承传统古乐艺术并重新创造其价值，也是为了挖掘新的信息，所以这是必须要做的工作。

①李在玉：韩国国立国乐院学艺研究士。

古乐复原到底有什么意义？为什么要复原古乐？古乐复原也包含着“古乐断绝”的意思。在古乐复原的研究中，为了把握古乐断绝的原因，需要考察文化史、历史学、音乐学等多种学科的背景。跨学科研究可以帮助我们找出各种各样的因素，并且通过调查研究发现新的内容来创作新的乐曲。即，古乐复原不仅是单纯的回忆过去、回顾当代音乐，同时也揭示未来音乐的发展等，所以需要持续做古乐复原工作。

在本文中，我们考察了学术会议的议题古乐谱和通过韩国古乐复原的现状。韩国文化观光部一直在推进国家支援的重要无形文化指定项目（非物质文化遗产）并通过韩国民俗艺术节挖掘古乐，除此以外，通过其他地方自治团体和有关机构的支持，对处于濒临断绝的、有必要复原再现的项目进行支持。并且每年通过复原项目的宣传，选定7~10个传统艺术复原项目。本文通过2010—2012年近3年的资料，考察了韩国古乐的复原现状，分析了传统艺术复原的状态，提出以后传统艺术复原要注意的事项。在本研究的基础上，对有关古乐复原研究进行实际分析。

二、 古乐复原的支援现状检讨

本文分为绪论、本论、结论三部分。本论分两方面：第一，古乐复原的支援现状；第二，古乐复原情况分析。

根据2010—2012近3年的古乐复原资料分析结果，2010年有8项、2011年有9项、2012年有7项，共有24件古乐复原。2013年在复原和再现事业方面选定了5个团体，并正在进行研究。① 在这3年的古乐复原题材中，宫廷燕礼4项、民俗演戏4项、巫俗3项、舞蹈2项、音乐11项（器乐2项、声乐2项、声音4项、乐器2项、民谣1项）。地方自治团体：江原道1个、京畿道1个、庆南马山1个、庆北1个、庆北庆州1个、光州1个、釜山2个、首尔13个、珍岛1个。表1是近3年古乐复原及再现项目目录。

表1中古乐复原体裁调查结果，音乐占45.8%、宫廷燕礼占16.6%，民俗占16.6%，巫俗占12.5%，舞蹈占8.3%。

从图1内容来看，在这3年的复原项目中，与音乐有关的项目比重较大，数量和其他4种有明显差异。这些都是通过审查以后决定的支援项目。在这些项目支援中，分布不均衡是以后进行古乐复原项目时需要改善的问题。

各地方自治团体对古乐复原的结果，首尔有13项（54.2%）、京畿道3项（12.5%）、釜山2项（8.3%）、庆北2项（8.2%）、江原道1项（4.2%）、庆南1项（4.2%）、光州1项（4.2%）、全南1项（4.2%）。

①音乐：东便制《沈清歌》的复原及再现（首尔：蔡秀贞艺术团）；农乐：“海南郡右水营农谣”复原及再现［全南海南：（私）东北亚研究所］；巫俗：“李龙雨广大传承京畿道东幕都堂祭”复原及再现［首尔：（私）京畿道广大祭都堂研究会］；正乐（军乐）：“南汉山城吹鼓手乐队”复原及再现事业（京畿广州：广州光地院农乐保存会）；民俗演戏：“苏涂牌”复原及再现（首尔：韩国无形遗产教育开发院）。

表 1　2010~2012 年古乐复原及再现项目目录①

年度	支援机构	地方自治团体	题材	事业内容
2012	洛东文化院	釜山	巫俗	龟浦别神祭复原及再现
	(私) 首尔声音保存会	首尔	民谣	京西道杂歌 10 曲复原演奏 2
	(私) 宫廷舞蹈春莺啭保存会	首尔	宫廷燕礼	纯祖己丑慈庆殿夜进馔复原及再现
	全南大学校	光州	音乐（声乐）	尹善道《渔父四时词》复原及再现
	(私) 东北亚音乐研究所	首尔	音乐（声音）	沈家中高制盘索里伽耶琴并唱复原及再现
	东国大学校艺术文化进行研究所	庆北庆州	巫俗	薄石岘使臣城隍堂堂祭复原及再现
	高阳文化院	京畿高阳	民俗演戏	高阳盲人牛游戏
2011	(私) 首尔声音保存会	首尔	音乐（声音）	京西道杂歌 10 曲复原及再现演奏会
	白石艺术大学	首尔	宫廷燕礼	宫廷傩礼的复原再现——成宗朝《观傩》复原以及再现
	东便制盘索里的复原及再现事业团	首尔	音乐（声音）	东便制盘索里的复原及再现
	(私) 韩国农乐保存协会	京畿龙仁	巫俗	农乐名人朴南栻传承的门祭和抓贼祭的复原及再现
	崇实大学校韩国文艺研究所	首尔	音乐（声乐）	高丽末朝鲜初诗歌音乐的复原
	(私) 东北亚音乐研究所	首尔	音乐（器乐）	韩国古代音乐的复原及再现Ⅱ
	(私) 梅轩舞蹈保存会	京畿	舞蹈	京畿神房曲舞的复原以及再现
	(财) 传统公演艺术振兴财团	珍岛	宫廷燕礼	2011 年“宫廷宴礼乐”演出中使用的纯祖时期的花樽复原
	(财) 传统公演艺术振兴财团	首尔	巫俗	最后的世袭巫蔡丁礼的完判祭复原以及再现
2010	马山五光大复原推进委员会	庆南马山	民俗演戏	古乐复原及再现
	(私) 崇义殿保存会	首尔	舞蹈	崇义殿祭礼乐以及佾舞复原事业
	(私) 东北亚研究所	首尔	音乐（器乐）	韩国古代音乐的复原及再现
	(私) 江源声音振兴会	江原道	音乐（声音）	寻找北汉江山下的声音“哦，北汉江 100 年”
	韩国音乐文学学会	庆北	音乐（乐器）	岭南三弦六角复原及再现研究
	国立国乐院	首尔	音乐（乐器）	世宗朝编钟复原制作
	国立国乐院	首尔	宫廷燕礼	2010 年代表品牌“宫廷宴礼乐”公演中使用的池塘板复原
	国立釜山国乐院	釜山	民俗演戏	东莱耆英会板演戏复原以及再现

①传统公演艺术振兴财团主办。

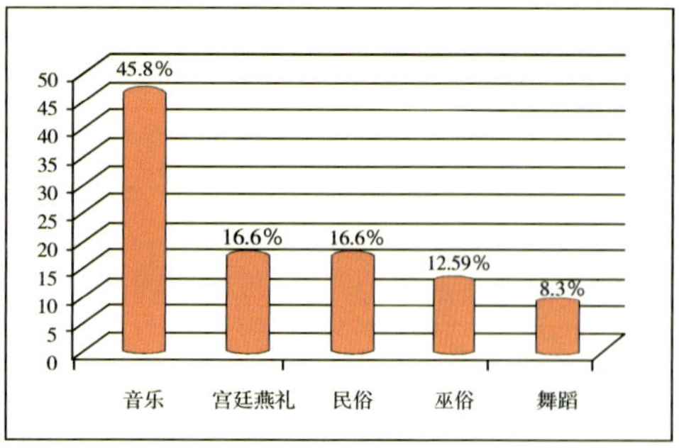

图 1　古乐复原体裁分布现状

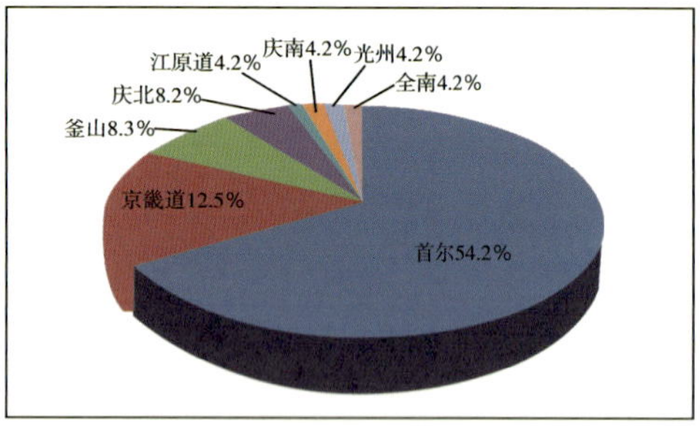

图 2　古乐复原的地方自治团体现状

在图 2 古乐复原的地方自治团体现状表中，首尔占了 54.2%，京畿道占了 12.5%，主要集中于首都圈及其附近地区。即首都圈和其他地区之间的差异比较大。这也是通过审查以后需要支援的结果，但是为了让地方自治团体能够达到比较平衡的布局，需要解决不均衡发展的问题。下面是有关古乐复原情况分析的资料。

通过这 3 年古乐复原支援现状考察结果，为了解决不均衡的发展，在体裁、地方自治团体方面都需要制定相应的对策。

三、 古乐复原情况分析

古乐复原情况分析分为音乐、宫廷燕礼、民俗演戏、巫俗、舞蹈等 5 个方面。其中音乐部分又细分为声乐、器乐、乐器。

（一）音乐

在古乐复原中，音乐方面共复原了 11 项。在基础数据中，有关音乐目录分为声乐和声音，但是在本文中声乐包含了声音部分。

1. 声乐

在声乐复原方面，2010 年、2011 年各有 3 件，2012 年有 1 件，共完成了 7 项支援项目的复原。在古乐复原中，音乐项目占了最大的比重。音乐目录与（表 2）相同，对古乐复原的核心内容和复原的意义做了如下整理。

表 2　声乐复原及再现目录

顺序	内容	年度
1	尹善道《渔父四时词》复原及再现	2012
2	京西道杂歌 10 曲复原演奏 2	
3	沈家中高制盘索里伽耶琴并唱复原及再现	
4	高丽末朝鲜初诗歌音乐的复原	2011
5	京西道杂歌 10 曲复原及再现演奏会	
6	东便制盘索里的复原及再现	
7	寻找北汉江山下的声音“哦，北汉江 100 年”	2010

复原的京西道杂歌 10 首，这些杂歌或存在传承方面的危机。在传承断绝的京西道杂歌群中，通过磁带以及 LP、SP 唱片，从传下来的张鹤仙、闵七星、金春弘、金玉喜、金兰红、金玉心、李真红、金玉叶的西道杂歌中，挑选了《前后篇祭典》、《旧楚汉歌》、《华容道》、《黄海道路军乐》、《西道农夫哥》、首杂歌《绿色山中》、京西道杂歌《血竹歌》、《关东八景》、京畿杂歌《兔画像》、《从一而终打令》等 10 曲，并记录成了乐谱。在墨桂月、李银珠、朴琦钟、李殷官等歌唱家的证言和白荣春、朴相玉、南惠叔的面谈内

容的基础上，进行了再现和演奏。①

京畿道杂歌10曲的复原Ⅱ，是对赵牧丹、李柳色、朴彩仙、朴春载、金红桃、李真红、金周镐、金景福的磁带以及LP、SP唱片中的《方物歌》、《啊，笼打令》、《郎君歌》、《漫曲谚文》、西道诵书《相思别曲》、西道才谈《放荡歌》、西道杂歌《义州山打令》、《平壤景概歌》、《温井歌》、《清川江水》等进行采谱、记录，从而得以复原和再现。

京西道杂歌的复原是重新解释了近代群众喜爱的音乐体裁杂歌，并且通过对逐渐断绝的黄海道、平安道等朝鲜地区杂歌的复原，重新奠定了民间传统声乐艺术发展的基础。

沈家中高制盘索里伽耶琴并唱的复原是以沈正顺、沈相健、沈梅香、沈姈英的沈家盘索里录音资料为基础，并记录了沈正顺演唱的《春香歌》24句②，对音乐进行了复原。现在韩国盛行的盘索里体裁是南道盘索里，但通过沈家中古制盘索里可以了解忠清地区独特的音乐及特性。③

中音制沈正顺流派的特征可以用一句话——“独立性”来说明，这也是中高制（忠清地区）的特征。现在我们对全罗道盘索里太熟悉了，所以可能觉得沈正顺的声音有些怪。但中高制沈正顺盘索里中却具有朴素的魅力和高超的技巧。

东便制盘索里是在李辅亨录制的朴奉述（宋万甲—朴奉来—朴奉述）流派的《春香歌》基础上，复原了音乐与歌词。重新恢复了已经断绝的东便制《春香歌》。

盘索里在朝鲜末期和日本强占期的协律社演出，这是盘索里公演文化逐渐崩溃的时期，通过传统文化转向近代化的过程，盘索里5名唱的东便制《春香歌》主要在地方上活动、演出，几近灭绝。但是通过朴奉述流派的盘索里，复原了古制东便制的歌词和旋律，其价值和意义都比较大。④

尹善道《渔父四时词》的复原，是将古韩语创作的40章《渔父四时词》翻译成现代韩语，并且通过考证和演出对作品进行了再现。从诗歌的结构来看，以尹善道《渔父四时词》与12歌词的结构、歌唱方法相同为前提，复原了《渔父四时词》。歌词的现代韩语考证的主要例子将ap gae ye an gae set godwiet moe hui bi chuin da（압개 예안

---

①柳玉荣：《通过杂歌的美学诗论分析京西道复原杂歌的美学特征》，《10曲复原以及再现成果报告书·西道声音杂歌》，首尔：首尔声音保存会，2011年，第93页。

②절대가인생겨날제（심화영），끼산영수（심화영），동문밖 나가면（심화영），나귀안장（심화영），적성가（심화영），앉었다 일어나（심화영），백백홍홍 난만중（심화영），춘향의 설부화용（심화영），방자 춘향부르러（심화영），네 그른 내력（심화영），산세타령（심화영），천자문자：천자뒤풀이（심정순），긴사랑가·자진사랑가（심매향），정자노래（심매향），긴기생점고（심상건），자진기생점고（심상건），군로사령이 나간다（심정순），춘향 사령 맞이（심정순），어사또 발행가（심정순），가야금병창 백구타령（심화영），단가 한송정（이애리，이은우）。

③辛银珠：《盘索里中高制与沈正顺流派〈春香歌〉》，《沈家中高制盘索里伽耶琴并唱复原及再现》，首尔：东北亚音乐研究所，2012年，第56页。

④Sung Ki-Ryun：《朴奉述唱〈春香歌〉的古调特征与传承流派考察》，《东便制〈春香歌〉的复原及再现》，首尔：东便制盘索里复原及再现事业团，2011年，第28页。

개것고 뒨 뫼희 비췬다）改成 ap ba da e an gae geo qi godwi san e hae bi qin da（앞 바다에 안개 걷히고 뒷산에 해 비친다）。

高丽末朝鲜初诗歌的复原，是通过对古乐谱井间谱的节奏分析，复原、再现了高丽末朝鲜初的乡乐曲。① 参考了《世宗庄宪大王实录》《大乐后谱》《时用乡乐谱》《乐章歌词》《乐学轨范》收录的乐谱，分析和比较所记载的乐曲，在此基础上寻找古乐谱井间谱的节奏。国乐界和国文学界认为，其研究结果将来可以用到公演文化综合信息方面。

寻找北汉江山下的声音《哦，北汉江 100 年啊》的复原，记录了与北汉江接近的韩国春川、铁原、洪川、麟蹄地区传承下来的土俗民谣 24 曲，②制作成乐谱以后，还进行了演出。在分析与朝鲜接近地区的民谣特征后，可以找出它与韩国民谣的区别。而且通过朝鲜民谣传到韩国的过程中产生的变化，可以了解文化传播和文化移动的现象。

2. 器乐

器乐复原在 2010 年和 2011 年各有 1 个项目，这 3 年共有 2 个项目的复原。目录如表 3：

表 3　声乐复原及再现目录

顺序	内容	年度
1	韩国古代音乐的复原及再现	2010
2	韩国古代音乐的复原及再现Ⅱ	2011

韩国古代音乐的复原是在 2010 年和 2011 年进行的项目，2010 年的研究，主要是为了复原古代音乐而进行的基础研究。为了复原三国时期传到日本的高丽乐，通过分析日本的《仁智要录》《三五要录》乐谱和相关译谱，奠定了古代音乐演奏的基础。通过对高丽乐乐谱的选定和乐书的比较研究，从 38 首高丽乐中选出 11 首③音乐进行译谱和复原。

2011 年研究的是韩国古代音乐的复原及再现Ⅱ，通过在日本的田野工作，调查了从三国时期传到日本至今仍在日本演奏的高丽乐。并且在 2010 年韩国古代音乐的复原及再现的基础上，韩国和日本的演奏家一起参加了复原工作，再现了 9 种④音乐。

通过有关史料分析以及具体地复原三国时期音乐的旋律，扩大了古代音乐研究范围和演奏领域。

另外，在其他古乐谱的复原当中，还有文淑嬉的《时用乡乐谱》。她在分析井间谱的节奏时不是按照井间数来解释，而是按照井间谱记载的各种音乐要素进行分析研究。而且，综合井间谱记载的杖鼓长短、音、歌词等音乐要素，找出节奏的基本拍子，通过基本拍子分析了拍子的变化和节奏，用与以往不同的方式对《时用乡乐谱》进行了复原 。

①高丽歌谣 18 曲：《青山别曲》《西京别曲》《离去》《思母曲》《履霜曲》《满殿春》《双花店》 等。

②《春川义兵阿里郎》《春川告祀声音》《春川阿拉里》《春川摘棉花》《铁原耕水田的声音》《铁原栽植水稻的声音》 等。

③《新鸟苏》《古鸟苏》《阿夜岐利》《皇仁庭破》《皇仁庭急》《新靺鞨》《纳苏利破》《纳苏利急》《新河浦》《归德侯破》《归德侯急》 等 11 曲。

④《纳苏利破》《纳苏利急》《贵德急》《胡德乐》《绫切》《皇仁庭破》《新靺鞨》《新鸟苏》《双龙舞》。

3. 乐器

关于乐器的复原，这 3 年共支援了 2 件。其目录如表 4：

表 4　乐器复原及再现目录

顺序	内容	年度
1	岭南三弦六角复原及再现研究	2010
2	世宗朝编钟复原制作	

岭南三弦六角的复原是根据现在统营地区传承下来的三弦六角音乐，复原及再现了岭南地区的三弦六角。对 1970—1980 年之间录音的统营三弦六角进行采谱，并在此基础上对岭南三弦六角的音乐技能进行复原。在地区文化的发展和多样的传统公演文化的信息发掘上，具有一定意义。岭南三弦六角的再现，通过舞蹈音乐马山五光大中《五方神房舞》《统营剑舞》、行进音乐《路演奏》和《路军乐》、《举床乐》等多种音乐形式再现出来。

世宗朝编钟的制作复原，通过对材料、基本音、装饰、纹样等方面的考证和系统的研究，以及乐器的制作过程再现了朝鲜初的宫廷乐器。根据文献记载的内容调查了编钟的材料，分析了编钟材料的物性，研究了与音像之间的相关关系。还研究了流苏、架子、丹青等编钟的纹样装饰。通过国内唯一的编钟制作者和重要无形文化财木雕刻匠、丹青匠等专家的参与，研究了编钟的制作过程，研究结果通过古乐器演奏会进行了再现。

另外，国立国乐院还复原了光州新昌洞遗址出土的弦乐器、大田月坪洞遗址出土的羊耳头、河南二圣山城遗址出土的腰鼓、世宗朝的编钟、孤山尹善道遗物馆收藏的玄琴、百济金铜大香炉的乐器、笙簧等。

（二）宫廷宴礼

在古乐复原的项目中，有关宫廷宴礼的复原共有 4 个。2010 年 1 个，2011 年 2 个，2012 年 1 个，目录内容如下：

表 5　宫廷宴礼复原以及再现目录

顺序	内容	年度
1	2010 年代表品牌“宫廷宴礼乐”公演中使用的池塘板复原	2010
2	宫廷傩礼的复原再现——成宗朝《观傩》的复原及再现	2011
	2011 年“宫廷宴礼乐”演出中使用的纯祖时期的花樽复原	
3	纯祖己丑慈庆殿夜进馔复原以及再现	2012

在祝贺 1929 年（己丑）纯祖即位 30 年和宝龄 40 岁时，世子孝明准备了昌庆宫慈庆殿进馔，这个进馔过程记录在《进馔仪轨》中。纯祖己丑慈庆殿夜进馔的复原及再现，复原的是晚上 9 点至 11 点举行的夜进馔。乐章、音乐、舞蹈、服饰、馔案、酒、床花以及各种仪物，按照仪轨进行了复原。

宫廷傩礼复原是通过成宗时期的相关傩礼文献史料，考证、复原了成宗二十一年末的《观傩》。

制作脚本和 3D 影像物，并再现了音乐，这为文化产业基本建设做出了重要贡献。

对“宫廷宴礼乐”公演中使用的纯祖时期的花樽的复原，是以《纯祖己丑进馔仪轨》、高宗时期的《壬寅进宴仪轨》《园行乙卯整理仪轨》等记载的内容，考证、复原了朝鲜后期花樽的形态与装饰。对代表品牌“宫廷宴礼乐”公演中使用的池塘板的复原，是在《纯祖己丑进馔仪轨》

等文献和图像资料的基础上，学术性地考证了池塘板，在复原过程中彩花匠黄水路和绳结匠金银暎都参与了进来。花樽和池塘板在国立国乐院60周年纪念典礼“世宗朝会礼宴”、国立国乐院代表品牌宫廷宴礼乐“王朝的梦，《太平序曲》”表演中都使用过。

宫廷宴礼的规模比较大，且具有综合性的艺术特征。因此，社会上比较关注它的复原情况，而且它的使用度也很高。花樽和池塘板也使用在有关宫廷宴礼的表演当中，使演出具有更加完美的艺术性。

（三）民俗演戏

在古乐复原中，民俗演戏共复原了4个。2010年支援了2个，2011年和2012年各1个，其目录内容如下：

表6　民俗演戏复原及再现目录

顺序	内容	年度
1	马山五光大的复原及再现	2010
2	东莱耆英会板演戏复原以及再现	
3	农乐名人朴南栻传承的门祭和抓贼祭的复原及再现	2011
4	高阳盲人牛游戏	2012

高阳盲人牛游戏是高阳地区的岁时风俗之一。（图5）在日本强占期已经断绝了，但是当时有些年轻人曾参与过游戏，其中在朴永凤考证的基础上复原了高阳盲人牛游戏。通过考证复原了音乐、乐谱、脚本、服饰、假面具和表演时需要的道具，并且在高阳市民的参与下进行了再现。

对农乐名人朴南栻传承的门祭和抓贼祭的复原，是通过传承者郑寅三先生的再现与考证进行的，这是继承湖南右道农乐的重要研究。（图5、图6）

图5　高阳盲人牛游戏

图6　农乐名人朴南栻传承的门祭和抓贼祭

马山五广大是19世纪末至20世纪初形成的。1920年左右断绝了。崔常寿于1936年和1957年在石町金珣一口述内容的基础上，复原了音乐。另外，在金珣一证言中提出的脚本和假面具图像的基础上，通过周围的野游游戏，并和统营、固城、架山、金海、晋州五广大进行比较，从而复原了马山五广大。本研究获得了学术、表演、制作方面的研究成果，奠定了马山五光大的传承基础。（图8）

对东莱耆英会板演戏的复原，是根据东莱最后的风流人物文章垣（出生于1918年）、参加过东莱板演戏的元老舞蹈者、通过乐师们的考证和咨询，复原了20世纪40年代在东莱耆英会表演的板演戏。

图 5　马山五广大假面具

图 6　湖南右道农乐

马山五广大

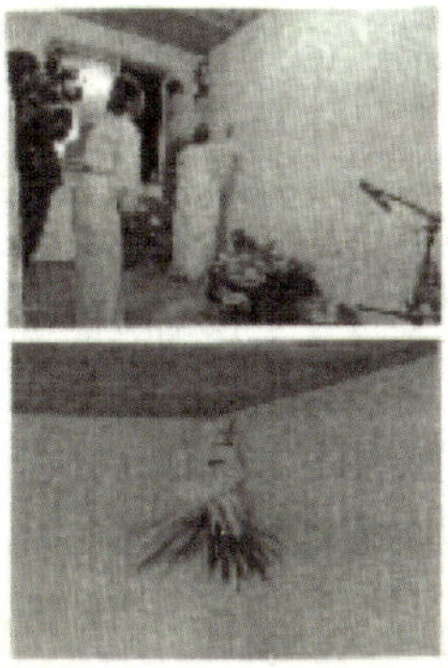

图 9　蔡丁礼城主祭

图 7　龟浦别神祭

图 8　薄石岘城隍堂祭

（四）巫俗

巫俗方面共复原了 3 项。2011 年支援了 1 项，2012 年支援了 2 项。其目录如表 7：

表 7　巫俗复原以及再现目录

顺序	内容	年度
1	最后世袭巫蔡丁礼的完判祭复原再现	2011
2	龟浦别神祭复原及再现	2012
3	薄石岘使臣城隍堂祭复原及再现	

关于龟浦别神祭的复原。（图 7）对 500 年前开始在釜山市北区龟浦地区传承下来的村子祭，通过其村子的堂主女巫李美子（出生于 1955 年）的调查以及当地人的证言和有关文献史料，考证了巫歌与音乐的关系。被认为已经断绝的巫歌，通过龟浦别神祭的历史和由来，发现了一部分还在传承的事实。对龟浦别神祭的历史、谈论以及反映背景故事的研究，都具有很重要的意义。

由于城市开发的原因，几乎消失的首尔城隍堂重建以后，薄石岘城隍堂祭（图 8）依据一直保护城隍堂祭的朴容子（出生于 1951 年）、堂主女巫吕殷硕（出生于 1963 年）、堂主乐师崔炯根（出生于 1954 年）的口述，和有关城隍堂的表演记录，以及原住民的证言，复原了音乐。通过这些证言，可以找到首尔祭的名人，并且通过对它的考察了解传统艺术表演的世界盛况。

最后的世袭巫蔡丁礼的完判祭复原。（图 9）

逐渐消失的珍岛城主祭①，通过珍岛世袭巫蔡丁礼（出生于1923年）的口述，复原了城主祭的准备过程（巫具、准备餐桌等）、进行过程、台词、乐谱等。通过作为韩国艺术文化重点的祭（Gut）的研究，完成了南道最后的世袭巫蔡丁礼城主祭的复原以及再现。它为南道祭原型的保存和传承，提供了比较重要的资料，并且可以运用于学术、舞蹈、音乐等各个艺术领域。

（五）舞蹈

舞蹈方面复原了2项。2010年1项，2011年1项。目录如表8：

表8　舞蹈复原及再现目录

顺序	内容	年度
1	崇义殿祭礼乐以及佾舞复原事业	2010
2	京畿神房曲舞的复原以及再现	2011

京畿神房曲舞的复原，是在京畿神房曲舞濒临断绝时，在已故的金淑子（1927—1991）的弟子李丁姬等口述的基础上，考证了《无林来舞》（울림채춤）、《特柏林舞》（터벌림춤）、《金穗舞》（진쇠춤）、《在色舞》（제석춤）、《不正游戏舞》（부정놀이춤）、《咕哝舞》（군웅춤）等，通过研究复原了京畿神房曲舞的舞蹈动作（照片-舞步）、音乐（长短）、服饰以及道具。并且与无形文化财驱煞舞一起，复原了京畿神房曲舞和京畿神房曲长短。

崇义殿祭礼乐和佾舞的复原，是对崇义殿大祭中轩宴的祭礼乐与佾舞的复原，在秋季崇义殿大祭中再现了高丽太庙亲享仪。其复原扩大了韩民族祭祀的研究范围和文化综合信息的使用方案。

以上考察了古乐复原的情况，除了文化观光部的传统公演艺术复原支援项目以外，在民间也进行了不少的复原，此外还需要对古唱片的研究、复原等。

四、 提议及结论

本文按地区、体裁考察了古乐复原的支援现状，古乐分为音乐、宫廷宴礼、巫俗、民俗演戏、舞蹈等5个方面。本文分别分析了它们的复原情况。从古乐复原的结果看，有些成功地实现了在复原中需要考虑的事项，但是有些事例并未达到复原的要求。

一方面，通过古乐复原现状与情况分析，可以把握已经断绝的古乐社会、文化脉络和音乐现况；其次考察了同时代没有关注的一些传统音乐的价值，并且发现了与目前研究成果不同的解释方式。

另一方面，如果选定的复原依据资料不符合条件，或者在复原过程中使用过度的创作因素，就会犯没有遵循复原研究宗旨的错误。例如，复原过程中记录下来的音乐，通过作曲家们的改编再现演奏；由于复原对象与当代音乐歌词结构相似的原因，提出了音乐相同的说法；复原对象是用古语记下来的，但是用现代语来复原其音乐的情况；只能提供比较有限的根据；等等。

复原过程中产生了不少这样的结果，但是我们还需要发掘更多的古乐复原对象，为了进行深

①《安当》《地神祭》《草房望石》《帝释祭》《请先茔》《上烧纸》《成造具》《终天》。

层次的研究，要继续坚持对古乐复原的支援。即，要确保根据资料的多样性与资料的妥当性，把握复原的正确性和客观性。

古乐复原对濒临断绝的传统艺术，以及必须保存的传统艺术，还是贡献比较大的，而且保证了传统艺术的传承并重新创造它的价值，增加了可以发掘综合信息的机会。更重要的是，本文分析的古乐复原，大部分都是通过国立国乐院宫中宴礼演出等现场演出再现的。

复原的核心是“恢复原型”，在复原过程中很可能达不到要求。全世界一直在进行复原工作，若严格控制复原的话，真正的复原能有多少？比如，古乐复原一定要与原形完全一致吗？虽不是完整的复原，但比较接近于原型，这能叫复原吗？那么怎么命名复原的名称，它的研究范畴又在哪里？在复原中能不能包含创作，如何界定创作的范围？

本文在讨论主题之前，首先要考察“复原”的定义。笔者认为首先要解释其名称的含义，但是因为这些问题不是马上就能解决的，所以本研究中忽略了这个问题，这是以后要继续讨论的论题。在韩国的古乐复原中，需要加强东亚各国家间的交流，因此笔者期待东亚地区各民族音乐学者对古乐的复原要保持关心，并持续进行研究。

参考文献：

［1］京畿道高阳市高阳盲人牛游戏［M］. 高阳：高阳文化院，2012.

［2］京畿神房曲舞［M］. 京畿：（私）梅轩舞蹈保存会，2011.

［3］京西道杂歌 10 首［M］. 首尔：（私）首尔声音保存会，2011.

［4］高丽末朝鲜初诗歌音乐的复原［M］. 首尔：图书出版学库房，2009.

［5］龟浦别神祭复原及再现学术调查——神明与情节的融合［M］. 釜山：洛东文化院，2012.

［6］农乐名人朴南栻传承的门祭和抓贼祭的复原及再现［M］. 龙仁：（私）韩国农乐保存协会，2011.

［7］东便制《春香歌》的复原及再现［M］. 首尔：东便制盘索里的复原及再现事业团，2011.

［8］马山五光大复原及再现学术大会［M］. 马山：马山五光大复原推进委员会，2010.

［9］马山五光大有关资料集（1）［M］. 马山：马山五光大复原推进委员会，2010.

［10］马山五光大有关资料集（2）［M］. 马山：马山五光大复原推进委员会，2010.

［11］马山五光大复原及再现资料集［M］. 马山：马山五光大复原推进委员会，2010.

［12］薄石岘使臣城隍堂堂祭［M］. 庆州：东国大学校艺术文化振兴研究所，2012.

［13］寻找北汉江山下的声音“哦，北汉江 100 年”［M］. 江原：（私）江源声音振兴会，2010.

［14］沈家中高制盘索里伽耶琴并唱复原及再现［M］. 首尔：（私）东北亚音乐研究所，2012.

［15］慈庆殿夜进馔［M］. 首尔：（私）宫廷舞蹈春莺啭保存会，2012.

［16］蔡丁礼城主祭［M］. 珍岛：国立南道国乐院，2011.

［17］韩国古代音乐的复原及再现［M］. 首尔：（私）东北亚研究所，2010.

［18］国立剧场艺能部. 古代乐器的归元［M］. 日本：艺术文化振兴会，1994.

［19］文淑嬉. 高丽末朝鲜初诗歌与音乐形式［M］.

崇实大学校韩国文艺研究所学术丛书（9），首尔：学库房，2009.

［20］文淑嬉. 时用乡乐谱复原——乐谱集［M］. 崇实大学校韩国文艺研究所学术丛书（35），首尔：学库房，2012.

［21］文淑嬉. 宗庙祭礼乐的原型与复原［M］. 崇实大学校韩国文艺研究所学术丛书（35），首尔：学库房，2011.

［22］尹善道. 通过《渔父四时词》考证，现场再现及影像制作事业［M］. 光州：全南大学产学协力团，2012.

［23］郑寅三，金宪宣. 农乐的魂，唤醒一生的舞蹈神明，水吵醒的半百年［M］. 首尔：宝库社，2011.

［24］郑寅三，金宪宣. 通过湖南右道农乐名人写真集看我们的农乐 100 年［M］. 首尔：宝库社，2011.

朝鲜后期皇坛乐研究

◇金钟洙[①]

摘要：皇坛是为了祭祀明朝皇帝于1704年（肃宗三十年）在昌德宫禁苑西侧曜金门外建立的坛。“丙子胡乱”（1636）以后，在“复仇雪耻”的大义名分下，为了唤醒国民精神，在明朝灭亡周甲年的1704年设立了皇坛。皇坛最早只祭祀“壬辰倭乱”派遣援兵的明神宗（1572—1620在位），1749年（英祖二十五年）以后明太祖和明末帝毅宗（1627—1644在位）也一起供奉。皇坛祭祀从1704年到19世纪末持续了近200年。

祭祀明朝皇帝是尊周义理和春秋大义的表现，周朝是中华文化象征性的存在，而中华文化则是遵守人伦和道德的儒教文化。和周朝具有同样象征性的明朝灭亡后，朝鲜认识到其作为继承者需要复兴和守护中华文化的使命。皇坛祭祀是朝鲜儒教文化正统时代思想的象征性表现，用以恢复向女真族屈服受辱的民族自尊心。

皇坛的音乐记录在柳重教《省斋集》和《乐学轨范》的先蚕、文庙祭礼乐中。即皇坛乐谱有可能源自1430年（世宗十二年）闰十二月完成的祭礼乐谱，因此皇坛乐可以从现行文庙祭礼乐中找到痕迹。

关键词　朝鲜后期；皇坛；皇坛乐；明朝皇帝；祭祀

一、 绪论

皇坛从字面上理解是祭祀明朝皇帝的神坛。皇坛祭享是“事大”[②]的产物，因此这一期间韩国音乐史研究几乎不见有关皇坛的内容。《韩国音乐通史》（宋芳松，一潮阁，1984）[③]和《韩国音乐史》（大韩民国艺术院，1985）完全没有

①金钟洙：首尔大学奎章阁韩国学研究院责任研究员。

②殖民主义历史观中，“事大”被定义为服从和支配的关系。最近，国史学界认为“事大”是东亚文化圈为了礼教秩序而设立的和平国际关系。（郑玉子：《朝鲜后期文化运动史》，首尔：一潮阁，1988年，第49页）“事大”的态度是臣对君主必须具有的道德规范，即：诚、敬、礼。这并非是一方的服从和隶属，而是把对彼此的道德性作为前提。在非儒教文明国家，并不能建立事大关系。（韩永愚：《朝鲜前期社会思想研究》，首尔：知识产业社，1983年，第49~51页）

③2007年出版的《增补韩国音乐史》（宋芳松，民俗苑，2007）里也没有与皇坛相关的内容。

提及，《增补韩国音乐史》（张师勋，世光音乐出版社，1986）第439页写道：“纯祖十三年三月，补充制作了皇坛祭享陈旧的佾舞、雅乐器、乐谱、钟鼓、管、钥、干戚、翟旄，焕然一新。”这是有关皇坛乐唯一的记录。不容置疑，皇坛乐在朝鲜时代是存在的，甚至还有当时音乐演奏的记录，因此对皇坛乐的研究应该包含在韩国音乐史范畴之内。笔者将梳理皇坛的设置背景、建设以及皇坛祭享使用的音乐，并探讨皇坛的历史意义。

二、皇坛制度的历史背景和变迁

1672年（显宗十三年）闰七月，上院儒生周东伯上疏道：“大明神宗皇帝壬辰再造之恩，不可无俎豆之报，请立庙于关西。”这是祭祀明朝皇帝的意见首次被提出。显宗答曰：“藩国立神宗庙，非但事体不可，且今日事势，尤有所难行也。”所以此事不了了之。[①]

之后，明朝灭亡周甲之1704年（肃宗三十年）1月10日，肃宗再次提起：

“今年，即甲申也。大明以是岁三月亡。……壬辰之变，宣庙远狩龙湾，至欲内附，神宗皇帝竭天下之力，东出兵救之，得以再造邦家。……丁丑之事，有不忍言。其时斥和三臣，以死争之，节义炳然，纲常不坠。到今年纪愈久，世道愈下，复仇雪耻，固非朝夕所可期，而至于疏章间慷慨之言，亦未有闻，以至于远忘之域，予尝慨然。今逢周甲，一倍感怆矣。”领议政申琓曰：“圣教及此，群下孰不感激？壬辰再造之恩，实万世不可忘也。丁丑以后，君臣上下，皆以勾践之心为心，国小力弱，虽不能一洒深耻，痛恨之心，无时可已，而至于今日，则人心恬嬉，非但世无慷慨之人，并与大义都忘之矣。……彼国染俗，固无足怪，而我人于客使来往时，夹道观光，视同华使，其无含冤忍痛底意可知。……使之不忘之道，何以则可也？……杨镐、邢玠，以东征帅臣，亦有祠宇[②]，而尚无为神皇建庙事。先正臣宋时烈，曾有是议，欲以斥和三臣，从享庙庭，语在《三学士传》矣。此事何如？”[③]

肃宗感叹“丙子胡乱”之后，本应是国论的复仇雪耻之大义，随着时间的流逝正在被遗忘，为此，他提议为“壬辰倭乱”时派遣援兵的明神宗建祠堂。

之后，肃宗再次提议建造神宗皇帝祠堂[④]，并于明朝末帝毅宗（1627—1644在位）的忌日3月19日在昌德宫后苑设坛为毅宗皇帝祭祀。当时单献的祭品为黑牛，没有演奏音乐，祭祀结束后把祝文、币和纸榜烧掉，再撤去祭坛。[⑤]

在番邦祭祀天子受到礼的局限，还要担心事

①《显宗改修实录》显宗十三年闰七月六日（己卯）第一条记事。

②1598年（宣祖三十一年）建造宣武祠供奉明朝兵部尚书邢玠的牌位，1604年增加都御史杨镐的牌位。

③《肃宗实录》肃宗三十年一月十日。

④《肃宗实录》肃宗三十年三月七日（丙午）“备忘记”曰：“神皇建庙事，已谕予意询于诸臣，此是早晚必行之盛礼。”

⑤《肃宗实录》肃宗三十年三月十九日（戊午）。

皇坛[1]

情泄露，因此祭祀无法彻底促进。[2] 1704 年（肃宗三十年）9 月，顾忌到清朝，加上“本国宗庙压屈之端，虽是微细节目，在本国臣民之心，亦甚重难”，作为折中方案，决定设置祭坛代替建造祠堂。[3] 10 月 3 日，祭坛在昌德宫禁苑西面的曜金门外奠基，12 月 21 日完工。[4]

朝鲜的社坛和稷坛[5]四边每边长 8.33 米、高 1 米，四面有 3 级台阶。[6]皇坛模仿了社稷坛，只是更高、台阶更多，每边长 8.33 米、高 1.33 米，四面有 9 级台阶。[7] 9 级台阶是天子的制度。[8]坛被定名为大报，“大报”出自《礼记·郊特牲》，兼具郊天（祭天）和报德（报答）之意。[9]

祭品数根据皇朝仪式而定，纸榜上写“大明神宗皇帝神位”，祭文不写清年号。明崇尚火德，因此将骍牛（红色的牛）作为牺牲。[10] 1705 年（肃宗三十一年）3 月 9 日，肃宗在大报坛亲自举行了祭祀。[11]

---

①《东阙图》现收藏于高丽大学博物馆。

②《肃宗实录》肃宗三十年四月十日（己卯）。

③《肃宗实录》肃宗三十年九月十六日（癸丑）。

④《肃宗实录》肃宗三十年十二月二十一日（丁亥）。

⑤社坛和稷坛分别祭祀土神和谷神。

⑥《国朝五礼仪·序例》（影印本，景文社，1979）卷 1，31a 面：“社稷坛在都城内西，社在东稷坛西，两坛各方二丈五尺，高三尺，四出陛各三级。”

⑦《皇坛仪》（奎 14308）卷 1，7a 面《坛壝图》说：“坛在昌德宫禁苑之西集成门外，仿我国社稷之制，坛高四尺，比社坛加高一尺，方广二十五尺，甃以方甎，四出陛各九级，四面有壝，缭以周垣。”

⑧《肃宗实录》肃宗三十年十一月十二日（戊申）：“户曹参判金镇圭以正言洪泳疏论筑坛事，上疏曰：‘……九其陛级者，欲用天子之制于此坛也。此固未见其不可，而况圜丘之陛九级，则泳何以援比祭天而谓不必九级也？”

⑨《肃宗实录》肃宗三十年十一月二十五日（辛酉）。

⑩《肃宗实录》肃宗三十年十二月二十一日（丁亥）。

⑪《肃宗实录》肃宗三十一年三月九日（癸卯）：“上诣大报坛，亲祭大明神宗皇帝。”

祭祀日期选在3月的理由是明亡于3月。[①]

之后，每年的3月朝鲜王都在大报坛祭祀神宗皇帝，具体可参见如下史料：

1707年（肃宗三十三年）3月6日，上亲祀于大报坛，如乙酉礼。[②]

1710年（肃宗三十六年）3月3日，遣大臣，摄行大报坛祀。[③]

1727年（英祖三年）3月7日，上祀皇坛。[④]

1738年（英祖十四年）3月3日，上亲祭大报坛[⑤]。

1746年（英祖二十二年）3月8日，上亲祭皇坛[⑥]。

1745年（英祖二十一年）3月，英祖说："致斋三日，而一日宿于享所，自是金石之典。"下令建造斋室，[⑦] 并制定相关制度。

1749年（英祖二十五年）3月，应教黄景源上疏说：王在南汉山城被包围的时候，明朝末帝毅宗有救援之恩，提议在皇坛对其举行祭祀。[⑧]对此，礼曹判书密钥等说道："神宗动天下之兵，再造东国，毅宗出师旋撤，德意不无轻重。"[⑨]对毅宗祭祀持消极态度。但是英祖却说："臣与子以受恩厚薄事君父，焉用臣子哉？"[⑩]并下命祭祀神宗和毅宗两位皇帝。[⑪]而且王还认为神宗和毅宗的祖先太祖（1368—1398）赐予朝鲜这一国号，因此应该一起举行祭祀。[⑫] 1749年4月11日，英祖在大报坛为三位皇帝举行了祭祀。[⑬]之后每年都在大报坛祭奠这三位皇帝，1762年英祖下令徐达、李如松、范景文分别从享于太祖、神宗、毅宗的牌位。[⑭]

1764年（英祖四十年），明朝灭亡后的120年，毅宗殉死的3月，王下命终止所有行幸和贺

①《肃宗实录》肃宗三十年十二月二十日（丙戌）。

②《肃宗实录》肃宗三十三年三月六日（己未）。

③《肃宗实录》肃宗三十六年三月三日（戊辰）第3条记事。

④《英祖实录》英祖三年三月七日（甲午）。

⑤《英祖实录》英祖十四年三月三日（乙卯）。

⑥《英祖实录》英祖二十二年三月八日（甲戌）。

⑦《英祖实录》英祖二十一年三月一日（癸酉）、五日（丁丑）、七日（己卯）。

⑧《英祖实录》英祖二十五年三月一日（己酉）。

⑨仁祖十五年（1637年）正月，朝鲜告知突变，皇帝命总兵陈洪范派遣各镇舟师出兵救援，但到达之前江华岛便沦陷，世子被抓，援兵撤退。

⑩《英祖实录》英祖二十五年三月二日（庚戌）。

⑪《英祖实录》英祖二十五年三月十四日（壬戌）。

⑫《英祖实录》英祖二十五年三月二十三日（辛未）。

⑬《英祖实录》英祖二十五年四月十一日（辛未）："丑正五刻，亲享大明三皇帝于大报坛。"

⑭《英祖实录》英祖三十八年三月二十日（癸丑）；五月六日（己亥）；五月七日（庚子）。《皇坛从享仪轨》（奎14316）里有对应的详细记载。另外，之前的英祖二十二年（1746）三月，礼曹判书郑羽良曾提议"历代皇帝全都有配享臣下，只有皇坛没有，应配享杨经理（杨镐）和邢军门（邢玠）"。《英祖实录》英祖二十二年三月七日（癸酉）。

礼的鼓吹，并撤轩悬。[1]而且，为了慰藉忠臣和义士的心灵，还实行了特别的科举考试——忠良科，只允许显节祠[2]和忠烈祠配享之人的后人，以及明朝人的后裔参与应试。[3]忠良科的红牌不用清年号，只写某年某月。[4]国家的这一方针旨在不能忘记过去的耻辱，对相关的忠臣、烈士、义人实行新的礼遇。[5]

皇坛祭享一直持续到1893年（高宗三十年）。[6]到1894年（高宗三十一年），日本政府以镇压东学党起义为契机，以改革为由进行背后干涉。1895年8月20日，受日本教唆明成皇后被杀，以总理大臣金弘集为主的亲日派内阁急切地进行了改革，1896年2月11日，国王被派遣至俄馆。在这混乱的政局下[7]，皇坛祭享有名无实[8]，并于1908年7月正式废除[9]。

明朝灭亡60年之后的1704年（肃宗三十年）以来，明朝皇帝的祭享持续了200年，可以将其看成是朝鲜后期十分重要的祭礼。1752年（英祖二十八年）7月，英祖曾下命"命服中卒哭前，皇坛祭用乐，社稷祭陈而不作"[10]。

三、 皇坛乐的内容和构成

（一）乐章

1704年（肃宗三十年）11月25日，宋相琦呈上了他所作的皇坛乐章。[11]当时以俗乐用于祭奠宗庙，其登歌轩架全部都有乐章，而以雅乐用于社稷的有登歌有乐章，皇坛随社稷，只在登歌演奏的奠币、初献、撤笾豆配以乐章。[12]

奠币

明明圣后，万邦之辟。

皇公伊濯，在我东服。

①《英祖实录》英祖三十九年十二月二十一日（癸卯）："上以重逢明年甲申怆念皇朝，三月则凡行幸庭贺，竟命停鼓吹撤轩悬。"

②显节祠供奉着丙子胡乱时期斥和臣金尚宪、郑蕴、洪翼汉、尹鏶、吴达济的神位。

③《英祖实录》英祖四十年一月二十日（壬申）。

④《英祖实录》英祖四十年二月六日（戊子）。

⑤郑玉子：《19世纪尊华思想的位相和历史的性格：以"尊华录"为中心》，《韩国学报》76号，一志社，1994年秋，第79页。

⑥《英祖实录》英祖四十年三月二十日（辛未）："上亲行大享于皇坛。"《正祖实录》正祖三年三月七日（辛卯）："前享于皇坛。"《纯祖实录》纯祖二十七年三月七日（壬午）："王世子摄行皇坛春享。"《高宗实录》高宗八年三月十日："诣大报坛行亲祭。"《高宗实录》高宗二十一年三月二十日："诣大报坛行亲祭。"《高宗实录》高宗二十九年三月七日："王世子摄行皇坛春享。"《高宗实录》高宗三十年三月七日："行大报坛亲祭。"

⑦韩沽劤：《韩国通史》，首尔：乙酉文化社，1983年，第26版，第485~496页。

⑧1896年（高宗三十三年）8月14日，宫内府大臣李载纯上疏的祭祀规例中，大报坛祭祀时间为3月上旬。《高宗实录》（高宗三十三年）8月14日（阳历），1894年（高宗三十一年）以后《实录》中不再出现大报坛祭享的记录。

⑨《纯宗实录》纯宗一年七月二十三日"废除大报坛、万东庙、崇义庙、东关庙、南关庙、北关庙，及地方关庙的祭祀，大报坛基址由宫内府保管……"

⑩《英祖实录》英祖二十八年七月四日（壬戌）。

⑪《肃宗实录》肃宗 三十年十一月二十五日（辛酉）。

⑫《肃宗实录》肃宗三十年十二月二十一日（丁亥）："乐章亦相琦所撰进也。畲以为宜仿文庙释菜时乐章，诸大臣请依社稷乐章，上从其言。"

有俶其坛，有俨其神。

承筐是将，用肇精禋。

初献神宗乐章

帝有大造，耆其神武。

复我庙社，奠我疆土。

报祀伊何，大糦淳牡。

于昭陟降，庶几歆佑。

撤笾豆

笾豆有践，钟鼓斯喤。

匪曰报德，维以竭情。

礼仪既备，载撤不迟。

于万斯年，庶无射思[①]。

1749年（英祖二十五年）3月，皇坛祭奠增加了太祖和毅宗，[②] 因此也增作了明太祖和明毅宗的初献乐章。

太祖乐章

载锡嘉号，载烛谝言。

于乎远哉，万世之恩。

玄云羽旄，桑海茫茫。

瑟瓒黄流，神保是皇。

毅宗乐章

殉社之烈，恤小之惠。

辽海洋洋，曷云能济。

清酤既载，明燎斯煌。

揭虔无射，右我后皇[③]。

但是根据1749年（英祖二十五年）4月11日的实录记载，出现了以下皇坛迎神和送神的乐章。

《迎神乐词》曰：

明明三后，万邦之辟。皇公伊濯，在我东服。有俶其坛，有俨其神。承筐是将，用肇精禋。

《送神乐词》曰：

笾豆有践，钟鼓斯喤。匪曰报德，维以竭情。礼仪既备，载彻不违。于万斯年，庶无射思。

仔细研读乐章的内容可知，这与1704年11月宋相琦所作的《奠币》和《撤笾豆》的乐章是一致的，只是《奠币》的第一句“明明圣后”变成了“明明三后”。因此《英祖实录》中虽然有皇坛的迎神送神的乐章，实际上可看成是《奠币》和《撤笾豆》乐章的误记。迎神和送神乐在轩架演奏，皇坛乐乐悬的轩架不配以歌，[④] 可以确定是因为皇坛没有迎神和送神的乐章。高宗（1863—1907）时期的学者柳重教（1832—1893）在文集中也提到大报坛只有《奠币》《初献》《撤笾豆》乐章。[⑤]

（二）乐曲

1704年（肃宗三十年）11月和12月，对于掌乐院请示的皇坛乐，礼朝命其跟随大祀的社稷。对此刑曹判书金镇龟认为，比起地乐的社稷，跟随人神祭祀的先农更为恰当，需询问大臣和礼官

①《肃宗实录》肃宗三十年十一月二十五日（辛酉）。

②《英祖实录》英祖二十五年三月二十三日（辛未）。

③《英祖实录》英祖二十五年四月十一日（戊子）。

④《皇坛仪》（奎14308）卷1，27a面“乐悬图说”。

⑤《省斋集》（首尔：同文社，1974）卷50，16b-17b面。

的意见再处理，[①]并于12月16日再次讨论。

1704年（肃宗三十年）12月16日，左议政李畬说道："臣于乐学全昧，有难僭论，而惟《周礼》所称乐六变，天神可得以礼，八变，地可得以礼，九变，人鬼可得以礼者，乃祭祀用乐之大致也。我国乐道虽微，诸祀所用雅乐，风云雷雨坛之六变，社坛之八变，先农坛文庙之九变，则尚可征也。今以社坛大祀之故，用其八变之乐于此坛，得无谬乎？先农、文庙，虽为中祀，本用王者之礼，而考诸《乐学轨范》，两祀奠币、三献、撤笾豆乐章字句之数，与社坛乐章，别无所异。今乐章虽已启下，仍令合奏于九变之乐，恐合制乐之意。"右议政李濡以为："当初依社坛用乐之说，盖取祀典最尊处，大体而言者也。若以天、地、人三祀，六、八、九声之变论之，则各有其义，不可混也。今用先农坛之乐，九变奏之，恐有得于人神可得而礼之之意。"命依议施行。[②]

因此皇坛中使用人神祭祀的先农乐。以上史料中"先农坛之乐，九变奏之，恐有得于人神可得而礼之之意"，只代表性地提及了迎神乐，实际上从迎神到送神所有节次都使用了先农乐。

1747年（英祖二十三年）编纂的《皇坛仪》[③] 对皇坛乐介绍见表1。[④]

皇坛乐在迎神时演奏黄钟宫、仲吕宫、南吕宫、夷则宫，奠币、初献、撤笾豆用南吕宫，进馔、亚献、终献用姑洗宫，送神则演奏送黄钟宫，这和以先农乐为代表的和人神祭祀之先蚕、雩祀、文庙乐相同。[⑤⑥]

柳重教的《省斋集》卷50中收录了登歌演奏的奠币、初献、撤笾豆的大报坛乐章及其乐谱。[⑦]其中乐谱与《国朝五礼仪序例》《乐学轨范》里记载的雅部祭乐相同。[⑧]

---

①《肃宗实录》：肃宗三十年十二月十六日（壬午），"先是，刑曹判书金镇龟上札，论大报坛用乐之宜曰：伏以，大报坛所用雅乐之当依何祀，顷自乐院，条问礼曹。盖以国朝雅乐之用，凡有天、地、人三祀故也。礼曹报以一从社稷。窃念社稷，即地乐也。兹坛之事，岂可取例于地乐，而况丁所谓人神有先农焉，是亦古之帝也，则今坛乐，似宜旁照于此。且夫三祀之乐，六八九之变，卯未子之律，凡所不同，各有其义，不可混用，轨范诸说，可考而知也。臣虽懵于此事，适待罪该院，欲登对仰禀而不果，敢用札陈。惟圣明即询于大臣礼官而处之。"

②《肃宗实录》：肃宗三十年十二月十六日（壬午）。

③《英祖实录》：英祖二十三年三月二十九日（己未）："皇坛仪轨成。命具细仗鼓吹，奉安于香室，盖皇坛大享有仪注无仪轨，故命礼官儒臣纂辑，至是告讫。"

④《皇坛仪》（奎14308）卷1，乐章4a面；卷2亲享仪，7b–21b面。

⑤《乐学轨范》卷2，17b–18b面："人神，先农先蚕雩祀文宣王，黄钟为宫三奏，大吕为角者，用大吕之角。仲吕为宫二奏。太簇为征者，用太簇之征，南吕为宫二奏。应钟为羽者，用应钟之羽。夷则为宫二奏，为九变。……舞烈文之舞，而降神，然后歌南吕【登歌】。……奏姑洗【轩架】，舞昭武之舞……而享之。"

⑥参考《社稷署仪轨》里的社稷乐。

《社稷署仪轨》（奎14229）卷1"式例"，3b–4a；卷2"仪节"，12b–20b社稷乐。

⑦《省斋集》卷50，16b–17b面。《省斋集》皇坛"奠币乐谱"中，奠币和撤笾豆的乐谱与其一样。对比《省斋集》《乐学轨范》《世宗实录》的记载，可知《省斋集》里面律名旁边写的乐章顺序有误。

⑧《国朝五礼仪序例》卷1，首尔：景文社，1979年，5b–6b面。《乐学轨范》卷2，15b–16b面。

表 1　皇坛乐

仪式节次	乐队	乐曲	佾舞
迎神	轩架	景安之乐 9 成①：黄钟宫、仲吕宫、南吕宫、夷则宫	烈文之舞
奠币	登歌	肃安之乐：南吕宫	烈文之舞
进馔	轩架	雍安之乐：姑洗宫	
初献	登歌	寿安之乐：南吕宫	烈文之舞
文舞退，武舞进	轩架	舒安之乐：姑洗宫	
亚献	轩架	寿安之乐：姑洗宫	昭武之舞
终献	轩架	寿安之乐：姑洗宫	昭武之舞
饮福			
撤笾豆	登歌	雍安之乐：南吕宫	
送神	轩架	景安之乐：送黄钟宫	

《社稷署仪轨》中的“式例”

仪式节次	乐队	乐曲	佾舞
迎神	轩架	顺安之乐 8 成：林钟宫、蕤宾宫、应钟宫、蕤宾宫	烈文之舞
奠币	登歌	肃安之乐：应钟宫	烈文之舞
进馔	轩架	雍安之乐：太簇宫	
初献	登歌	寿安之乐：应钟宫	烈文之舞
文舞退，武舞进	轩架	舒安之乐：太簇宫	
亚献	轩架	寿安之乐：太簇宫	昭武之舞
终献	轩架	寿安之乐：太簇宫	昭武之舞
饮福			
撤笾豆	登歌	雍安之乐：应钟宫	
送神	轩歌	顺安之乐：送林钟宫	

①9 成是 9 变的意思。黄钟宫 3 成，仲吕宫、南吕宫、夷则宫各 2 成，共 9 成。《英祖实录》英祖二十五年四月十一日（戊子）的记录：“丑正五刻，亲享大明三皇帝于大报坛。……上入自东门，诣牌位，北向立，因请行事，瘗毛血，轩架作，景安之乐、烈文之舞，乐八成，上四拜，在位者亦拜，而承史例不拜，拜讫，乐止。”这里的皇坛迎神好像只有 8 成，这是因为演奏第 8 成时，只做了四拜，四拜期间另外还演奏了 1 成，只是没有写明。另，根据《皇坛仪》（奎 14308）卷 212ab 面的如下记录，可确定为 9 成。“执礼曰：‘礼仪使启请行事。’礼仪使跪启有司谨具请行事。执礼曰：瘗毛血’，大祝瘗毛血于坎。协律郎跪俯伏举麾兴，工鼓柷，轩架作景安之乐、烈文之舞，作乐八成。执礼曰：‘四拜。’礼仪使跪启请鞠躬四拜兴平身，殿下鞠躬四拜兴平身，王世子四拜，在位者皆四拜，乐九成。协律郎偃麾，工戛敔，乐止。”又《英祖实录》英祖三十二年三月三日（辛未），英祖亲自举行皇坛祭祀，问：“地祇为六成，人神为九成，皇坛用乐为几成?”掌乐回答：“用九成矣。”可知皇坛迎神用 9 成。

据此可推测，其余迎神和进馔、亚献、终献、送神节次演奏的音乐和《国朝五礼仪序例》以及《乐学轨范》里记载的雅部祭乐相同。《国朝五礼仪序例》和《乐学轨范》的雅部祭乐是1430年（世宗十二年）闰十二月完成的祭礼乐谱，①因此，可以说皇坛乐是世宗时期雅乐整备的产物。迎神黄钟宫乐谱的律名对应五线谱标记如下。

《省斋集》卷50，16b	《乐学轨范》卷2，16a	《世宗实录》卷137，2ab
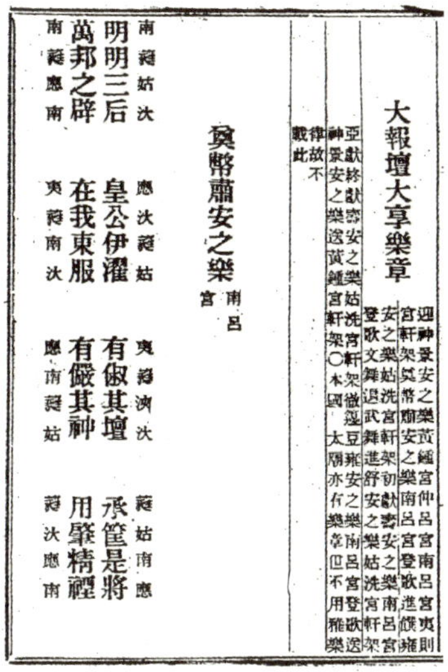	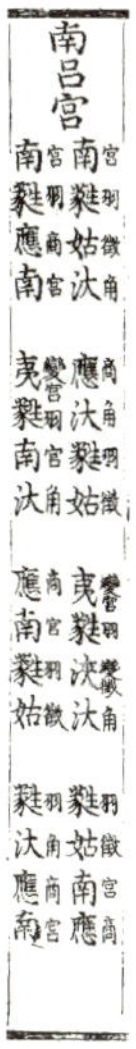	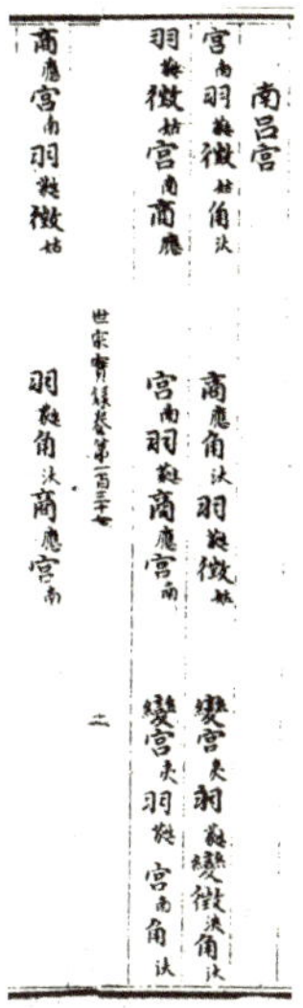

黄钟宫

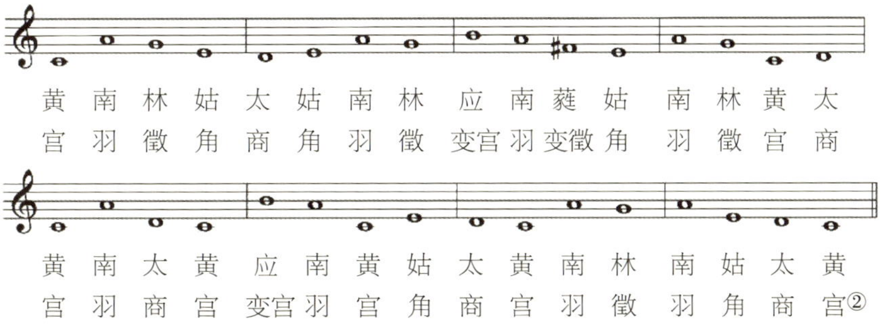

①《世宗实录》世宗十二年闰十二月一日（丁酉）。《世宗实录》卷137，1a–21b面祭祀雅乐谱。

②《乐学轨范》卷2，15b面，时用雅部祭乐。“宫、商、角、变徵、徵、羽、变宫”可对应西方音乐用语的阶名，“黄、大、太、夹、姑、仲、蕤、林、南、应”可对应音名。

用于迎神的仲吕宫、南吕宫、夷则宫，以及奠币到撤笾豆使用的姑洗宫、南吕宫都是在以上黄钟宫音乐的基础上进行移调。送神的送黄钟宫的音乐如下。

送黄钟宫

[1]

也就是说，皇坛乐和先农、先蚕、雩祀、文庙祭礼乐一样，其中文庙祭礼乐至今还在演奏。[2]那么皇坛乐可以从现行文庙祭礼乐中找到痕迹。

（三）乐悬

最早，皇坛和先蚕一样没有专用的乐器，临时使用山川祭祀的乐器。1741 年（英祖十七年）3 月，先蚕和皇坛享祀日期为同一天，先蚕使用了山川祭祀的乐器，[3]所以皇坛只能借用文庙乐器。[4]为了避免再次出现这种情况，1741 年 6 月 17 日英祖下令制作皇坛乐器，并在 9 月 6 日完成。[5]

根据 1747 年（英祖二十三年）编纂的《皇坛仪》，皇坛乐器编组如下：[6]

表 2-1　皇坛登歌

瑟	琴	歌	导	导唱	歌唱	琴	瑟
箫	编磬		楬	椌[7]		编钟	节鼓
埙	篴	钥	篪	笙	篪	钥	篴

①《乐学轨范》卷 2，16b 面，时用雅部祭乐。

②《韩国音乐》第 21 辑，首尔：国立国乐院，1985 年，第 46~77 页。

③《英祖实录》英祖十七年九月六日（戊辰）："皇坛雅乐器成。初皇坛无雅乐器，常以山川祭乐器，权用于坛祀。是年三月上巳卜坛祀，而先蚕亦卜是日，山川乐器将用于先蚕，而坛祀无乐器可移用者。"

④《英祖实录》英祖十七年二月二十二日（丁巳）："领议政金在鲁以皇坛乐器事奏曰：'社稷宗庙文庙乐器，无移用之例。诸山川乐器只一件，而皇坛亲享日期与先蚕祭相值，所用乐器，无以推移也。'上曰：'岂以乐器不备，退行大祭乎？以文庙乐器移用，而事体苟简，皇坛乐器，待秋令礼曹即为造成，置之掌乐院。'"

⑤《英祖实录》英祖十七年九月六日（戊辰）。

⑥《皇坛仪》（奎 14308）卷一 27a-29a 面和《皇坛仪》卷一 27a 和 28a 面记载的轩架和登歌的"乐悬图说"。图表中轩架、登歌都有钟、磬编成，《皇坛仪》卷一 27b 面："轩架在坛下南壝门外，分设左右，编磬一堵在东，编钟一堵在西，俱当中。"又，《皇坛仪》卷一 28ab 面："登歌在坛下南壝门内，分设左右，编钟一堵在东，编磬一堵在西，俱当中。"都出现了编钟和编磬。

⑦椌和楬分别指柷和敔。

表 2-2　皇坛轩架

			路鼗						路鼗				
	编钟			敔		柷		编磬			晋鼓		
埙	箫	篴	缶	钥	篪	管	管	篪	篴	缶	篪	钥	埙

最初在 1704 年（肃宗三十年）定下皇坛制度时，根据社稷坛制度设立了乐悬，① 皇坛乐器编成几乎和社稷坛②相同。③

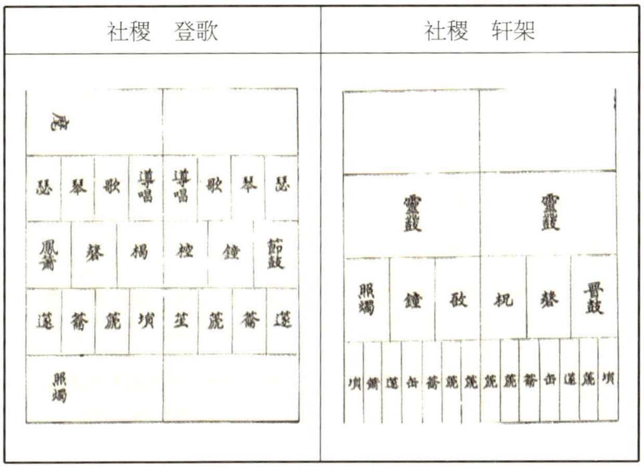

社稷乐悬制度图

（四）佾舞

查看 1704 年（肃宗三十年）10 月 14 日和 12 月 21 日《实录》可知，天子制度用八佾舞。④但通过下面的史料可知，大报坛祭享从始至终用的都是六佾舞。

> 1779 年（正祖三年）1 月 24 日，领议政金尚喆议曰："谨稽甲申设坛时诸臣献议该曹仪节，则舞用六佾，不但祭以士之义而已，中朝乐器无以仿效其制度。乐未具天子之乐，则舞不可独用八佾，只以我朝社稷用乐之节，仿而行之。"……兵曹判书李徽之议曰："……当初设坛时，先正臣权尚夏收议，以为享祀皇上，礼重事大。如不用八佾之制，恐不免为苟间失礼之归。又曰：举天子之祀典，决不可降从诸侯之礼，先正之议既如此，而朝廷遵先农坛之仪，遂用六佾。"⑤

针对天子祭祀用六佾舞，英祖引用《中庸》18 章的内容说道："子为士，父为大夫，葬以大

①《肃宗实录》肃宗三十年十二月二十一日（丁亥）："大报坛成，坛在昌德宫禁苑之西曜金门外……登歌轩架依社稷制排置。"

②《社稷署仪轨》（奎 14229）卷首，26ab 面。

③比较《皇坛仪》和《社稷署仪轨》的乐悬，皇坛轩架使用了路鼗，社稷轩架则用灵鼗。皇坛轩架有管 2、篪 3，社稷轩架则是管 2、篪 2，篪有 5 件。除此之外，皇坛和社稷的乐器种类相同，只是乐器的位置稍有不同。《皇坛仪》编撰于 1747 年（英祖二十三年），《社稷署仪轨》则在 1783 年（正祖七年）受命编撰，直到 1804 年（纯祖四年）才完成。（《社稷署仪轨》影印本，首尔大学奎章阁，1997 年，解题）社稷和皇坛乐器编成的细小差异，可看成是英祖朝（1724—1776）和正祖朝（1776—1800）的时代差异和变化。

④《肃宗实录》肃宗三十年十月十四日（辛巳）："礼曹参判金镇圭，以皇坛高广行祭仪式，禀定于上前。命……八佾等器，则以南北郊所用，推移用之。"又，《肃宗实录》肃宗三十年十二月二十一日（丁亥）："大报坛成。……乐用八佾。"

⑤《正祖实录》正祖三年正月二十四日（己酉）。

夫，祭以士。”①下面就是文舞 36 人和武舞 36 人的佾舞。

表 6

文舞	武舞

另外，制定皇坛制度时所参考的社稷礼也是文舞 36 人、武舞 36 人的六佾舞。②

《乐学轨范》卷 2，4b 社稷文舞	《乐学轨范》卷 2，4b 社稷武舞
	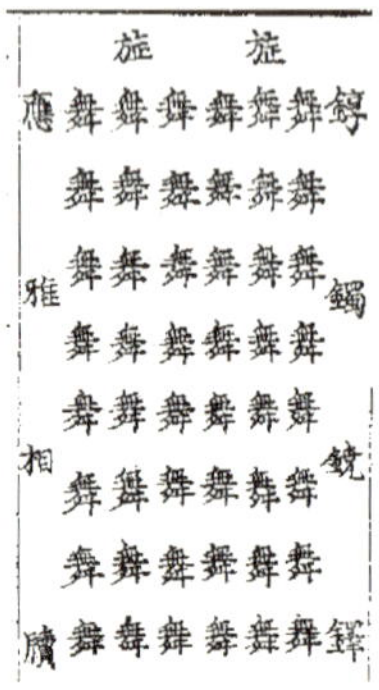

四、 皇坛的历史意义

详细考察皇坛设立的背景之后，笔者将探讨皇坛祭享在朝鲜后期所反映的社会性和政治性意义。

“丙子胡乱”（1636）时，仁祖向清太宗下跪，让国民受到了莫大的打击和挫折，为了“复仇雪耻”，恢复国民的自尊心，1704 年（肃宗三十年）一月十日领议政申琓上疏：

> 丁丑（1637）以后，君臣上下，皆以勾践③之心为心，国小力弱，虽不能一洒深耻，痛恨之心，无时可已，而至于今日，则人心恬嬉，非但世无慷慨之人，并与大义都忘之矣。④

如上所述，“复仇雪耻”的大义名分和一致团结的国民精神随着时间的推移日益增加。

因为担心“复仇雪耻”的北伐论渐渐褪去，国民上下在无事安逸的惰性下沦陷，以国王为主导的统治阶层试图再次让国民觉醒，以谋求国力的复苏。以明朝灭亡的周甲年 1704 年为契机，设立大报坛。⑤

大报坛的真实目的在于唤醒国民精神和整顿国力，这点在下面的史料中可以确认：

> 1704 年（肃宗三十年）1 月 10 日，李畬

①《英祖实录》英祖三十七年十二月一日（乙丑）。

②《社稷署仪轨》卷首，图说 29ab。朝鲜前期的雅乐风云雷雨、社稷、先农、先蚕、文庙使用了每佾 8 人的六佾，即 48 人，后期则是每佾 6 人、36 人的六佾。而且朝鲜前期的武舞在 36 人的旁边配置了錞、镯、铙、铎、应、雅、相、牍，后期则没有。

③勾践，春秋时期越国国君，最初在和吴王阖闾的战争中战败，并再次败给了阖闾的儿子夫差。之后的 20 年卧薪尝胆，终灭吴。

④《肃宗实录》肃宗三十年一月十日（庚戌）。

⑤郑玉子：《朝鲜后期文化运动史》，第 47 页。

上疏曰："今顾为皇朝报恩之道，惟当修内攘外，以明尊周之义，以成先王之志。事业之大，无过于此。虽不能然，固国安民，有以自立，此其实也。至于立庙，岂不为稀阔之盛举，而是则文也。臣愿殿下加意于实功。"①

1704年（肃宗三十年）4月1日。执义李箕洪上疏曰："伏闻殿下，追思神宗皇帝万世不忘之盛德，既下立庙之议，又行崇祯皇帝坛祀之礼，凡在含生之类，孰不感泣？愿殿下……益励圣志，益懋圣学，益修仁政，益缮戎备，以继述我圣祖之志事焉。"②

在朝鲜，祭祀明朝皇帝被看成是尊周之仪③和春秋大义④，据此可知当时的意识。所谓"尊周"是指尊重周朝，是孔子的春秋伦理。周朝是中华文化象征性的存在，而中华文化则是遵守人伦和道德的儒教文化。因此，代表周朝的中华实体虽然随着时代的变化而变化，而和周朝具有同样象征性的明朝灭亡后，朝鲜认识到了其作为继承者需要复兴和守护中华文化的使命。⑤即祭祀明朝的皇帝，充分体现朝鲜继承中华文化（儒教文化）传统的自负心。

守护中华文化使命感的这些措施也顺应了当时性理学的名分。1669年（显宗十年），太祖继妃神德王后康氏250余年来得以在宗庙祔庙；⑥端宗被废之后的200余年的1698年（肃宗二十四年）再复位，并在永宁殿祔庙；⑦1739年（英祖十五年），中宗初妃申氏也得以复位。⑧

下面宋时烈（1607—1689）的话可以看出，当时象征中华文化的不是地理上的意义，而是遵循三纲五常的儒教文化。

1669年（显宗十年）1月27日："判中枢宋时烈上札，……札曰：'为天下国家者，不过曰明大伦立大法而已。所谓大伦者，父子、君臣、夫妇也；所谓大法者，所以行于三者之间者也。顾三者，一有不明，而所以行于三者之间者，一有未尽，则中国沦于夷狄，人类入于禽兽。故圣人之所以自为与其教人者，盖莫不以此为先也。'"⑨

可知皇坛是朝鲜继承儒教文化传统的自负产物，反映了小中华意识向朝鲜中华主义转换的时代性。朝鲜作为继承明朝文化的国家，朝鲜第一

①《肃宗实录》肃宗三十年一月十日（庚戌）。

②《肃宗实录》肃宗三十年四月一日（庚午）。

③《肃宗实录》肃宗三十年四月十日（己卯）："备忘记：……今日建庙，不特予崇报之诚，亶在于此，神皇在天之灵，亦安知不恋兹东土耶？尊周之义，皎如日星，予志之定，坚如金石，断不可已也。"

④《正祖实录》正祖三年二月十四日（己巳）："教曰：……噫！夷狄乱夏，四海腥膻，中土衣冠之伦，尽入于禽兽之域。惟此东土一隅，崇祀三皇，春秋之大义数十，赖是而不绝如线。"

⑤郑玉子：《19世纪尊华思想的位相和历史性格——以〈尊华录〉为中心》，《韩国学报》76号，第73~74页。

⑥《显宗实录》显宗十年十月一日（辛酉）。

⑦《肃宗实录》肃宗二十四年十二月二十七日（丁卯）。

⑧《英祖实录》英祖十五年五月六日（辛亥）。

⑨《显宗实录》显宗十年一月二十七日（辛酉）。

主义思想更是增加了朝鲜固有文化的自负。[1][2]

五、 结论

根据退溪李滉（1501—1570）的研究，栗谷李珥（1536—1584）确立了朝鲜性理学的理念。性理学在朝鲜社会树立根基的时代，“丙子胡乱”（1636）期间仁祖给后金满人下跪，使得朝鲜的文人阶层遭受极度的挫折。

于是，在“报仇雪耻”的大义名分下朝鲜想图谋国力的再次整顿，但是随着时间的推移，国民精神越来越涣散。为了唤醒国民精神，在明朝灭亡周甲年的1704年，朝鲜国王在昌德宫禁苑的西侧设立了皇坛（大报坛）。皇坛模仿了四方每边长8.33米、高1米，3级台阶的社稷坛，并在此基础上增加了高度和台阶层数，四方每边长8.33米、高1.33米，四面设9层台阶。

大报坛最初只祭祀“壬辰倭乱”时派遣援兵的明神宗，1749年（英祖二十五年）以后，明太祖和明朝末帝毅宗一起祭祀。皇坛祭祀持续到19世纪末近200年，表现了朝鲜继承中华文化（儒教文化）的时代思想，恢复下跪受辱的民族自尊心的意图。

皇坛作为人神祭祀，和同是人神祭祀的先农一样，迎神中演奏了黄钟宫、仲吕宫、南吕宫、夷则宫的九变，奠币、初献、撤笾豆为南吕宫，进馔、亚献、终献为姑洗宫，送神则演奏了送黄钟宫，舞为六佾舞。只有登歌的奠币、初献、撤笾豆里有乐章被演唱。

柳重教《省斋集》中皇坛祭礼的乐谱与《国朝五礼仪序例》和《乐学轨范》中记录的雅部祭乐相同，说明了皇坛乐谱有可能源自1430年（世宗十二年）闰十二月完成的祭礼乐谱，也就是说，皇坛乐的根源是世宗时期（1418—1450）整顿的雅乐。并且，皇坛乐不仅和先农相同，还和先蚕、雩祀、文庙祭礼乐一样，其中文庙祭礼乐至今还在演奏，也许皇坛乐可以从中找到痕迹。

翻译：钟芳芳

（温州大学音乐学院讲师、韩国学中央研究院博士）

①郑澈（1536—1593）的韩文歌词文学、崔笠（1539—1612）的朝鲜汉文学、韩濩（1543—1605）的石峰体、赵涑（1595—1668）的真景山水画、栗谷李珥（1536—1584）树立的朝鲜性理学的理念，在栗谷学派以这固有的理念为基础，展开了朝鲜的固有色彩运动。17、18世纪丰富的朝鲜第一主义思想更上一层。金万重（1637—1692）的韩文小说、金昌翕（1653—1722）和李秉渊（1671—1751）的真景诗文学、玉洞李溆（1662—1723）的东国真体、谦斋郑敾（1676—1759）的真景山水画、观我斋赵荣佑（1686—1761）的朝鲜风俗画，呈现了朝鲜固有艺术文化的蓬勃发展。（崔完秀：《秋史书派考》，《涧松文华》，第19辑，首尔：韩国民族美术研究所，1980年；崔完秀：《真景时代的文化》，《涧松文华》，第50辑，首尔：韩国民族美术研究所，1996年）

②随着人性和物性统一的老论系洛论的思维体系的出现，以及和清朝的先进事物接触，18世纪后半叶开展了北学运动，代替了17、18世纪的朝鲜第一主义思想。

正祖时期燕射礼施行过程中出现的古乐恢复呈现

◇宋铉樬[①]

摘要：燕射礼是儒家文化非常重视的射礼，在《周礼》《仪礼》《通典》等文献中都有出现。在朝鲜，三射礼（大射礼、宾射礼、燕射礼）中的大射礼和燕射礼没有区别，统一为大射礼。正祖为了纠正这一错误，曾在1779年和1783年两次举行燕射礼，之后还为燕射礼编撰了《燕寝饮射仪注》。虽然燕射礼没有持续举行，但是透过正祖对燕射礼的举行和重新整理，可知当时正祖和知乐之臣徐命膺共同促进古乐恢复的决心。他们在忠诚古制的同时，结合实际情况推动了古乐恢复，所编撰的《燕寝饮射仪注》使燕射礼的仪式节次、乐悬、乐器编成、乐曲更具独特性、固有性和完整性。

关键词：燕射礼；古乐；《诗经》；正祖；徐命膺

本文是拙稿《正祖时期燕射礼研究》[②] 的补充和后续研究。《正祖时期燕射礼研究》整理了正祖时期燕射礼施行的目的和明细、仪式节次和音乐线索。经笔者研究发现，当时施行的燕射礼并不是为了要恢复古制和古乐，而是对古代制度和古乐的灵活运用。

本文前半部分简要概括《正祖时期燕射礼研究》的内容，补充了一些图像材料和现场调查的图片。后半部分重点考察施行燕射礼在《燕寝饮射仪注》中呈现的古乐恢复情况。

一、 序言

燕射礼属于朝鲜王朝五礼之一的军礼，只在正祖时期短暂实施过。正祖之前，燕射礼只是大射礼的一部分，被正祖重新定义后，分别在正祖三年（1779）和七年（1782）施行了两次，并整理成仪注。虽然仪注和音乐都得以整理，但燕射

---

①宋铉樬：首尔大学韩国音乐学专业在读博士。

②宋铉樬：《正祖时期燕射礼研究》，国立国乐院：《国乐院论文集》，第38辑，2018年。此文获2018年国立国乐院第7届学术优秀奖。

礼在正祖朝以后没有再举行过。

有关燕射礼研究，中国历史学者曾对西周时期的遗物令鼎里的燕射礼铭文进行了研究;① 韩国造景学者从仪礼空间的角度论述过燕射礼。② 此外，中韩体育学界关注传统射箭并对其进行研究,③ 中国还举行了射礼重现活动。④

燕射礼的实施内容、仪式节次和音乐的有关记录出现在许多文献中，实施内容重点记录在编年体史书《正祖实录》《日省录》《承政院日记》《国朝宝鉴》里。有关仪式节次和音乐，首先在正祖时期编撰的典礼书《春官通考》里有单独的记录，以《燕射礼仪注》为主的《燕射》⑤、《奎章阁志》⑥ 也有仪式节次和音乐的记载。此外，从个人记录如正祖的《弘斋全书》、李德懋（1741—1793）的《青庄馆全书》⑦、尹行恁（1762—1801）的《硕斋稿》中,⑧ 也能找到燕射礼音乐的相关线索。

燕射礼在施行过程中体现了正祖和他的知乐之臣徐命膺所关注的古乐恢复。他们在忠诚古制的同时，追求现实性的古乐恢复，在新编的《燕寝饮射仪注》一书中包含了仪式节次、乐悬、乐器使用、乐曲，使燕射更具独创性、固有性和完整性。

燕射礼的施行是正祖在持续追求仪礼整顿的延长线上进行的，如实地体现了当时人们对古制恢复的观点和态度。正祖还通过燕射礼的施行促进了文武调和与君臣和合，试图以此经营国家。

二、 正祖朝燕射礼的施行

施行目的

1. 文武调和与君臣和合

射箭在儒家文化中不仅仅是单纯的武艺技能。在《周礼》中作为六艺（礼、乐、射、御、书、数）之一的射箭备受重视，《礼记》《论语》《孟子》等儒家经典中，也提到射箭的教育、人文和礼乐性格。⑨

正祖努力复兴“文”，并为此设置了国家学术机构奎章阁（1776）（图 1）。不仅如此，他还十分关心“武”，曾下令编撰武艺书——《武艺

①袁俊杰:《论令鼎与燕射礼》,《中原文化研究》2014 年第 1 期;《再论令鼎与燕射礼》,《黄河文明与可持续发展》, 2014 年。

②Hyoung Soon Hong:《正祖的宫苑游览》,《韩国传统造景学会集》第 33 辑, 2015 年。

③蔡艺:《中华古礼的东国传行：朝鲜王朝燕射礼的施行与意义》,《山东体育学院学报》2016 年第 4 期; 金基勋:《朝鲜朝“燕射礼”的施行和运营》,《国宫教授会下界研讨会（2017）材料集》, 2017 年; 金基勋:《朝鲜朝“燕射礼”的施行与运营》,《江苏建筑职业技术学院学报》2017 年第 2 期。

④2017 年 4 月 14~18 日，中国徐州，清华大学中国礼学研究中心主办。

⑤《燕射》，首尔大学奎章阁韩国学研究院，奎 7701。

⑥《奎章阁志》，首尔大学奎章阁韩国学研究院，奎贵 734。

⑦李德懋:《青庄馆全书》，首尔大学奎章阁韩国学研究院，奎 4917。

⑧尹行恁:《硕斋稿》，首尔大学奎章阁韩国学研究院，古 3428-270。

⑨“……射者所以观盛德也。”“……射之尽礼乐，而可数以立德行者莫若射。……是以诸侯君臣尽志于射。以习礼乐，夫君臣习礼乐而流亡者，未之有也。”（《礼记·射仪》）“子曰:‘君子无所争，必也射乎。揖让而升，下而饮，其争也君子。’”（《论语·八佾》）“仁者如射，射者正己而后发。发而不中，不怨胜己者，反求诸己而已矣。”（《孟子·公孙丑》）

图谱通志》（1790）。（图 2）这样正祖很好地理解了射箭的礼乐内涵，企图用射箭的礼仪来进行文武调和，并以此谋求君臣和合与国政安定。

实际上当时朝鲜宫廷和民间都流行射箭，这在金弘道（1745—?）的风俗画《射箭场》《射箭》中有所反映。（图 3）现在国弓里也有所谓“弓道”的射箭礼法，可知射箭具有礼道修养性格。正祖也是因为自幼熟知射箭的礼度，才会重新审视射箭的重要性。

图 1　［左］昌德宫保留的奎章阁　［右］现首尔大学奎章阁韩国学研究院

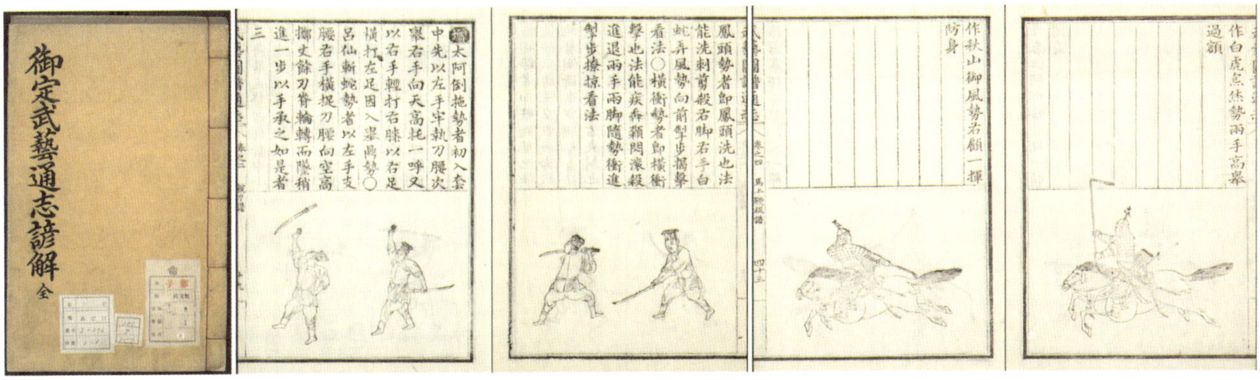

图 2　正祖命李德懋、朴齐家、白东修编撰的《武艺图谱通志》

图 3　朝鲜后期表现射箭场面的风俗画《射箭场》《射箭》

2. 古制恢复

射箭仪式有大射、宾射、燕射、乡射，其中大射、宾射、燕射又统称为三射礼。大射是国君前往成均馆祭祀圣贤之后举行的射箭，宾射是天子为了接见诸侯举行的射箭，燕射则是宴会兼射箭，乡射是乡大夫为了举荐贤人举行的射箭。

但是射箭仪式传入朝鲜半岛之初，大射礼和燕射礼一起被定义为大射礼。正祖之前，大射礼是朝鲜唯一举行的射礼。大射礼一共举行了六次，分别在1477年（成宗八年）8月3日、1502年（燕山八年）3月1日、1505年（燕山十一年）9月13日、1534年（中宗二十九年）8月16日、1743年（英祖十九年）闰4月7日、1764年2月8日。燕射礼在正祖时期才得以讨论和施行。

正祖试图通过施行燕射礼以恢复古制的想法在以下史料中有所体现：

> 成周之制，天子诸侯之射有三。射于泽宫谓之大射，射于郊谓之宾，射于燕寝谓之燕射。三射者皆所以观德行而娴礼让也。我朝则泽宫、燕寝通称大射，而且其仪文率多，因袭后世未必尽合于成周之制。①

周朝的射箭，分大射、宾射、燕射，而朝鲜的射箭和周制不同，大射和燕射被合并举行。因为没有仪礼施行的相关仪文，正祖建议朝鲜的射箭随周朝古制并修订仪文。

施行内容：日期和场所、仪式节次和音乐

为了上述目的，正祖于1779年（正祖三年）完成了燕射礼《举行》，1783年（正祖七年）进行了燕射礼《习仪》。为了对燕射礼进行定义和传承，正祖还记录和修订了仪注。之后，正祖虽和大臣们一起举行过射箭活动，但以“燕射礼”命名的记录仅仅出现在1779年和1783年。

1779年，在燕射礼《举行》的9天前练习了燕射礼，1783年曾经有过一次《习仪》，是为了次年春天的燕射礼举行。正祖对1779年的燕射礼《习仪》和《举行》不是太满意。1783年《习仪》虽然只是练习，比起之前的燕射礼规模和内容都有所发展，正祖十分满意。那天习仪结束后还命奎章阁提学徐命膺修订仪注。徐命膺修订的《燕寝饮射仪注》虽说是专为燕射礼制作，但在犹豫和停滞下，并没有根据这个仪注再次举行燕射礼。

两次燕射礼的实施内容和举行后产生的燕射礼仪注收录在下表文献中。

日期		场所	主旨	仪注收录文献
1779年（正祖三年，己亥）	9月16日	奎章阁	燕射礼《习仪》	
	9月25日	拂云亭	燕射礼《举行》	《正祖实录》《承政院日记》 《春官通考》《奎章阁志》
1783年（正祖七年，癸卯）	12月9日	诚正阁	讨论燕射礼《习仪》	
	12月10日	春塘台	燕射礼《习仪》②	《正祖实录》 《燕射》之《燕射习仪笏记》
			下令修订燕射仪注	《燕射》之《燕寝饮射仪注》

①《日省录》，1783年（正祖七年）12月10日。

②《朝鲜王朝实录》中写的是“行燕射礼习仪于春塘台”，《日省录》记录的是“御春塘台行燕射礼”。

通过上表呈现的燕射礼仪注的收录文献，可知正祖所施行的燕射礼的情况，以及正祖所向往的燕射礼的模样。两次燕射礼产生了三种仪注，即：1779 年燕射礼《举行》时的仪注（收录在《正祖实录》《承政院日记》《春官通考》《奎章阁志》）；1783 年燕射礼《习仪》时的仪注（收录在《正祖实录》、《燕射》之《燕射习仪笏记》）；燕射礼《习仪》之后徐命膺修订的仪注（收录在《燕射》之《燕寝饮射仪注》）。

记录 1779 年燕射礼《举行》和 1783 年燕射礼《习仪》的仪注描写的是燕射礼实际举行情况的仪注，思想和内容都类似。相反 1783 年燕射礼《习仪》之后徐命膺修订的仪注，和前两次不一样，用的是叙述语言。通过记录 1779 年燕射礼《举行》和 1783 年燕射礼《习仪》的仪注，可以确认当时燕射礼实施的仪式节次和音乐。透过《燕寝饮射仪注》则可以确认正祖和徐命膺企图通过古制恢复理想中燕射礼的仪式节次和音乐。

燕射礼虽然在正祖时期只举行了两次便停止了，但 1795 年在海景宫洪氏回甲宴的华城行宫中亭里有过射箭表演，[①] 可知在重要的活动中射箭仍在继续。

1779 年（正祖三年），燕射礼《举行》。

1779 年（正祖三年）燕射礼《举行》比 1783 年（正祖七年）燕射礼《习仪》规模要小，对此正祖并不满意。但是作为最初的燕射礼还是有意义的。

1779 年 9 月 25 日燕射礼《举行》在《正祖实录》《承政院日记》《日省录》《奎章阁志》的“燕射仪”、《春官通考》的（军礼）“燕射的今仪”中有相关记载。

日期和场所

1779 年（正祖三年）9 月 16 日巳时开始在奎章阁练习了燕射礼，25 日巳时在拂云亭举行了燕射礼。《东国舆地备考》里写到，拂云亭是昌德宫宙合楼东边的小山坡上用竹子建造的亭子，是射箭的场所，现已不复存在。靶子设在拂云亭南面的阅古观右边。[②] 下图《东阙图》推测是 1826 年到 1830 年间图画署画员所作，拂云亭和靶子的位置可能在图片中所标识的地方。（图 4）

图 4　《东阙图》部分（奎章阁一带）[③]

在 2019 年现在奎章阁现场照片上所推测出的拂云亭和靶子所在位置。（图 5）

设施

据《奎章阁志》载，为了举行燕射礼，拂云亭里设置了御座和御射位，拂云亭台阶下面设置了侍射官拜位和侍射官射位，参加者要行礼射箭。

①《园幸乙卯整理仪轨》的《得中亭御射图》描绘了当时的情境。

②历史建筑技术研究院：《看清我们宫阙的辞典》，dolbegae，2015 年，第 235、244、254 页。

③拙文《正祖时期燕射礼研究》（2018）里提到靶子的位置在阅古观东边，过去“右边”指的是西边，因此“阅古观右侧”准确的说法应该是阅古观西边。

图 5　奎章阁一带全景

靶位在拂云亭南边 90 步的地方，设置了画有 9 只动物的九帿[①]靶子，九帿左右放置了防箭的乏。拂云亭下方略靠右的位置排列着鼓 1、钲 1，九帿左右有鼓 2、钲 2，书香阁两边台阶中间放钟一架，前庭配置有掌乐院的“鼓乐”。

参加者

共 13 名侍射官参加了那天的燕射礼，详情见下表。

表 2　1779 年（正祖三年）燕射礼参加者

职务	官职和姓名
侍射官 13 位[②]	左议政　徐命善　文 奎章阁提学　徐命膺　文 兵曹判书　洪乐性　文 判教宁府事　具允钰　文 平安道观察使 李徽之　文 右参赞　郑光汉　文 行都承旨　洪国荣　文 吏曹参判　俞彦镐　文 行副司直　李亨逵、李义翊　武 兵曹参议　洪乐彬　文 奎章阁直阁　金勉柱　文 侍教　徐龙辅　文

①《奎章阁志》记载：“中熊、上虎、下鹿、左兔、右雉、雁东、南鱼、西北雕、西南猿。”根据首尔大学奎章阁编《奎章阁志》第 289 页的记载，九帿中各动物的位置和分数标记如下表。

雕（1）	虎（2）	雁（1）
兔（2）	熊（3）	雉（2）
猿（1）	鹿（2）	鱼（1）

②《正祖实录》《承政院日记》，正祖三年九月二十五日丙午。

燕射礼是以射箭武艺为中心的礼仪，但是如上表所示，13 位侍射官中有文官也有武官，文官反而占了大多数。① 这反映了射箭仪礼比起军事目的更加偏向礼乐仪式。

仪式节次和音乐

当年燕射礼举行的顺序为：①殿下临席；②拜礼；③赛前准备和公布比赛规则；④御射；⑤耦射；⑥拜礼；⑦还内。燕射礼仪式可以分成三大部分：①②见面礼；③④⑤射箭的礼仪；⑥⑦告别礼。

燕射礼的乐器和乐队可分为信号用和演奏用。信号用乐器是书香阁台阶中间的钟，拂云亭右下边的鼓 1、钲 1，九帿左右放置的鼓 2、钲 2。书香阁台阶中间的钟用于殿下从书香阁移动到拂云亭时的信号。拂云亭旁边的执鼓者和获者周围拿乐器的人，通过鼓的声音传递信号，检查准备事项，确认比赛规则。中靶的话根据分数的不同而敲鼓，脱靶则敲钲（殿下脱靶的时候不敲）。御射和耦射结束后也会互相给信号。

掌乐院和平时一样把鼓乐安排在前庭作为演奏用乐队，鼓乐在燕射礼中共演奏六次。第一次是王上御座时，第二次是侍射官鞠躬的时候，第三次是王登上嗣位的时候，第四次是王射箭的时候，第五次是王完成御射回到御座的时候，第六次是侍射官们在御射结束后鞠躬四拜平身时。

参加燕射礼的李德懋在其文集《青庄馆全书》中的《年谱》和《燕射礼歌》里留下了少许当时燕射礼的音乐线索。②

《青庄馆全书》：

> 己亥，公三十九岁。九月二十五日，“参燕射礼。是日，上御后苑，张麋帿③奏法乐，宣酝近臣，公应旨，作燕射礼歌”④。

李德懋《燕射礼歌》：

> 己亥九月，上行燕射礼，于春塘台拂云亭，宣酝仍命诸检书制进。“……云亭上清跸移，大射工奏《狸首》诗。四耦周旋抗大帿，虎熊雉猿幡幡垂。不中有饮中有祝，君子之争以礼让。黄封内酒旨且芳，今夕何辰乐一堂。法部笙箫殷缪辖，禁苑白鸟纷回翔。”⑤

《青庄馆全书》“年谱”里的“上御后苑，张麋帿奏法乐，宣酝近臣”是对燕射礼仪礼的简略描述。法乐是由掌乐院演奏的、五礼构成的宫廷音乐。⑥《燕射礼歌》的“法部”意为掌乐院。

《燕射礼歌》还有“工奏《狸首》诗”的记载，《狸首》是 1764 年（英祖四十年）英祖在举行大射礼时唱的歌。⑦《周礼》中提到“诸侯以《狸首》为节”⑧，《狸首》作为逸诗，在这里被称为《狸首》

---

①参照韩国学中央研究院官职名词典（http：//people. aks. ac. kr）。

②《青庄馆全书》里记李德懋曾参加燕射礼，但是表 2 中显示李德懋的名字并没有出现，推测他不是侍射官只是现场的参观者。

③麋帿是臣子的靶子，画有麋鹿。

④《青庄馆全书》卷 70，附录上，《先考积城县监府君年谱》上。

⑤李德懋：《燕射礼歌》，《青庄馆全书》卷 20。

⑥拙文：《朝鲜朝法乐研究》，首尔：首尔大学硕士学位论文，2017 年。

⑦“上御……行大射礼。设熊帿，上降就射位，……上护军御营大将金汉耉进决拾，训练大将具善行奉弓，禁卫大将李章吾奉矢，乐官奏乐而歌《狸首》。”（《英祖实录》英祖四十年二月八日庚寅）

⑧“凡射，王以《驺虞》为节，诸侯以《狸首》为节，大夫以《采苹》为节，士以《采繁》为节。”（《周礼·春官·乐师》）

诗，象征燕射礼乐章的演奏。

另外，《日省录》1779 年 9 月 25 日记事写道："……展拜，燕射及宣酝时执拍，典乐，并依例加资，乐生令该曹分等从优施赏。"[①] 演奏音乐的掌乐院乐生都被封赏，可见射礼演奏的音乐是掌乐院的雅乐。[②]

1783 年（正祖七年），燕射礼《习仪》。

1779 年燕射礼《举行》时的礼仪和仪文都未让正祖满意，因此正祖于 1783 年冬天举行了燕射礼《习仪》，为的是能在第二年春天更好地举行燕射礼。[③]虽然燕射礼未能再次举行，当时的燕射礼《习仪》也仅仅是练习，但是规模比正祖三年时更大，正祖对仪文的满足度也更高。当时燕射礼的实施和详细内容记录在《正祖实录》《承政院日记》《日省录》《国朝宝鉴》《燕射习仪笏记》中。

时间和场所

1783 年 12 月 10 日巳时，燕射礼《习仪》在昌德宫春塘台进行。参看下图可知春塘台在暎花堂前宽敞的空地上，这个场所主要用于武科考试。（图 7）

现在春塘台有分隔昌德宫和昌庆宫的围墙，下图是从暎花堂望向春塘台的画面。（图 8）

图 7　《东阙图》里的春塘台

图 8　现在的春塘台

①《日省录》正祖三年（1779）九月二十五日，第一条记事。

②朝鲜时代掌乐院所属的乐人分乐生和乐工，乐生演奏雅乐，乐工演奏唐乐和乡乐。

③"燕射礼，年前一行而仪文尚多未备。此载仪礼，为文武周公修明宪章之一大节目。则不宜草草了当，因陋就简也审矣，来春窃欲讲行。故明日先行习仪，俾与是礼者不至于茫无头绪，卿等之意何如?"［《日省录》1783 年（正祖七年）12 月 9 日］

设施

1783 年燕射礼《习仪》的设施配置在《燕射习仪笏记》中有记载，并配有图画。（图 9）

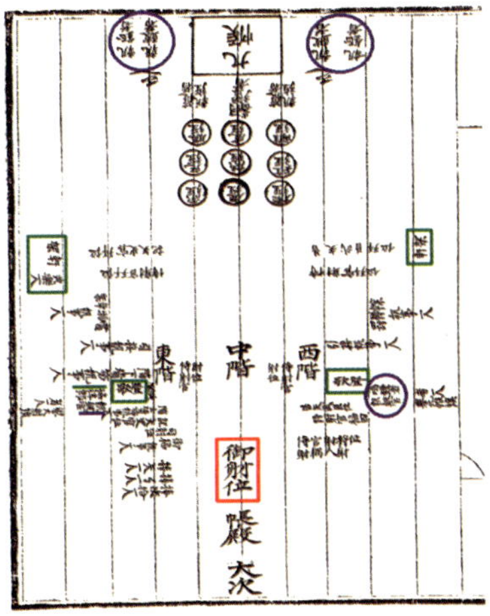

图 9 《燕射习仪笏记》中的燕射礼排设图

排设图设东、中、西阶，分堂上和堂下。

堂上御座在中间，御座北边设有帐殿和大次。御座东边有捧决拾、捧弓、捧矢、御福、执事、司射、记矢史官、赞笏执事官、登歌、典乐、协律郎、执鼓者。御座西面有侍射官射位，还有告矢武臣、执鼓官、鸣钟者、登歌。台阶上面最东边有举大射旗者，最西边有举九帿旗者。

堂下东边的位置设有阶下赞笏执事官，南边有两名接引执事官东西相向而立。再往南侍射官拜位也是东西各一人，其中东边的侍射官拜位后面有记矢史官拜位，西面的侍射官拜位安排了告矢武官拜位。各拜位的东西两边设有轩架，东面轩架有掌乐。

靶子区域有九帿旗、翿旜[1]、获者、执旌，最南面设有九帿、乏[2]、执钲者、执鼓者。

参加者

当年燕射礼《习仪》参加者的记录比 1779 年要详细，侍射官 23 名、差备官 26 名、各差备 13 名，再加上正祖共 63 名。23 名侍射官分别在六组（耦）中的第几组进行燕射礼，射中了什么靶位得几分，差备官和差备由谁担任等都有记录。详情可参见下表。[3]

表 3 1783 年（正祖七年）燕射礼参加者的官职和姓名（括号里面是分数）

	组别	东	西
侍射官	第一组	内医院提调：徐有邻（8）	宣传官：李汉丰（8）
	第二组	阁臣：郑民始（16） 阁臣：徐有防（10）	别军职：任律（19） 别军职：边圣和（21）
	第三组	承旨：朴佑源（0） 承旨：沈豊之（0）	宣传官：李延弼（20） 宣传官：李文爀（19）
	第四组	兵曹参知：赵尚镇（8） 承旨：李时秀（5）	宣传官：金爔（16） 宣传官：李身敬（2）
	第五组	阁臣：徐龙辅（4） 承旨：赵兴镇（14）	别军职：权绁（15） 别军职：徐英辅（19）
	第六组	阁臣：李昆秀（6） 阁臣：尹行任（17） 史官：徐滢修（0）	宣传官：李永秀（1） 宣传官：李光益（10）

①御射时抬进来的仪物。

②防止执钲者和执鼓者被箭射中，立在靶子东西两边。

③当日正祖的成绩参考如下："第一巡（二矢兔中，三矢熊中，四矢鹿中，七分）+第二巡（二矢虎中，三矢熊中，四矢熊中，八分）+第三巡（一矢鱼中，二矢兔中，三矢熊中，四矢鹿中，八分）=合十中二十三分。"

续表

<table>
<tr><td></td><td>组别</td><td colspan="2">东</td><td colspan="3">西</td></tr>
<tr><td rowspan="11">差备官</td><td>司射</td><td colspan="2">原任直提学：徐浩修</td><td>协律郎</td><td colspan="2">司卷：全大重</td></tr>
<tr><td>记矢史官</td><td colspan="2">翰林：李祖承
兼春秋：金凤显</td><td>鸣钟者</td><td colspan="2">司卷：赵寿纂</td></tr>
<tr><td>告矢武臣</td><td colspan="2">宣传官：具缙、李东善</td><td>接引执事</td><td colspan="2">阁监：金致俊、俞得佑</td></tr>
<tr><td>赞笏执事官</td><td colspan="2">检书官：柳得恭
领签：李兴润</td><td>掌赏物卓者</td><td colspan="2">监书：张允协</td></tr>
<tr><td>捧决拾</td><td colspan="2">别军职：柳孝源</td><td>掌罚樽卓者</td><td colspan="2">监书：宋文星</td></tr>
<tr><td>捧弓</td><td colspan="2">别军职：李哲</td><td>获者</td><td colspan="2">司钥：崔泰峻、赵寿冈</td></tr>
<tr><td>捧矢</td><td colspan="2">别军职：吴毅常</td><td>执鼓者</td><td colspan="2">宣传官：沈公烨
前宣传官：梁under</td></tr>
<tr><td>楅</td><td colspan="2">监书：金禧成</td><td>胪唱执事</td><td colspan="2">引仪：崔庆进</td></tr>
<tr><td>乏</td><td colspan="2">司钥：白景炫
司谒：崔昌福</td><td>坛上举大射旗者</td><td colspan="2">监书：李兴民</td></tr>
<tr><td>举翿旜者</td><td colspan="2">司钥：白景煜</td><td>坛上举九帿旗者</td><td colspan="2">监书：金道信</td></tr>
<tr><td>坛下执鼓者</td><td colspan="2">武艺出身：张光郁、黄寿海</td><td>坛下执钲者</td><td colspan="2">武艺出身：金光玉、韩有春</td></tr>
<tr><td rowspan="3">各差备</td><td>举熊旗者</td><td>吉命福</td><td>举雉旗者</td><td>禹锡畴</td><td>举鱼旗者</td><td>金鼎九</td></tr>
<tr><td>举虎旗者</td><td>金瑞应</td><td>举兔旗者</td><td>任光胤</td><td>举雕旗者</td><td>郑德禧</td></tr>
<tr><td>举鹿旗者</td><td>徐日成</td><td>举雁旗者</td><td>金亨璘</td><td>举猿旗者</td><td>金鼎焕</td></tr>
</table>

＊侍射官在第一组和御使一起结对射箭，因此是 2 名，此外一组由 4 人组成，不过第 6 组除外，有 5 名。①

参加者的官职相对多样，上表列出的参加者和《燕射礼排列图》进行比对，可以非常立体地呈现当时燕射礼的实施情况。

仪式节次和音乐

1783 年燕射礼和 1779 年燕射礼一样，顺序为：①殿下临席；②拜礼；③准备事项确认和告知比赛规则；④御射；⑤耦射；⑥拜礼；⑦殿下还内，不需再议。

音乐方面，信号使用乐器几乎一样，演奏用的音乐记录上再次出现了法乐、《狸首》，只是“轩乐”代替了“鼓乐”。

参加第 6 组的侍射官尹行任（1762—1801）的诗里，和 1779 年李德懋的记录一样，使用了“法乐”这一用语。

> 《燕射》“燕射赓载诗”：“……春塘和气却轻寒，法乐齐鸣御射坛……”②

另外正祖在燕射礼当日作的诗中出现了“轩乐”这一单词。

①《正祖实录》，《燕射》之“燕射习仪笏记”。

②此诗还收录在尹行恁的《硕斋稿》中，全文如下：“春塘和气却轻寒，法乐齐鸣御射坛。风动画翿时响鹄，天回玉辇晚凝鸾。羽林十二排仙仗，仪礼三千引从官。黄帕香熏朋酒暖，微官长奉万年欢。”

《燕射日喻视诸臣》：“禁林晴景静无风，狸首初筵酒在丰。矍圃简徒司射进，泽宫燕礼大夫同。右文今日非科力，观德由来贵反躬。轩乐和鸣销腊白，九旗齐举破心红。仪容可见周旋地，情志须教上下通。此会从游凡百位，在家为孝在朝忠。”①

“轩乐”应该是《燕射礼排设图》中的“轩架”。“轩乐”和《狸首》一样是维持诸侯等级仪礼的用语。②

另外，《燕射习仪笏记》中记录了担任轩架演奏的乐器种类和演奏者姓名。参见下表：

表 4　1783 年燕射礼演奏者和职责

职责	堂上	堂下
典乐	金昌谦	姜德辉
登歌　琴	高尚贤	
瑟	金昌信	
歌	朴仁浃、朴理汉	
觱篥	高命辉、李仁福	李希重、金希文
管	高命兴、金二喆	曹世佑
嵇琴	尹长寿	韩世英
杖鼓	尹德行	禹仁舜
鼓	车弘济	李擎日
钟	异在新	（有配置但是没留下演奏者名字）
磬	金庆兴	（有配置但是没留下演奏者名字）

堂上使用了琴 1、瑟 1、歌 2、觱篥 2、管 2、嵇琴 1、杖鼓 1、鼓 1、钟 1、磬 1，堂下配置了琴、瑟、歌，此外还有觱篥 2、管 1、嵇琴 1、杖鼓 1、鼓 1、钟、磬。登歌是弦乐、管乐、打击乐，甚至编成齐全的歌曲，但是轩架只使用了管乐器和打击乐器。整体看来是雅乐器和唐乐器的混编。③

御使共 4 巡，各巡在殿下射箭的时候演奏《王在》以及停止演奏。和 1779 年记录不同，侍射官们每次射箭都伴随着音乐的起和停，但没有标记曲名。笔者推测《燕射习仪笏记》里记录了《王在》和《观德》乐章，那么侍射官射箭的时候演奏的可能是《观德》。《王在》和《观德》乐章如下。

《王在》：

王在在囿，威仪仰仰。酌彼康爵，永锡纯嘏。

乘坐鼓瑟，左右秩秩。序宾以贤，于万斯年。

（《王在》一章，章八句）

《观德》：

肃穆宝座，射末如云。钟鼓既将，耦拜扬觯。

观德之阜，在之左右。湑我朋酒，君王万寿。

（《观德》一章，章八句）

以上是对 1783 年燕射礼音乐的考察。信号使用的乐器只有很小的变化，这是因为场所从拂云亭搬到了春塘台。当时参加燕射礼的尹行恁和正

①《弘斋全书》卷 5，诗 1。

②与此相关，法乐也有可能是诸侯等级的音乐。

③琴和瑟也有可能是朝鲜的玄琴和伽耶琴。

祖留下的诗句里，再次出现了“法乐”和《狸首》，正祖在诗里用“轩乐”代替了“鼓乐”和鼓乐乐队。《狸首》和“轩乐”都是规定诸侯等级仪礼的表现。《燕射习仪笏记》的《王在》和《观德》两个乐章都是四字一句的结构，说明演奏的是雅乐，但是乐队构成不只有雅乐器。

三、《燕寝饮射仪注》里呈现的古乐恢复情况

1783 年燕射礼《习仪》后，正祖令徐命膺修订燕射仪注，对此徐命膺撰写并呈上了《燕寝饮射仪注》。《燕寝饮射仪注》是为了对应今后的燕射礼而作，只是在犹豫和延迟下并未根据这一仪注再次举行燕射礼。①

《燕寝饮射仪注》蕴含了正祖和他的知乐之臣徐命膺推崇的古乐恢复思想。《燕寝饮射仪注》的仪注和音乐、乐器使用方法是徐命膺以《仪礼》中的“燕礼”为基础重新修改的。

笔者比较《燕寝饮射仪注》和《仪礼》记载的仪礼节次和音乐有何不同，并参考了徐命膺的乐书《时乐和声》里的乐谱。

（一）设施

《燕寝饮射仪注》描绘了“燕射礼排设图”，经笔者整理如下（图 10）。

空间以东门、中门、西门为基础，大致可分为坛上和坛下。

坛上是行礼和演奏音乐的地方，坛下是射箭的地方。坛上还设有阼阶、中阶、西阶，分为堂上和堂下。堂上的中间有御座、宾卿大夫旅酬位、士旅酬位，西边有酒豊、宾席等，东边是歌工 4 人、琴瑟 4 人，乐正的位置。

堂下的中间是御路②，还有洗位、士位、祝史位。3 个台阶中间设有箫和管，东西两边的尽头放置了特磬和特钟。

坛下射箭区域有御座、御射位、西二耦射位、东二耦射位，靶子区域有兽侯和乏。两个区域之间，分别在东西两边设置了右轩架和左轩架。原排设图有遗漏，笔者参考仪注发现射坛后边有鼓 1 和钲 1。兽侯的左右有鼓 2 和钲 2，以及九帿旗。

（二）仪式节次（仪注）和音乐

徐命膺修订的新燕射仪注收录在《正祖实录》和《燕寝饮射仪注》中，顺序为：①设位陈器；②就位；③命宾；④宾入；⑤献主献宾；⑥宾酢献主；⑦媵爵于公③；⑧旅酬乐宾；⑨初射；⑩再射；⑪三射；⑫赏罚；⑬示周行。

对比《燕寝饮射仪注》和《仪礼》中的“燕礼”如下表（表 5）：

①“上以燕射仪注之犹欠踈牱，命奎章阁提学徐命膺改撰。命膺本之《仪礼》，参互《开元礼》《五礼仪》，撰次以进。……上嘉其酌古参今，详略得宜，将按而行之，命内阁、诸臣，仿礼器图制，监造觯觚、豊罍之属，藏于宙合楼，竟因循未果讲行。”《正祖实录》正祖七年十二月十日丁酉。

②原文有“参以今礼当设中阶御路”的附录。

③《燕寝饮射仪注》记载的是“媵爵于御座”。

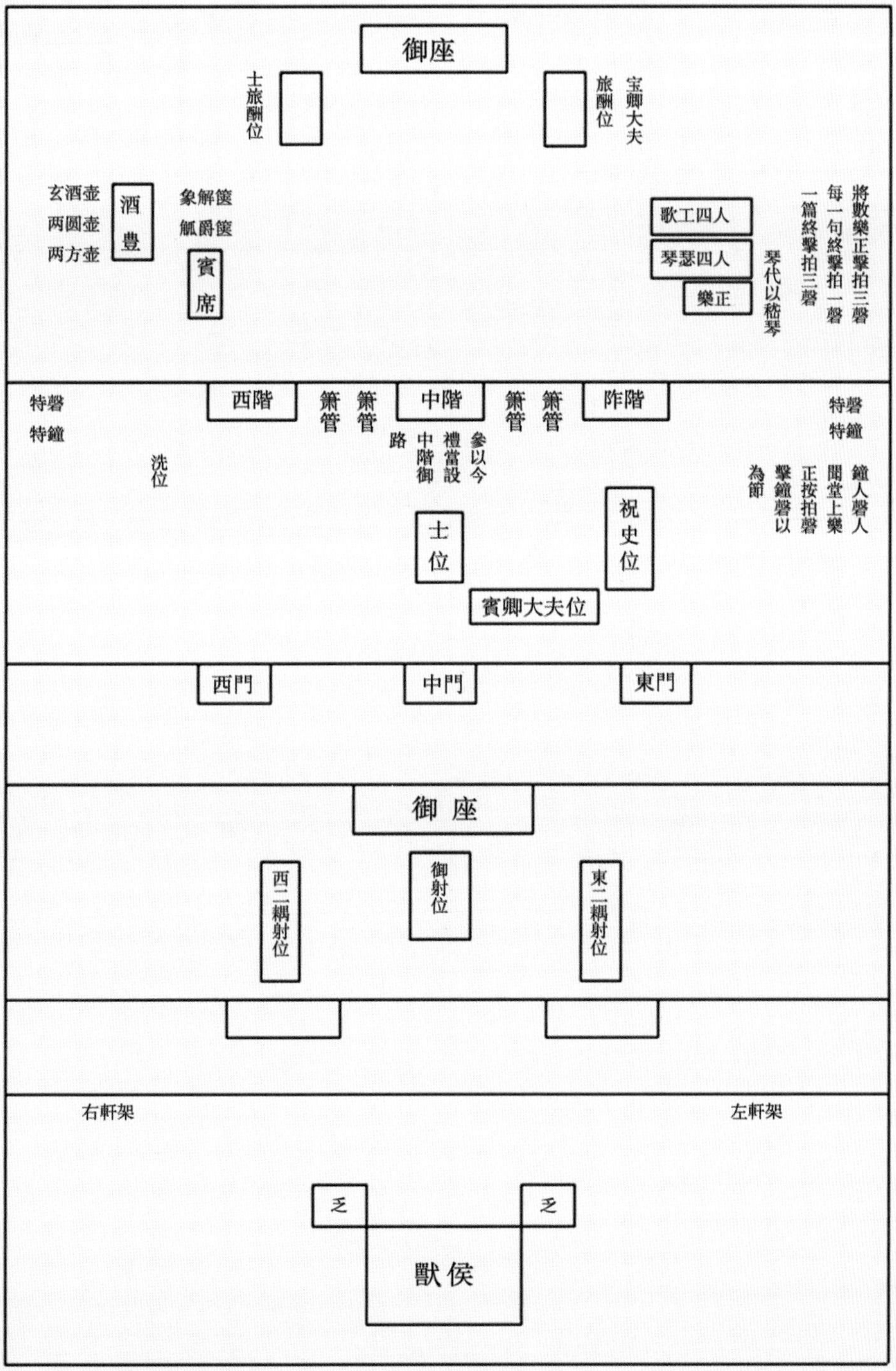

图 10　《燕寝饮射仪注》中的“燕射礼排列图”

187

表 5 《燕寝饮射仪注》与《仪礼》的节次和音乐对比

《燕寝饮射仪注》		《仪礼·燕礼》	
音乐	节次		音乐
设工席、乐正位，特钟一架、特磬一架，设工席、轩架	①设位陈器	告诫设具	乐人配置
1. 鼓吹前导 2. 左轩架振作奏时用《与民乐》黄钟宫，歌《龙飞御天歌》首章	②就位	君臣各就位	
	③命宾	命宾	
		请命执役者	
	④宾入	纳宾	
	⑤献主献宾	主人献宾	
	⑥宾酢献主	宾酌主人	
		主人献公	
		主人自酌于公	
		主人酬宾	
	⑦媵爵于公	二人媵爵于公	
	⑧旅酬乐宾	旅酬（1）	
		献卿于西阶	
		请媵爵者	
		旅酬（2）	
		主人献大夫	
1. 琴 2、瑟 2、《鹿鸣》、《四牡》、《皇皇者华》		升歌	歌 2、瑟 2、《鹿鸣》、《四牡》、《皇皇者华》
		献工	
		旅酬（3）	
2. 箫管 4 人奏《鱼丽》《南有嘉鱼》《南山有台》[今以洞箫古官代]		笙奏	笙人立于县中奏《南陔》《白华》《华黍》
		献笙	
3. 堂上歌瑟奏《关雎》《葛覃》《卷耳》《鹊巢》《菜蘩》《菜苹》，坛下轩架奏乡乐《醉丰亭》		间歌	1. 歌《鱼丽》，笙《由庚》，歌《南有嘉鱼》，笙《崇岳》，歌《南山有台》，笙《由仪》 2. 歌乡乐“周南”：《关雎》《葛覃》《卷耳》；“召南”：《鹊巢》《菜蘩》《菜苹》
		立司正	
		献士于西阶上	
1. 殿下出御射位当依常仪鼓吹振作 2. 工作《皇矣之乐》凡七节 工作《大夫之乐》凡五节 [乐正按拍以明其节]	⑨初射		“若射，则大射正为司射，如乡射之礼。”
如初射仪	⑩再射		
如初射仪	⑪三射		

续表

《燕寝饮射仪注》		《仪礼·燕礼》	
音乐	节次		音乐
右轩架奏《洛阳春》	⑫赏罚	旅酬	
		献庶子于阼阶	
右轩架奏《洛阳春》	⑬示周行	无算爵、无算乐	
		遂出	奏《陔》(《陔夏》)
		燕饮	1. 若以乐纳宾，奏《四夏》 2. 歌《鹿鸣》，管《新宫》 3. 合乡乐
		记	

之前燕射礼仪注里的“殿下”在这里换成了“公”。此外还有一些以前不用的用语出现，这是因为参考了《仪礼》来修订的仪注，才使用了这些用语。

仪式节次参考了《仪礼》，只是《仪礼》中“若射，则大射正为司射，如乡射之礼”的题目下，有初射、再射、三射的仪式节次和音乐，以完整的形态呈现出仪式节次。

使用乐曲的情况，殿下（公）出行和回程分别照常演奏《与民乐》和《洛阳春》。旅酬乐宾节次的音乐和《仪礼》同曲，乐器和曲名使用不一致的情况，徐命膺用脚注标明了理由。初射、再射、三射演奏了《皇矣之乐》七节和《大夫之乐》五节，并使各节对应射箭的节次而进行。①

另外，《燕寝饮射仪注》一共出现了12首《诗经》乐曲名。“国风”的《关雎》《葛覃》《卷耳》《鹊巢》《菜蘩》《菜苹》，“小雅”的《鹿鸣》《四牡》《皇皇者华》《鱼丽》《南有嘉鱼》《南山有台》。徐命膺的《诗乐和声》收录了《诗经》中“国风”“小雅”“大雅”“周颂”的乐谱，“国风”为角调，“小雅”是徵调，“大雅”为宫调，“周颂”为羽调。

《诗乐和声》的乐谱重新整理如下：“国风”的所有乐曲曲调相同，“小雅”的所有乐曲曲调也相同，这里以《关雎》《鹿鸣》为代表乐谱以述之。

姑洗之黄钟角均是黄钟均（［宫］黄钟、［商］太蔟、［角］姑洗、［变徵］蕤宾、［徵］林钟、［羽］南吕、［变宫］应钟）的角调，从角开始以角结束。姑洗之黄钟角均之后是11律的移调，记载仲吕之大吕角均、蕤宾之太蔟角均、林钟之夹钟角均、夷则之姑洗角均、南吕之仲吕角均、无射之蕤宾角均、应钟之林钟角均、黄钟之夷则角均、大吕之南吕角均、太蔟之无射角均、夹钟之应钟角均的乐谱。

①《皇矣之乐》：［乐章］皇矣哉我，后之德之纯。文经武纬昭令章，外体直内志正。兽侯抗龙旟张，白羽流兮成剡注。舍矢如破纲四方。皇矣哉我，后之德之。［射箭］第一节进决拾，第二节进弓及乘矢之一，第三节殿下发第一矢，第四节发第二矢，第五节发第三矢，第六节发第四矢，第七节殿下升어좌。乐止。《大夫之乐》：［乐章］大夫君子，御于王所，则燕则射，威仪孔偕，十六其耦。［射箭］第一节射者就位，第二节发第一矢，第三节发第二矢，第四节发第三矢，第五节发第四矢。

乐谱 1：《诗乐和声》所载《诗经》“国风”《关雎》姑洗之黄钟角均①

黄正　太正　（姑）正　蕤正　林正　南正　应正

歌辞	关	关	雎	鸠	在	河	之	洲	窈	窕	淑	女	君	子	好	逑
五音	角	变徵	变宫	羽	变宫	羽	变徵	角	宫	角	宫	羽	变徵	角	宫	角
十二律	姑	蕤	应	南	应	南	蕤	姑	黄	姑	黄	南	蕤	姑	黄	姑
歌辞	参	差	荇	菜	左	右	流	之	窈	窕	淑	女	寤	寐	求	之
五音	角	宫	变宫	羽	变徵	羽	变徵	角	宫	角	宫	羽	变宫	羽	变徵	角
十二律	姑	黄	应	南	蕤	南	蕤	姑	黄	姑	黄	南	应	南	蕤	姑
歌辞	求	之	不	得	寤	寐	思	服	悠	哉	悠	哉	辗	转	反	侧
五音	角	宫	变徵	角	变宫	羽	变徵	角	变徵	角	变宫	羽	变徵	角	宫	角
十二律	姑	黄	蕤	姑	应	南	蕤	姑	蕤	姑	应	南	蕤	姑	黄	姑
歌辞	参	差	荇	菜	左	右	采	之	窈	窕	淑	女	琴	瑟	友	之
五音	角	宫	变宫	羽	角	变徵	宫	角	变徵	羽	变宫	羽	变徵	角	宫	角
十二律	姑	黄	应	南	姑	蕤	黄	姑	蕤	南	应	南	蕤	姑	黄	姑
歌辞	参	差	荇	菜	左	右	芼	之	窈	窕	淑	女	钟	鼓	乐	之
五音	角	宫	变宫	羽	变徵	羽	变徵	角	宫	角	宫	羽	变宫	羽	变徵	角
十二律	姑	黄	应	南	蕤	南	蕤	姑	黄	姑	黄	南	应	南	蕤	姑

乐谱 2：《诗乐和声》所载《诗经·小雅·鹿鸣》林钟之黄钟徵均

黄正　太正　姑正　蕤正　（林）正　南正　应正

歌辞	呦	呦	鹿	鸣	食	野	之	苹	我	有	嘉	宾	鼓	瑟	吹	笙
五音	徵	变徵	角	宫	变宫	徵	羽	徵	角	宫	羽	徵	角	徵	角	宫
十二律	林	蕤	姑	黄	应	林	南	林	姑	黄	南	林	姑	林	姑	黄
歌辞	吹	笙	鼓	簧	承	筐	是	将	人	之	好	我	示	我	周	行
五音	角	宫	角	徵	变宫	徵	羽	徵	羽	徵	角	宫	角	宫	羽	徵
十二律	姑	黄	姑	林	应	林	南	林	南	林	姑	黄	姑	黄	南	林
歌辞	呦	呦	鹿	鸣	食	野	之	蒿	我	有	嘉	宾	德	音	孔	昭
五音	徵	变徵	角	宫	变宫	徵	羽	徵	角	宫	羽	徵	羽	徵	角	徵
十二律	林	蕤	姑	黄	应	林	南	林	姑	黄	南	林	南	林	姑	林

歌辞	视	民	不	恌	君	子	是	则	是	效	我	有	旨	酒	嘉	宾	式	燕	以	敖
五音	变宫	徵	羽	徵	角	宫	徵	角	羽	徵	羽	徵	角	宫	角	宫	变徵	羽	角	徵
十二律	应	林	南	林	姑	黄	林	姑	南	林	南	林	姑	黄	姑	黄	蕤	南	姑	林

歌辞	呦	呦	鹿	鸣	食	野	之	芩	我	有	嘉	宾	鼓	瑟	鼓	琴
五音	徵	变徵	角	宫	变宫	徵	羽	徵	角	宫	羽	徵	角	徵	角	宫
十二律	林	蕤	姑	黄	应	林	南	林	姑	黄	南	林	姑	林	姑	黄

歌辞	鼓	瑟	鼓	琴	和	乐	且	湛	我	有	旨	酒	以	燕	乐	嘉	宾	之	心
五音	变徵	羽	角	徵	羽	徵	角	徵	羽	徵	角	宫	角	羽	徵	角	宫	羽	徵
十二律	蕤	南	姑	林	南	林	姑	林	南	林	姑	黄	姑	南	林	姑	黄	南	林

＊这里的分格并不是代表拍子

①金钟洙、李淑姬的《译注诗乐和声》〔首尔：国立国乐院，1996 年〕认为，第一行 5、6、7 的歌词“在、河、之”的五音分别把变徵改成变宫，角改成羽，宫改成变徵。对此，笔者也执同意的态度，并修改了乐谱。

林钟之黄钟徵均是黄钟均（［宫］黄钟、［商］太蔟、［角］姑洗、［变徵］蕤宾、［徵］林钟、［羽］南吕、［变宫］应钟）的徵调，从徵开始以徵结束。林钟之黄钟徵均之后记载的是向11律移调的夷则之大吕徵均、南吕之太蔟徵均、无射之夹钟徵均、应钟之姑洗徵均、黄钟之仲吕徵均、大吕之蕤宾徵均、太蔟之林钟徵均、夹钟之夷则徵均、姑洗之南吕徵均、仲吕之无射征徵、蕤宾之应钟徵均的乐谱。

以上乐谱实际上和朱载堉的《律吕精义》里收录的《关雎》《鹿鸣》完全一样，《律吕精义》只记录了12律名，不同的是《诗乐和声》同时还记录了五音（五声）。[①]

有趣的是，《燕礼》的间歌节次里把《诗经·国风》中“周南”“召南”称为“乡乐”，从周朝的立场来看，周朝的民歌“周南”本来就是乡乐。对此，《燕寝饮射仪注》里演奏的则是朝鲜的乡乐《醉丰亨》，这不只是追从外形的表现。

《燕寝饮射仪注》末尾的“轩悬之制”在遵从轩架乐悬的原理和乐器使用的基本概念的同时，又灵活地体现了当时的现实。乐悬图里的轩悬乐器有杖鼓4、建鼓2、编钟2、编磬2、月琴4、嵇琴4、洞箫4、大笒2、唐笛4、觱篥2。竹音以洞箫、大笒、唐笛、觱篥为主，三面都设有打击乐器和管乐器。参见以下附录说明，可知徐命膺对“轩悬之制”的想法。

轩悬之制，虽以编钟磬塞其三面，然俗乐乐器既与雅乐不同，未必不可因其器以为轩悬之制也。盖轩悬之制，竹音在中，但使竹音在中。其他乐器环其三面，则即是轩悬也。或以编钟编磬列之建鼓之左右，而以杖鼓序于月琴之上，亦无不可。月琴若无，则或唐琵琶或奚琴亦无妨。[②]

下图是根据徐命膺的想法描画的“轩悬之制”。

比起乐器种类，“轩架”的意义更多地在于其三面配置，激活了竹音在中间的本意。

	杖鼓 （编钟）	建鼓	杖鼓 （编磬）	
编钟 （杖鼓） 月琴 （唐琵琶） （嵇琴） 嵇琴	洞箫	大笒	洞箫	编磬 （杖鼓） 月琴 （唐琵琶） （嵇琴） （嵇琴）
	唐笛	觱篥	唐笛	

	杖鼓 （编磬）	建鼓	杖鼓 （编磬）	
编磬 （杖鼓） 月琴 （唐琵琶） （嵇琴） （嵇琴）	洞箫	大笒	洞箫	编磬 （杖鼓） 月琴 （唐琵琶） （嵇琴） （嵇琴）
	唐笛	觱篥	唐笛	

图11　《燕寝饮射仪注》里呈现的“燕射礼轩架乐悬”

①金钟洙、李淑姬：《译注诗乐和声》，首尔：国立国乐院，1996年，第10~17页。

②《燕寝饮射仪注》“轩悬之制”。

综上所述，正祖和徐命膺在遵从古制的同时，符合现实地追求了古乐恢复，使得新修的《燕寝饮射仪注》在仪式节次、乐悬、乐器使用、乐曲上拥有了独创性和固有性。仪式节次虽然是参照《仪礼》而修订的，但有着和《仪礼》不一样的固有性，呈现出一个更为完整的仪式节次。同样，乐悬和乐器使用也在遵从“轩悬”和“竹音”原理的同时，没有固执地只使用雅乐器，发挥了融通性。乐曲的情况，当时其他仪礼中殿下出入时使用的乐曲《与民乐》《醉丰亨》《洛阳春》，和《诗经》所载的许多乐曲一起被演奏，这可以看成是“时用乐曲”和“古乐曲”的结合。

四、 结语

以上就是本文以文献为基础对正祖所施行的燕射礼之内容、仪式节次、音乐的研究。正祖时期燕射礼是在文武调和、君臣和合、古制恢复的目的下实施的，其最大的特征是在不损毁古制意义的同时，适用于当时的情况，修订符合礼仪的仪注。

燕射礼使用的乐器可分为信号用和演奏用。信号用乐器在殿下临席时使用，有钟以及用于射箭过程中给予信号的鼓和钲。

演奏用音乐的情况，1779 年音乐出现了“法乐”和《狸首》，1783 年有“法乐”、《狸首》、“轩架”。乐器构成分堂上和堂下，记录显示御射时演奏《王在》乐章，侍射则演奏《观德》乐章。1783 年燕射礼《习仪》之后，徐命膺受命修订了《燕寝饮射仪注》，乐队由堂上、堂下、轩架构成。《燕寝饮射仪注》里需要注意的是，编纂者徐命膺在不损毁古制意义的同时，根据现实情况构成乐悬，并替代乐器。

有关燕射礼音乐的内容可整理成下表（表 6）。

正祖和徐命膺倡导的古乐恢复的性质在《燕寝饮射仪注》里十分精确地呈现出来。《燕寝饮射仪注》收录的仪式节次、乐悬、乐器使用和乐曲，在遵从古制原理的同时，根据当时情况加以修改，使其具有独创性、固有性和完整性。

仪式节次虽然是参照《仪礼》而修订的，但有着和《仪礼》不一样的固有性，呈现出一个更为完整的仪式节次。同样，乐悬和乐器使用也在遵从“轩悬”和“竹音”原理的同时，没有固执地只使用雅乐器，发挥了融通性。乐曲的情况，当时其他仪礼中殿下出入时使用的乐曲《与民乐》《醉丰亨》《洛阳春》，和《诗经》所载的许多乐曲一起演奏，这可以看成是“时用乐曲”和“古乐曲”的结合。

正祖朝的礼仪整顿不只局限在燕射礼。正祖时期新制了景慕宫祭礼；把关王庙祭礼升格为中祀，并开始使用音乐；复兴了中宗朝以后废止的灵星祭、寿星祭。① 燕射礼和这些仪礼一起摆在了正祖朝仪礼整顿的延长线上。可以说，这和文体反正、乐风反正、舞艺复兴之正祖的文艺政策在同一轨迹上。还可以说，世宗朝宗庙祭礼乐整顿时的古乐（雅乐）方向和对乡乐的尊重，即雅乐制度和当代音乐的调和在正祖朝得到了延续。

---

①宋芝媛：《正祖的音乐政策》第三章“正祖的国家典礼整备和成果”。

表 6　燕射礼乐器和乐队、乐曲的变迁

<table>
<tr><th rowspan="2"></th><th colspan="3">信号用乐器</th><th colspan="6">演奏用乐队</th></tr>
<tr><th>殿卜的临席</th><th>射坛区域</th><th>靶子区域</th><th>前导</th><th colspan="4"></th><th>乐章和
演奏曲目</th></tr>
<tr><td>1779 年
燕射礼
（举行）</td><td>书香阁台阶之间
钟 1 架</td><td>拂云亭右下角
鼓 1，钲 1</td><td rowspan="6">兽帿、九侯
的左右
鼓 2、钲 2</td><td>鼓乐</td><td colspan="4">法乐，法部</td><td>狸首</td></tr>
<tr><td rowspan="2">1783 年
燕射礼
（习仪）</td><td rowspan="2">堂上
鸣钟者 1 人</td><td rowspan="2">堂上左右
集鼓官
各 1 人</td><td rowspan="2"></td><td colspan="2">登歌</td><td colspan="2">轩架</td><td rowspan="2">王在
观德</td></tr>
<tr><td colspan="2">典乐 1
琴 1 、瑟 1
歌 2
觱篥 2、管 2
嵇琴 1
杖鼓 1 、鼓 1
钟 1 、磬 1</td><td colspan="2">典乐 1
觱篥 2、管 1
嵇琴 1
杖鼓 1
鼓 1
钟
磬</td></tr>
<tr><td rowspan="3">《燕寝饮射仪注》</td><td rowspan="3">东西台阶下方
特钟 1 架
特磬 1 架</td><td rowspan="3">射坛右边
鼓 1、钲 1</td><td rowspan="3">鼓吹</td><td>堂上</td><td colspan="2">堂下</td><td>轩架</td><td rowspan="3">皇矣

大夫</td></tr>
<tr><td>歌工 4
琴瑟 4
乐正 1</td><td colspan="2">箫 4
管 4</td><td>杖鼓 4
建鼓 2
编钟 2
编磬 2
月琴 4
嵇琴 4
洞箫 4
大笒 2
唐笛 4
觱篥 2</td></tr>
<tr><td>鹿鸣
四牡
皇皇者华
关雎
葛覃
卷耳
鹊巢
菜蘩
菜苹</td><td colspan="2">鱼丽
南有嘉鱼
南山有台</td><td>与民乐
醉丰亨
洛阳春</td></tr>
</table>

正祖和徐命膺的“古乐”不是单纯时间流动的音乐，而是做成了与时俱进的模板。而作为模板的古乐恢复之目标，需要遵从根本的原理，并灵活地使用于当下所处的时代，这妙不可言的节点值得我们关注。虽然他们无法脱离所处的时间和空间，但是代替了虚无的固执和固守原型，他们坚持结合具体实际去探求根本原理的学问态度，其结果的独特性、固有性和完整性不可低估。

翻译：钟芳芳（温州大学音乐学院讲师、韩国学中央研究院博士）

国立国乐院古乐器复原的现状及其成果研究

◇李允珠[①]

摘要：国立国乐院为了传承国乐、确保国乐的正统性，一直持续着对国乐器的研究。早在20世纪60年代，就对扩大弦乐器音量和乐器的调弦等进行了改良。使用铁丝、木质、塑胶等材料，使管乐器的材料变得多样化，并开始大量生产管乐器，这是乐器现代化的初步发展阶段。20世纪90年代，乐器改良制作开始向乐器研究方向转移，对大锣、小锣等打击乐器进行了音高的测定，并分析了伽耶琴、琵琶、月琴等弦乐器的音响特征和放射模式。

为了保存国乐固有的整体性和原型性，并将之发展成为文化产业，就需要对国乐器进行系统研究。从2006年开始，在国立国乐院设置了乐器研究所，并对国乐器的音高、音量、音色、音响和构造、材料等进行了比较细致的基础研究，从此开始了对国乐器的制作过程、古乐器复原及再现、新乐器开发的研究工作。其中，通过对国乐器、古乐谱的复原与研究，可以推测过去的音乐具有较高的研究价值。古乐器有几种复原方法：第一，根据出土遗物残片，复原乐器的遗失部分；第二，按照文献中记载的内容复原古乐器；第三，根据图像资料复原古乐器等。

国乐院国乐器复原现状：2005年，根据在光州新昌洞遗址发现的弦乐器残片，复原出了伽耶琴和玄琴式样的弦乐器。根据在大田月坪洞发现的八孔、无腹板的羊耳头，复原出了8弦伽耶琴。还复原了在河南二圣山城遗址出土的腰鼓。2008年，根据《乐学轨范》考证了15世纪的三弦三竹。2009年和2010年，根据《世宗实录》与《乐学轨范》复原了世宗时期的编钟和编磬。2010年，根据百济金铜大香炉雕刻的五名乐师图像，再现了百济时代的五种乐器。

国乐院除了对乐器进行复原外，还创作了新的作品，并举办过4次“古乐器演奏会”。这是在过去的乐器演奏中加入了现代因素，而且让它能够实际演奏，进而推测

①李允珠：韩国国立国乐院学艺研究士。

古代音乐的一种尝试。

另外，在2010年和2011年利用国乐院的研究成果和技术，为越南制作了编钟和编磬，并赠送给越南，从而让越南对已经失传的越南宫中雅乐进行复原成为可能。韩国是东亚唯一一个制作编钟和编磬、传承祭礼乐的国家，韩国古乐器的复原工作在国外也得到了认可，开拓了文化援助国的领域。今后，国乐院将继续对过去的文献和文物进行研究、复原，再现乐器的多样性，对这项工作的评价是我们留给后代的课题。

关键词：国立国乐院；古乐器；复原

一、绪论

国立国乐院为了确保国乐传承的正统性，一直坚持对国乐器的研究。早在20世纪60年代，把改良重点放在扩大弦乐器音量和乐器调弦等方面，对铁制、木制、塑胶等管乐器材料进行了各种尝试，并开始大量生产管乐器，这是乐器现代化的初步发展阶段。20世纪90年代，乐器改良制作事业开始向乐器研究方向转移，对大锣、小锣等打击乐器进行音高测定，并分析了伽耶琴、琵琶、月琴等弦乐器的音响特征和放射模式。

后来，为了保存国乐固有的整体性和原型性，以及文化产业的发展需要，进行了系统性的国乐器研究。从2006年开始，在国立国乐院设置了乐器研究所，对国乐器的音高、音量、音色、音响、构造、材料等进行了比较细致的基础研究，从此开始对国乐器的制作过程、古乐器复原及再现、新乐器开发等进行了研究。

本文将考察国立国乐院国乐器复原的再现情况、成果和意义。其中，大约公元7世纪制作的、1993年在扶余陵山里古坟出土的高64厘米、重11.8公斤的“百济金铜大香炉”上雕刻的5名乐师，为研究百济文化提供了不少资料，并且也留下了很多疑问。国乐院与专业性比较强的7个机构签订了MOU（memoramdum of understanding）合作项目，通过音乐、历史、人物、服饰等复合型研究，对5名乐师进行了解释，并制作了乐器。

国立国乐院一直进行的国乐器复原和再现以及古乐谱研究，对研究过去的音乐具有比较重要的价值。

二、古乐器复原现状

（一）日本古乐器复原

日本从19世纪末就开始调查正仓院保存的乐器，而且从20世纪20年代开始进行复原。① 从1948年到1953年，在学术性、体系性的基础上对乐器进行了调查和研究，也进行了实际测量与录音。但是，当时的乐器复原不是对有声音的乐器

①李知宣：《有关日本的古乐器及音乐复原的考察：以日本国立剧场的复原事业为中心》，《东洋音乐》，首尔：首尔大学校东洋音乐研究所，2008年，第201~203页。

进行复原，而是比较强调形状再现的一种“美术工艺品”。其后，复原用于演奏的乐器是从日本国立剧场对古乐器进行复原开始的，是在原来正仓院乐器的基础上，不模仿原来的乐器，而是考证明治时代以前的乐器进行复原制作，并且省略了在演奏中不需要的装饰。复原的乐器从 1975 年开始在舞台上以多种形式进行演奏。

除了古代乐器的复原外，还对古乐谱进行解读，复原目前已经断绝了的音乐，而且委托作曲家创作乐曲，用复原的乐器举办创作音乐会。复原的乐器已经超过了实验阶段，变成日本的传统乐器之一。另外，日本国立剧场的乐器复原，不是回归过去或再现旧的音乐，而是为了创造与现代社会交融的舞台。

（二）韩国古乐器复原及方法

古乐器复原的标准有：第一，根据出土的遗物残片，复原遗失的部分；第二，根据文献史料中的记载复原遗物；第三，根据图像资料复原遗物。

（三）国立国乐院乐器复原现状和古乐器演奏会

通过文献、图像、遗物进行研究，根据传承下来的乐器进行研究，并将之应用于现代。在此基础上复原、再现乐器，开发近代已不演奏的乐器以及技法，在现代乐器演奏中也使用这种技法。为了符合复原乐器的时代，寻找比较适合的音乐或创作新的音乐，举办“古乐器演奏会”。通过音乐会寻找过去的声音，并创造回归过去的机会。

下面阐述的是国立国乐院从 2005 年到 2011 年复原古乐器的情况。在本文（表 1）提示的内容中，详细分析了一些重要的复原乐器 。内容如下：

表 1　国立国乐院古乐器复原现状（2005–2011）

年	事业名	复原内容	复原演奏会
2005	出土乐器复原	光州新昌洞遗址弦乐器：伽耶琴式、玄琴式 大田月坪洞遗址羊耳头：8 弦伽耶琴 河南二圣山城遗址腰鼓：腰鼓	2005 年 05 月 20 日 第一届古乐器演奏会
2007	笙簧复原制作	通过笙簧制作技术的开发复原乐器	2007 年 11 月 14 日试演会
2007	琵琶结构及演奏技法研究	对文献中记载的有关琵琶的尺寸、树种及演奏技法的研究	_
2008	15 世纪 三弦三竹	根据《乐学轨范》记载的内容复原三弦三竹：伽耶琴、玄琴、乡琵琶、大笒、中笒、小笒	2008 年 11 月 12 日 第二届古乐器演奏会
2009	宗庙祭礼乐的演奏用乐器	坐式用方响、笙、竽、和、月琴、篪、翟、籥	2009 年 04 月 16 日正乐团定期音乐会《宗庙祭礼乐》
2009	世宗朝编磬	根据《世宗实录》《乐学轨范》复原朝鲜前期的编磬	2009 年 11 月 11 日 第三届古乐器演奏会
2009	峨洋玄琴	复原孤山尹善道的遗物峨洋玄琴	
2009	乡琵琶复原	《乐学轨范》乡琵琶复原	

续表

年	事业名	复原内容	复原演奏会
2010	百济金铜大香炉 5 种乐器复原	百济金铜大香炉 5 种乐器复原 百济琴、百济笛、百济鼓、箫、阮咸 百济五人乐师服饰及头发再现	2010 年 09 月 17~18 日 2010 年世界大百济展 2010 年 12 月 16 日第四届古乐器演奏会
	孤山遗琴	孤山尹善道的遗物乐器（孤山遗琴）复原	第四届古乐器演奏会
	世宗朝编钟	根据《世宗实录》《乐学轨范》复原朝鲜前期的编钟	第四届古乐器演奏会
	越南编钟、编磬	根据越南的遗物复原编钟、编磬	越南当地制作，赠送以及演奏
2011	越南特钟、特磬	越南特钟、特磬复原制作	上同

1. 光州新昌洞、大田月坪洞、河南二圣山城出土乐器复原（2005 年）

现在保存下来的乐器文物中，公元前 1 世纪左右光州新昌洞遗址出土的弦乐器是最古老的，是一件左边破碎了一半的木制弦乐器，共有 6 个孔，按照遗物的形态测定为 10 弦弦乐器。共鸣箱、雁足、棵是否存在还不明确，参考《三国志·魏志·东夷传》和在中国古代遗址中出土的瑟，在方形的镞孔竖起柱子后系上弦，并制作了有雁足的伽耶琴式的形状和玄琴式形状的两种乐器。①

在大田月坪洞遗址中，发现了没有腹板的、有 8 个孔的羊耳头，这是韩国考古学界首次发现的八孔羊耳头，并由此推测 12 弦伽耶琴出现以前，已经存在弦数多样的弦乐器。正仓院所藏的新罗琴与该遗物相似，根据伽耶琴的羊耳头尺寸，引用《乐学轨范》记载的伽耶琴尺寸进行了复原制作。

腰鼓在文献中记载为高句丽乐器，到现在为止，在韩国只能从文献或古坟壁画中看到腰鼓图像，但是在河南二圣山城遗址蓄水池中发现了腰鼓，是非常宝贵的资料，用牛皮和蚕丝复原了乐器。

以复原的 3 种乐器为基础，2005 年 5 月 20 日举办了第一届国立国乐院古代乐器复原试演会。对遗址出土的乐器进行复原、再现音乐的尝试，是对当时的乐器及音乐本身进行的实质认识。

2. 笙簧制作技术的开发（2007 年）

对从中国传入韩国的笙簧的开发和普及，是因为笙簧演奏越来越频繁。从 2006 年开始，我们研究了笙簧的发音原理，2007 年研究了制作中需要注意的事项。

第一，搜集文献资料；第二，分析中国笙簧的音高，查明笙簧的结构、尺寸、音高、簧片尺寸以及调律孔的位置关系等。研究簧片尺寸和按孔位置的计算方式，并按照《乐学轨范》的音阶

①国立国乐院：第一届国立国乐院古代乐器复原试演会“寂静中的回声想像”公演节目。

与2006年提示的现行乡乐演奏音阶，制作了比较具备传统乐器形态的两种乐器，用制作的两种乐器于2007年11月14日举办了试演会。[①]

3. 琵琶结构及演奏法研究（2007年）

分析琵琶每个部位的尺寸以及使用的材质，研究其演奏技法。先把握以往琵琶制作的问题，参考国立国乐高等学校收藏的琵琶以及月琴的尺寸测定结果。分析《琴合字谱》中记载的《慢大业》谱的唐琵琶演奏技法和《乐学轨范》中琵琶的相关内容，记载中的琵琶和玄琴演奏技法比较相似，在此基础上复原了现在的演奏法。[②]

4. 15世纪的三弦三竹（2008年）

15世纪的三弦三竹是根据《乐学轨范》的记载复原了乐器的形态、规格、材料、音高等。在制作乐器之前必须要定下乐器音高标准的"尺度"，《乐学轨范》记载的乐器规格是按照营造尺标准记录的，根据国乐院收藏的编钟长度和2002年对营造尺的研究结果，按照尺度实验的音高测定，以及《乐学轨范》记载的乐器组成等，规定了营造尺度为308毫米。在此基础上，制作了15世纪的三弦三竹：玄琴、伽耶琴、琵琶、大笒、中笒、小笒。乐器材料大部分依据《乐学轨范》中记载的内容，但是找不到的材料用其他材料替代。[③]

（1）玄琴：比现在传承下来的玄琴小一些，第1棵至第16棵之间的宽度比较窄。

（2）伽耶琴：比现在传承下来的伽耶琴窄，而且雁足也比较矮。整体上与现在传承的伽耶琴没有太大的差别。

（3）乡琵琶：分为实验制作用乐器与演奏用乐器，做成了制作材料、乐器形状、构造、涂漆等各不相同的5种琵琶。在《乐学轨范》记载的材料中，乐器后面的木板用栗子树，前板用梧桐树，实验制作琵琶使用的是Almaseuka木材，而演奏用乐器使用栗子树，后面的木板涂漆，演奏用乐器涂油漆，而实验用乐器选择的是马尼什漆。

（4）大笒、中笒、小笒：过去的大笒和现在的大笒结构基本相同，但是《乐学轨范》记载的大笒音高与现代大笒的音高不同。首先，为了计算大笒的音高，根据国乐院的研究设定了营造尺的标准，在此基础上计算了大笒的规格。在《乐学轨范》的记载里，中笒、小笒的制度与大笒相同，

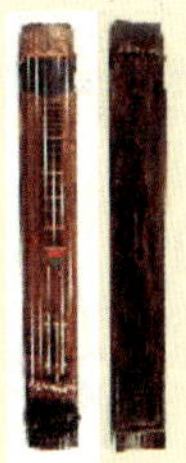
15世纪玄琴复原

15世纪伽耶琴复原

15世纪乡琵琶复原

①国立国乐院：《笙簧制作技术开发》，《2007国乐器研究报告书》，第8~23页。
②国立国乐院：《琵琶结构及演奏法研究》，《2007国乐器研究报告书》，第24~37页。
③国立国乐院：《15世纪三弦三竹的制作》，《2008国乐器研究报告书》，第8~26页。

按照记载制作了中筝和小筝，中筝比大筝高 4 度，小筝比大筝高 8 度，都有膜孔。在《乐学轨范》中记载的材料为黄竹，但是现在使用的材料主要为双骨竹。第一次使用白铜烟竹进行了制作，第二次使用的材料是双骨竹。

通过研究确立了国乐器的正统性，并且利用复原的乐器来创造新的未来音乐，2008 年 11 月 12 日在第二届古乐器演奏会上进行了试演。

5. 世宗朝编磬复原制作（2009 年）

根据《世宗实录》与《乐学轨范》记载的内容制作了世宗朝编磬。世宗时期首次在国内制作编磬的动机，最主要的是在京畿道南阳发现了磬石。因此，国乐院也使用了南阳的磬石，并参考了《乐学轨范》的图像和规格，以及根据文献史料及遗物资料中记载的磬、架子、丹青、流苏等。召集各个部门文化财级的专家完成了乐器的复原，而且通过乐器复原，逐渐提高了乐器制作的文化价值。使用国产材料复原世宗时期的乐器，对乐器进行正统性的复原具有较大的意义。[①]国立国乐院在第三届古乐器演奏会中用复原的编磬演奏了《步虚子》和宗庙祭礼乐。

6. 孤山尹善道遗物乐器复原制作（2009 年）

孤山尹善道遗物展示馆收藏的乐器遗物，被称为峨洋玄琴。通过实测、材质识别以及制作年代来复原、制作乐器，并且根据这种乐器把握朝鲜时期玄琴的特征，揭示乐器的变迁史。

在复原制作过程中，首先对遗物进行了实测，对文具进行了拓本制作，还制作复原了乐器的图案。通过材质识别把握了前后木板使用的材料和制作年代。在此基础上使用同样的木材复原制作了玄琴。

7. 百济金铜大香炉 5 种乐器复原制作（2010 年）

百济的 5 种乐器，指的是在国宝 287 号百济金铜大香炉上雕刻的 5 名乐师演奏的乐器，这是在百济时代的音乐与文化基础上得出的研究结果。对雕刻精美的 5 名乐师演奏乐器的复原，是在考证的基础上，加上了创造力和想象力。为了对其进行复原，与相关 7 个机构结成 MOU 关系，各自完成了各自的研究。

百济金铜香炉

国立国乐院为了制作乐器和再现服饰，通过举办学术会议、制作乐器、对服饰的 TF 经营以及研讨会等，进行了学术性探讨。在与百济金铜大香炉的乐器模样接近，并能演奏的原则上复原了乐器。这次复原与以往复原过的文物不同的是，

①国立国乐院：《世宗朝编磬复原制作》，《2009 国乐器研究报告书》，第 8~35 页。

在韩国没有留下百济音乐和音阶等音乐元素，只能参考当时百济与其他周围国家的交流，多方面研讨了中国、日本等业洲国家的乐器。

因为文献中没有留下有关百济乐器的记录，所以先对扶余博物馆收藏的百济金铜大香炉用3D扫描仪进行了扫描。在5名乐师演奏的乐器中，阮咸共鸣箱直径定为15毫米，它比日本正仓院收藏的阮咸共鸣箱直径稍小一点，但比《乐学轨范》记载的直径稍大一些，按照25倍大小的比率确定了阮咸共鸣箱的尺寸。其他乐器的复原也使用了同样的方法。最后考虑到实际演奏和形状设计，还调整了乐器的大小，并通过四个阶段制作了乐器 。[1]

第一阶段是接受金铜大香炉乐器研究者们的意见，探讨了现存乐器中比较接近金铜大香炉的乐器；第二阶段，制作了香炉中雕刻的乐器形状；第三阶段制作乐器图面；第四阶段制作现在能演奏的乐器。复原制作的百济金铜大香炉乐器中，有些乐器是经过了四个阶段完成的，但是有些乐器只经过两个阶段就制作完成了。5种乐器中，“琴”和“阮咸”是中国汉族音乐中使用的乐器，“箫”是中亚的乐器，但是其他3种乐器的来源和性质都不明确。所以，与洞箫一样利用空气震动的木管乐器称为“百济笛”，类似于玄琴的六弦乐器称为“百济琴”。比较难解释的乐器是与鼓类似的打击乐器，这个乐器称为“百济鼓”。国乐院接受了学者们的所有意见，即用木材做成木鱼，用皮革盖上做成鼓，还有模仿手风琴演奏时产生的空气震动方法制作了管乐器。从各种角度制作的乐器，通过试演完成了音乐上的和谐，使用不会产生演奏困难的材料制成鼓的形态。在乐器名称方面，比较清楚的乐器使用乐器的固有名称，但是对性质不是很清楚的乐器使用“百济”的名称，留下了解释的余地。为了显示百济乐器的特征，使用了在百济遗物中出现的纹样。

另外，除了制作乐器以外，还委托8位作曲家用5种乐器创作新的作品，并且再现了香炉雕刻中的服饰，解释了百济时期的音乐历史。

（1）阮咸：香炉中的乐器为3弦，前后板外围的边儿不是贴上去的，而是装框嵌入的。在高句丽三室冢壁画中的阮咸为4弦乐器，所以复原的乐器弦数按照高句丽三室冢壁画中的阮咸，复原成4弦，并让它具有百济乐器的特征。

（2）百济琴：左边的尾部比较窄，向右越来越宽，接着又变窄。乐器类似琴，象征着百济的弦乐器玄琴，制作成6弦乐器。

（3）百济笛：按照香炉测定的结果，尺寸为20. 09毫米。按照长度的比例用黄竹制作。

（4）箫：香炉中的箫管数被推测为12管或13管，所以制成了12管箫。

（5）百济鼓：研究家们解释为鼓、笙簧、铜钹、木鱼等不同乐器，最后制作成鼓状的乐器。

按照百济王室的贵重遗物金铜大香炉，复原了乐器、头发、服饰，并且在1300年前的首都扶余创作了新的作品，通过2010年世界大百济展多次演奏了新创作的作品。

8. 世宗朝编钟复原制作（2010年）

世宗时期的编钟是2009年根据《世宗实录》

①国立国乐院：《百济金铜大香炉五乐师乐器及头发、服饰》，《2009国乐器研究报告书》，第8~65页。

阮咸	百济琴	百济笛	箫	百济鼓

服饰与头发				

和《乐学轨范》的记载复原的。为了制作能实际演奏的乐器，与复原世宗朝演奏的编磬使用相同的方法进行了复原。

9. 孤山遗琴复原制作（2010 年）

在孤山尹善道的遗物展览馆中，展示了峨洋玄琴和被推测为尹善道收藏的“孤山遗琴”。“孤山遗琴”保留了乐器的后板 1 片、前板 2 片。也使用与峨洋玄琴相同的方法进行复原。但是，在遗物展览馆中也保存了名人金圣基先生的《浪翁新谱》，收录由金圣基的徒弟们记录的金圣基的玄琴旋律。通过对乐谱的译谱和编曲，使用复原的乐器进行了演出，从而对音乐进行了复原。

10. 制作越南的编钟、编磬（2010 年）

越南的宫廷音乐——雅乐在 2003 年被评为联合国教科文组织（UNESCO）人类口传及无形遗产杰作。但是，在雅乐演奏中必备的乐器编钟、编磬，其制作和传承已经断绝了。

韩国在东亚国家中是唯一制作古乐器编钟、编磬，并传承了祭礼仪式音乐演奏的国家。国立国乐院根据越南遗址保存中心收藏的遗物，复原并赠送了编钟、编磬。

这成为韩国在亚洲国家中文化影响力越来越

强大的契机，并且在国际上提高了文化援助国的形象。在2010年12月29日，通过在越南顺化举办的韩-越联合演出，恢复了越南顺化地区的雅乐艺术，确立了它的正统性。

三、结论

国乐器的复原以文献和遗物为依据，不仅在国家机关，在民间也持续进行着。笔者认为，无论复原是对还是错，尝试本身就具有一定的意义。国立国乐院的国乐器复原工作正在进行着多种尝试，比如，复原遗物残片缺失的部分，用乐器再现文献和图像资料中的内容等。通过国乐器的复原过程，积累实测资料和对国乐器本身的理解，在扩大国乐器学研究的同时，将观念上理解的国乐转换成实证研究，并对此做出贡献。这不仅是对过去的恢复，而是把过去的和现在的结合起来，使实际演奏成为可能。

通过2010年越南编钟、编磬的制作与赠送的事例，可以确认韩国已经不再是文化受惠国，而转变成文化援助国。利用我们一直积累的技术支援国外，从而坚定文化强国的地位。在已经发掘的文献和即将出土的文物基础上，不断地研究古乐器，并复原、再现多样性的乐器，它的功与过将留给后代来评判。

通过韩国、中国、日本等东亚古代音乐研究学者之间的联系，在本研究中没有解决的问题，还有待得到进一步的研究。

2015年，邀请中国河南博物院华夏古乐团举办了中国古代音乐复原现状和成果研讨会，并举办了演奏会。河南博物院和国乐院的演奏团一起，演奏了高丽时代从宋朝传入的《洛阳春》，这为韩中传统艺术的交流和沟通奠定了基础。

今后，国乐院将不断研究过去发现的文献和今后将要发现的遗物，把复原和再现多样性共存的乐器作为长期的课题来进行研究，因为乐器是通过历史和周边环境因素的相互作用不断变化而传承下来的。另外，国乐器的复原不仅仅是单纯的乐器复原，而且是借助乐器来理解那个时代的历史和文化。对复原结果的评价，我认为不应该是现在要考虑的问题，应该交给后代来处理比较合适。如果出现各种波折和多种讨论，那么国乐器复原的完成度就会更加提高。

新罗梵钟奏乐像研究成果及其教育运用*

◇文做硕[①]

摘要：本文的研究对象是新罗梵钟上刻画的奏乐像，通过梳理新罗梵钟奏乐像的研究现状和成果，试图提出梵钟奏乐像研究成果运用于教学的可行性方案。本课题的早期研究集中在1960—1970年，主要介绍这一时期新罗梵钟奏乐像的研究状况。中期研究集中于1980—1990年，研究了新罗梵钟奏乐像的意义及其梳理了奏乐像在文化史、历史、音乐史上的脉络。后期研究从2000年开始至今，主要用科学分析方法研究新罗梵钟，以及对个别梵钟进行具体细致的研究。

本文提出了以新罗梵钟浮雕奏乐像的研究成果为基础的教学运用方案。

首先，新罗梵钟作为打击乐器，应把其教育用途扩展至韩国乐器领域，而且龙钮里雕刻的龙和把鲸鱼当成撞木使用的传说，都可以灵活运用于教学，也可以作为刺激学生好奇心的素材。

其次，比较新罗梵钟和别国钟的差异，用图表形式呈现不同敲击位置和力度产生的波动变化。通过这种体验教育，让学生们更好地理解梵钟的发声原理。

最后，让学生描画奏乐像，发现学生乐器写实描写之外的审美想象力。如果考虑到学生的感性和心理状态，可以在音乐教育的基础上与交叉学科相融合，开发多样的教学法。

本研究不局限于只把新罗梵钟奏乐像看成是佛教产物，试图将其定为新罗时代音乐研究的核心内容，以及乐器教育的重要因素。另外，把新罗梵钟奏乐像的相关论述和研究从音乐领域扩大到其他交叉学科，以期待新罗音乐研究和乐器教育方面的新成果不断出现。

关键词：新罗；梵钟；奏乐像；飞天像；乐器教育

---

* 本文是2016年11月13日中国洛阳博物馆学术报告厅举办的“音乐考古和实践主题学术研讨会”上宣读的论文《新罗梵钟的奏乐像研究现状和成果》的补充和修改。

①文做硕：韩国国立国乐院学艺研究社研究者。

一、 绪论

因为缺乏可以确认新罗音乐的乐谱和音频材料，研究新罗时代（BC57—AD935）的音乐，主要依据文献记载或遗物出土的相关音乐材料来进行。正是由于材料的制约性，导致了新罗时代音乐研究的不足。因为有研究价值的大部分材料是文献，研究者相对容易使用材料，但也会导致各种受限。尽管如此，经过许多学者的努力，还是积累了许多新罗音乐的研究成果。

本研究以新罗时代乐器遗物梵钟的奏乐像为考察对象。笔者关注新罗梵钟奏乐像的理由是新罗梵钟比中国钟和日本钟，在功能和艺术方面都相对优秀一些。廉永夏在《韩国钟研究》（1984）一文中对新罗梵钟的价值提出如下主张。

> 优秀的钟几乎全都在新罗和高丽时代铸造，我国青铜文化精粹在全世界都有名。特别是新罗时代名钟可以说是世界杰作，证明了我国拥有发达的梵钟设计技术、青铜合金和铸造技术，且比外国的技术水准更高。①

现在韩国和日本保存的新罗梵钟不过 10 余件②，有一部分新罗梵钟已被损毁，还有一些虽有文献记录却不见实物，甚至还有一些在日帝强占期偷运至日本。因此需要调查国内外新罗梵钟的现状，并整理梵钟上的奏乐像。本文以梵钟实物中的奏乐像为中心，失传的梵钟则通过文献材料来补充。因为新罗梵钟的奏乐像无法用实际的声音来证明，只能以确定的实物材料为依据。

梵钟是佛教寺院使用的法具，作为打击乐器还拥有用撞木撞击发声的功能，特别是钟体上雕刻的奏乐像是新罗梵钟的特征之一。从新罗时代开始到朝鲜时代制作并传承至今的且刻有奏乐像在梵钟上的，新罗梵钟占了大多数。新罗梵钟虽然只有少数几种，但梵钟上的奏乐像是了解新罗时代乐器和音乐的重要线索。虽然只依靠新罗梵钟的奏乐像很难展现新罗时代的音乐，但是除梵钟上的奏乐像外，还发现了石雕、图像、土偶、香炉等形态多样的考古学材料。如果把新罗时代音乐看成一幅图画，新罗梵钟奏乐像可以说是其中的一块拼图。

梵钟奏乐像中出现的大量乐器，是填补文献记录以及新罗时代音乐和乐器研究空白的考古学材料。

> 超越时代或区域不变的宗教法则中出现的奏乐像，是同时代音乐文化中实际使用的展现，属音乐图像学（Musical Iconography）的材料。③

佛教梵钟有着和儒教编钟、基督教钟不同层次的象征意义。梵钟是仅次于新罗时代三弦三竹的重要乐器，而且形成了很高的社会认知。但很遗憾，当代梵钟的相关研究未能从音乐领域扩大

①廉永夏：《韩国钟研究》，韩国精神文化研究院，1984 年，第 3 页。

②新罗梵钟的准确数量无法确定，这是最新发掘的以及对有争议的新罗梵钟的检验导致的。推测为统一新罗时代制作的“京畿道龙门山上院寺梵钟”，刻有琵琶和横笛，但是制作时期和真伪存在争议。因此本文将其排除在外，只把迄今为止确定为新罗梵钟的钟作为研究对象。

③黄美衍：《统一新罗时代奏乐像考察》，《浪漫音乐》第 9 卷第 1 号，1996 年，第 22 页。

至其他交叉学科。本文不再局限于佛教观点，试图唤起研究新罗时代音乐的关键词。

笔者梳理了新罗梵钟奏乐像研究现状和成果，并尝试梵钟奏乐像研究成果在教育运用上的可行性方案。通过分析梵钟奏乐像相关研究成果的优缺点，提出解决方案，有助于研究的活性化。在当代乐器教育领域，古代乐器被放在乐器教育的盲区。乐器教育的中心是活跃在舞台上并且可以演奏乐曲的韩国乐器以及外来乐器，对有关发声原理的体验教学，还有对不常使用的乐器认识不足。笔者认为，乐器教育欠缺的方面，可结合梵钟奏乐像，以达到研究的突破和教育的双倍效果。

二、 新罗梵钟现状

1. 上院寺钟

上院寺钟在韩国梵钟中历史最久远，有着统一新罗初期的痕迹。梵钟外部发现了丰富的奏乐像浮雕，其数量比其他的新罗梵钟要多很多，演奏形式多样，有独奏、重奏、小规模合奏。

梵钟构造大致可分为上带、下带、莲郭、飞天、撞座，莲郭又可分为左郭、右郭、下郭。上带的浮雕奏乐像有纵笛、弦乐器（?）；下带奏乐像有箫、横笛、腰鼓、曲项琵琶；莲郭左郭奏乐像的乐器无法确定，右郭浮雕奏乐像有直颈琵琶，下郭刻有笙簧和腰鼓。[①]（图 1）

2. 无尽寺钟[②]

无尽寺钟直到 19 世纪末还收藏在日本对马岛的国府八幡宫，但在 1868 年日本开展排斥佛教的“神佛分离”运动时消失。无尽寺钟高 72.7 厘米，钟口为 56.3 厘米，是中型钟，又名“杨贵妃钟”。现推测无尽寺钟的拓本收藏在东京国立博物馆。

> 纯祖十一年（1811），朝鲜通信史金履乔和李勉求前往对马岛的时候，德川幕府派遣的迎接史林大学头述斋的随行员松崎慊堂看到这座钟，觉得很珍贵，于是印了两份拓本。返回江户后，一份赠予了当时日本的金石学大家狩谷掖斋，制作了模刻板送给了同行，被人所认知。现在东京国立博物馆收藏的旧拓本，可能是当时的遗物。[③]

根据拓本可知，无尽寺钟和云树寺钟相似，五台山上院寺钟的飞天和云树寺钟类似。虽然横笛和腰鼓的奏乐像都是成双对称的构造，只是左右乐器的位置不同。无尽寺钟的横笛是在右下方 45 度视线方向，以趺跏趺坐姿势演奏。云树寺钟的演奏则是跪膝席地而坐。考虑到横笛的角度和演奏姿势，禅林院钟的横笛和实相寺钟感觉上比较相似。无尽寺钟有 6 行铭文，每行 11 个字。大略内容是“天宝四年乙酉年（745），大角干思仁[④]援助铸造了无尽寺钟，祈愿一切众生脱离苦海，找到平和”[⑤]。（图 2）

①本文标记的“?”表示不能完全确定此乐器的属性。

②无尽寺钟的相关材料和内容引用了 http://m.blog.daum.net/chakraba/332。

③李弘植：《在日朝鲜钟考》，《韩国古文化论考》，首尔：乙酉文化社，1954 年，第 79~81 页。

④思仁指的是无尽寺钟的施主大角干金思仁，金思仁是武烈王的三儿子金文王的后孙，角干金大忠的儿子。

⑤天宝四载乙酉，大角干思仁为赐夫，只山村无尽寺钟成。教受内成记时，愿助在众邸、僧村、宅方一切檀越并成，在愿旨者，一切众生苦离乐得，教受成在节，唯乃秋长幢主。

上院寺钟

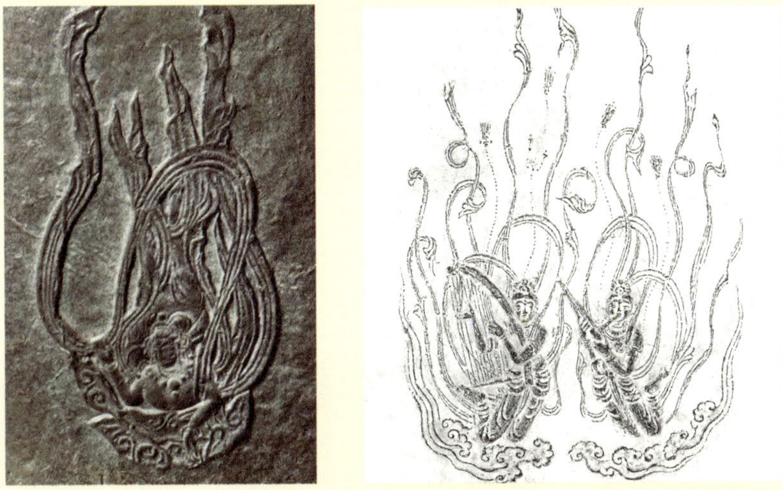

上院寺钟——箜篌、笙簧

上带——纵笛、弦乐器（?）

下带——箫、横笛、腰鼓、曲项琵琶

左郭——?

下郭——笙簧、腰鼓

右郭——直颈琵琶

图1　上院寺钟奏乐像

铭文和奏乐像①

腰鼓、横笛

图 2　无尽寺钟奏乐像

东国大收藏梵钟残片的奏乐像②

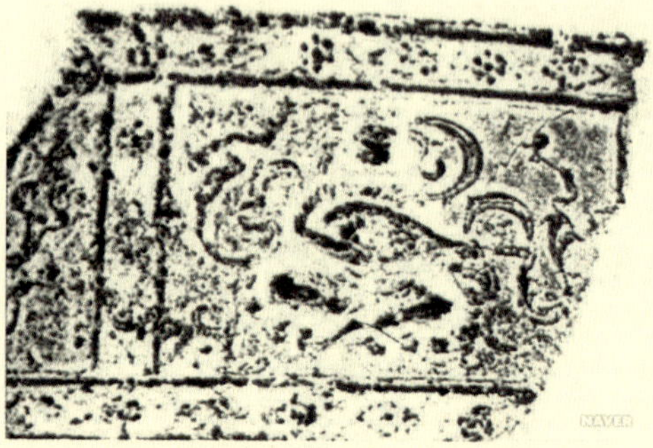

直颈琵琶③

图 3

3. 东国大学校收藏的梵钟残片

东国大学校收藏的梵钟残片推测为 8 世纪左右制作，残片是梵钟下带的一部分，雕刻着演奏直颈琵琶的奏乐像。梵钟残片宽 20. 5 厘米，长 21 厘米，厚 6. 5 厘米。（图 3）

4. 皇龙寺钟

皇龙寺钟的铸造和相关记录在《三国遗事》卷三可以找到。但是皇龙寺钟的实物已经消失了。钟的铸造和相关事项只能通过文献了解，具体内容如下。

> 新罗第三十五景德大王，以天宝十三甲午，铸皇龙寺钟，长一丈三寸，厚九寸，入重四十九万七千五百八十一斤，施主孝贞伊王三毛夫人，匠人里上宅下典。④

①http：//m. blog. daum. net/chakraba/446？np_ nil_ a=2。

②NAVER 知识百科：《e 博物馆 · 统一新罗》“梵钟篇” 条目引用。

③NAVER 知识百科：《韩民族音乐大词典》“乡琵琶” 条目引用。

④《三国遗事》卷三。

5. 圣德大王神钟

圣德大王神钟制于771年，是目前韩国最大的钟，呈现出统一新罗时代最高的梵钟制作技术。钟高3.75米，口直径2.27米，厚11~25厘米，重18.9吨。无奏乐像，但有飞天像浮雕。钟的上部引导发声的是音筒，结合万波息笛神话，有学者认为音筒是大笒的造型物。

> 笔者认为传说中的万波息笛可以体现在新罗梵钟的圆筒上。即：新罗钟样式中，最显而易见的特征就是圆筒，说其是万波息笛神话的造型化也是可信的。①

6. 禅林院钟

禅林院钟制于804年，现在保存下来的钟是破钟，这是月精寺在韩国战争期间发生的火灾所致。横笛和腰鼓奏乐像呈左右对称的配置。（图4）

7. 实相寺钟

实相寺钟推测约于828年铸造，虽然制作失败只剩下破损的钟体，但这口钟继承了新罗梵钟的制作技法。梵钟的钟体部位雕刻了横笛和笙簧奏乐像，其奏乐形象和禅林院钟的奏乐像相似。（图5）

8. 莲池寺钟

莲池寺钟制于833年（兴德王八年），高111厘米，口径为66厘米，游廓里面9个乳头在莲花座上面呈现出连峰形。钟身下段有2个撞座和2具飞天像。从这一时期开始，奏乐像的位置从钟身左右成双配置变成了钟身前后的位置。飞天像浮雕是新罗钟典型的流畅模样，宝花形云朵上面天衣下摆飞起来，跪膝演奏腰鼓。②（图6）

9. 云树寺钟

云树寺钟③的制作时期推测为8世纪后半期，高75.3厘米。浮雕是跪地演奏横笛和腰鼓的形象，这种演奏姿势和上院寺钟箜篌笙簧的演奏姿势相同。云树寺钟的腰鼓和光明寺钟的腰鼓，

禅林院钟　禅林院钟（破钟）　横笛，腰鼓④

图4　禅林院钟奏乐像

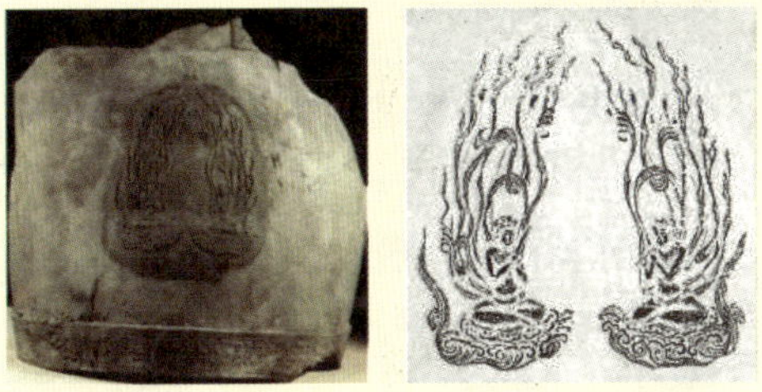

实相寺钟（破钟）　笙簧、横笛

图5　实相寺钟奏乐像

①黄寿永：《新罗梵钟和万波息笛神话》，《新罗文化》第1集，1984年，第10页。

②《韩国民族文化大百科》，韩国学中央研究院，“莲池寺铜钟”再引。

③有关钟的名称，藏于日本的钟用日式发音命名。但是考虑到新罗梵钟的原所有者是韩国寺庙，因此新罗梵钟用制作时期的汉字钟名命名更为妥当，本文则使用汉字的韩语式发音。

④（材料1、4~8、10~11）的拓本资料引用了直指圣宝博物馆（www. jikjimuseum. org）的拓本资料。

以及云泉洞中琵琶的演奏姿势相同。云树寺钟的铭文[①]为后世所刻，通过铭文可知云树寺钟是1374年（应安七年）左右传入日本的。（图7）

10. 光明寺（图8）

11. 清州云泉洞钟

清州云泉洞钟推测铸造于9世纪后半期，高78厘米，钟身64厘米，口径47. 4厘米。梵钟的钟身左面有直颈琵琶，右面有纵笛的奏乐像。（图9）

12. 元香寺址青铜小钟

元香寺址青铜小钟是2003年3月在京畿道骊州郡元香寺址发现的青铜小型钟，推测为9世纪末10世纪前半叶制作。[②] 虽然是小型钟，但钟的构成和造型与大型梵钟非常类似，且有新罗梵钟的造型特征。因此本文将其归在新罗梵钟的范畴内进行论述。梵钟正面的撞座部位有演奏直颈琵琶的奏乐像浮雕。（图10）

> 钟的外形特征和各部呈现出优美精巧的雕刻技法……可看出和许多新罗钟的典型样式有着密切关联。这样看来，这座钟应该受到新罗钟的影响，推测为9世纪末至10世纪初铸造。[③]

13. 松山村大寺钟

松山村大寺钟铸造于904年（孝恭王八年），

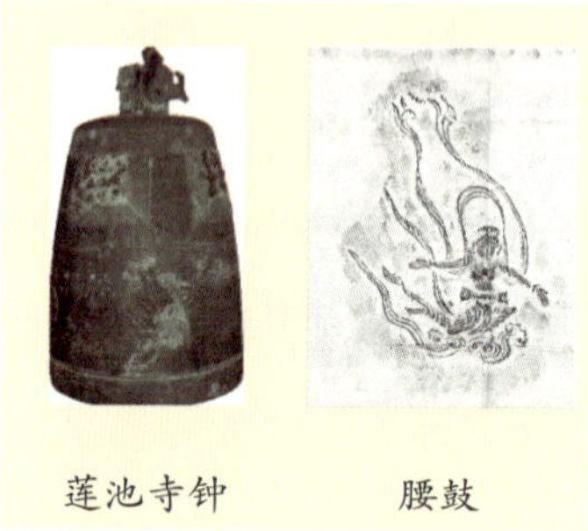

图6　莲池寺钟奏乐像

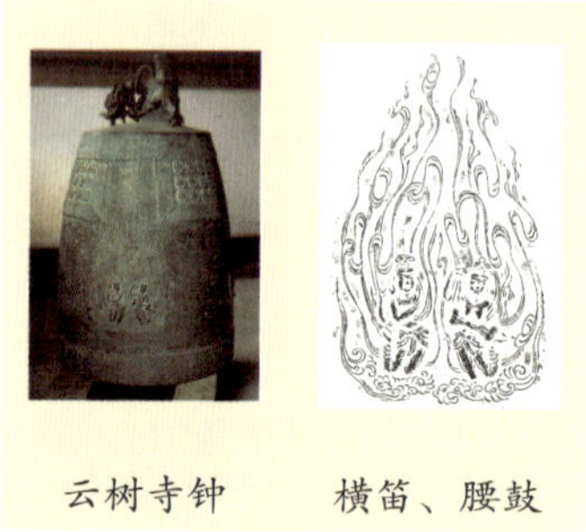

图7　云树寺钟奏乐像

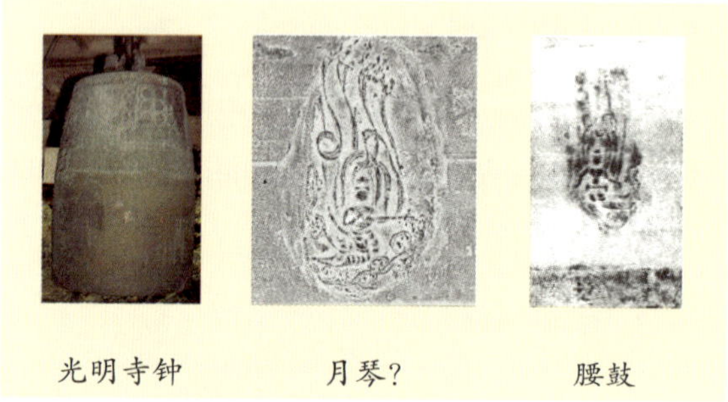

图8　光明寺钟奏乐像

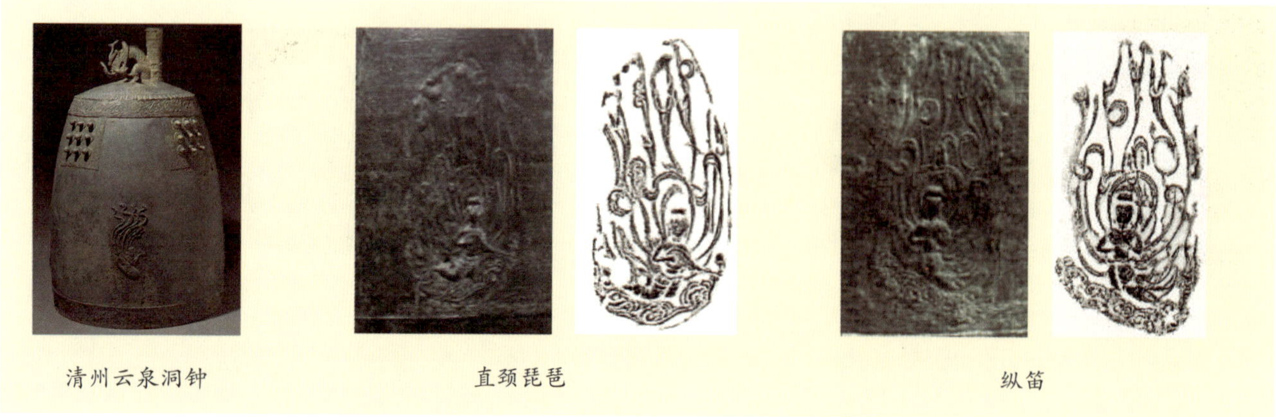

图9　清州云泉洞钟奏乐像[④]

①舍入，云州瑞塔山天长云树兴圣禅寺，应安七年甲寅，十月一日，愿主宗顺。

②张俊植：《元香寺址出土的青铜小钟》，《文化史学》第21辑，韩国文化史学会，2004年，第577页。

③张俊植：《元香寺址出土的青铜小钟》，《文化史学》第21辑，韩国文化史学会，2004年，第588页。

④图9的拓本材料，Kim Hyun-jeong：《统一新罗青铜梵钟的制作技术研究：以清州云泉洞钟的分析为中心》，龙仁大学硕士学位论文，2006年，第15页。

高 86 厘米。铭文有如下记录："天福四年甲子二月二十日松山村大寺钟制作时，和上能与，村主连笔，钟的制作使用了 5080 金。"① 奏乐像表现的是腰鼓。（图 11）

上述 13 种新罗梵钟中，有 9 个在韩国，其中有 1 个出现在文献记载中。有 5 个梵钟藏于日本，其中 1 个消失不见只剩拓本。此外，13 个钟里有 11 处奏乐像，主要出现了横笛、腰鼓、琵琶等乐器。有关 13 座新罗梵钟的内容整理如表 1。

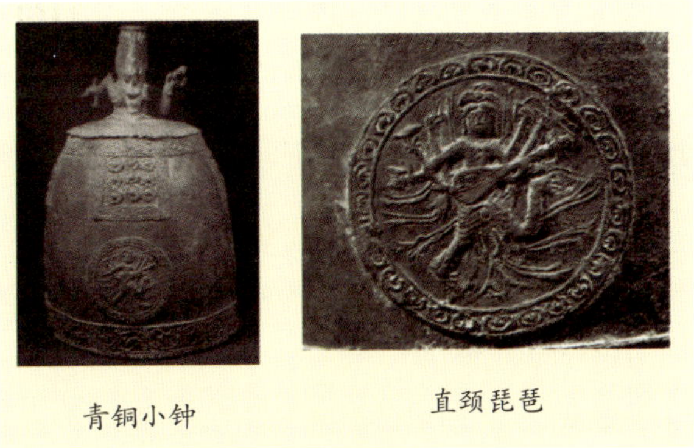

图 10　元香寺址青铜小钟奏乐像

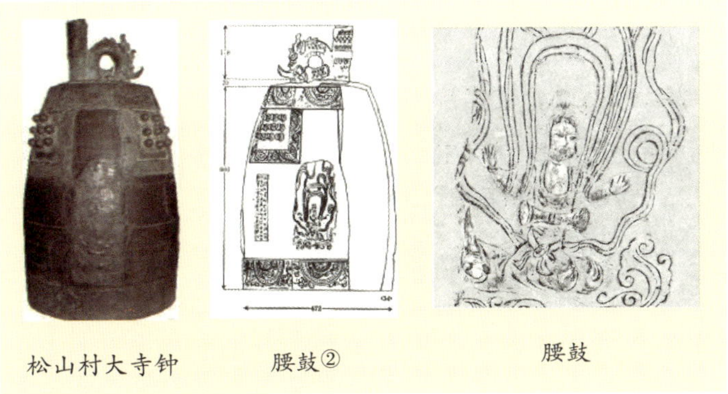

图 11　松山村大寺钟奏乐像

表 1　新罗梵钟及其奏乐像现状

编号	制作年代	钟的名称	奏乐像（位置）	备注
1	圣德王二十四年（725 年）	上院寺钟	箜篌（左）、笙簧（右）、纵笛、横笛、箫、弦乐器（?）、曲项琵琶、直颈琵琶、腰鼓	
2	景德王四年（745 年）	无尽寺钟	腰鼓（左），横笛（右）	梵钟收藏于日本国府八幡宫，明治维新"神佛分离"运动时消失，只有拓本保留在东京国立博物馆
3	8 世纪左右	原州铜钟片	直颈琵琶	只剩梵钟下带的一部分残片，收藏在东国大学博物馆
4	754 年	皇龙寺钟	–	失传
5	惠恭王七年（771 年）	圣德大王神钟	–	国立庆州博物馆藏
6	哀庄王五年（804 年）	禅林院钟	横笛（左），腰鼓（右）	1950 年"六·二五"动乱时消失，只剩残片保存在国立春川博物馆（又名：月精寺梵钟）

①天复四年甲子二月廿日，松山村大寺钟成，文内节，本和上能与本村主连笔一合，入金五千八十，方含美成。

②李浩官：《梵钟的起源和统一新罗、高丽时代的梵钟》，《博物馆纪要》29，檀国大学校出版部，2014 年，第 28 页。

续表

编号	制作年代	钟的名称	奏乐像（位置）	备注
7	约 828 年	实相寺钟	笙簧（左），横笛（右）	东国大学博物馆收藏
8	兴德王八年（833 年）	清州莲池寺钟	腰鼓（正面，背面）	日本福井县敦贺市常宫神社收藏
9	8 世纪后半期	云树寺钟	横笛（左），腰鼓（右）	日本岛根县安来市云树寺收藏
10	9 世纪中后期	光明寺钟	腰鼓（左），月琴（右）	日本岛根县光明寺收藏
11	9 世纪后半期	清州云泉洞钟	曲项琵琶（左），纵笛（右）	国立清州博物馆收藏（一名：公州新罗钟）
12	9 世纪末—10 世纪前半期	元香寺址青铜小钟	直颈琵琶（正面）	国立中央博物馆收藏
13	孝恭王八年（904 年）	松山村大寺钟	腰鼓（左，右）	日本大分县宇佐市宇佐神宫收藏

三、 奏乐像研究成果和教育运用

以奏乐像为对象的研究始于 1960 年，到今天已经进行了 50 多年。根据遗物的形态，多姿多彩的奏乐像大致可分为平面奏乐像和立体奏乐像。平面奏乐像出现在梵钟、石雕、画像上，立体奏乐像出现在香炉、佛像、土偶上。[①]

本文对过去奏乐像的研究成果进行了整理，并认识其研究意义，揭示其研究方向，试图扩大相关研究领域，即谋求在教育上的可行性方案。

本节将对奏乐像的相关研究现状，根据年代和主题进行整理，详细探讨其研究成果。

（一）奏乐像研究现状[②]

奏乐像相关研究非常活跃，特别是在内部构造为铁的梵钟以及用石材制作的石雕领域。个别遗物出现的奏乐像研究和概括性材料，只介绍进行程度。[③] 具体研究现状如下。

1967 年，黄寿永《新罗梵钟的新例：智异山实相寺出土》，《历史学报》第 34 辑。

1969 年，李弘植《韩国古代乐器图像过眼录》，载《李惠求博士颂寿纪念音乐学论丛》，韩国国乐学会。

1984 年，康永夏《新罗钟研究》，载

①把奏乐像分成平面形和立体形是片面的，为了研究的便利，以后有必要对其进行更慎重的思考。

②奏乐像研究现状材料是从 www. dbpia. co. kr 和 www. riss. kr 里检索“新罗梵钟”“奏乐像”“奏乐图”“图像”等关键词收集的。除本文介绍的研究材料之外，很有可能存在最新发行的研究材料，笔者认为这并不影响本文的探讨。

③张师勋：《新罗时代佛教遗迹出现的乐器》，载《韩国音乐和舞蹈的相关研究》，世光音乐出版社，1993。“佛教遗迹中发现的乐器”标题下，提到了感恩寺、碑严寺、凤严寺石雕的奏乐像，以及癸酉铭阿弥陀佛碑像和上院寺铜钟的奏乐像。

《韩国钟研究》，韩国精神文化研究院。

1985 年，李浩官《新罗梵钟》，载《新罗文化祭学术发表会论文集》，第 6 辑。

1992 年，崔应天《在日韩国梵钟：以九州地区为中心》，《讲座美术史》第 4 辑，韩国佛教美术史学会。

1996 年，黄美衍《统一新罗时代奏乐像考察》，《浪漫音乐》第 9 卷，第 1 号。

1997 年，黄美衍《全北所在遗物出现的奏乐图像研究》，《艺术文化》第 2 辑，全州大学校艺术文化研究所；崔应天《统一新罗梵钟的特性和变迁：以奏乐天人像的变化为中心》，《庆州史学》第 16 辑，庆州史学会。

2002 年，崔应天《禅林院址梵钟的复原和意义》，《讲座美术史》第 18 卷，韩国佛教美术史学会。

2004 年，张俊植《元香寺址出土的青铜小钟》，《文化史学》第 21 辑，韩国文化史学会。

2006 年，Kim Hyun-jeong《统一新罗青铜梵钟的制作技术研究：以清州云泉洞钟的分析为主》，龙仁大学硕士学位论文。

2007 年，Kim Hyun-jeong、金寿起《宝物第 1167 号清州云泉洞出土统一新罗梵钟的形态和保存科学特性考察》，《文化财》第 40 辑，国立文化财研究所；李晋源《韩国梵钟上的乐器图像和意义》，载《韩国古代音乐史的再照明》，民俗苑。

2009 年，李光培《东国大学校博物馆所藏〈实相寺出土新罗梵钟〉考察》，《佛教美术》第 20 辑。

2014 年，李浩官《梵钟的起源和统一新罗、高丽时代的梵钟》，《博物馆纪要》29，檀国大学校出版部。

（二）新罗梵钟奏乐像研究成果

新罗梵钟的相关研究始于 1960 年，产生了许多论文和研究成果。但是新罗梵钟研究局限在奏乐像的范畴，比起梵钟研究其关心度相当不足。有研究提到新罗梵钟上雕刻的奏乐像形态，但深度讨论和研究则处于现在进行时。有关上述提到的梵钟奏乐像的研究现状，其研究成果可分为初期、中期、后期。初期为 1960—1979 年、中期是 1980—1999 年，后期为 2000 年至今。根据研究时期整理的研究成果如下。

第一，初期研究是对新罗梵钟奏乐像的现状调查和介绍。以奏乐像的形状研究为主，梵钟奏乐像的相互关联性也是论述的一方面。主要以下列事项为中心展开研究。

① 双飞奏乐像是新罗和高丽初铜钟中常用的纹样。

② 上院寺钟和禅林院钟的奏乐姿势统一。[①]

③ 介绍了上院寺钟、无尽寺钟、禅林院钟、清州莲池寺钟、松山村大寺钟、实相寺钟、云水寺钟、光明寺钟 8 处梵钟的奏乐像，以及一部分奏乐像拓本。[②]

初期奏乐像研究的关注点在于认识体系的变化。黄美衍从奏乐像的象征意义到实际演奏进行

①黄寿永：《新罗梵钟的新例：智异山实相寺出土》，《历史学报》第 34 辑，1967 年，第 176~177 页。

②李弘植：《韩国古代乐器图像过眼录》，载《李惠求博士颂寿纪念音乐学论丛》，韩国国乐学会，1969 年，第 502~509 页。

探讨，在《统一新罗时代奏乐像相关考察》（1996）一文中提到梵钟奏乐像研究应在认识体系变化方面寻找价值。黄美衍在文中说到揭示认识体系变化的理由是：“梵钟有告知时间的实用性，以及庄严的本质和充满极乐往生的诉求，这种佛教相关的遗物，通过音乐这个纽带，可以真实地表达内心诉求。”

第二，中期研究是从文化、历史、音乐的脉络中探讨新罗梵钟奏乐像的意义。从奏乐像的形象到奏乐像的配置、演奏姿势等，研究更加多样化，并且有扩大到临近交叉学科的倾向。

① 运用科学的方法对新罗梵钟进行实测和音响分析，以形象为中心介绍奏乐像。[①]

② 对梵钟材料进行简单的实测，分为有记名梵钟和无记名梵钟两类。与奏乐像相关联的部分只是简单提到了乐器，但新罗梵钟里不只是有乐器演奏的像，还发现有供养的像，并分析其特征。[②]

③ 以日本收藏的新罗梵钟为主，涉及了奏乐像配置的变化过程。[③]

④ 不只是单纯雕刻的奏乐像，还被看成是同时代音乐文化中实际使用过音乐图像学材料，不仅研究奏乐像乐器，也开始涉及演奏姿势。[④]

⑤ 比较全北地区新罗梵钟、石雕、陶艺上的奏乐像，主要探讨音乐史学和交叉学科的关联性。[⑤]

⑥ 对统一新罗梵钟的造型变迁按照时代整理分类。前期（8 世纪前半叶—9 世纪初）是 2 具 1 条的奏乐像时期；中期（9 世纪前半叶—9 世纪末期）为单独奏乐像的登场和装饰化时代；后期（10 世纪初—10 世纪后半叶）是梵钟衰退以及向高丽梵钟转移的阶段。[⑥]

有文章指出：“8 世纪钟撞座左右成双的飞天像，到了 9 世纪（833 年铭常宫神社钟 = 莲池寺钟）变成了单像形式。”[⑦]即，钟身一面雕刻着一对奏乐像的形象，转变成梵钟的正面以及左右侧面单独的奏乐像配置形态。虽是单独的奏乐像，但总体还是出现了两个奏乐像，继承了成双的结构。

奏乐像中期研究的新成果是新罗梵钟的奏乐像和敦煌莫高窟壁画奏乐像的比较研究。李晋源在《韩国梵钟上的乐器图像和意义》（2007）一文中将奏乐像研究扩大到西域和中亚，通过对比这一区域壁画和奏乐像，拓展了研究视角。

第三，后期研究主要是对新罗梵钟的个案研究。学者运用科学的分析方法，对个别梵钟进行具体细致的讨论。

① 以禅林院钟为主研究了 9 世纪新罗梵钟的

①廉永夏：《新罗钟研究》，载《韩国钟研究》，韩国精神文化研究院，1984 年，第 3~200 页。

②李浩官：《新罗梵钟》，载《新罗文化祭学术发表会论文集》第 6 辑，1985 年，第 188~189 页。

③崔应天：《在日韩国梵钟：以九州地区为中心》，《讲座美术史》第 4 辑，韩国佛教美术史学会，1992 年，第 139~159 页。

④黄美衍：《统一新罗时代奏乐像的考察》，《浪漫音乐》第 9 卷，第 1 号，1996 年，第 21~50 页。

⑤黄美衍：《全北所在遗物出现的奏乐图像研究》，《艺术文化》第 2 辑，全州大学校艺术文化研究所，1997 年，第 59~80 页。

⑥崔应天：《统一新罗梵钟的特性和变迁：以奏乐天人像的变化为中心》，《庆州史学》第 16 辑，庆州史学会，1997 年，第 130~148 页。

⑦崔应天：《在日韩国梵钟：以九州地区为中心》，《讲座美术史》第 4 辑，韩国佛教美术史学会，1992 年，第 140 页。

造型特征。[①]

② 将元香寺址的青铜小钟与新罗梵钟的样式相联系，研究了奏乐天人像和飞天像。[②]

③ 对比云泉洞钟奏乐像与光明寺钟和松山村大寺钟的纹样与构造，考察其变化。认为云泉洞钟具有 9 世纪光明寺钟和 904 年松山村大寺钟中间过渡的造型特征，[③] 并把梵钟的图像分析区分为前期和后期。前期图像左右对称，后期图像则为左右非对称，确定了其典型性特征。[④]

④ 奏乐像研究的认识领域扩大到西域和中亚地区，研究了新罗梵钟的奏乐像和敦煌莫高窟伎乐演奏图之间的关联。[⑤]

有学者主张“云泉洞钟的最大特征是出现了统一新罗奏乐飞天像里从未出现的纵笛演奏”[⑥]，着眼上院寺钟上带部位的纵笛，并对其进行进一步研究。

奏乐像后期的研究成果是通过实测分析的体系化研究。李浩官在《梵钟的起源和统一新罗、高丽时代的梵钟》（2014）一文中，分析了新罗梵钟的铭文和特征，详细论述了梵钟的各部分特征，解析了梵钟研究的材料。

新罗梵钟奏乐像的相关研究成果分为初期、中期和后期。初期主要介绍和考察了新罗梵钟奏乐像的研究现状，中期主要从文化、历史、音乐的脉络探讨新罗梵钟奏乐像的意义，后期主要通过实测分析进行体系化的分析研究。在这些研究成果的基础之上，目前需要解决的问题是梵钟的物性和铸造方法的分析。因为物性研究和铸造方法的分析能够帮助我们更为准确地把握梵钟的制作年代，还可以成为判断复制与否以及真伪的科学根据。梵钟确切制作年代的确定不仅可以对梵钟进行具体分析，还可以成为明确揭示其时代变迁特征的基准，并为课堂教育提供准确的信息。

（三）新罗梵钟奏乐像的教育运用方案探索

笔者以新罗梵钟奏乐像研究成果为基础，尝试探索其在教学上的运行方案。鉴于目前还没有人对运用新罗梵钟奏乐像的教育方案进行具体论述，因此，本研究试图找寻将其运用于教育教学上的方法和线索，并期待能够真正运用于学校教学中。将研究成果在教育领域共享，既可以提高研究的应用效果，也能促进教育方式的多样化。

学校教育中的乐器教育以韩国的传统乐器和外来乐器为主，其中普及程度高的乐器教育频率最高。运用乐器的教育方法又以能够演奏的乐器以及乐曲为主。新罗梵钟奏乐像中出现的乐器并不广为人所知，也没有可供演奏的乐曲。尽管如此，笔者认为还是有必要将新罗梵钟奏乐像应用

①崔应天：《禅林院址梵钟的复原与意义》，《讲座美术史》18 卷，韩国佛教美术史学会，2002 年，第 55~71 页。

②张俊植：《元香寺址出土的青铜小钟》，《文化史学》第 21 辑，韩国文化史学会，2004 年，第 577~589 页。

③Kim Hyun-jeong：《统一新罗青铜梵钟的制作技术研究：以清州云泉洞钟的分析为主》，龙仁大学硕士学位论文，2006 年，第 6~16 页。

④Kim Hyun-jeong、金寿起：《宝物第 1167 号清州云泉洞出土统一新罗梵钟的形态和保存科学特性考察》，《文化财》第 40 辑，国立文化财研究所，2007 年，第 359~368 页。

⑤李晋源：《韩国梵钟上的乐器图像和意义》，《韩国古代音乐史的再照明》，民俗苑，2007 年，第 207~231 页。

⑥Kim Hyun-jeong、金寿起，同前文，第 358 页。

于教育教学，理由如下。

第一，新罗梵钟奏乐像教育教学可增强学生对韩国古代乐器的理解，扩大对韩国传统乐器的认知范畴，还可为探求韩国乐器的历史提供教育素材。

第二，通过梵钟的构造了解乐器的发声原理，并通过对比外来钟，寻找韩国钟的美。

第三，运用梵钟上雕刻的奏乐形象，提升学生听觉和视觉的乐器教育。

新罗梵钟奏乐像还可以在音乐的基础上，结合历史、科学、美术进行融合教育。从已有的乐器教育中解放出来，探求教育方法的多样化，为学生提供接触乐器的新视觉和新平台。

8—10 世纪出现的新罗梵钟是佛教仪式的道具，在佛教仪式上发挥了重要的作用。但是新罗梵钟不仅仅只是佛教仪式的道具，还隐含了打击乐器的机能。① 如果将梵钟看成是打击乐器，那么就可以将之归为韩国乐器的种类。除梵钟之外的其他韩国乡土乐器，因为没有在舞台和学校演出或进入课堂，导致不被认知为韩国乐器的例子多有发生。对此，金英云（1988）曾提出以下主张：

> 今天有些几乎不使用的乐器被认定为国乐器的一种，但是民间的乡土乐器和用于佛教音乐的乐器常被忽视，迄今为止，视为韩国乐器的还是以统治阶层的音乐，以及儒教仪式中的音乐为中心形成的。②

笔者认为要先改善老师对韩国乐器的成见，应该把新罗梵钟看成打击乐器并运用于教育。韩国乐器分类法有音乐领域分类法、八音分类法、发声原理分类法，梵钟都未被归类，只是被定义为佛教的仪式乐器。

> 佛教仪式乐器：梵钟、法鼓、木鱼、云板、半子、铃铛、摇铃、太征、锣、木铎。③

梵钟上具有悬挂功能的雕刻着龙的龙钮，以及撞木上的鲸鱼传说，这些可以刺激学生的学习好奇心。而且梵钟上半部的音管和大笒类似，可以结合万波息笛传统，成为介绍大笒的教育素材。

· 教学、学习材料 1

· 撞木是什么？

撞木是寺庙中敲钟时用的木棒。

· 梵钟为什么要用鲸鱼模样的撞木敲击？

梵钟龙钮的形态是龙，称为蒲牢。蒲牢是龙九个儿子中的第三个儿子，蒲牢最害怕的是鲸鱼，敲击梵钟的撞木被形象比喻为鲸鱼，撞击梵钟，梵钟上的蒲牢会害怕，就发出更响亮的声音。

· 教学、学习材料 2

· 音筒是什么？

只有韩国钟才有的独特构造，和共鸣有关，又称为甬筒或音管。

· “万波息笛”传说

①本文涉及的新罗梵钟的打击乐器功能，并不意味着能和其他乐器合奏或者演奏。和儒教仪式使用的雅乐器一样，意指佛教仪式中自动的打击乐。雅乐器可根据雅乐谱演奏，梵钟虽无乐谱，但可以跟随佛教仪式有计划、有体系地演奏，因此有着打击乐器的功能。

②金英云：《韩国土俗乐器研究》，《韩国音乐研究》第 17、18 辑，1988 年，第 60 页。

③金英云：《国乐概论》，《音乐世界》，2015 年，第 137~141 页。

《三国遗事》卷二“纪异第二”记载，“万波息笛”所在的岛在海上随水流移动，岛上生长的竹子会裂成两半再合起来。合为一体的时候取竹子制成乐器，这种乐器可以不吹自鸣，击退敌兵，治疗传染病，让雨季停止下雨，是拥有神奇力量的乐器，即被称为“万波息笛”。

和伽耶琴、弦琴、大笒、杖鼓一样，梵钟也有发声原理。梵钟的铸造主要由金属材料铜和锡的配合比例，以及考虑乐器材料的材质和梵钟厚度的均匀性。梵钟的外部构造有坛子倒挂形态的梵钟钟体作为音筒的甬筒，以及最适合发声的位置——撞座。梵钟通过内外构造的调和而发声。梵钟在构造上的完整度左右了共鸣或音的延长以及波动的稳定性。新罗梵钟内外构造的科学性和发声原理比中国和日本的要优越。梵钟音的均衡波动、音的持续性和延展性以及长久的波动现象，都是梵钟科学原理的反映。为了让学生理解梵钟的发声原理，可以比较新罗梵钟和他国梵钟的异同，还可以用图表形式呈现梵钟的敲击位置和力度导致的波动变化，让学生在自我认知声音差异的过程中，发现梵钟的声音原理。

· 学习名：声音的传达方法

· 准备物：麦克风、扩音器、声波文件编辑软件、音叉，《新罗梵钟》CD（新国家，2000）

· 学习内容：科学理解和学习梵钟的频差现象

· 例：梵钟的波形[1]

新罗梵钟奏乐像不仅呈现了乐器的形态，而且还刻画了丰富多彩的飞天纹样，生动描写了乐器的演奏姿势和动作。比起乐器的单纯描画，突出了乐器造型的美。因此平面雕刻的奏乐像可以感受到立体的生动感。让学生画奏乐像，不是写实的描写，而是鼓励学生发挥美的想象力。因为纹样反映了先祖们的精神生活，还蕴含了象征成果的意义。把梵钟的纹样从单纯的造型中解放出来，发现韩国人的美。让学生体验韩国文化的美，刺激他们的音乐感受和创意。把新罗梵钟中出现次数较多的乐器导入课堂，比较横笛、腰鼓、琵琶的不同，如下：

表 2　新罗梵钟里的“横笛”图像比较

上院寺钟	无尽寺钟	禅林院钟	实相寺钟	云树寺钟

①材料出处：https：//blog. naver. com/miraxkim/220785920975。

表 3　新罗梵钟里的“腰鼓”比较

				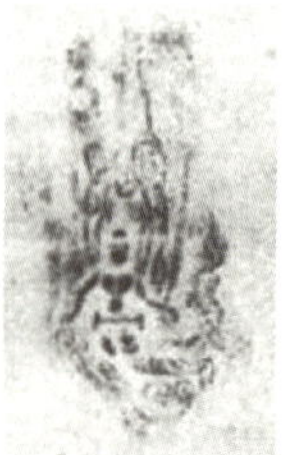	
上院寺钟	禅林院钟	莲池寺钟	云树寺钟	光明寺钟	松山村大寺钟

表 4　新罗梵钟里的“琵琶”比较

上院寺钟	东国大收藏的梵钟残片	云泉洞钟	元香寺址青铜小钟

用上述梵钟奏乐像纹样做的教学公开指导方案整理如下：

教学公开指导方案①

主题	新罗梵钟的科学成果及其纹样的美	对象	初一学生
学习目标	1. 用韩国乐器认知新罗梵钟并理解其特征。 2. 发现新罗梵钟纹样的美，发挥创意性。		
阶段	学习过程	教学、学习、活动	材料（♠）　留意点（◆）
导入	课堂回顾 诱发动机 （5 分）	· 课堂回顾 用短箫演奏上节课练习的“阿里郎” · 诱发动机 使用视频材料介绍撞木和万波息笛的故事，激发学生的学习兴趣。	♠ 短箫、杖鼓、视频
	提出学习目标	· 提出学习目标 1. 用韩国乐器认知新罗梵钟并理解其特征 2. 发现新罗梵钟纹样的美，发挥创意性	

①Heo，Seon Hyeong：《主题中心国乐课堂的考察和反省》，《国乐教育》，民俗苑，2016 年，第 820 页。“教学公开指导方案”参考。

续表

主题	新罗梵钟的科学成果及其纹样的美	对象	初一学生
展开	理解梵钟在乐器上的特征（5 分）	·活动 1. 理解梵钟在乐器上的特征 理解韩国乐器的种类和分类方法，掌握打击乐器的发声原理	♠视频，PPT
	画出梵钟的纹样（15 分）	·活动 2. 倾听梵钟纹样的说明，并试图用绘画呈现 听大等、杖鼓、琵琶的音乐，想象梵钟的纹样形象，思考纹样的象征意义并绘画 复制纹样阶段发展成创新性表现的阶段	♠ 视频、PPT、活动纸 ◆尽可能让学生在自由欢乐的气氛中表现和发挥
	发言和讨论（15 分）	·活动 3. 学生们互相对纹样作品进行发言和讨论 说明本人的作品，并参与讨论他人的作品，思考梵钟奏乐像纹样运用于日常生活中的方法	◆尽可能让学生积极参与，教师是调节者
整理	整理和评价（5 分）	·整理和评价 整理和评价学习内容 预告下堂课内容	♠ 活动纸

四、 结论

本研究梳理了新罗 13 种梵钟里出现的奏乐像研究现状和成果，试图提出将梵钟奏乐像研究成果灵活应用于教学上的可行性方案。新罗梵钟的相关研究始于 1960 年，其研究可分为初期、中期、后期三个阶段。初期为 1960—1979 年、中期为 1980—1999 年，后期为 2000 年至今。

初期研究是对新罗梵钟奏乐像的现状进行调查和介绍，以奏乐像的形状为研究对象，梵钟奏乐像的相互关联性也是论述的一方面。这一时期的研究成果主要是掌握已知的新罗梵钟，并考察其奏乐像的现状。但是由于实测材料不足，研究者对梵钟的接触有限，其研究也受到限制。

其次，中期研究是从文化、历史、音乐的脉络中探讨新罗梵钟奏乐像的意义。从奏乐像的形象研究到奏乐像的配置、演奏姿势等，研究变得多样化，还出现了扩大到临近的交叉学科的倾向。这一时期的研究在奏乐像的乐器分析和演奏姿势上虽有进展，但是和同时代梵钟之外文物上奏乐像比较和分析研究还是不够。有必要通过个案的比较研究来弄清奏乐像的特征。

最后，后期研究主要是对新罗梵钟的个案研究。运用科学的分析方法，对个别梵钟进行具体细致的讨论。这一时期虽然对奏乐像和飞天纹样在配置上的关联性做了讨论，但还不够深入。因为梵钟奏乐像的配置和纹样，除了美的要素，还隐含了其他多样的元素。而且更加细致的比较分析韩国和中国以及日本传承下来的新罗梵钟或同时代各国钟的奏乐像，可以积累对新罗梵钟奏乐像的概括性研究认知。

笔者以新罗梵钟奏乐像研究成果为基础，提出将其运用于教学的可行性方案，具体如下：

第一，将新罗梵钟认定为打击乐器，从教学上扩大了韩国乐器的范畴。而且梵钟上有悬挂功能的钮雕刻着龙，以及撞木上的鲸鱼传说可以作为刺激学生学习好奇心的教学素材。

第二，为了让学生理解梵钟的发声原理，可以比较新罗梵钟和他国钟声，还可以用图表形式呈现梵钟的敲击位置和力度导致的波动变化。让学生在自我认知声音差异的过程中，发现梵钟的声音原理。

第三，让学生描画奏乐像，不是写实的描写，而是鼓励学生发挥审美的想象力。

本研究把新罗梵钟奏乐像从过去认为只是佛教使用的道具，进而把新罗时代音乐研究作为主要的核心语，确认了其作为乐器教育的重要因素。本文还把新罗梵钟奏乐像的相关研究从音乐领域扩大到其他交叉学科，希望能为新罗音乐研究和乐器教育领域的研究添姿加彩。

翻译：钟芳芳

（温州大学音乐学院讲师

韩国学中央研究院博士）

用途和演奏姿势影响下的韩国国乐器的形状及其变化

◇季淑姬[①]

摘要：本研究旨在分析和探究国乐器用途和演奏姿势影响下的韩国国乐器的形状及其变化，从而阐明国乐器的真实面目与身份定位。国乐器由发声的本体、架子、托架等配件及色彩、样式、装饰等组合构成一个完整的形态。《乐学轨范》之后，国乐器中的部分乐器根据用途和演奏姿势开始区分其形状。但随着演奏环境等的变化，这些乐器不仅没有被按用途进行区分使用，其乐器的形状还发生了变化。在没有明确认识到这些变化的情况下，不仅无法正确理解乐器，还歪曲了乐器的本质。本文以《乐学轨范》为标准，分析了国乐器中根据用途的不同其形状发生变化的情况，乐器的形状可根据其用途，即祭礼乐用和宴礼乐用以及站式和坐式的演奏姿势来区分。

按用途来区分形状的乐器有编钟、编磬、建鼓、柷。可以得到确认的是，编钟、编磬、建鼓、柷到朝鲜时代后期以祭礼乐用和宴礼乐用两种形态传承下来。但编钟、编磬、柷与《乐学轨范》的说明不同，即乐器的形状与用途不一致。建鼓只用于宴礼乐中，但当时使用的乐器形状则有宴礼乐用和祭礼乐用两种。而且建鼓并未在祭礼乐中使用，因此可以说《乐学轨范》的记录可能存在偏差。今日传承下来的编钟、编磬是宴礼乐用的形态，柷是祭礼乐用的形态。虽然建鼓已不再使用，但是传承了朝鲜后期宴礼乐用的形态。

演奏姿势对乐器的形状产生了影响的乐器是方响。站立式方响在朝鲜后期没能得以传承，而将坐式方响扩大后用于站立演奏。一直到朝鲜后期，依然延续着殿上乐（登歌）以坐式演奏、轩架站着演奏的传统。但如今，虽使用与朝鲜后期扩大版坐式方响相同的乐器，但演奏姿势上无论是一般的演奏，还是宗庙祭礼乐的演奏，登歌与轩架都变为站着演奏。虽然现在宫廷音乐的传承环境发生了变化，但通过《乐学轨范》可以确认，在当时曾出现过根据乐器的用途和演奏姿势来区分乐器形状的音乐文化。

①李淑姬：韩国国立国乐院研究员。

关键词：国乐器的形状；祭礼乐用；宴礼乐用；站式用；坐式用；编钟；编磬；建鼓；柷；方响

一、绪论

国乐器是由发声的本体、架子、托架等配件及色彩、样式、装饰等组合构成的一个完整的乐器形态。国乐器中的部分乐器是根据其用途及演奏姿势来区分其形状的。但随着演奏环境的改变，这些乐器不仅没有按用途进行区分使用，而且乐器的形状也发生了变化。因没有明确认识到这类变化，所以不仅导致无法正确地理解乐器，同时还歪曲了乐器的本质。鉴于此，本文将聚焦国乐器中随着用途变化而发生了形状变化的乐器，详细探究其变迁。

将乐器按用途来区分的制度始于高丽时代，但由于没有图解，因此无法确认乐器的形状。对乐器的形状、规格及用途的系统性整理出现在朝鲜时代初期。《世宗实录》（1454）中分别对吉礼乐用乐器和宴礼乐用乐器做了区分说明。《国朝五礼仪序例》（1474）中也对吉礼乐用乐器和宴礼乐用乐器进行了区分。吉礼乐用乐器主要包括雅乐器，宴礼乐用乐器则包括乡乐器及唐乐器。如上所述，《世宗实录》与《国朝五礼仪序例》依据用途对乐器进行了区分，可分为吉礼乐用乐器与宴礼乐用乐器，即包括雅乐器、乡乐器及唐乐器。如此分类自然而然地构成了用途上的系统性区分，但并未对乐器形状进行区分。

《乐学轨范》（1493）按照雅乐、唐乐、乡乐的音乐体系将乐器分为雅乐器、唐乐器及乡乐器。又将部分乐器按照新的分类法分为祭礼乐用乐器和宴礼乐用乐器。《世宗实录》和《国朝五礼仪序例》首先区分了乐器的用途，随之确立了乐器的体系。与之相反，《乐学轨范》则是先区分了乐器的体系，再区分其用途。从区分标准来看，《世宗实录》和《国朝五礼仪序例》是将乐器的种类及音乐体系设为标准，而《乐学轨范》则是将乐器的形状设为区分的标准。虽然《乐学轨范》根据乐器的用途对乐器的种类、体系及形状进行了区分，但现在祭礼乐和宴礼乐的演奏都使用相同的乐器，并没有用途上的区分。由此可知，特定乐器已丧失了其内在意义。

现在宫廷音乐中除了大吹打①以外，大部分乐器都是坐着演奏的。但在朝鲜时期通常是坐着演奏登歌，而演奏轩架时则是站着。即便是仅演奏轩架时，也是前排的演奏者坐着演奏，后排的演奏者站着演奏。因此，即使是同样的乐器，站着演奏和坐着演奏所使用的乐器形状也会有所不同。但是现在站着演奏的传统已全面消失，演奏者都是坐着演奏，无论演奏的姿势如何，所使用的乐器都只有一种形状。不仅演奏姿势发生了变化，而且也丢弃了按照不同姿势选用不同乐器的传统，由此，乐器形状的区分也就消失了。

综上所述，部分国乐器根据用途及演奏姿势区分了其形状，但现在已经没有了对乐器进行区分使用的传统。乐器的形状也以单一的样式被传

①依据行乐的演奏传统，大吹打由演奏者站着演奏。

承下来，甚至一些乐器形状已发生了改变。乐器在传承的过程中会发生变化，因此若不考虑变化之前的用途、形状和意义，而将现存的乐器视为其本来的形状，显然是有问题的。

过去虽已有对国乐器形状的相关研究①，但对乐器用途、各用途对应的形状及其变化尚未进行研究。国乐器与西方乐器的不同在于国乐器在形状等方面包含多种象征意义，因此对国乐器形状的精准研究显得格外重要。本研究旨在分析国乐器的用途和演奏姿势，以及与之相应的形状及其变化，从而阐明国乐器的真实面目与身份定位。

本文将以《乐学轨范》为标准来分析国乐器的用途和演奏姿势对其形状所产生的变化，这是因为《乐学轨范》是第一部也是唯一一部记录乐器用途和演奏姿势的著作。在《乐学轨范》中依据用途来区分形状的乐器有编钟、编磬、建鼓、柷，依据演奏姿势来区分形状的乐器则是方响。

《世宗实录》和《国朝五礼仪序例》中使用了“吉礼”一词，但《乐学轨范》中则使用了“祭礼”。由于这两个术语的含义相同，故笔者将其混用。另外，在宴会、朝贺中所使用的乐器与宴礼乐用乐器相同，因此统一为宴礼乐用。

二、 本论

在朝鲜时代初期根据特定的用途对乐器进行了区分使用，但这种用途上的区分现在已经消失。乐器的用途是根据祭礼乐和宴礼乐等活动的性质来区分的，立式和坐式则是根据演奏姿势来区分的。因此，笔者将对与用途和演奏姿势对应的乐器形状及其变化进行探究。

（一）音乐用途影响下的乐器形状及其变化

根据音乐用途的不同，国乐器的形状变化按照祭礼和宴礼活动来区分。但如今这种传统已经消失，祭礼乐和宴礼乐都统一使用一种形状的乐器。

在韩国，将国乐器根据音乐的用途来区分的分类方式源于《世宗实录》。《世宗实录》把国乐器分为吉礼乐用乐器与嘉礼乐用乐器，并加以说明。② 吉礼乐用乐器只包含雅乐器，而嘉礼乐用乐器则包含雅乐器、唐乐器和乡乐器。综上，《世宗实录》虽按照音乐的用途区分了乐器的种类，但没有区分乐器的形状。

根据音乐的用途来区分乐器种类的体系从《乐学轨范》延续到了《国朝五礼仪序例》(1474)。《国朝五礼仪序例》是1463年（世祖九年）“保太平”和“定大业”被定为宗庙祭礼乐之后编纂的，因此吉礼乐用乐器中除了雅部乐器外还包括俗部乐器。③《世宗实录》与《国朝五礼仪序例》中吉礼与嘉礼乐器的区分如下表④。

①金宇振：《关于乐器形态变化的研究》，《韩国音乐研究》1989年第17、18辑合刊，第79~107页。

②吉礼乐用乐器的说明收录于《世宗实录》卷128，嘉礼乐用乐器的说明收录于《世宗实录》卷132。

③《国朝五礼仪序例》卷1“吉礼”中“雅部乐器图说”“俗部乐器图说”。

④吉礼乐器中除了图中所示的乐器以外，排除了钲、𪔂、麾、錞、铎、铙、翟、应、雅、相、牍、竽、籥、干、戚等仪物及仪物用乐器。

表 1 《世宗实录》与《国朝五礼仪序例》中吉礼与嘉礼乐器之比较

吉礼			嘉礼	
世宗实录	国朝五礼仪序例		世宗实录	国朝五礼仪序例
	雅部乐器	俗部乐器		
编钟	编钟	–	建鼓	建鼓
编磬	编磬	–	应鼓	应鼓
歌钟	特钟	–	朔鼓	朔鼓
歌磬	特磬	–	鼗鼓	鼗
雷鼓	雷鼓	–	节鼓	–
雷鼗	雷鼗	方响	方响	方响
灵鼓	灵鼓	杖鼓	杖鼓	杖鼓
灵鼗	灵鼗	教坊鼓	教坊鼓	教坊鼓
路鼓	路鼓	拍	拍	拍
路鼗	路鼗	唐琵琶	唐琵琶	唐琵琶
土鼓	土鼓	乡琵琶	乡琵琶	乡琵琶
–	节鼓	伽耶琴	伽耶琴	伽耶琴
–	晋鼓	玄琴	玄琴	玄琴
柷	柷	大筝	大筝	大筝
敔	敔	牙筝	牙筝	牙筝
缶	缶	月琴	月琴	月琴
琴	琴	奚琴	奚琴	奚琴
瑟	瑟	唐笛	笛	唐笛
管	管	大笒	大笛	大笒
龠	龠	唐筚篥	唐筚篥	唐筚篥
箫	箫	乡筚篥	乡筚篥	乡筚篥
篴	篴	洞箫	洞箫	洞箫
篪	篪	太平箫	–	太平箫
埙	埙	–	–	–
笙	笙	–	笙	–
竽	竽	–	竽	–
和	和	–	和	–

如上表所示，在《世宗实录》和《国朝五礼仪序例》中明确区分了吉礼用乐器与嘉礼用乐器。[①]《国朝五礼仪序例》的吉礼乐俗部乐器与《世宗实录》的嘉礼乐乐器中的俗部乐器一致。[②]

虽然在《世宗实录》和《国朝五礼仪序例》中将乐器按照吉礼和嘉礼的用途区分开来，但并没有对同样的乐器在吉礼或嘉礼中使用时如何区分进行说明。因此，可以看出当时乐器的形状并没有根据其用途得到区分。

不过，在《乐学轨范》中将乐器按系统分成了雅部、唐部、乡部[③]，部分乐器又根据祭礼乐和宴礼乐区分和说明了相应的形状。在《乐学轨范》中，按照祭礼乐和宴礼乐的用途，对形状进行分别说明的乐器有编钟、编磬、建鼓、柷等四种。

1. 编钟、编磬

随着高丽睿宗十一年（1116 年）引进大晟雅乐，雅乐便开始在宫中演奏。与此同时，编钟和编磬也由此开始用于宫廷音乐的演奏。与编钟和编磬形状有关的有：音高对钟磬形状的影响；正声、中声制度对钟磬个数的影响；祭礼乐和宴礼乐对架子形状的影响。

根据音高的不同，编钟的形状呈现出两种样式。一是按照其薄厚而定，二是按大小而定。韩

①《世宗实录》与《国朝五礼仪序例》中都对吉礼乐器和嘉礼乐器进行了区分。但都没有标识编钟、编磬、牙筝、笙的使用情况。

②与《世宗实录》相比，《国朝五礼仪序例》的吉礼乐雅部乐器中添加了晋鼓与管。吉礼乐俗部乐器除了《世宗实录》的嘉礼乐乐器中的建鼓、应鼓、朔鼓、鼗，另加了太平箫。《国朝五礼仪序例》的嘉礼乐器与《世宗实录》的嘉礼乐器种类相似，但增加了太平箫，同时删去了节鼓、篪、埙、笙、竽、和。

③将乐器区分为雅部乐器、唐部乐器、乡部乐器的分类源于《高丽史》。《高丽史》中将其分为雅乐、唐乐、俗乐，大抵雅乐是雅部乐器，唐乐是唐部乐器，俗乐是乡部乐器。将《乐学轨范》的乡部乐器与《高丽史》的俗部乐器相比较，《高丽史》中将杖鼓、牙拍、无碍、舞鼓、奚琴、笛子分类为俗部乐器，即乡部乐器。

国在高丽时期以后着眼于钟、磬的大小相同而厚度不同，采取了按照薄厚来确定编钟和编磬体制的办法。

规定钟、磬的正声与中声关系的要素有两个：一是正声与中声在音高上的半音关系；二是钟、磬的数量，即正声由12个构成，中声由16个构成。

高丽时代随气用律，即根据演奏的时期将乐器分为正声和中声来使用。① 此时的正声与中声是指半音关系，半音关系的正声乐器与中声乐器在形态上很难区分其不同。半音关系的正声与中声制度一直持续到高丽睿宗（1146—1170）时期，但毅宗（1146—1170）之后其持续与否已不得而知。②

在韩国，编钟与编磬的形态最早出现在《世宗实录》中。如图1、图2所示，根据中声制度由12个钟、磬组成。由16个钟、磬构成的编钟和编磬则从《国朝五礼仪序例》开始出现。《乐学轨范》中的钟、磬，如图3、图4，也是由16个组成。

《世宗实录》中记载了由12个钟磬构成的中声制度里的编钟与编磬，但在朝鲜初期由12个（钟磬）构成的中声制度与由16个（钟磬）构成的中声制度似乎并没有一起使用。其理由是1406年（太宗六年）从明朝引进的编钟由16个编钟和编磬组成③，且《世宗实录》和《国朝五礼仪序例》均画有16个参与构成的钟和磬④，《世宗实录》中之所以画有由12个钟、磬构成的编钟和编磬，可能是因为直接引用了《乐书》的图说。

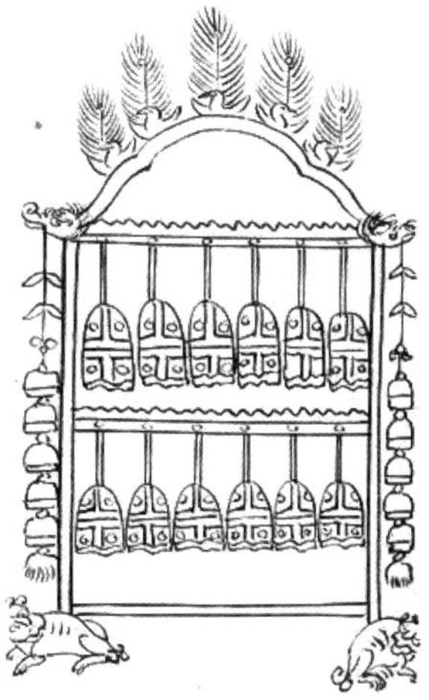

图1　《世宗实录》中的编钟⑤

图2　《世宗实录》中的编磬⑥

①宋惠真：《韩国雅乐史研究》，首尔：民俗院，2002年，第19~22页。正声在正气时使用，中声在中气时使用，正声与中声的区别在于使用不同的韵律。中国对正声和中声的区分在宋政和末年取消。

②宋惠真：《韩国雅乐史研究》，第47页。

③《太宗实录》卷12，10ab，太宗六年闰七月庚午。

④《世宗实录》卷50，36b—37b，世宗十二年闰十二月一日丁酉。

⑤《世宗实录》卷128，《五礼·吉礼序礼》“编钟”。

⑥《世宗实录》卷128，《五礼·吉礼序礼》“编磬”。

图 3 《乐学轨范》宴享用编钟

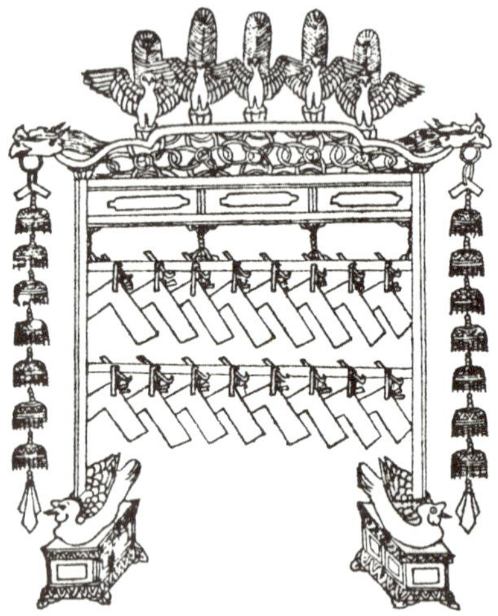

图 4 《乐学轨范》宴享用编磬

按照祭礼及宴礼等用途对编钟和编磬进行区分使用的说法虽然从朝鲜初期就已存在①，但真正进行区分则始于《乐学轨范》②。在《乐学轨范》编钟条目中还对编钟和编磬的架子进行了说明③，其内容如下：

史料 1

……祭享所用纯俭质素，其制与雷鼓架略同，用木孔雀、流苏、缨贯，着彩木假珠。朝会所用，则务令精巧，孔雀及龙凤头，并用铜镴鈆铁交铸，流苏、缨贯、彩珠。钟，用色丝流苏（祭享所用，则木绵丝）……④

如史料 1 所述，形状有区分，祭礼乐器简单纯朴，而宴礼乐器则精致华丽。祭礼与宴礼乐器架子的形状在孔雀、龙头、流苏及流苏绳上的珠子上有所差异。

表 3 编钟架子在祭礼乐和宴礼乐中的差异

	祭礼乐	宴礼乐
架子的形态	与揺鼓的架子几乎相同	编钟架子
孔雀	木孔雀	铜蜡铅铁孔雀
龙头	木龙头	铜蜡铅铁龙头
流苏	木棉线	彩线
流苏绳的珠子	涂色的木珠	彩珠

用于祭礼乐的钟、磬架子与揺鼓相似，揺鼓

①《增补文献备考》，乐考 6，乐器 1。

②据《增补文献备考》记载，华丽的形态是从高丽时代开始使用的，朴素的形态则仿效了 1406 年（太宗六年）明朝的乐器。《增补文献备考》，乐考 6，乐器 1。

③编钟和编磬的流苏、龙头、凤头及托架不同，其余基本相同。对编钟、编磬架子的区分如下。

	编钟	编磬
流苏	色丝流苏	雉尾流苏
龙头、凤头	龙头	凤头
托架	狮子	鸭子

④《乐学轨范》卷六，“雅部乐器图说”。

的架子如图 5 中所示，由簨和虡以及流苏构成，几乎没有装饰。《乐学轨范》中擂鼓的架子如图 6 所示，在簨上装饰着更多的火焰光。

图 5 《世宗实录》擂鼓

图 6 《乐学轨范》擂鼓

在祭礼乐用编钟架子的形状中，需要关注的问题是有无木孔雀和火焰光的装饰。《乐学轨范》对钟磬的说明中，祭礼乐用钟磬的架子有木孔雀的装饰，但另一方面又表示祭礼乐用架子的形状与擂鼓的架子相同。因此，用于祭礼乐的架子的形状虽是擂鼓架子的形状，但是否拥有木孔雀和火焰光装饰，尚不明确。

首先，可以从图 7 的《庆寿宴图》中看到没有木孔雀装饰的架子形状。因此，可以得知祭礼乐中曾经使用了没有木孔雀的擂鼓型编钟架子。另外，图 8 中的《崇政殿进宴图》里虽没有木孔雀，但其形态为半圆形的架子。半圆形的架子也因没有木孔雀，可以归类为擂鼓型架子。总之，擂鼓型钟、磬的架子根据其形状可分为水平型和半圆形两种。水平型架子与半圆形架子虽然形状上有所不同，但都有火焰光装饰。

编钟、编磬的擂鼓型架子原本是在祭礼乐中使用的，但在图像资料中看到的擂鼓型架子的编钟与编磬全部用于演奏宴礼乐。只是这个宴礼是小规模的，如图 9 所示，在宫廷的官方宴礼中使

图 7 擂鼓型-水平型①

图 8 擂鼓型-半圆形架子②

①《庆寿宴图》，国立国乐院《朝鲜时代宴会图》，首尔：国立国乐院，2011 年，第 58~59 页。

②《崇政殿进宴图》中的屏风，国立国乐院《朝鲜时代宴会图》，第 53 页。

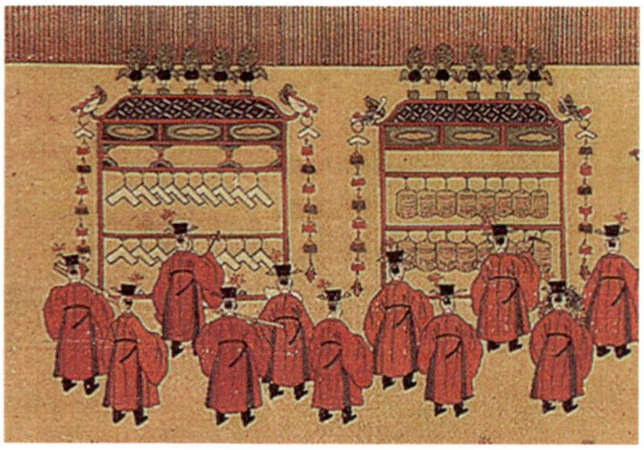

图 9　宫廷宴礼用编钟、编磬①

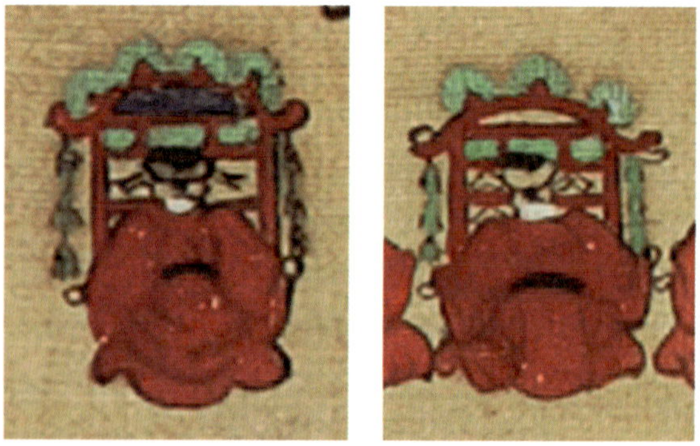

图 10　宗庙祭礼乐用编钟、编磬②

用了有木孔雀装饰的华丽的架子。另外，也存在与编钟、编磬原本用途不同的使用实例，这一点在下图中可以得到确认。

图 10 是宗庙祭礼乐演奏中使用的编钟和编磬③，都采用了木孔雀的宴礼乐用形状。虽然很难确认朝鲜初期的祭礼乐演奏中使用了何种形态的编钟和编磬，但是可以确认在朝鲜后期的祭礼乐演奏中使用带有木孔雀的编钟和编磬。宫廷的官方宴礼中也使用了有木孔雀的宴礼乐用形状的编钟和编磬。

综上所述，朝鲜初期的编钟、编磬架子在祭礼中使用了朴素的播鼓型架子，而在宴礼时则会使用华丽的架子。但是朝鲜后期在祭礼和宫廷的官方宴礼中使用了有木孔雀形状的编钟和编磬，在小规模的宴会中则使用了没有木孔雀装饰的播鼓型架子。因此，在朝鲜后期，按照祭礼乐与宴礼乐的用途来区分使用编钟和编磬的制度被废除，取而代之的是全部使用宴礼乐用形状的架子，同时产生了在小型宴会上使用祭礼乐用编钟、编磬。

当今，在祭礼乐和宴礼乐的演奏中全部使用宴礼乐用形状的编钟和编磬，不再使用播鼓型架子。由此可知，不仅不再按用途来使用编钟和编磬，而且祭礼乐用形状的编钟和编磬的传承也已断绝。在乐器形状占很大比重的国乐器中，祭礼乐用形状的编钟和编磬传承的中断，不仅失去了乐器形状的多样性，也丧失了其文化内涵的传承，这实在令人惋惜。

2. 建鼓

建鼓是国乐器中最大且最华丽的乐器，从朝鲜初期开始作为主要乐器使用，但今天建鼓只偶尔用于复原演奏中，并不用于实际演奏。《世宗实录》与《国朝五礼仪序例》在嘉礼乐器图说中介绍了建鼓，而没有在吉礼乐器图说中进行介绍。但是，在《乐学轨范》中则将建鼓区分为祭礼乐用与宴礼乐用。

史料 2

按建鼓用于殿庭轩架。〇鼓用牛皮，桶以木为之，漆布包里，而朱漆之，画牧丹。（凡朝会宴享鼓制仿此。祭享所用，则纯俭质素，不里漆布，而从本质朱漆之）钉及銜环

①《戊申进馔屏》，国立国乐院：《朝鲜时代进馔进贺屏风》，第 55 页。

②国立故宫博物馆收藏：《宗庙亲祭规制图设屏风》（推测 19 世纪后期）。

③两张图看上去都像是编磬，但从乐器布置可确定为编钟和编磬。

兽头并泼镴，画双凤于鼓桶两旁。趺作四虎，中植珠柱，贯鼓。鼓上置横木方机，立四柱，并染以朱，设方盖，以红绿绡作二幨，画折花。云阁覆莲与刻板，并着彩。四角插龙竿，各衔流苏贯以彩珠，穗儿用五色丝，方盖上又设小方盖，幨与下幨同。置莲花于其上，棲翔鹭。槌以木为之。（凡鼓槌同）①

据《乐学轨范》所述，宴礼乐中使用的建鼓的鼓身是将木头打磨后用漆布包裹，涂朱漆，然后在上面画上牡丹花，其形态如图11，与《乐学轨范》中介绍的相同。相反，祭礼乐所用建鼓如图12，则没有用漆布包裹，在鼓身上直接涂了朱漆。即，宴礼乐所用建鼓与祭礼乐所用建鼓的最大区别在于鼓身是否有牡丹花图案。

图11 《乐学轨范》中宴礼乐用建鼓

图12 国乐博物馆展示的祭礼乐所用建鼓②

通过朝鲜后期音乐方面的图像资料可知，建鼓确实是分为祭礼乐用和宴礼乐用两种形状，如图13。但图13的宴礼乐用形状与图14的祭礼乐用形状均用于宴礼乐的演奏。

建鼓是朝鲜时代用于演奏宴礼乐的代表性乐器，在《世宗实录》和《国朝五礼仪序例》中也把建鼓列为嘉礼乐用乐器。但史料2《乐学轨范》中对建鼓的说明也表示，建鼓用于殿庭轩架，但祭礼乐的各类乐器编组中没有包括建鼓。因此，建鼓的形状如《乐学轨范》中所述，确实被分为宴礼乐用和祭礼乐用形状，但建鼓并没有用于祭礼乐的演奏。③ 尽管如此，在《乐学轨范》中提到的祭礼乐中建鼓的形状似乎是沿用了中国建鼓

①《乐学轨范》卷六，“雅部乐器图说”之“建鼓”。

②参考国立国乐院官网对这幅画的介绍可知，此建鼓是“6・25”战争后制成的。虽然不是祭礼乐用，但和祭礼乐用建鼓相似。

③在《乐书》等书中也未发现建鼓使用于祭礼中的记录。

的例子。[3]

现在建鼓早已不再使用，从传承下来的建鼓的形状来看，是朝鲜后期宴礼乐用建鼓的形状，与《乐学轨范》的建鼓相比，其纹样简单了许多。目前在国乐博物馆中展示的与图 12 形状相同的建鼓，尽管没有被制作成祭礼乐用，但仍然与《乐学轨范》中介绍的祭享用建鼓的形状相同。

虽然现在建鼓已不再使用，但用于宴礼乐复原演奏时，还会使用朝鲜后期仪轨上所示的宴礼乐用形状的建鼓。笔者认为，从乐器形状的角度看，有必要对建鼓的用途、形状与传承有一个清晰的认识。

3. 柷

当今只在宗庙祭礼乐和文庙祭礼乐的祭礼乐演奏中使用柷，但在朝鲜时代，柷不仅用于祭礼乐，还用于宴礼乐。[4]《乐学轨范》中区分了演奏祭礼乐和宴礼乐时柷的形状。但区分的部分仅为柷的托架，即方台。[5] 祭礼乐用柷的方台如图 15 中所示，呈四面闭合的四方形状，而宴礼乐用方台则如图 16 所示，呈四面通透的兽足形。

图 13　宴礼乐用形状的建鼓[1]

图 14　祭礼乐用形状的建鼓[2]

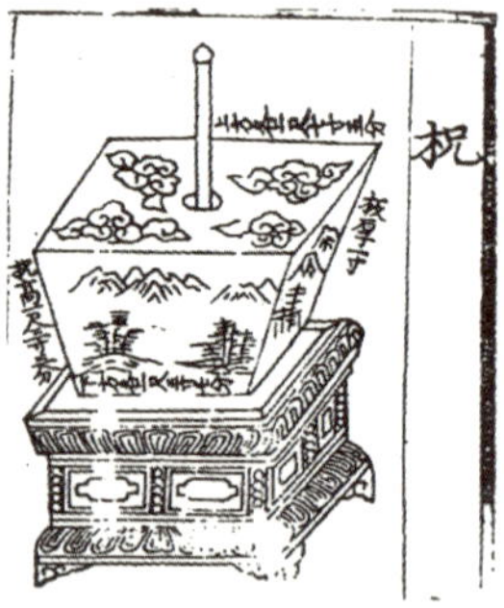

图 15　《乐学轨范》祭礼乐用方台

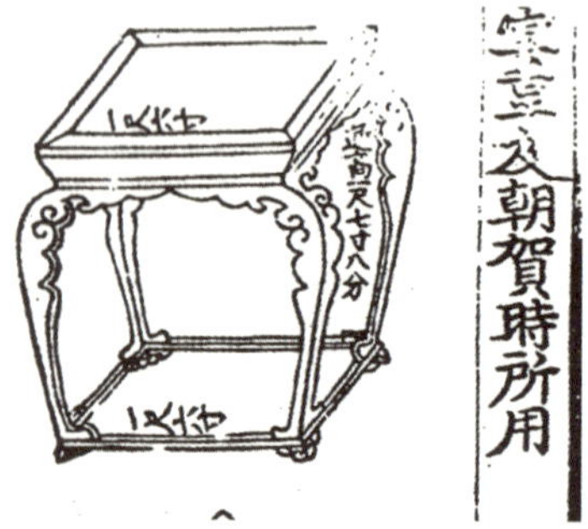

图 16　《乐学轨范》宴礼乐用方台

①《崇政殿进宴图》中的屏风，国立国乐院：《朝鲜时代宴会图》，第 53 页。

②《文孝世子册封图屏》，国立国乐院：《朝鲜时代进馔进贺屏风》，首尔：国立国乐院，2000 年，第 18~19 页。

③据中国史书记载，建鼓均使用于郊庙和朝会中。参考《隋书》卷二十四《音乐中》。

④《乐学轨范》卷二，“雅乐陈设图说”。

⑤《乐学轨范》卷六，“雅乐陈设图说 · 柷”。

如上所述，《乐学轨范》把柷按照用途进行了区分，但很难确认在朝鲜前期是否也有此区分。朝鲜后期出现了一些描绘柷演奏的画，其中宴礼乐的演奏都使用了如图 18 中的祭礼乐用方台。相反，图 17 中在宗庙祭礼乐登歌中使用的方台虽然与《乐学轨范》中提到的有些不同，但在四面通透这一点上与宴礼乐用相似。

图 17　祭礼乐中使用的与宴礼乐用柷类似的柷①

图 18　宴礼乐中使用的与祭礼乐柷类似的柷②

柷用于告知音乐开始，在朝鲜初期用于祭礼乐和宴礼乐，根据用途的不同来区分其方台的形状。朝鲜后期也在演奏宴礼乐时使用柷，但是并没有使用宴礼乐用柷，而是使用了祭礼乐用柷，由此可知，按乐器的用途来选择乐器的传统没有被保留下来。

从演奏姿势来看，柷在今天虽然是站着演奏，但也有如图 17 中坐着演奏的情况。为了坐着演奏柷，乐器必须相对较小，但尚未找到柷的大小随着演奏姿势发生变化的相关记录。

如今，只有在演奏祭礼乐时才会使用柷，柷的方台与《乐学轨范》中祭享用方台相似，柷的方台形状与用途一致。宴礼乐中使用柷的传统丢失了，宴礼乐用方台的传承也随之中断。

（二）演奏姿势影响下的乐器形状及其变化

朝鲜时代的宫廷音乐分为祭礼乐、宴礼乐、行乐，这些音乐都由复数乐队来演奏。即，祭礼乐由登歌和轩架，宴礼乐由殿上乐和殿庭轩架，行乐由前部鼓吹和后部鼓吹等两个乐队配合演奏。而且根据乐队的不同，演奏姿势也有不同的规定。到目前为止，大家对演奏姿势并没有太多的关注，大家理所当然地认为国乐就是坐着演奏的。但国乐器除了坐着外，轩架的演奏者也会站着演奏，行乐则边走边演奏。区分演奏姿势的标准并不是乐器，而是演奏的目的或乐队的位置。

将演奏姿势分为站式和坐式的传统源于唐朝的坐部伎和立部伎③。在韩国，《世宗实录》里最早出现了站着演奏的记录。在皇帝的赐宴上，娼

①国立故宫博物馆收藏：《宗庙亲祭规制图说》。

②《戊申进馔屏》，国立国乐院：《朝鲜时代进馔进贺屏风》，第 54 页。

③《新唐书》卷二十二《礼乐十二》：“……又分乐为二部，堂下立奏，谓之立部伎，堂上坐奏，谓之坐部伎……”

妓和乐工们便会站着演奏。[1] 但当时这种演奏姿势是否已经制度化还不得而知。相反，在《乐学轨范》中明确标明了演奏者站或坐的演奏姿势。[2]

《乐学轨范》中登歌的演奏者大都坐着演奏。据《乐学轨范》记载，除编钟、编磬与拍的演奏者外，其他演奏者都是坐着演奏。唯有在贺礼和宴享演奏时登歌的演奏者才会在进酒器、进餐案、进花、进盘儿的程序上站着演奏，在第一呈结束后便坐下演奏。[3] 宗庙祭礼乐虽然没有对演奏姿势进行说明，但作为祭礼乐，可推知它应该和《乐学轨范》中“时用登歌”的演奏姿势相同。《乐学轨范》的登歌与宗庙祭礼乐的登歌，文昭殿、延恩殿、昭敬殿的殿上乐等，即登歌演奏者的演奏姿势可整理成下表。

表 4 《乐学轨范》中出现的登歌演奏者的演奏姿势[4]

乐队名	站姿	坐姿	其他
时用登歌	编钟、编磬	其他	
时用宗庙永宁殿登歌	（编钟、编磬）	－	无标识
文昭殿亲行殿上乐	拍	其他	
文昭殿摄行殿上乐	拍	其他	
延恩殿亲行殿上乐	拍	其他	
延恩殿摄行殿上乐	拍	其他	
昭敬殿殿上乐	拍	其他	
时用贺礼及宴享乐	第一呈才为止	第一呈才后	

相反，轩架中虽然没有提到殿庭轩架和宗庙祭礼乐轩架的演奏姿势，但提到演奏者在演奏“时用轩架”时需站着演奏。因此，可推测殿庭轩架和宗庙祭礼乐轩架的演奏者也是站着演奏的。关于殿庭轩架的演奏者站着演奏的情况可通过朝鲜后期的各种图像资料得到确认，但也可从资料中观察到朝鲜后期的宗庙祭礼乐轩架演奏者坐着演奏的景象。[5] 以文昭殿、延恩殿、昭敬殿的殿上乐为例，前排的演奏者坐着，而后排的演奏者则站着演奏。如上所述，轩架演奏者普遍为站立演奏，即包括全体站立或部分站立。下表是《乐学轨范》的登歌、殿庭轩架、宗庙祭礼乐轩架、文昭殿、延恩殿、昭敬殿的殿上乐等演奏姿势，即对轩架演奏者的演奏姿势的整理。

表 5 《乐学轨范》中出现的轩架演奏者的演奏姿势[6]

乐队名	站姿	坐姿	备注
时用轩架	演奏者全体	－	
时用殿庭轩架	（全体）	－	无标识
时用宗庙永宁殿轩架	－	－	无标识
文昭殿亲行殿上乐	拍，后三排	前 3 排	
文昭殿摄行殿上乐	方响，教坊鼓，后 2 排	前 3 排	
延恩殿亲行殿上乐	方响，教坊鼓，后 2 排	前 3 排	
延恩殿摄行殿上乐	后 2 排	前 2 排	
昭敬殿殿上乐	后 2 排	前 2 排	

①《世宗实录》卷五，7b-8a，八月十九日（辛卯）。

②Lee Sukhui：《乐学轨范中乐器编排的种类与类型》，《国乐院论文集》，首尔：国立国乐院，2003 年，第 14 集，第 129 页内容再整理。

③《乐学轨范》卷二，“时用贺礼及宴享乐”。

④《乐学轨范》卷二，“雅乐陈设图说”“俗乐陈设图说”。

⑤国立故宫博物馆收藏：《宗庙亲祭规制图说》。

⑥《乐学轨范》卷二，“雅乐陈设图说”“俗乐陈设图说”。

下面是关于鼓吹乐的演奏姿势的说明。殿庭鼓吹为站着演奏，前部鼓吹及后部鼓吹属于行乐，即边走边演奏。前部及后部鼓吹中没有提到演奏姿势。

表 6 《乐学轨范》中出现的行乐演奏者的演奏姿势[①]

乐队名	站姿	坐姿	备注
时用殿庭鼓吹	（全体）	–	无标识
前后鼓吹	–	–	无标识
前部鼓吹	（演奏者全体）	–	无标识
后部鼓吹	（演奏者全体）	–	无标识

※为没有明示演奏姿势，但已从文章或图片中得到确认

如上可知，《乐学轨范》的登歌是坐着演奏，行乐是边走边演奏的演奏方式。在朝鲜后期，除了祭礼乐中轩架演奏者变成了坐着演奏，朝鲜前期演奏者的演奏传统大部分得到了传承。图 19 呈现了朝鲜后期登歌演奏者为坐着演奏，轩架演奏者则站着演奏。

正因为有坐着演奏和站着演奏两种姿势，所以即使是同样的乐器，随着演奏姿势的不同，其形状也会有所不同。方响便是根据演奏姿势的不同使用乐器形状也不同的乐器。

立式方响与坐式方响的形状从《世宗实录》开始出现。站着演奏方响时，其形状如图 20，坐着演奏时下面的大部分则被除去，如图 21。总之，站着演奏时在下面垫上木台把乐器的高度抬升，坐着演奏时则把木台去掉以降低高度。

殿上乐

（登歌）

轩架

殿上乐（登歌）坐着演奏的演奏者与站着演奏轩架的演奏者

图 19 戊申进馔图的殿上乐（登歌）与轩架[②]

①《乐学轨范》卷二，“俗乐陈设图说”。

②国立国乐院：《朝鲜时代进馔进贺屏风》，第 55 页。

蓬左文库版《乐学轨范》是壬辰倭乱之前的版本，里面画有木台形状的方响，如图 20，以及坐着演奏时不需要木台的说明。①但在 1724 年出版的《乐学轨范》中则画有坐式用方响，如图 21。

图 20　蓬左文库版《乐学轨范》立式用方响②

没有虎趺下面的台

图 21　1724 年《乐学轨范》中变形后的坐式用方响③

如图 22，根据朝鲜后期宗庙祭礼乐的图像资料可知，登歌和轩架都是坐着演奏的，这时登歌和轩架都使用了坐式用方台。因此，宗庙祭礼乐中演奏姿势和与之相对应的乐器形状是一致的。

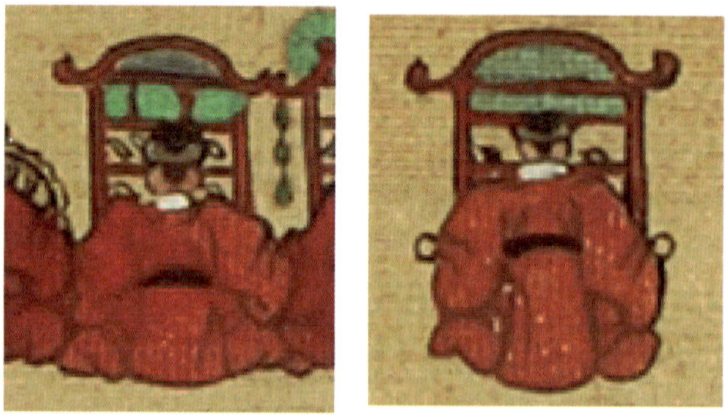

图 22　宗庙祭礼乐登歌与轩架的方响演奏者④

相反，如图 19 中看到的一样，演奏宴礼乐时登歌演奏者是坐着演奏，而轩架演奏者则站着演奏。此时，方响的形状分别是：殿上乐（登歌）的演奏者演奏坐式方响，轩架的演奏者则演奏扩大版的方响。综上可知，朝鲜后期演奏祭礼乐时轩架的站立式演奏姿势得到了传承，但使用的乐器并不是立式，而是变形后的坐式乐器，即姿势和相应的乐器形状并不一致。因此，在朝鲜后期，《乐学轨范》中出现的立式方响形状的传承大抵已经断绝。

今天的宗庙祭礼乐和文庙祭礼乐中仍保留着登歌和轩架制度，但宴礼乐中已没有登歌和轩架制度。因此，笔者将对宗庙祭礼乐中所使用的方响形状进行探究。

如今演奏宗庙祭礼乐时除了演奏拍以外，大

①《乐学轨范》卷七，“唐部乐器图说・方响”。

②《乐学轨范》卷七，“方响”。Lee Hyegu 译注，参照《新译乐学轨范》。

③《乐学轨范》卷七，“方响”。参照《韩国音乐学资料丛书》，卷 26，首尔：国立国乐院，1988 年。

④国立故宫博物馆收藏：《宗庙亲祭规制图说》。

部分的登歌和轩架演奏者都是坐着演奏[①]，而登歌和轩架的方响演奏者则都是站着演奏。图 23 为演奏登歌方响的场景，图 24 为演奏轩架方响的场景。

图 23　现行宗庙祭礼乐登歌的方响演奏场面及乐器形状[②]

图 24　现行宗庙祭礼乐轩架的方响演奏场面及乐器形状[③]

如上图所示，在登歌和轩架中使用的方响都是坐式形状，方响大小都已扩大，与立式方响相同。因登歌和轩架的所有演奏者都是坐着演奏，所以方响的演奏者也要坐着演奏，但因为乐器的大小原因，只好站着演奏。总之，乐器是坐式用形状的扩大版，因为乐器变大了，所以要求演奏者站着演奏。

在图 19 的朝鲜后期宴礼乐演奏图像中看到将坐式用方响的大小放大后演奏场面。可据此推测，目前传承下来的方响的形状应该是朝鲜后期在宴礼乐轩架中所使用的形状。

这种形状的方响与图 21 中 1724 年版《乐学轨范》的方响相似。但与 1724 年版《乐学轨范》中虎趺仍为虎样式相比，现在的方响则更接近于獬豸。另外，与 1724 年版《乐学轨范》中虎趺下面的台较小相比，现在方响的虎趺下面的台则与编钟、编磬的台相同。为了演奏方便，放有铁片的部分和其上部空间被隔开，因此乐器也变大了。如上所述，现在传承下来的方响不仅没有了立式和坐式的区分，还改变了坐式用方响的形状，采用站立姿势演奏。

三、 结论

本文结合音乐用途和演奏姿势，对韩国国乐乐器的形状变化进行了分析和探究。在韩国，根据用途和演奏姿势来区分乐器形状的著作为《乐学轨范》。鉴于此，笔者以《乐学轨范》为中心，探讨了在用途和演奏姿势的影响下国乐乐器外形的变化过程。

①柷、敔、太平箫的演奏者准备时坐着，等到演奏时则站起来演奏。大笒演奏者在演奏定大业时站着演奏。

②2008 年 5 月宗庙祭礼时演奏登歌的场面。

③2008 年 5 月宗庙祭礼时演奏轩架的场面。

宫廷音乐根据用途大致可分为祭礼乐和宴礼乐，演奏姿势可分为坐式和立式。《乐学轨范》根据用途和演奏姿势对乐器形状进行了区分：根据用途来区分乐器的形状有编钟、编磬、建鼓、柷；根据演奏姿势来区分乐器的形状是方响。

在今天的宫廷音乐中，除了宗庙祭礼乐和文庙祭礼乐，其他的所有音乐都未附带仪礼，因此很难沿袭朝鲜王朝宫廷音乐的演奏形式。所以，乐器也不再区分用途，演奏也一律以坐着的姿势进行，也不再根据演奏姿势来区分乐器的形状了。不再区分乐器的形状并不代表没有必要进行区分，而是因为这种区分未能很好地传播。

可以确认的是，《乐学轨范》中按音乐的用途区分形状的编钟、编磬、建鼓、柷，到朝鲜后期仍有两种形状被传承下来。但在朝鲜后期，编钟、编磬、柷的用途和形状与《乐学轨范》中所说的并不相同，建鼓只用在宴礼乐中，其形状则有宴礼和祭礼两种。而且建鼓并未在祭礼乐中使用，因此可以说《乐学轨范》的记录可能存在偏差。传至今日的编钟、编磬是宴礼乐用的形状，柷是祭礼乐用的形状。虽然建鼓已不再使用，但传承了朝鲜后期宴礼乐用的形状。

演奏姿势对乐器形状产生影响的是方响。立式方响在朝鲜后期失去传承，而将坐式方响扩大后用于站立演奏。一直到朝鲜后期，依然延续着殿上乐（登歌）以坐式演奏、轩架站着演奏的传统。但如今，虽使用与朝鲜后期扩大版坐式方响相同的乐器，但演奏姿势无论是一般的演奏，还是宗庙祭礼乐的演奏，登歌与轩架都变为站着演奏。

虽然现在宫廷音乐的传承环境发生了变化，但通过《乐学轨范》可以确认，在当时曾出现过根据乐器的用途和演奏姿势来区分乐器形状的音乐文化。笔者认为国乐器的形状中也包含其乐器的特性和功能，因此应该将乐器的形状作为乐器研究的一部分来对待。此外，乐器的形状与结构及颜色也有关系，与之相关的问题留待今后进行研究。

翻译：钟芳芳

（温州大学音乐学院讲师

韩国学中央研究院博士）

《乐学轨范》大筝的复原制作

◇朴相泱[①]

摘要：本文考察的是在大筝破损导致祭礼乐演奏中无法使用的背景下，国立国乐院乐团（以下称乐团）研究所和正乐团根据朝鲜时代编纂的《乐学轨范》进行的乐器复原工作。

《乐学轨范》中大筝、瑟和牙筝的制作方法是相同的，都使用梧桐木和牙木作为复原的材料。但目前牙木的采购难度很大，因此只能用梧桐木来代替。在装修材料上用胡桃木来替代花梨木、黄桑和山柚子木。另外通过增减丝线的厚度和调律达到从黄到潢两个八度的音域的变换。

从20世纪70年代后期开始，随着舞台的大型化和国乐管弦乐新型音乐演奏的登场，正乐团根据音响需求，制作了增强音量和低音的大牙筝（大筝）用以演奏。这次根据《乐学轨范》复原的大筝有一定的意义，经过实际演奏进行完善之后，再决定是否使用和普及。

复原的大筝从形态上看和日本筝、中国筝、蒙古筝是一脉相通的zither类乐器，原因在于东亚儒教文化圈的传统乐器多少受到了中国的影响。到了现代，诸如伽耶琴类的韩国传统乐器，也和牙筝一样，用改善低音音域后的大牙筝取代大筝。

关键词：大筝；《乐学轨范》；复原制作

一、 绪论

《高丽史乐志》[②] 最早介绍了大筝属于15弦的唐乐器，《世宗实录五礼》、《国朝五礼序礼》、《乐学轨范》[③]、《宗庙仪轨》、《高宗壬辰进馔仪轨》[④]，以及近代的《朝鲜乐器写真集》《李王家乐器》照片集里都有出现，推测直到20世纪初大筝仍在宫中使用。

①朴相汶：韩国国立国乐院乐器研究所研究员。

②记载高丽时代历史的《高丽史》卷70~71收录了音乐相关的内容。

③《乐学轨范》：成书于1493年（朝鲜时代成宗二十四年）的宫廷音乐书，整理了源于中国的仪轨和乐谱。

④国立故宫博物馆：《王室文化图鉴Ⅱ：宫中乐舞》，首尔：国立故宫博物馆，2014年，第114页出现了大筝图像。

现在的大筝只在国立国乐院正乐团用于演奏雅乐和乡乐化的唐乐，因为使用之处被限定，不怎么需要，导致乐器制作方法没有得到传承。最近正乐团的大筝背板裂开导致不能再使用，因此不得不重新制作。正乐团提出有必要根据文献制作正统的大筝，参考《乐学轨范·唐部乐器图说》里的记载复原大筝，树立乐器的正统性。并以此为契机让大筝灵活运用于传统音乐，本文详细论述了大筝复原和制作的过程。

二、 本论

《乐学轨范》大筝的复原顺序如下：

表 1 《乐学轨范》大筝的复原顺序

事前调查 → 商讨会议 → 文献解说 →

乐器制作 → 调律 → 完成

（一）事前调查

国立国乐院正乐团的大筝因为背板破损无法使用，因此正乐团和舞台科一起请求乐器研究所制作演奏用乐器。乐器研究所隶属于国立国乐院档案馆，曾于 1976 年、1979 年、1996 年对大筝进行了三次复原，并用于正乐团的演奏。

1976 年古乐器复原演奏会上，复原的大筝和琴、瑟、箜篌一起被搬上舞台。当时的大筝虽是遵循《乐学轨范》的形态制作的，但比文献标记的尺寸更长更宽，而且大筝的边上安装了支架，还有修补的痕迹，不久之后的 1979 年再次制作了相似形态的乐器。

1996 年制作的大筝和现在普及的大牙筝非常相似，长 185 厘米、宽 34 厘米，琴体很大，因此共鸣箱的音量也大幅扩大，是作为低音乐器而使用。这架大筝在正乐团演出中使用了将近 20 年，因为背板破损无法再使用，被保管在国立国乐院舞台科的乐器保管室里。

图 1 呈现的是国立国乐院正乐团使用过的 3 台大筝和 1996 年所造大筝的破损状态。

（二）商讨会议

表 2 是《乐学轨范》大筝复原商讨会议的具体实施内容。

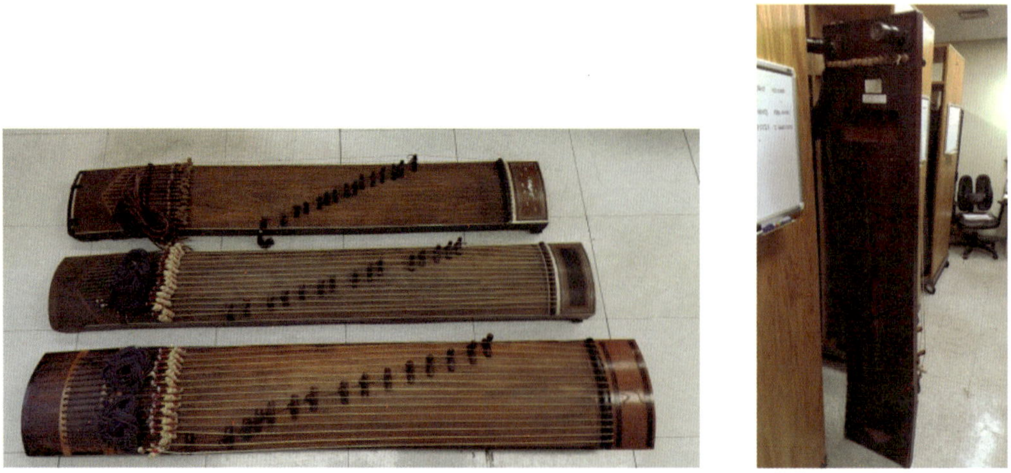

正乐团使用过的大筝　　1996 年所造的大筝（背板裂开）

图 1　国立国乐院正乐团使用过的大筝

表 2 《乐学轨范》大筝复原商讨会议实施内容

日期	内容
2016. 08	题目：正乐团大筝背板破损的制作商讨 场所：国立国乐院礼乐堂舞台科办公室 参加者：正乐团赵裕会、金亨燮；国乐研究室金庆熙、郑焕熙、朴相泱；舞台科黄柱渊、郑旭 内容：自然音响空间用（风流爱之房、牛眠堂）演奏用大筝制作第一次会议
2018. 03	题目：正乐团使用大筝的问题调查和制作关联商讨 场所：国立国乐院国乐博物馆 4 层国乐研究 2 室 参加者：正乐团李钟吉、金亨燮；国乐研究室金明锡、郑焕熙、朴相泱 内容：国立国乐院使用大筝问题调查及演奏用大筝复原制作的第二次讨论
2018. 06	题目：大筝复原制作相关乐器制作者商讨会议 场所：国立国乐院国乐 Nuri 洞小会议室 参加者：正乐团李钟吉、金亨燮；国乐研究室金明锡、朴相泱、李彩熏；舞台科黄柱渊、郑旭；外部高兴坤（国家无形文化财 42 号乐器匠、高兴坤国乐器研究院 代表） 内容：依据《乐学轨范》制作演奏用大筝的讨论

通过 3 次商讨会议，得出的结论是：大筝的制作没有依据国立国乐院文献制作，而是根据当时大筝演奏者的要求，大幅改善低音音域和音量，是不具正统性的乐器。因此，应根据《乐学轨范》制作大筝以恢复乐器的正统性，复原的乐器如果不适用于演奏，需要积极吸收演奏者的意见重新制作。

（三）文献解说

《乐学轨范》卷七“唐部乐器图说”对大筝制作方法有如下解说：① “按照古制，大筝制法和瑟② 相同，只是比瑟小，四边附着黑色木头，画中未显示。共 15 弦，第 1 弦最粗，之后依次变细。弦用各色真丝或青染棉丝。右手弹弦，左手按柱，只用于唐乐。”

可见大筝和现行伽耶琴一样都属弹弦乐器，并用按弦来改变音高，是可以灵活运用弄弦奏法的乐器。

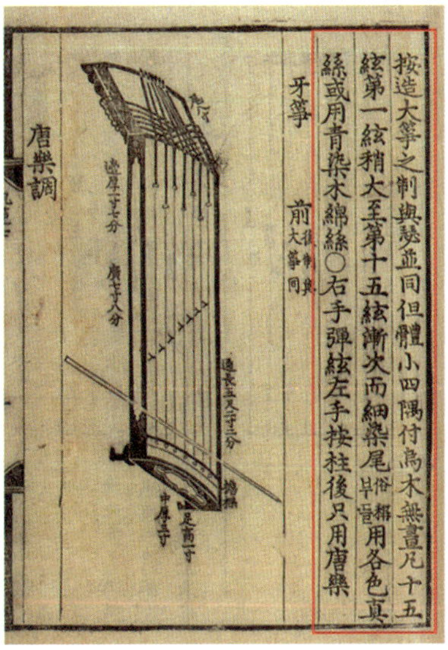

图 2 《乐学轨范》卷七“唐部乐器图说”记录的大筝制作法（左侧描线图是牙筝）

图 3 是《乐学轨范》卷七“唐部乐器图说”里描绘的大筝图像，大筝的柱没有描线图，只是提示和瑟柱一样，因此笔者用瑟柱描线图代替。

①国立国乐院：《韩国音乐学学术丛书 5：新译乐学轨范》，首尔：国立国乐院，2000 年，第 433~435 页。

②《乐学轨范》卷六，《雅部乐器图说》：“瑟制作法正面用梧桐木，背面用牙木，四面的边缘漆黑，正面画云和鹤，两端画锦纹。”

国立国乐院乐器研究所曾于2003年对国乐研究室营造尺展开商讨，得出1尺为30.8cm的结论，并据此在2009年复原了15世纪的乐器三弦三竹。本次复原也以1尺等于30.8cm为基准进行乐器制作。

表3是《乐学轨范》大筝尺寸换算成厘米的数值，柱则是用瑟柱的尺数换算。

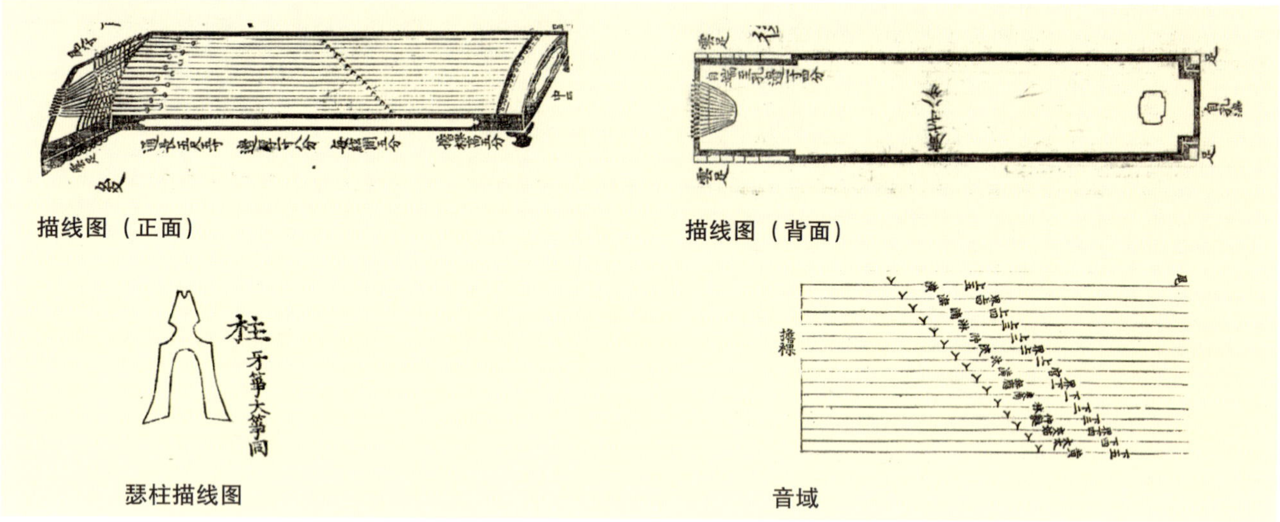

图3　《乐学轨范》里大筝和瑟柱的图像材料

表3　《乐学轨范》里大筝和瑟的尺数

营造尺　1尺＝30.8cm

类别		文献记载的尺数（尺贯法）		Meter 法换算（cm）
大筝	总长	5尺5寸		169
	宽	7寸8分		24
	高	1寸8分		5.5
	凤尾长	8寸		25
	凤尾宽	7寸8分		24
	左端长	3寸3分		10
	左端厚	2寸9分		9
	足高	1寸		3
	左端共鸣孔位置	5寸8分		18
	凤尾共鸣孔位置	1寸4分		4
	弦距	5分		1.5
	弦枕高	5分		1.5
瑟	柱的大小（低音音域）	高	2寸3分	7.1
		宽	1寸4分	4.3
		厚	4分	1.2
	柱的大小（高音音域）	高	1寸8分	5.5
		宽	1寸3分	4
		厚	约4分	1.2

表 4　《乐学轨范》里大筝、牙筝、瑟和当代伽耶琴的尺数比较

乐器	全长	宽	侧高	备注
	Meter 法	Meter 法	Meter 法	
大筝	169	24	5. 5	《乐学轨范》
牙筝	159	24	5	
瑟	225	34	7	
正乐伽耶琴	160	27	10	调达厅里的弦乐器
散调伽耶琴	145	21	10	
散调牙筝	125	32	20	
10 弦大牙筝	185	34	15	

表 5　《乐学轨范》的大筝音域

编号	律名	临近音高
1	黄	C2
2	大、太	降 D2，D2
3	夹、姑	降 E2，E2
4	仲、蕤	F2，降 G2
5	林	G2
6	夷、南	降 A2，A2
7	无、应	降 B2，B2
8	潢	C3
9	汰	D3
10	浹	降 E3
11	沖	F3
12	淋	G3
13	湳	A3
14	潕	降 B3
15	潢	C4

表 4 比较了《乐学轨范》里大筝、牙筝、瑟和当代国乐弦乐器的主要尺数，可推测作为弹弦乐器的大筝，其大小和宽度处在正乐伽耶琴和散调牙筝的中间音域带。

大筝的音域如表 5 所示，跨越两个八度，从黄钟到重清黄钟（潢）。

大筝的材料和《乐学轨范》卷六“雅乐器篇”介绍的瑟相同，大筝、牙筝和瑟都用一样的材料制作，因此可参考瑟进行复原。卷六呈现了《乐学轨范》所记录的瑟各部位用的木材材料，共鸣箱的材料是梧桐木和牙木（刺楸木），这两种树木的材质相对较柔软，但音响放射系数和音响交换效率比较高。①

表 6　《乐学轨范》记载的瑟部位和木材

部位	木材
共鸣箱（上板）	梧桐木
共鸣箱（下板）	牙木

①国立国乐院：《2012 国乐器研究报告书》，首尔：国立国乐院，2012 年。《国乐弦乐器共鸣箱材料的音响特征研究》，第 89 页。

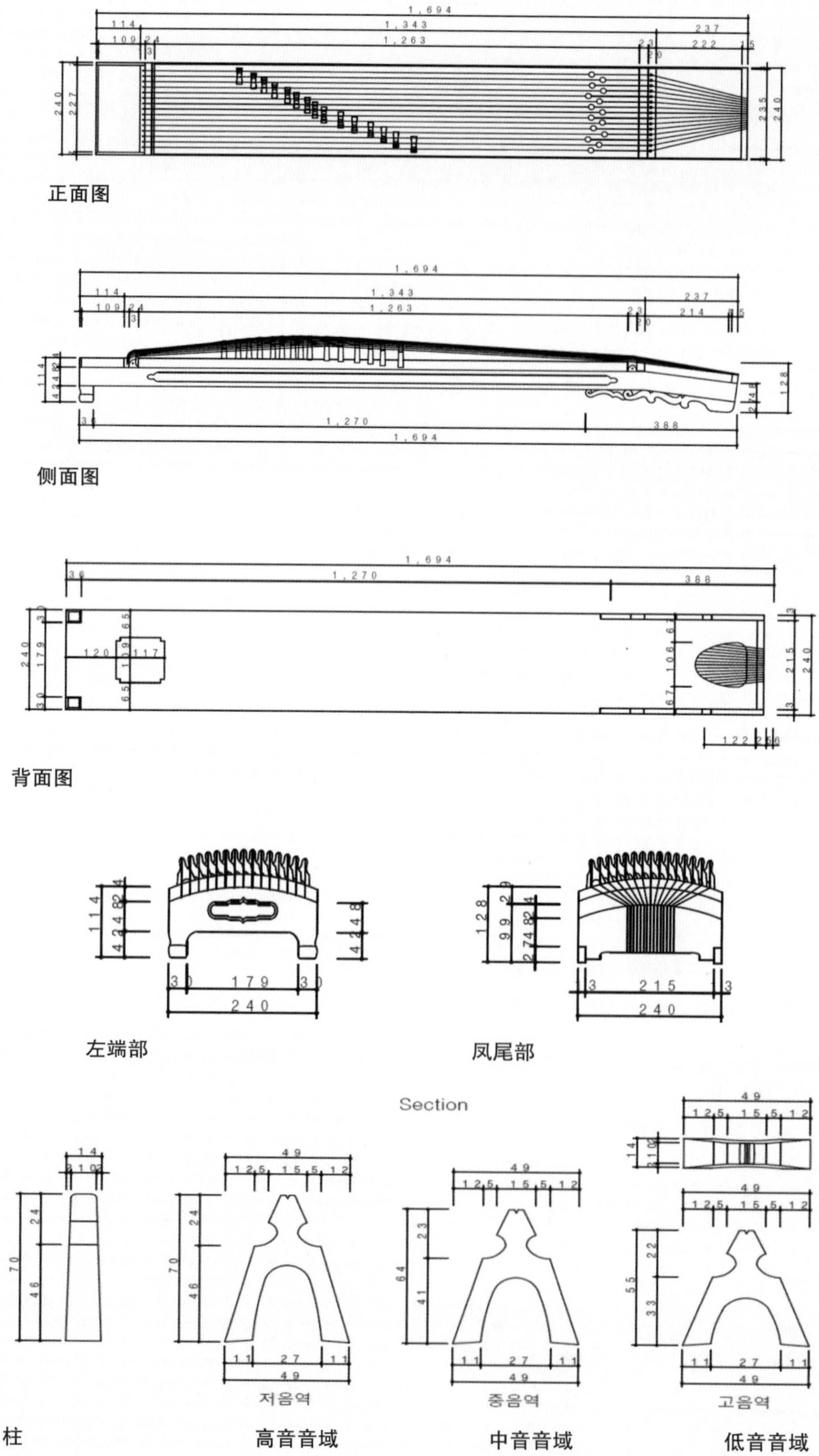

图 4　大筝图面

（四）乐器制作

1. 图纸制作

图纸把图像材料提示的尺数营造尺用30.8cm转换，文献里没有的尺数则参考了当代正乐团在1976年使用的大筝尺数。

2. 材料选择

挑选梧桐木的过程参考了《乐学轨范》卷七“乡部乐器图说”中的玄琴的内容。根据“梧桐属石上桐最优，取地上7~8尺（2.3米）部位，无圆形纹的纹路均匀的枝干部分是上等的材料”的文献记载挑选。

梧桐树的生长速度很快，年轮的间隔很宽，而所谓石上桐的梧桐树意为长在石头上的梧桐，生长速度缓慢，年轮密实，材质比较硬实。本次复原制作的过程以文献为基础，选择了梧桐木的上方纹路均匀的边材部分。

共鸣箱底板用的牙木，也叫刺楸木，现在多被用做药材，价格较高，无法用于乐器的制作。本次复原制作过程，用干燥程度好的梧桐板材替代刺楸木。刺楸木属于材质偏软的木头，但比梧桐木要硬，所以选择材质较硬的梧桐木来替代。装饰木使用了制作高级伽耶琴雁足的进口胡桃木，胡桃木硬度偏弱，声音传达系数最高，经常被用在演奏乐器上。

3. 共鸣箱制作

①上板和侧板

大筝是国立国乐院乐器研究所和柳忠善国乐器研究院①根据前面的图纸制作而成。现在大多数弦乐器的制作都使用梧桐木，为了节省材料和加速上板的干燥，将材料截成薄薄的弧形，侧面粘上连音带②，以扩大共鸣箱的空间。

但是韩国现在保留下来的弦乐器遗物，大多和玄琴一样上板和侧板是一体形的构造，日本筝koto也是如此，因此这次《乐学轨范》的大筝也被制成上板和侧板的一体形。

首先，用锯把烘干好的梧桐原木锯成和图纸尺寸一样大小，并采用25弦伽耶琴的弦枕曲率

干燥中的梧桐原木

密实形态的纹

图5　参考《乐学轨范》卷七“乡部乐器图说”玄琴篇挑选的大筝材料

①柳忠善：国乐器研究院法人代表。

②连音带：弦乐器制作现场称为板条，根据1964年至1971年国立国乐院进行的第1次国乐器改良研究会的改良日记，当时的制作者称之为响棒。

确认《乐学轨范》里的尺数和图面尺数

原木截断

采用 25 弦伽耶琴曲率制弦枕

用锯子形成上板的曲率

使用锛子修形

使用凿子修形

使用平刨上板修形

制成共鸣箱形态

图 6　共鸣箱制作——上板和侧板

大筝厚度刻画

用锯子提高内部工作效率

用锛子挖上板

用钎子挖上板

用外环刨子刨内部

测量上板厚度

图 7　共鸣箱制作——调节上板厚度

上漆

制作保护上板的红木条

图 8　共鸣箱制作——内部工序

(Curvature)[①] 半径。这个曲律决定了乐器的整体形态，数值越大乐器的弧度（arch）就越高，从而成为整体拱起的形态。曲率越大乐器的耐久性就越好，但是演奏难度也会增加。假定现行 25 弦伽耶琴为最适当的曲率，因此根据 25 弦伽耶琴的绘画模板画了图纸。为了有效地打磨原木，用锯在等距的位置锯下，用凿子或锛子除去木块，最后用平刨制成大筝的形状。

材料选择上，用文献记录的木材取代现在使用的木板来制作，因此斜纹较少，比较容易刮刨。上板中间部分的厚度为 10mm 左右，用弧形凿和推刨制成大筝的形状。

一般弦乐器上板的厚度越薄，弹的时候弦的初期反应好，音量也越大，但是发出的音色很有可能会干涩无力，对乐器内部也会造成不良影响。因此上板的厚度不能刨得太薄。

以梧桐木生长的方向为基准，一般底部往下部分作为凤尾，上部为琴的左端部分。敲下振动小的地方为低音音域，振动多的地方为高音音域。因为伽耶琴和筝等 zither 类乐器体积相对较大，在构造上中低音域比较容易共鸣，但是高音音域发声相对困难。

再者，上板越厚高音音域的共鸣越好，根据梧桐木的生长条件和干燥程度、树木状态，木材的材质不一样，无法一般化。梧桐木的材质如果强硬的话，就打磨得薄一些，如果材质软的话就打磨得厚一些，努力让音响均衡地传达。

上板和侧板完成后在内部漆上褐色的油漆，这是为了维持梧桐木自体的湿度，提高内部视觉上的美观。复原的大筝里面没有弦枕，导致上板下部的轸呈现凸出的形态。旋转轸可以调节微分音，梧桐木的上板下部的摩擦会让其有损伤的可能，因此，为了保护摩擦部位，装上了薄红木条。

② 底板制作

底板一般是用自动推刨按照一定的厚度截断。根据文献底板应使用刺楸木，但是足够宽的刺楸木很难买到，因此用材质偏硬的梧桐木代替。

在厚 10mm 的梧桐木上画出共鸣槽之后，用 2mm 厚的钻头钻出孔，再用细锯或钢丝锯打穿形成共鸣槽。

完成底板之后，在左端装上厚 20mm 的加固木，强化内部构造。

4. 共鸣箱的黏合

和一般弦乐器使用的方法不同，复原大筝共鸣箱的黏合采用了特殊的方法。一般弦枕内部弦枕的共鸣槽被挖得很大，梧桐木上板里侧的轸不会制成黏合的形态。而凤尾部位的内弦枕是黏合的，因为凤尾的内弦枕能提高乐器的内部构造，可以防止低音过度共鸣，所以大多是堵着的状态。但是大筝的凤尾内弦枕却开了大口，这是因为比起擦弦乐器的牙筝，作为弹弦乐器的大筝无法将更多的能量传达到共鸣箱。为了弥补这一不足，将凤尾开口，使得共鸣箱被灵活运用。

黏着剂使用的是加热的阿胶，新鲜的阿胶黏着力最好，最近常用食用明胶代替阿胶。

把共鸣箱的上板和底板抹上适量的阿胶黏合，再缠上高弹力橡皮筋收尾。原来的做法是在共鸣箱上缠上棉绳，但是由于用梧桐木制作的共鸣箱比较软，用棉绳捆的话会有很多伤痕，而用高弹力橡皮筋可以减少伤痕。

①制作现场通常称为 R 值，标记为 Round。

锯断底板

用细锯锯出共鸣槽

完成的底板

左端设置的加固木

图 9　共鸣箱制作——底板制作

制作开口的凤尾内弦枕

安装凤尾内弦枕

刨平内弦枕

加热阿胶

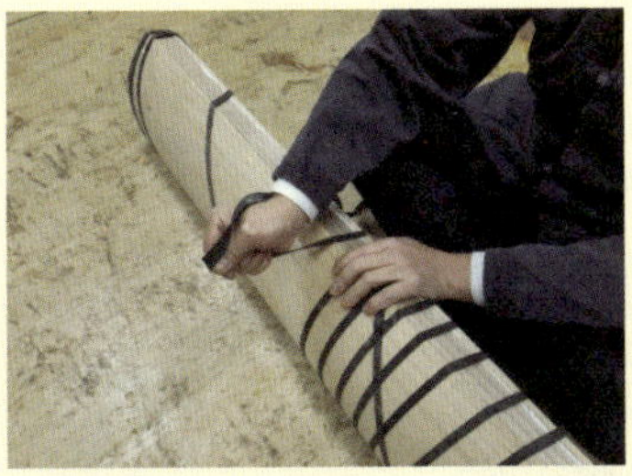

用橡皮条捆住共鸣箱

烘干

图 10　共鸣箱制作——共鸣箱黏合

凤尾是共鸣箱的延长，共鸣箱的上板和底板一起被制作。底板的共鸣槽是蒲绳绑在一起的构造，因此安装了材质较强的木材附加加固装置。而且左端和凤尾部位粘上了截断的乌木，左端用浮雕塑造出立体感。

5. 粘乌木

大筝的边缘需要粘上乌木，贴上暗色系的红木。先用电锯把红木锯成 2mm 厚，然后根据文献雕刻出纹路，用砂纸打磨至水平。在贴红木边之前，将梧桐木侧面漆上黑色着色剂，贴上镂空的红木，将梧桐木白色本体的违和感减少到最小。等漆干后再用阿胶黏合，用橡皮条缠上干燥一天。

6. 烙铁熨和油漆

《乐学轨范》里并没有记录现在普遍使用的烙铁熨，但是烙铁熨是当代弦乐器制作过程中和上漆一样重要的步骤。烙铁熨还可以让传统乐器更加美观。

烙铁熨一般使用烤至 700℃ ~ 800℃ 的烙铁在梧桐木的表面熨烫，去除梧桐木干燥过程中残留的油分。使用热能压的过程还可以让乐器更具美感。烙铁熨之后再用刷子把残余物刷掉。

侧面和底板上黑漆，第一遍叫初漆，又称下涂漆，需要将漆稀释，在梧桐木上渗透溶液。上漆要在专门的房间，需要营造高温多湿的环境。一般湿度在 70%~80%，温度则在 25℃ 以上最适合。上漆反复次数越多越厚强度越高，干燥的时间也越长。油漆的性质很强，上第二遍之前需用砂纸先打磨平整，稍微喷点水增强摩擦力，再用 400#的砂纸搓擦，能在较快的时间内打磨平整。

侧板底板的材料是梧桐木，共鸣很好，上漆次数越多，强度越高，越会干扰共鸣。因此需要适当的上漆之后，再涂上漆收尾。

用刮刨打磨乌木边

制作 2mm 厚红木边

雕刻乌木边

上漆之后粘在乌木边

图 11　乌木边的制作和黏合

烙铁熨

刷子刷

加水用砂纸打磨

上漆

图 12　烙铁熨和油漆

7. 附属品制作

①弦枕和凤尾弦枕、柱的制作

复原大筝的弦枕高 15mm 与伽耶琴和玄琴使用的弦枕一样，形状仿制现行牙筝。凤尾的弦枕形状也和牙筝一样。弦间距根据文献记载定在 15mm，使用牙床钻精确地打孔。

大筝的“柱”和雁足一样是用来托弦的，形态和中国古筝、日本筝 koto 十分类似。《乐学轨范》里记载瑟、大筝、牙筝的柱都是一样的，因此仿造瑟柱来制作。

柱的材质用的是当代高级伽耶琴雁足使用的胡桃木。柱的大小定为高音音域 55mm、低音音域 70mm，从高音开始依次增高 1mm，制作出 15 个柱。下图是用曲线锯截断胡桃木之后，再用刀修整砂纸打磨，之后上漆收尾。

②脚、云足、轸的制作

脚和云足是为了防止大筝的共鸣箱直接接触地面的附属品，比起硬木，选择了较软的木材，再根据文献记录的形状制作。贴上薄橡胶板防止再次裂开。轸使用了现有伽耶琴的成品。

③染尾制作

染尾用棉线制作，棉线根据厚度有多种成品。购买厚度适中的白色棉线，用传统染色法染成青色，用碳酸钾或氢氧化钠等强碱熔化青黛粉末（染色剂），放入氢硫化物（催化剂）和棉线加热至 60℃，经氧化之后制成染尾。比起现在使用的合成弦染尾，制作的染尾非常软，很容易松开，和弦连接的时候，音也会低很多。

（五）调律

国乐器使用的丝线的原丝大部分是由中国或东南亚国家进口的蚕丝制作，蚕丝的状态决定了弦的品质，对音色也会造成影响。

弦的厚度参照现行大筝，从正乐伽耶琴散调牙筝使用的成品弦中挑选。一弦最低音“黄钟”厚度为 30mm，最高音“重清黄钟”厚度为 13mm，比现行伽耶琴的弦要厚。

弦枕和凤尾弦枕制作

黏合弦枕

弦枕和染尾标示

打孔

使用曲线锯制作柱

按照音高排列的柱

上漆

完成

图 13　附属品制作一

左端脚的制作

凤尾云足制作

图 14　附属品制作二

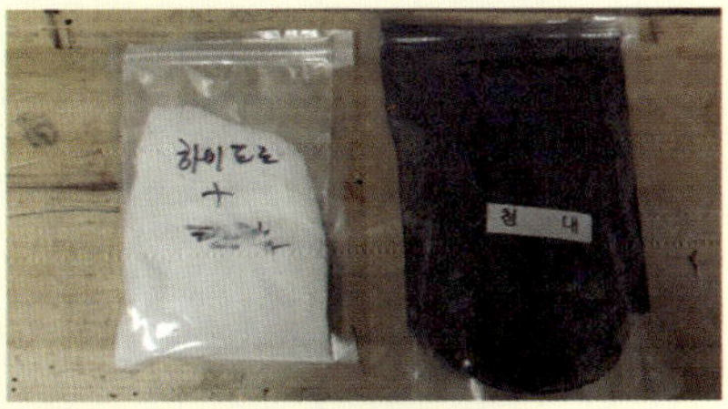
青黛、氢硫化物、碳酸钾

白色棉线

染色

完成的染尾

图 15　染尾制作

张弦

用染尾加强张力

制作染尾结

调律

图 16　调律

《乐学轨范》里记录的鹤膝（弦和染尾的连接部位）连接的是一次性弦，很难调律，用于演奏，只能制作现行伽耶琴的鹤膝。染尾结的形态也是根据文献制作的。最后是调律，柱比现行使用的雁足高度更低，演奏时弄弦会有困难。

（六）完成

本次大筝的制作从 2018 年 6 月开始到 10 月，由国立国乐院乐器研究所和柳忠善国乐器研究院

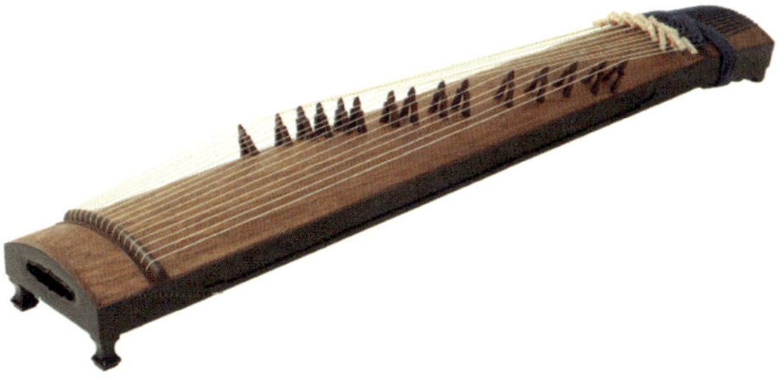
图 17　完成的《乐学轨范》复原大筝

历时4个月完成，用一个月的时间收集了正乐团试奏的反馈意见。2018年12月，乐器研究所成果发布会上用复原大筝试奏了唐乐《步虚子》，确认了该乐器的问题点。复原大筝的柱比较小，不够稳定，很难进行散调伽耶琴的演奏技法——弄弦。此外，后板中间没有手抓模样的共鸣槽，限制了乐器的移动，然后就是音色沉闷偏暗。

三、 结论

本文是记录大筝的复原理由和复原制作过程的报告书。本次复原的大筝最大限度地反映了《乐学轨范》记载的材质和尺数，为了适用于国立国乐院牛眠堂风流爱之房无麦克风的自然音响空间，制成了共鸣扩大音量增强的乐器。

本次大筝复原和传统弦乐器的制作方法不同，共鸣箱的上板和侧面制成一体形，底板中央没有手抓用的共鸣槽。而且，为了加强乐器的耐用性，在内弦枕上挖出槽，用胡桃木制成柱，因为使用胡桃木制成的柱可以增加棉丝线的声音传达系数。

但是因为共鸣箱底板中央没有共鸣槽，比起弹弦乐器伽耶琴，其音色多少有些沉闷和暗淡。另外凤尾部复杂的染尾结形状和过厚的丝弦，使得调律变得很困难，以至于无法马上用于现在的公演，这些都是复原大筝表现出来的缺点。

因此，为了让调律更容易，将使用和25弦伽耶琴一样的铁制调律杆，简化凤尾的打结。进行了这些改进之后，应该能适用于现在的公演需要。而且为了加大音量，考虑将弦的材质替换成改良的涤纶线。

图18　复原大筝和已有大筝的大小比较

复原的大筝与之前已有的大筝最大的差异在于大小。复原大筝相对较小，弦的间隔也更窄，对比已有的大筝，音域也提升到了中音音域。

从这几点可以看出，之前正乐团使用过的大筝随着演出的大型化，音量大的乐器更受欢迎。推测这是因为20世纪60年代中后期，国乐管弦乐受到和声学的影响，更需要低音音域的乐器。

复原的大筝和现行日本筝（koto）的形态相似，和中国古筝、蒙古筝（ятгалиг）也很相似，可知筝类乐器是从中国经过蒙古和韩国传入日本的。本次《乐学轨范》大筝的复原制作过程，是比较东亚筝类乐器的一个很好的例子，具有非凡的意义。

翻译：钟芳芳

（温州大学音乐学院讲师

韩国学中央研究院博士）

韩国和越南编钟、编磬的复原过程

◇郑焕熙[①]

摘要：本文梳理了2009年至2010年进行的韩国编磬和越南编钟、编磬的复原过程，重点关注了利用科学方法调查的部分。韩国根据文献材料开采了南阳石，对其品质进行评价，并以此为基础复原了15世纪世宗朝的编磬。通过检测成分分析、矿物分析、弹性系数、音响系数，并与当代磬石比较，用以评价南阳石的品质。结果显示，南阳石与当代编磬的磬石材料——中国河南省的玉石有着十分相似的特征，适合充当编磬的磬石材料。越南编钟和编磬只能通过遗物的尺寸测量、音高分析、成分数据分析来复原，制作出运用在当代越南雅乐的乐器。越南宫廷乐器的复原和活用，极大地促进了在变化巨大的越南雅乐中找回编钟、编磬原型乐器的魅力。韩国和越南的编钟、编磬的复原过程，随着目的和情况的不同，乐器的复原也会不同，需要使用科学的方法，力求更接近古代乐器的原始面貌。

关键词：韩国；越南；编钟；编磬；复原

一、 绪论

韩国的编钟、编磬于高丽睿宗十一年（1116年）随中国宋朝的“大晟雅乐”一起传来，至今仍在韩国宫廷音乐中使用。[②]直到朝鲜王朝初期，编磬都是从中国制造、输入、使用的，到了世宗七年（1425年）朝鲜开始制作乐器，并大刀阔斧地进行了雅乐的整改。[③]京畿道南阳发掘了质量很好的磬石，成为朝鲜国内制作编磬的契机。有史料记载，日帝强占期的1935年，朝鲜总督府要求李王职雅乐部使用南阳石制作了一架编磬，作为“满洲

①郑焕熙：国立国乐院乐器研究所研究员。

②《高丽史》卷七十，志二十四，乐一“序文”。

③《世宗实录》卷二十九，世宗七年（1425）八月二十六日。

国”建国纪念的礼物。[①] 1990 年开始，编磬制作主要使用了中国河南省挖掘的磬石。为了确立国乐的正统性，2009 年，国立国乐院根据文献记载找到了南阳石的位置，掌握了磬石的物理音响特征，并以此为基础复原了 15 世纪世宗朝的编磬。[②]

越南的雅乐于 2003 年入选联合国人类口传无形文化遗产名录。越南受到中国明朝的影响，于 15 世纪的黎王朝开始享有雅乐，在 20 世纪的阮王朝达到全盛期，但是雅乐在突变的历史中经历了很多变化，未能完整地保存下来。[③]特别是雅乐不可或缺的编钟、编磬，只作为文物保存在越南顺化的宫廷博物馆，未在现行越南雅乐中演奏。2010 年，国立国乐院和越南顺化遗迹保存中心（Hue Monuments Conservation Centre）共同开展了越南编钟、编磬的复原项目。[④]本项目通过调查文物乐器，对其进行实测、音高测定、成分分析，并以此为依据进行复原。

本文将梳理 2009 年国立国乐院开展的韩国 15 世纪世宗朝编磬复原，以及 2010 年国立国乐院和越南顺化遗迹保存中心共同推进越南编钟、编磬的复原过程，并详细论述其中通过科学方法调查得出的内容。

二、 韩国的编磬复原

《世宗实录》记载 1425 年京畿道南阳挖出了发声很好的石头，朝鲜国内得以首次自主制作编磬，并且为大规模的雅乐器制作和雅乐整顿提供了契机。

> “祭享乐器内，石磬只有朝廷所赐一架，其余皆瓦磬。今京畿南阳所产石有声，请遣玉人采来，依古体制造作试之。”从之。[《世宗实录》七年（1425）八月二十六日]

史料中提到的京畿道南阳位于今京畿道华城和水原地区，挖掘南阳石的准确位置出现在记录宫廷乐器维修过程的《社稷乐器造成厅仪轨》中。

> 采玉处所在于水原府干达山高峰上，而玉根深着于岩石之中。[《社稷乐器造成厅仪轨》纯祖四年（1804）二月二十二日]

国立国乐院根据《社稷乐器造成厅仪轨》的记录，在京畿道华城干达山山顶的玉光山开采了约 5 吨的南阳。图 1 是南阳石的开采现场，图 2 是南阳石的加工。为了评估南阳石是否适合作为编磬的材料，研究者们分析了当代使用的编磬材料及其成分分析、矿物鉴定、物理音响特征。现今编磬使用的是 20 世纪 80 年代制作编磬时所使用的忠州石[⑤]，以及从中国进口的河南省玉石、山东省黑石。其中制作者最喜欢使用河南省玉石作为编磬的磬石。

各试验片石的成分分析使用了 X-ray 荧光分

①成庆麟：《成庆麟随想集·雅乐》，京元阁，1995 年，第 160~161 页。

②国立国乐院：《2009 国乐器研究报告书》，国立国乐院，2009 年，第 8~51 页。

③国立国乐院：《第 2 届东洋音乐学国际学术会议材料集：东洋的雅乐》，国立国乐院，1997 年，第 58~60 页。

④国立国乐院：《2010 国乐器研究报告书》，国立国乐院，2010 年，第 246~275 页。

⑤忠清北道忠州地区开采的磬石。

光分析装置（XRF）①，以测定10个主要无机元素的含量。图3呈现了各试验片石成分分析的比较结果。成分分析的结果显示，南阳石主要成分为：钙（30%）、镁（18%）、硅（16%）、铝（1%）、铁（0.5%）；忠州石主要成分为钙（48%）、硅（7.7%）、铝（1.9%），铁和镁低于1%。中国河南省的玉石主要成分为钙（29%）、镁（18%）、硅（17%）、铝（1.5%）；山东省的黑石主要成分为钙（54%）、硅（2%）。其中南阳石和河南省玉石的成分和比率非常相似。

使用X-ray回折装置（XRD）②，鉴定各试验片石的矿物含量。图4呈现的就是各试验片石矿物检定结果。矿物检定的结果显示，中国河南省玉石中方解石占60%、白云石（Dolomite）19%、蛇纹石20%；南阳石含方解石59%、白云石16%、蛇纹石12.6%、绿泥石12.1%。据此可知南阳石和中国河南省玉石的主要矿物和含量很相似。另外，忠州石和山东省黑石所含方解石分别为86.4%和98.5%，比南阳石和河南玉石高出很多。

为了比较试验片石的物理音响性特征，研究者检测了各片石的密度③、弹性系数④、音响系数⑤、

图1　南阳石的开采现场

图2　南阳石加工

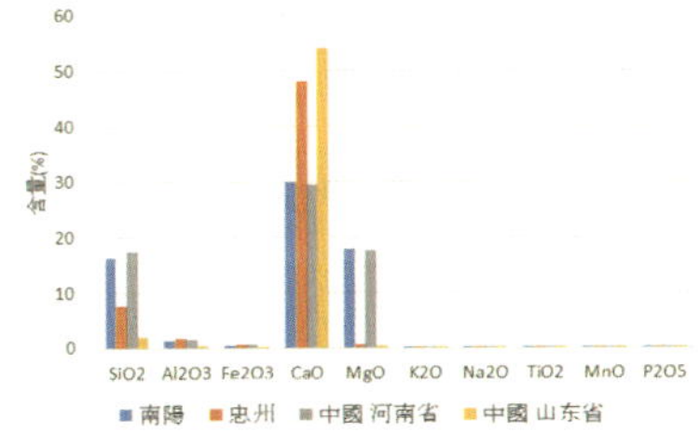

图3　无机元素成分分析结果

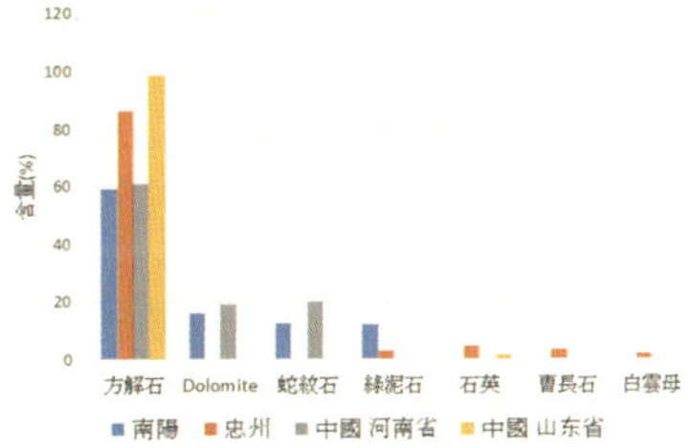

图4　矿物成分分析结果

①X-Ray Flourescence Spectrometry：利用X-Ray照射在实验材料上所产生的荧光来分析元素的定性和定量装置。

②X-Ray Diffraction：利用X-Ray在物质的结晶面回折和发散的现象来测定X-Ray回折样式的装置，以此分析物质构造，运用于矿物的检定。

③g/cm^3.

④应力/变形率。

⑤$\sqrt{\text{弹性祀系数/密度}^3}$。

表 1　磬石的物理音响特征比较

地区	密度（g/cm^3）	弹性系数（GPa）	音响系数（K）	弹性波速度（m/sec）
南阳	2.67	57.5	1.74	6290
忠州	2.74	57.1	1.67	5880
中国河南省	2.66	63.8	1.84	6540
中国山东省	2.68	53.8	1.67	6490

弹性波速度①。表 1 比较了各试验片石物理音响特征的检测数据。音响系数和弹性波速度很大地影响了乐器的音响。评价材料音响性能的指标——音响系数，河南省玉石以 1.84 最高，南阳石是 1.74，忠州石和山东省黑石则是 1.67。因此音响上河南省玉石和南阳石是最优秀的材料。

南阳石的成分分析、矿物检测，以及物理音响特征的结果证明，京畿道水原干达山开采的磬石十分适合作为制作编磬的材料。

世宗朝编磬的复原采用了《世宗实录》记录的南阳石作为磬石的材料，其形态可参考《乐学轨范》② 里磬的尺数、架子、花纹，以及丹青、流苏。图 5 是复原的 15 世纪世宗朝编磬。

图 5　15 世纪世宗朝编磬的复原乐器

图 6　越南编钟遗物

图 7　越南编磬遗物

三、越南编钟、编磬的复原

越南顺化宫廷博物馆收藏了编钟遗物 8 片、编磬遗物 12 片，还有一个架子。图 6 和图 7 展示了越南编钟、编磬的遗物。为了复原越南的编钟、编磬，本文对遗物进行了实测、测音和成分分析。

对越南编钟遗物 8 片的尺寸测定结果，其形态和大小十分相似，与编钟的音高密切相关的厚

①如果用 P 波通过岩石，根据粒子间的结合状态，其传播速度将不同，以此判断岩石的相对物理特征。

②《乐学轨范》卷六“雅部乐器图说”，5a。

度偏差不大，只有 2mm~5mm，但没能找到编钟上刻的律名和钟体厚度的关联。

越南编磬遗物共有 12 片，尺寸测定的结果显示，长轴 34.4cm ~ 35.6cm，短轴 21.8cm ~ 25.0cm，厚度 33mm~44mm，遗物的尺寸虽有差异，也未发现律名和乐器尺寸的关联。

图 8 和图 9 是越南编钟、编磬遗物中大吕和应钟的实测图面。

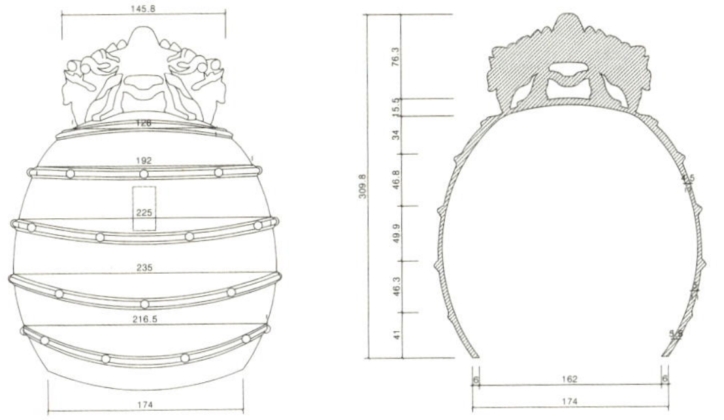

立面图　　断面图

图 8　越南编钟遗物中大吕的实测图面

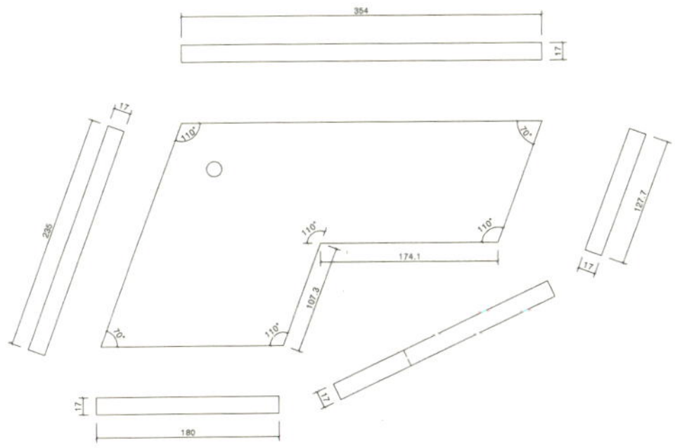

图 9　越南编磬遗物中应钟的实测图面

利用音响设备对越南编钟、编磬的遗物乐器进行了测音，表 2 和表 3 记录了测音数值。结果表明编钟的音域是#F4-B4，除去破损的钟，也无法找到律名和音高的关联性。编磬的音域则是黄钟到姑洗的 C6-E6。有几个遗物片的情况可以找到律名和音高的关联，但是不够准确。

为了确认越南编钟、编磬的成分，通过 EDS (Energy Dispersive X-Ray Spectroscopy)① 的检测，对各元素进行了定性分析。结果显示编钟含铜 72%、锡 15%、钠 5.6%，编磬的主要成分则是碳酸钙，和石灰石相似。

表 2　越南编钟遗物测音结果

编号	律名	音高		备注
		周波数（Hz）	临近音名	
1	大吕	497.73	B4	
2	太簇	464.59	#A4	
3	夹钟	426.22	#G4	破损
4	仲吕	443.07	A4	
5	林钟	436.78	A4	破损
6	南吕	363.72	#F4	
7	无射	480.64	B4	
8	应钟	378.50	#F4	破损

表 3　越南编磬遗物测音结果

编号	律名	音高		备注
		周波数（Hz）	临近音名	
1	黄钟	1054.10	C6	
2	太簇	1184.60	D6	
3	夹钟	1244.60	#D6	
4	姑洗	1323.30	E6	
5	蕤宾	1179.30	D6	
6		1101.80	#C6	破损
7	林钟	2474.00	#D7	破损
8	夷则	1177.20	D6	
9	无射	1100.60	#C6	
10		1131.50	#C6	破损
11		2460.60	#D7	破损
12	应钟	1155.70	D6	

①将 X-Ray 照射在材料上，释放放射性能量，并通过测量能量进行各元素的定性分析。

根据遗物乐器的实测、测音、成分分析等数据，对越南编钟、编磬进行了复原。编钟以遗物乐器大吕的外形数值为基础，对应律名的音高调节其厚度，成分和遗物片一致。编磬的复原基础则是遗物乐器中应钟的外形尺寸，对应律名进行厚度调节，使用越南清化地区的磬石制作。因为通过遗物乐器无法确定音高，所以以现行演奏的雅乐为依据进行分析。综合现行雅乐的音高分析结果显示，黄钟音高为♭B，再三分损益得出其他音。

最后，越南宫廷博物馆所藏的编钟和编磬含有架子，架子是博物馆1990年照着照片制作的。本项目据此重新制作了架子，用于复原的乐器。图10便是复原的越南编钟和编磬。

编钟

编磬

图10　复原的越南编钟和编磬

四、 结论

本文梳理了 2009 年到 2010 年进行的韩国编磬和越南编钟、编磬的复原过程，主要关注了利用科学方法调查的部分。

韩国的编磬复原先是根据文献记载开采了南阳石，对其质量进行评价，并以此为基础复原了 15 世纪世宗朝的编磬。通过检测成分分析、矿物分析、弹性系数、音响系数，并与当代磬石比较，用以评价南阳石的质量。结果显示，南阳石与当代编磬的磬石材料——中国河南省的玉石呈现出十分相似的特征，适合充当编磬的磬石材料。可惜的是，目前无法确认这就是当年世宗时期使用的南阳石。有待后续通过分析国立国乐院收藏的朝鲜时期的编磬来判断是否一样。虽然由于经济上的限制，很难使用南阳石来制作现今韩国所有的编磬，但是在掌握了高质量韩国磬石的准确位置后，就有了后续制作的可能，这就是本项目的意义所在。

越南编钟和编磬的复原，只能通过遗物的尺寸测量、音高分析、成分分析数据，以及当代越南雅乐的分析来制作。遗物乐器的分析结果，编钟和编磬的外形部分都基本类似，除了一部分编磬之外，无法找到律名和音高间的关联性，据此推测这些遗物并不是用于演奏的乐器。因此，只能通过分析现行雅乐的音高来进行复原。实际上，用复原的乐器演奏今非昔比的当代越南雅乐音乐，多少会有些牵强。虽然复原的乐器无法用于现行雅乐的演奏，但以此为契机可以更为接近越南雅乐的原型。

韩国和越南的编钟、编磬复原，虽然复原的对象类似，但过程和方法却呈现出了差异。韩国已经在使用自主制作的编磬，为了使用国产磬石制作，通过文献找到并开采原材料，并与使用中的材料作对比，为乐器的制作提供了可能性。而越南的编钟、编磬现今已不再被使用，只剩下遗物，相关文献材料也很少。因此只能通过遗物乐器的实际测量、音高分析、成分分析来掌握基本数据，专家再选定材料，复原成可以演奏当代雅乐的乐器。韩国和越南的编钟、编磬的复原过程，随着目的和情况的不同，乐器的复原也会不同。所以需要运用科学的方法，力求更接近古代乐器的面貌。

最后，韩国对 15 世纪世宗朝编磬的复原，使用了国产材料制作磬石并复原乐器，促进了韩国乐器正统性的确立，从而获得了好评。使用文物复原的越南编钟和编磬，则有力推动了寻找越南雅乐的原型。

翻译：钟芳芳

（温州大学音乐学院讲师

韩国学中央研究院博士）